Elmer Luchterhand

Einsame Wölfe und stabile Paare

Verhalten und Sozialordnung in den Häftlingsgesellschaften nationalsozialistischer Konzentrationslager

Elmer Luchterhand

Einsame Wölfe und stabile Paare

Verhalten und Sozialordnung in den Häftlingsgesellschaften nationalsozialistischer Konzentrationslager

Herausgegeben und eingeleitet von
Andreas Kranebitter und Christian Fleck

Mauthausen-Studien
Schriftenreihe der KZ-Gedenkstätte Mauthausen
Band 11

Zitiervorschlag:

Elmer Luchterhand: Einsame Wölfe und stabile Paare. Verhalten und Sozialordnung in den Häftlingsgesellschaften nationalsozialistischer Konzentrationslager. Herausgegeben und eingeleitet von Andreas Kranebitter und Christian Fleck. Mauthausen-Studien, Band 11 (Wien 2018) [Seite]

Mauthausen-Studien
Schriftenreihe der KZ-Gedenkstätte Mauthausen
Band 11

Herausgeber der Schriftenreihe
KZ-Gedenkstätte Mauthausen

Herausgeber dieses Bandes
Andreas Kranebitter, Christian Fleck

Mitherausgeber der Schriftenreihe
Christian Dürr, Gregor Holzinger, Katharina Kniefacz, Andreas Kranebitter, Ralf Lechner

Übersetzung
Lukas Neißl

Korrektorat dieses Bandes
Gregor Holzinger

Grafisches Konzept des Covers
Rainer Dempf

Titelbild
Ehemalige Häftlinge des KZ Mauthausen nach der Befreiung des Lagers, Mai 1945
Fotografin: Mae Lopatin
Tauber Holocaust Library – JFCS Holocaust Center, San Francisco, Mae Lopatin papers, 1988.1128

Satz
Bernhard Amanshauser

Bibliografische Information der Deutschen Nationalbibliothek
Die Deutsche Nationalbibliothek verzeichnet diese Publikation in der Deutschen Nationalbibliografie; detaillierte bibliografische Daten sind im Internet über http://dnb.dnb.de abrufbar.

www.newacademicpress.at
ISBN: 978-3-7003-2055-5

Druck
Prime Rate, Budapest

Inhalt

Andreas Kranebitter/Christian Fleck

Elmer Luchterhands Forschungen zu nationalsozialistischen Konzentrationslagern. Eine Einleitung

Die Befreiung des KZ Hersbruck: Luchterhand als Nachrichtenoffizier der U.S. Army

„Am 20. April 1945, während die wahrhaft Gläubigen Hitlers an seinem Geburtstag die Radiogeräte anschalteten, um zu hören, was die letzte Live-Übertragung seiner Stimme sein würde, bewegte sich ein amerikanisches Infanterieregiment – mein Regiment – schmerzlos durch das Marktstädtchen Hersbruck. Vor den Toren der Stadt kamen wir – ohne es als solches zu erkennen und beinahe ohne es zu sehen – an einem Konzentrationslager vorbei. Es bestand aus lediglich 20 Baracken und einigen Nebengebäuden, allesamt leerstehend.

Etwa fünf Kilometer entfernt entdeckten Soldaten einer anderen Einheit meines Regiments etwas Interessanteres. Es war ein weitläufiges Tunnelnetz in einem Hügel. In einem der Tunnels, mit Beton ausgekleidet und groß genug, um zwei Lokomotiven in voller Größe nebeneinander zu fassen, standen komplizierte, neue Maschinen. Sie waren frisch gestrichen und standen da, versperrt in ihrem hölzernen Gehäuse, in dem sie aus deutschen Fabriken geliefert worden waren – am Talboden ein organisiertes Chaos von leeren Kisten, Baumaschinen und Baumaterial.

Plötzlich näherte sich ein Mann. Er kam aus dem Haupttunnel und stellte sich den anwesenden amerikanischen Offizieren als belgischer Kriegsgefangener der Nazis vor. Er war tatsächlich Belgier, und auch ein Gefangener. In einer kurzen Vernehmung gab er einige Stunden später einen im Wesentlichen zutreffenden Bericht über das Bauprojekt, die Behandlung der Konzentrationslagerhäftlinge und die Zahl der Toten. Er zeigte auf die Baracken eines anderen Lagers in der Nähe und auf das dortige Krematorium.

Der Mann, dessen Name Anton Swaelens war, deutete auf eine Straße auf der anderen Seite des Tals. Etwa fünf Kilometer weiter vorne, an einer Waldkuppe knapp neben der Straße, würde sich ein Scheiterhaufen befinden, so erklärte Swaelens, wo der Überschuss über die Kapazitäten des nahen Krematoriums verbrannt wurde.

Am frühen Abend desselben Tages, während der Scheiterhaufen und seine unmittelbare Umgebung untersucht wurden, gab es einen plötzlichen Regenguss und Gewittersturm. Als Regen, Blitz und Donner am schlimmsten waren, kam es zu einer zweiten seltsamen Begegnung. Ein zwölf- oder dreizehnjähriges Mädchen fiel erschöpft in den Schlamm, ganz in der Nähe von dem Platz, an dem mein Fahrer und ich in Regenkleidung abwarteten, bis sich der

Sturm verziehen würde. Sie zeigte auf einen Holzverschlag in einiger Entfernung und schrie beinahe: ‚SS-Männer dort unten.' Mit diesen Worten drehte sie sich um und floh den schlammigen Abhang hinunter, dorthin, wo sie ihr Fahrrad stehen gelassen hatte, um uns ihre Warnung zu Fuß zu übermitteln.

Wer war dieses junge deutsche Mädchen, das so plötzlich eine Rolle eingenommen hatte, die für uns die Rolle einer jungen Heldin war? Wer auch immer sie war, sie musste, wie jeder andere in den nahegelegenen Dörfern, ob alt oder jung, die Flammen oder das Glimmen an der Spitze des Hügels gesehen haben, die von den nächtlichen Verbrennungen herrührten, wie auch die Rauchwolke, die tagelang über dem Tal hing. Sie musste, wie alle anderen, manchmal dem langen Aufzug der in Zebrakleidung gehüllten Häftlinge begegnet sein, der zum Hügel ging oder von ihm zurückkam.

Fast 30 Jahre später [...] wurde die Geschichte der Warnung des Mädchens den alteingesessenen Bewohnerinnen und Bewohner der Dörfer berichtet. Die Ortsansässigen nannten viele Namen von jenen, die für diese Tat in Frage gekommen wären. Doch wurde niemals eine Frau gefunden, die diesen Akt der Tapferkeit und Gutherzigkeit zugegeben hätte.

Über Swaelens wusste jeder Bescheid. Mitarbeiter des American Military Government machten ihn kurz nach seinem Erscheinen zum Bürgermeister von Happurg. Das Dorf am Fuß des Berges war die Zentrale des Bauprojekts gewesen. Nach einigen Monaten wurde Swaelens aus dem Amt entlassen, als aufgedeckt wurde, dass er als Belgier freiwillig der SS beigetreten war. Wegen irgendeines Verbrechens verurteilt, war er der SS-Strafeinheit zugeteilt worden, die am Bauprojekt arbeitete.

Für jeden, der die menschliche Destruktivität und die Reaktionen darauf erforscht, bietet sich eine reichliche Vielzahl an Gesellschaften und Episoden an, aus denen man auswählen könnte. [...] Die Ereignisse waren in diesem Sinne einzigartig, doch die ablaufenden Vorgänge waren und sind – das ist beinahe ein Gemeinplatz – in unserer Welt weit verbreitet. [...]

Insoweit als das hier erwähnte Werk wie auch andere ältere und neuere Studien zur Nazizeit Licht auf die Gewalt unserer Zeit werfen, werden wir es vielleicht schaffen, die Seiten unserer Geschichten zu durchbrechen, die uns alle heimsuchen."[1]

Diese hier ausführlich zitierte autobiografische Darstellung Elmer Luchterhands schildert seine erste Wahrnehmung nationalsozialistischer Konzentrationslager, den Beginn seiner lebenslangen Auseinandersetzung damit. Das erwähnte KZ, das Luchterhand mit seiner Infanterieeinheit befreite, war das Lager Hersbruck, ein Außenlager des KZ Flossenbürg. Als zweitgrößtes Lager des KZ-Komplexes Flossenbürg war es 1944 eingerichtet worden, um KZ-Häftlinge beim Graben unterirdischer Stollensysteme für die BMW-Rüstungsproduktion einzusetzen – mit über 4.000 Toten sollte etwa die Hälfte der Inhaftierten hier ihr Leben verlieren.[2] Als die 261st Infantry der 65th Infantry Division der

1 Elmer Luchterhand: An Introduction. Unveröffentlichtes Manuskript (New York o.J. [1981]), S. 12–14 (Brooklyn College Archives and Special Collections, Elmer G. Luchterhand Papers, Accession #2001-005 [fortan BC Archives, Elmer G. Luchterhand Papers], Sub-Group III, Series 9, Box 15). Übersetzung (wie bei den folgenden Zitaten dieser Einleitung) Andreas Kranebitter.

2 Vgl. Schmidt: Happurg und Hersbruck, S. 136–140.

Elmer Luchterhand (1911–1996), Wisconsin, 1940er-Jahre (Quelle: KZ-Gedenkstätte Mauthausen, Sammlung Erika Luchterhand).

U.S. Army – die Einheit, in der Luchterhand von März 1943 bis März 1946 nach einem Training im Rang eines Sergeant zwölf Monate als *Section Leader*, sechs Monate als *Platoon Guide* und schließlich elf Monate als *Public Relations Writer* diente[3] – am 20. April 1945 das Lager befreite, war es leer und verlassen. Die Häftlinge waren bereits auf Todesmärschen in Richtung des KZ Dachau „evakuiert" worden.

Das zitierte Manuskript ist in mehrfacher Hinsicht symptomatisch für Luchterhands Forschungen zum Nationalsozialismus: Zum einen kulminiert die plastische Schilderung der Befreiung im lebenslang verfolgten Wunsch, sich durch die Erforschung von dem zu befreien, was ihn und andere seit 1945 verfolgte. Zum anderen sollte das Manuskript Zeit seines Lebens unveröffentlicht bleiben. In jahre- und jahrzehntelanger Interviewarbeit hatte Luchterhand unter anderen den ehemaligen Sekretär des SS-Lagerkommandanten, den evangelischen Pfarrer Hans-Friedrich Lenz, zur Erinnerung angeregt und letztendlich dazu gebracht, seine Memoiren nicht nur aufzuschreiben, sondern auch zu veröffent-

3 Vgl. dazu Army of the United States: Separation Qualification Record, o.J. [1946] (KZ-Gedenkstätte Mauthausen [fortan AMM] Zwischenarchiv, Sammlung Erika Luchterhand).

lichen.[4] Luchterhands Manuskript, als Vorwort zu dieser Veröffentlichung gedacht, wurde aufgrund mehrerer Meinungsverschiedenheiten mit Lenz allerdings nie mitveröffentlicht.[5]

Es sollte nicht Luchterhands einziges unveröffentlichtes Manuskript bleiben – ebenso wie auch Hersbruck nicht das einzige Konzentrationslager bleiben sollte, das er unmittelbar nach der Befreiung durch Einheiten der U.S. Army betrat. Als Nachrichtenoffizier und *Public Relations Writer* hatte er die Aufgaben, deutsche Kriegsgefangene zu verhören, Berichte zu verfassen, das Regimentsbulletin herauszugeben, später die Öffentlichkeitsarbeit des XX. Corps zu leiten und zivile Angelegenheiten zu regeln, bis diese Aufgaben an das American Military Government übergingen.[6] In diesen Eigenschaften kam er zwischen April und November 1945 mit seinem Infanterieregiment durch insgesamt acht befreite Konzentrations- und Zwangsarbeitslager – Ohrdruf, Buchenwald, Hersbruck/Happurg, Gusen, Mauthausen, Dachau, Wanfried und Feldafing. In allen diesen Lagern wie auch in den Dörfern, durch die im April 1945 der Todesmarsch ungarisch-jüdischer Zwangsarbeiterinnen und Zwangsarbeiter von Mauthausen nach Gunskirchen geleitet worden war, interviewte er insgesamt etwa 75 Überlebende sowie Anwohnerinnen und Anwohner.[7]

Am 4. Mai 1945 passierten die letzten Einheiten der 65th Infantry Division bei Schärding die frühere deutsch-österreichische Grenze.[8] Ihr Auftrag lautete, Linz einzunehmen und an der festgelegten Grenzlinie an der Enns auf die Rote Armee zu treffen. Bereits am 5. Mai nahm sie gemeinsam mit anderen Truppen weitgehend kampflos Linz und am 6. Mai die Stadt Enns ein, wo sie bis zur bedingungslosen Kapitulation der Wehrmacht

4 Vgl. Hans Friedrich Lenz: „Sagen Sie, Herr Pfarrer, wie kommen Sie zur SS?" (Gießen 1982). Im gedruckten Vorwort zum Buch findet sich lediglich der Hinweis, dass es *„auf Interviews und eine umfangreiche Korrespondenz zurück[geht], die der amerikanische Prof. Dr. Elmer Luchterhand, New York, zwischen 1975 und 1980 mit dem Autor führte"* (Friedrich Hahn: Vorwort, in: Lenz: Sagen Sie, Herr Pfarrer, S. 9).

5 In einem Brief an Luchterhand vom 18. März 1979 deutet Lenz an, dass er *„als Theologe zu Ihrer soziologischen Arbeit eine ganze Reihe grundsätzlicher Anmerkungen zu den Ihnen bereits schriftlich angedeuteten zu machen"* habe (BC Archives, Elmer G. Luchterhand Papers, Sub-Group II, Series 7, Box 13). Offenbar hatten Lenz und sein Mitarbeiter Alwin Ernst grobe Bedenken gegen die Einleitung, über deren Hintergründe nur spekuliert werden kann. In verschiedenen Stellungnahmen bemängeln sie, dass der Nationalsozialismus nicht als Ideologie behandelt würde, das Konzept der Destruktivität zurückzuweisen und der Kirchenkampf stärker zu betonen sei, wie auch einzelne andere Episoden anders zu beurteilen seien. Lenz bekräftigte sein *„Bedürfnis nach einer umfassenden und grundsätzlichen Korrektur"* der stets in Anführungszeichen gesetzten „Einleitung" in einem Brief vom 16. April 1979 (ebd.; vgl. auch das Material in Sub-Group IV, Series 11/12/13, Box 18) – dazu und zu einem Abdruck kam es nicht mehr.

6 Separation Qualification Record (AMM Zwischenarchiv, Sammlung Erika Luchterhand).

7 Vgl. dazu Elmer Luchterhand: The Nazi Concentration Camps, S. vii; Elmer Luchterhand: Knowing and Not Knowing: Studying Involvement in Nazi Genocide. Unpublished paper prepared for the International European Oral History Conference, University of Essex, Colchester, England, March 23–25, 1979 (New York 1979; BC Archives, Elmer G. Luchterhand Papers, BC, Sub-Group II, Series 5, Box 10), S. 3.

8 Zur militärischen Geschichte der 65th Infantry Division, die am 22. Jänner 1945 in Frankreich landete, am 29. März deutschen und am 4. Mai ehemaligen österreichischen Boden betrat und am 31. August 1945 aufgelöst wurde, vgl. Sgt. Bill Jordy: Right to be Proud: History of the 65th Infantry Division's March Across Germany (Linz 1945); ausführliche „After-Action-Reports" finden sich in Robert H. Cardinell (Hg.): The 65th Infantry Division in World War II (Palm Lane 2004). Zu Berichten mehrerer GIs über befreite Konzentrationslager vgl. Robert H. Cardinell (Hg.): 65th Division at German Concentration Camps & End of War (Palm Lane 2004).

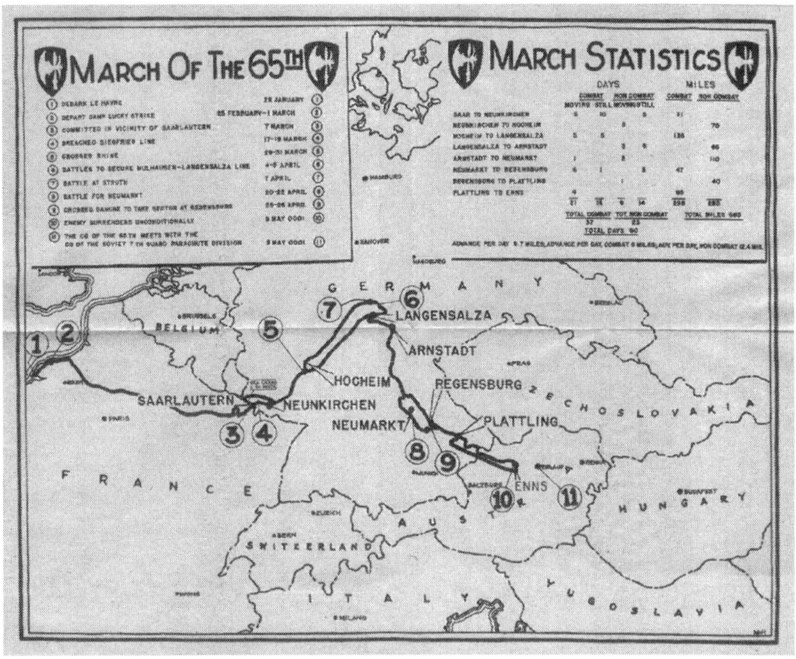

Marschroute der 65th Infantry Division der U.S. Army, die am 22. Jänner 1945 französischen Boden erreichte und am 31. August 1945 in der amerikanischen Besatzungszone in Österreich demobilisiert wurde. Einheiten der 65th Infantry Division waren an der Befreiung des Lagers Hersbruck beteiligt, eines Außenlagers des KZ Flossenbürg, stellten die Besatzungstruppen von Linz und halfen bei der Versorgung befreiter Häftlinge des KZ Mauthausen im Mai 1945 (Quelle: Bill Jordy: Right to be Proud: History of the 65th Division's March Across Germany, Linz 1945).

am 8./9. Mai stationiert war. Luchterhand besuchte zumindest einmal, am 20. Mai 1945, die Lager Mauthausen und Gusen, die am 5. Mai von der 11th Armored Division befreit worden waren.[9] Das geht aus einem auf den 21. Mai datierten Schreiben an seine Frau Helen Patricia (geborene Gormley) in Chicago hervor, die er im Juni 1942 geheiratet hatte und deren gemeinsamer Sohn Dennis im März 1943 zur Welt gekommen war[10]: „*Gestern war ein denkwürdiger Tag. Ich verbrachte ihn im KZ Mauthausen, um die Verbrechen gegen die gesamte Menschheit zu untersuchen, Verbrechen und Torturen, die nur jene Menschen begreifen können, deren Seelen und Körper sie überlebt haben. Ich habe ein paar Fotos gemacht, mit sehr vielen Leuten geredet (einer von ihnen ist heute nach Wien gefahren, um Auf-*

9 Für eine kompakte Schilderung der „amerikanischen Perspektive" auf die Befreiung der KZ Mauthausen und Gusen und die darauffolgende Beweissicherung der *War Crimes Investigation Teams* vgl. Tomaz Jardim: The Mauthausen Trial. American Military Justice in Germany (Cambridge/London 2012), S. 60–86.

10 Interview mit Erika Luchterhand, 17. April 2017, New York, Interviewer: Andreas Kranebitter (AMM Zwischenarchiv).

gaben zu übernehmen, die ihm die dortige Regierung übertragen hat) und in diesem Lager herumgewandert, das Himmlers Lieblingslager war. [...] Ich bin bis zum Abend in Mauthausen geblieben, dann hat mich ein Pole zur Donaufähre gebracht. Dort bin ich in die Kabine eines Lastwagens geklettert, dessen Fahrer ein früherer Mauthausen-Häftling war, ein Politischer, der im Juni 1933 verhaftet wurde und die Nazihölle 12 Jahre lang überlebt hat... Aber zurück zu Mauthausen. Wenn man von der Mauer des Lagers nach Westen und Osten blickt, sieht man die Enns und die Donau, und die Berge dahinter hätten von einem Albrecht Dührer [sic] gemalt werden können. [...] Wenn man sich von der wilden Schönheit der schneebedeckten Berge, der großartigen Flüsse und üppigen Fichtenwälder ab- und dem unglaublichen Horror und Wahn des Mauthausen genannten Lagers zuwendet, erklärt das Hirn das eine für real, das andere nicht – und dass die Welt nicht gleichzeitig derartige Extreme an Schönheit und Hässlichkeit beherbergen kann. [...] Die Männer und Frauen, die den Terror der nationalsozialistischen Konzentrationslager überlebt haben, einen Terror, den nur dieselben lebenden Opfer selbst begreifen können, sind keine gewöhnlichen Leute. Sie waren es vielleicht einmal. Aber wenn du sie lächeln siehst – ein menschliches, natürliches Lächeln – und wenn du sie mit Zuversicht von der Zukunft Deutschlands reden hörst, mit einem Mitgefühl für die einfachen Menschen ihres Landes, das man nicht mit Schwäche verwechseln darf, weißt du, dass du wirklich großartige Menschen getroffen hast. Ein solcher Mann, jetzt 35 Jahre alt, war der Lastwagenfahrer, der mich vom Donauhafen nach Enns fuhr. Ich habe meinem Freund versprochen, dass wir ihn in etwa zehn Jahren in Deutschland besuchen werden. Er geht davon aus, Amerika viel früher zu besuchen. Wenn er das tut, werden wir einen Gast haben – und ich bin sicher, wir werden einen wundervollen Gast haben."[11]

Luchterhand war nicht der einzige Amerikaner, den die Eindrücke, die er während und nach der Befreiung der Lager gewann, nicht mehr losließen. Anders als andere beließ er es allerdings nicht bei einer einmaligen Auseinandersetzung in Form einer Veröffentlichung, sondern kehrte immer wieder zu diesem Thema zurück.

Zur Entstehung der Arbeit: Leben und Studium in Wisconsin

Elmer Luchterhand war am 20. Mai 1911 in der kleinen Ortschaft Colby in Wisconsin auf einer Farm geboren worden, seine Eltern waren deutscher Abstammung, auf der Farm wurde allerdings Englisch gesprochen. Nach Absolvierung der High School schrieb sich Luchterhand 1928 in der nächstgelegenen staatlichen Universität, der University of Wisconsin ein, zunächst am College of Engineering.[12] Zwar war er hier bis 1932 inskribiert, doch dürfte seine Aufmerksamkeit einer anderen Aktivität gegolten haben – dem politischen Aktivismus. Die Weltwirtschaftskrise 1929 hatte auch in Wisconsin starke Auswir-

11 Brief Elmer Luchterhands an Patricia Luchterhand, 21. Mai 1945 (AMM Zwischenarchiv, Sammlung Erika Luchterhand).

12 Brief Elmer Luchterhands an Clarke Smith, Unity, Wisconsin, 18. April 1947 (University of Wisconsin-Madison, Division of Archives [fortan UW Archives], Elmer Luchterhand, Undergrad Admissions).

THE WEATHER

The Wisconsin State Journal

HOME FINAL

Order Study for Sweeping U. W. Changes

Senate Kills Bonus, Vets Stay

Army Grimly Holds Camp, Gets Larger

University Regents' Vote Assures Arboretum, Refuge on Lake Wingra

Milk Zone Law Between Devil and Deep Sea

U. W. to Build $99.50 Study for Farm Boy

Earl Vits Is President of U. W. Alumni

Clausen, Named Regents' Head, Sounds U. Ideal

Regents Vote Survey, Talk Salary Cuts

Luchterhand, Found Sane, Wins Freedom

Vilas Deer Are Parents

Garner Aide Attacks Farley to Open War

Hoover Will Take No Part in Campaign

State Wins Bank Case Judgment

Record Vote in Fall Seen by Socialists

Miss Corscot Declines to Enter Clerk Race

Badger Democrats to Support Roosevelt

Depression 'Turning Point' is Here, Dawes Believes

Feds Find Brewery, Bar in Home Here

Unter der Schlagzeile *Luchterhand, Found Sane, Wins Freedom* schrieb *The Wisconsin State Journal* am 18. Juni 1932 einmal mehr auf der Titelseite über Elmer Luchterhand. Hier berichtet die Zeitung über seine Freilassung aus dem *Mendota State Hospital for the Insane*, in das er nach seiner Festnahme auf einer Arbeitslosen-Demonstration überführt worden war. Luchterhand sei, so ein medizinischer Bericht, *„hochgradig emotional"*, könne aber nicht als geisteskrank klassifiziert werden. Hintergrund der Freilassung waren wiederum soziale Proteste in Wisconsins Hauptstadt Madison (Quelle: The Wisconsin State Journal, 18. Juni 1932).

kungen, die Arbeitslosigkeit verdoppelte sich mancherorts, die Zahl der Streiks nahm insbesondere in der Industrieregion um Milwaukee stetig zu.[13] Auch die Machtergreifung der NSDAP in Deutschland 1933 ging an der deutschen Community in den USA nicht spurlos vorüber. Im als „German state" bekannten Wisconsin stellten Nachfahren deutscher Ein-

13 Vgl. dazu allg. Erika Janik: A Short History of Wisconsin (Madison 2010), S. 133–147; Robert W. Ozanne: The Labor Movement in Wisconsin. A History (Madison 1984), S. 229–240.

wanderer über ein Drittel der Bevölkerung. Hier wie andernorts in den USA formierten sich insbesondere junge nationalsozialistische „Deutschamerikaner" in Organisationen wie dem *Bund der Freunde des neuen Deutschland*, dem späteren *Amerikadeutschen Volksbund*[14] – für Luchterhand Grund genug, um im Umfeld der Kommunistischen Partei der USA politisch aktiv zu werden. Noch im Zensus des Jahres 1940 sollte er in der Branche *„political work"* als Beruf *„organizer"* eintragen.[15] Regionale Berühmtheit erlangte er am 8. Juni 1932, als er auf einer Arbeitslosen-Demonstration als Redner auftrat und der Polizei den Gehorsam verweigerte. Das *Wisconsin State Journal* berichtete auf der Titelseite unter der Schlagzeile *Police Win Battle With Church Wall Orator*: *„Ehemaliger U.W.-Student verliert Hemd, als er vom Podium gezerrt wird [...] Elmer Luchterhand, jugendlicher schlaksiger ehemaliger Student der University of Wisconsin und ein weiterer vermeintlicher Kommunist, wurde nach einer Auseinandersetzung von der Polizei verhaftet, als er um 2 Uhr nachmittags ein Protesttreffen von Arbeitslosen vor der St.-Raphaels-Kirche gegenüber des Dane-County-Gerichts anführte."*[16] Mit der Begründung, ordnungswidrig die städtische Verkehrsordnung gestört zu haben, brachte man ihn in das Dane-County-Gefängnis, von wo er tags darauf *„zur Beobachtung"* in das *Wisconsin State Hospital for the Insane* überstellt wurde, wobei man im Register unter Geisteszustand *„Psychopathy"* notierte.[17] Erst nach zehn Tagen wurde er auf Weisung des Gerichts entlassen, wobei man seinen Geisteszustand nun mit *„Improv[ement]"*[18] wiedergab. Tatsächlich dürfte seine Entlassung eher die Folge der medial weithin beachteten sozialen Bewegung in Wisconsins Hauptstadt Madison gewesen sein, die in Unterstützung für den *„farm boy communist"*[19] entstanden war, als der attestierten psychiatrischen *„Besserung"*.[20]

Die Zeitungen Wisconsins berichteten auch später über ihn, als er etwa 1936 (unter dem Decknamen Elmer Lochner) verhaftet wurde, weil er mit einem Kompagnon auf ei-

14 Vgl. Sander A. Diamond: Zur Typologie der amerikadeutschen NS-Bewegung, in: Vierteljahreshefte für Zeitgeschichte, 23. Jahrgang (1975), Heft 3, S. 271–296; allg. Sander A. Diamond. The Nazi Movement in the United States, 1924–1941 (Ithaca 1974); speziell zu Wisconsin vgl. Mark D. Van Ells: How Milwaukee's German-Americans Faced Down Fascism Eighty Years Ago (http://www.milwaukeeindependent.com/articles/how-milwaukees-german-americans-faced-down-fascism-eighty-years-ago/, Aufruf am 15.5.2018).

15 Department of Commerce – Bureau of the Census, Sixteenth Census of the United States: 1940, Population Schedule, Wisconsin, Milwaukee, April 20, 1940 (www.ancestry.com, Aufruf am 15.5.2018).

16 The Wisconsin State Journal, Vol. 140, No. 68, Madison, June 8, 1932, S. 1.

17 Vgl. Jail Register Dane County (Wisconsin Historical Society Archives [fortan WHSA], Dane County Series 4, Sheriff, Jail Register, 1872–1931, January – 1933, November, Vol., No. 9); „Admissions for the month of June 1932" (WHSA, Mendota Mental Health Institute, Admissions and Discharge Registers, 1881–1960, Series 2166, Volume 10, S. 156).

18 „Discharges for the Month of June 1932" (WHSA, Mendota Mental Health Institute, Admissions and Discharge Registers, 1881–1960, Series 2166, Volume 10, S. 159)

19 The Wisconsin State Journal, Vol. 140, No. 91, Madison, July 1, 1932, S. 22.

20 Allein für 16. Juni 1932 wurde eine Kundgebung von 300 Personen berichtet, die für seine Freilassung protestiert hätten und unter denen Mitglieder der Kommunistischen Partei ebenso gewesen seien wie MitarbeiterInnen der University of Wisconsin (vgl. The Wisconsin State Journal, Vol. 140, No. 76, Madison, June 16, 1932, S. 1). Am 18. Juni wird ein Arzt mit dem Statement zitiert, Luchterhand sei eine *„psychopathische Person ohne Psychose"*, die man als „jetzt gesund" entlassen müsse (The Wisconsin State Journal, Vol. 140, No. 78, Madison, June 18, 1932, S. 1).

Hans Gerth (1908–1978) im Oktober 1964. Auf der Rückseite des Fotos zu lesen: *„Hans Gerth mit einem Jack-O'Lantern-Ebenbild"* (UW Archives, Photographs Hans Gerth).

nem Picknick in Milwaukee eine Nazi-Fahne von der Picknick-Plattform heruntergerissen und damit eine erbitterte Auseinandersetzung provoziert hatte.[21] Luchterhand blieb bis zum Eintritt der USA in den Zweiten Weltkrieg, so scheint es, hauptsächlich politischer Aktivist. Der letzte Hinweis auf seine diesbezügliche Rolle lässt sich für April 1941 ausmachen und steht in Zusammenhang mit einem Streik im Allis-Chalmers-Traktorenwerk.[22] Über diese Tätigkeit hinaus betätigte er sich, zeitweise unter dem Pseudonym Gustav Mahler (was ihn vermutlich später dazu veranlasste, seinen bei der Geburt nicht vorhandenen zweiten Vornamen mit „Gustav" anzugeben), auch als Journalist und *„farm editor"*.[23] Im März 1943 wurde er jedenfalls, wie bereits beschrieben, in die U.S. Army eingezogen, exakt drei Jahre später demobilisiert. Nach der Entlassung aus dem Militärdienst kehrte er an seine Universität zurück. Dank der G.I. Bill, die Veteranen Stipendien

21 The Wisconsin State Journal, Vol. 148, No. 117, Madison, July 28, 1936, S. 4.

22 The Racine Journal-Times, Vo. 85, No. 85, Racine, April 10, 1941, S. 1 und S. 18. *The Capital Times* bezeichnete ihn zuvor noch 1940 als *„Mitglied des staatlichen Komitees der Kommunistischen Partei Wisconsins"* (The Capital Times, Vol. 46, No. 155, Madison, December 5, 1940, S. 18). Luchterhands Tochter erinnert sich im Interview, dass er in die Sowjetunion gereist war, wenn er auch wenig begeistert von ihr zurückkam (Interview mit Erika Luchterhand, AMM Zwischenarchiv).

23 Vgl. Army of the United States: Separation Qualification Record (AMM Zwischenarchiv, Sammlung Erika Luchterhand).

sicherte, konnte er von 1947 bis 1953 in Madison, Wisconsin, nacheinander ein Bachelor-, Master- und schließlich ein Dissertationsstudium betreiben. Letzteres schloss er 1953 mit der hier erstmals veröffentlichten Dissertation ab.

Die University of Wisconsin hatte mehrere Standorte, in der Hauptstadt Madison befindet sich der wichtigste Campus. Diese Universität war und ist eine der führenden staatlichen Universitäten, die dank ihrer Forschungskapazität mit den Privatuniversitäten durchaus mithalten konnte. Die Soziologie in Wisconsin kann auf eine lange Tradition zurückblicken – im Zeitraum 1925 bis 1966 belegte sie hinter der University of Chicago und der Columbia University in New York den dritten Rang, was die Zahl der verfassten soziologischen Dissertationen betrifft.[24] Die Universität war zudem zeitweilig der Arbeitsplatz einer größeren Zahl bekannter amerikanischer Soziologen: Edward A. Ross, der von 1906 bis 1937 dort lehrte, war der bekannteste, aber auch der Sozialpsychologe Kimball Young (von 1926 bis 1940) und der Anthropologe Ralph Linton (von 1928 bis 1937) erlangten große Bekanntheit. Zu der Zeit, als Luchterhand an das Department of Sociology kam, lehrten und forschten dort unter anderem zwei mit Deutschland bestens vertraute Soziologen, die dann auch die Betreuer und Gutachter von Luchterhands Dissertation werden sollten.

Der ältere (und etabliertere) der beiden war Howard P. Becker, geboren 1899, gestorben 1960, der Nachfolger von Ross in Wisconsin. Becker besuchte erstmals 1923 Deutschland und kehrte nach seinem Undergraduate-Studium dorthin zurück. Er studierte in Köln und wurde Freund und Schüler von Leopold von Wiese, dessen lose an Georg Simmel anschließende Beziehungslehre in der Zwischenkriegszeit einige Aufmerksamkeit fand. Becker übersetzte von Wiese, lud diesen und andere deutsche Soziologen nach Wisconsin ein und bemühte sich nach 1933 auch um vertriebene deutsche Wissenschaftler. In den Anfangsjahren der NS-Diktatur fuhr er wiederholt nach Deutschland, um Vorträge zu halten und Kollegen zu besuchen. Während des Krieges war er in Großbritannien, Frankreich, Luxemburg, Deutschland und Österreich im Nachrichtendienst OSS tätig und hielt sich 1945 in Deutschland auf, wo er neben anderen Alfred Weber und Marianne Weber, die Witwe Max Webers, traf.[25] In den Jahren 1947 und 1948 fungierte er als Besatzungsfunktionär für die hessischen Hochschulen und war als solcher auch an der Wiedererrichtung der Deutschen Gesellschaft für Soziologie unter seinem alten Freund

24 Vgl. Russell Middleton: History of Sociology at the University of Wisconsin-Madison, Volume 2: Students, Personnel, and Programs (Madison 2017), S. 7. Middleton konstatiert dennoch einen Reputationsverfall im Laufe der 1940er- und 1950er-Jahre, die er einerseits auf die nachholende Entwicklung an anderen US-Universitäten zurückführt, andererseits auf eine universitäre Austeritätspolitik (vgl. Russell Middleton: History of Sociology at the University of Wisconsin-Madison, Volume 1: Challenges, Ups, and Downs, 1874–2016 (Madison 2017), S. 385f.).

25 Howard P. Becker: Intellectuals, Concentration Camps, and Black Propaganda: An Interview with Alfred Weber, in: American Journal of Economics and Sociology, 10. Jahrgang (1951), Heft 2, S. 139–143; Howard P. Becker: Max Weber, Assassination, and German Guilt: An Interview with Marianne Weber, in: American Journal of Economics and Sociology, 10. Jahrgang (1951), Heft 4, S. 401–405.

Howard P. Becker (1899–1960), Jänner 1959 (UW Archives, Photographs Howard P. Becker).

von Wiese führend tätig.[26] Sein Buch über die deutsche Jugend bildet eine der ersten Nachkriegsveröffentlichungen eines Soziologen über die jüngste Vergangenheit.[27]

Beckers intellektuelle Orientierung (und damit die des ganzen Instituts) kann man an den Prüfungsfragen ablesen, die er Luchterhand im Mai 1949 im Fach Soziologische Theorie bei einer Klausurarbeit stellte: In zwei der zehn Fragen zur Auswahl wird auf von Wiese, in einer auf Weber Bezug genommen, der einzige weitere Name eines Theoretikers, der Erwähnung findet, ist Florian Znaniecki.[28] Becker gehörte sichtbar nicht zu jener Richtung der amerikanischen Soziologie, die die folgenden Jahrzehnte dominieren

26 Vgl. Faculty information sheet, 27. April 1949 (UW Archives, Biographical File Howard P. Becker).

27 Howard P. Becker: German Youth: Bond or free (New York 1946). Für die 1949 veröffentlichte deutsche Ausgabe – Howard Becker: Vom Barette schwankt die Feder. Die Geschichte der deutschen Jugendbewegung (Wiesbaden 1949) – wurden Änderungen vorgenommen, auf die ein Werbefolder des deutschen Verlags *Der Greif* offenbar mit einigem Stolz hinwies: *„Die deutsche Ausgabe ist eigentlich keine Übersetzung der bisherigen englischen, sie ist ein neues Buch, da die englische Ausgabe, 1946 erschienen, zwei abschließende Kapitel hatte, die in ihrer Vorhersage zu düster waren. Zwei neue Kapitel, die die gegenwärtige Entwicklung darstellen, wurden für die deutsche Ausgabe eigens geschrieben.“* (UW Archives, College of Letters and Science, Department of Sociology, Howard Becker Files, Series No. 7/33/6-5, Professional Notes, Typescripts, and Biographical Data / Biographical Materials and German Notes).

28 Howard Becker: Master's Preliminary Examination in Outlying Field: Sociological Theory, 18. Mai 1949 (UW Archives, College of Letters and Science, Department of Sociology, Howard Becker Files, Series No. 7/33/6-2, Box 5).

sollte, aber als Lehrer eines Ex-GI, der seine persönlichen Erfahrungen während der Befreiung deutscher Konzentrationslager zum Ausgangspunkt einer Dissertation machte, war er vermutlich eine sehr gute Wahl. Beckers Umtriebigkeit und vielfältigen Verpflichtungen reduzierten seine Nützlichkeit als Betreuer allerdings nicht nur im Falle von Luchterhand, dessen Erstbetreuer mit Hans Gerth ohnehin jemand anderer war.

Der neun Jahre jüngere Gerth war als Flüchtling aus Deutschland erst im Dezember 1937 in die USA gekommen und 1940 nach Wisconsin übersiedelt, wo er 1947 zum Associate und 1958 zum Full Professor befördert wurde. Gerths erster wissenschaftlicher Artikel in der Emigration war eine Analyse der NSDAP;[29] bekannt wurde er in den 1940er-Jahren allerdings als Ko-Autor des um acht Jahre jüngeren C. Wright Mills, mit dem er 1946 einen Band ausgewählter Schriften Max Webers herausgab und 1953 auch noch ein einflussreiches Lehrbuch der Sozialpsychologie veröffentlichte.[30] Gerth war nach Bekunden vieler seiner ehemaligen Studentinnen und Studenten ein begnadeter Lehrer, dessen Ruhm weit über die Grenzen seines Campus hinausreichten. Susan Sontag ist wohl die berühmteste seiner *students-at-a-distance*.[31] 1949 war Luchterhand Gerths *Teaching Assistant*,[32] ihre Beziehung dürfte – gerade weil Gerth ansonsten selten als Erstbetreuer von Dissertationen fungierte[33] – recht eng gewesen sein. Während es wohl keinen besseren Gesprächspartner als Gerth geben hätte können, wird man an dessen Betreuer-Qualität allerdings in doppelter Weise Zweifel äußern müssen: Luchterhands Dissertation ist stilistisch ein Text, der dringend eines Lektorats bedurft hätte, das zumindest einzufordern zu den Aufgaben von Betreuern zählt. Gerth war aber vermutlich auch hinsichtlich des von Luchterhand untersuchten Gegenstandes kein optimaler Betreuer, hatte er doch Deutschland hinter sich gelassen, ohne in dessen Abgründe geblickt haben zu müssen. Andere geflüchtete Wissenschaftler hatten Gestapo und SS und deren Gefängnisse und Lager kennenlernen müssen, ehe ihnen die Ausreise oder Flucht gelang. Da Gerth den Krieg als *enemy alien* im Mittelwesten der USA verbrachte und auch in den 1940er-Jahren Wisconsin selten verließ, war sein Informationsstand über Deutschland defizitär und vermutlich auch noch ein wenig voreingenommen, da er als jemand, der den Nazis zwar habituell und politisch fernstand, die Abgründe, in die seine Heimat hinabsank, in psychologisch durchaus verständlicher Abwehr weniger tief sehen wollte, als sie waren.

29 Hans Gerth: The Nazi Party: Its Leadership and Composition, in: American Journal of Sociology, 45. Jahrgang (1940), Heft 4, S. 517–541; vgl. dazu auch Nobuko Gerth: „Between two Worlds". Hans Gerth. Eine Biografie 1908–1978 (Opladen 2002), S. 87–94.

30 Hans Gerth/C. Wright Mills (Hg.): From Max Weber: Essays in Sociology (New York 1946); Hans Gerth/C. Wright Mills (Hg.): Character and Social Structure. The Psychology of Social Institutions (New York 1953). Zur nicht immer friktionsfreien Zusammenarbeit zwischen Gerth und Mills siehe Guy Oakes/Arthur J. Vidich: Collaboration, Reputation, and Ethics in American Academic Life. Hans H. Gerth and C. Wright Mills (Urbana/Chicago 1999).

31 Vgl. https://www.friedenspreis-des-deutschen-buchhandels.de/sixcms/media.php/1290/2003%20Friedenspreis%20Reden.pdf, Aufruf am 16.5.2018.

32 Vgl. UW Archives, Elmer Luchterhand, Grad Admissions.

33 Vgl. Gerth: Between Two Worlds, S. 240. Luchterhand und Gerth standen auch später in Kontakt – in Gerths Nachlass finden sich drei Briefe Luchterhands an Gerth (vgl. Deutsche Nationalbibliothek, Deutsches Exilarchiv 1933–1945, Frankfurt am Main, Nachlass Hans H. Gerth).

Während Becker im OSS und dank seiner Aufenthalte in Deutschland über hinreichend detaillierte Informationen verfügt haben dürfte, konnte Gerth nicht an mehr Material herankommen, als einem durchschnittlichen Universitätsprofessor im Mittelwesten der USA zugänglich war. Angesichts des intellektuellen Profils der beiden soziologischen Betreuer ist es mehr als merkwürdig, dass Luchterhand in seiner Arbeit einem Modell soziologischen Arbeitens folgt, dass diesen fremd sein musste und heute wiederum befremdlich wirkt, was allerdings übersehen lassen könnte, dass der Forschungsstil, dem sich Luchterhand geradezu krampfhaft anzupassen bemühte, damals einiges Ansehen genoss – auch wenn es übertrieben wäre zu behaupten, dass dem prononcierten Szientismus damals alle folgten. Die strenge behavioristische Sprache und die streckenweise doch ziemlich naive Verwendung statistischer Berechnungen und quantitativer Analyse hätten Anfang der 1950er-Jahre besser zu George Lundberg in Seattle – dem prototypischen Positivisten unter den amerikanischen Soziologen – oder zu F. Stuart Chapin an der University of Minnesota, einem Fürsprecher der experimentellen Designs, gepasst.

Bedauerlicherweise sind kaum Aufzeichnungen mit Kommentaren der Betreuer zu Luchterhands Dissertation überliefert, und da an amerikanischen Universitäten Gutachten über Dissertationen unbekannt sind, wissen wir nur, was Becker am 22. Oktober 1952 in einem Memorandum an Gerth an Kritikpunkten gegenüber Luchterhands Arbeit festhielt.[34] Definitionen erscheinen Becker darin zu vage und Neologismen stören ihn ebenso wie die fragwürdige Beherrschung des Englischen, die er mehrfach notiert; er hätte es auch lieber gesehen, wenn Luchterhand seine Nichtbeherrschung des Deutschen und Holländischen an einer Stelle der Dissertation einbekannt hätte. Ihm erscheint die zentrale Hypothese Luchterhands zu sehr darauf zugeschnitten zu sein, dass sie Bestätigung finden muss: *„‚Hypothesen aufstellend‘ trifft die Sache nicht, ‚Mutmaßung‘ oder ‚Wunschdenken‘ würde besser passen“*, lautet ein spitzer Kommentar zur Erstfassung. Zugleich bemäkelt Becker, dass Bettelheim in den Augen Luchterhands immer falsch liege: *„Letztendlich waren Heilig und Bettelheim aber in den Lagern“*. Auch Luchterhands Kritik an Theodore Abel stößt Becker negativ auf, sei doch dieser in New York an der Columbia University lehrende angesehene Kollege jemand, der *„schließlich jahrelang zentrale europäische Angelegenheiten intensiv erforscht hat, die relevanten Sprachen gründlich beherrscht hat und allgemein als kompetenter Soziologe gilt.”* Von den Kompetenzen Luchterhands hat Becker keine sehr gute Meinung: Neben den sprachlichen Unzulänglichkeiten stört ihn der Aufbau des Textes, die willkürliche Zitierpraxis und die Missachtung von methodischen Regeln (kein Interviewleitfaden, keine Volltexttranskripte) – ebenso wie er meint, dem Bewunderer zahlenförmig vorgebrachter Argumente auch die Beherrschung dieser Kunst wenn schon nicht abzusprechen, so doch anzweifeln zu müssen: *„Sogar jene, die statistisch ‚kühl‘ sind, werden viele Defizite in der jetzigen Darstellung finden.“*

34 Vgl. Howard P. Becker: Memorandum an Hans Gerth, 22. Oktober 1952 (UW Archives, College of Letters and Science, Department of Sociology, Howard Becker Files, Series No. 7/33/6-1, General Correspondence, Box 1, General Correspondence, Folder 2 (1937–1953, H-Q)). Die folgenden Zitate beziehen sich auf dieses Memorandum.

Man kann Becker nicht absprechen, die Arbeit gründlich gelesen zu haben und seine Einwände auf drei eng beschriebenen Seiten gut begründet dargelegt zu haben. In dem wenig mehr als einem Monat, das Luchterhand sich daraufhin nahm, um diesen Einwänden textlich Rechnung zu tragen, scheint er an manchen, aber nicht an allen der angesprochenen Stellen Korrekturen vorgenommen zu haben. Während die Kritik an Bettelheim ebenso Kern der Arbeit blieb wie die nach heutigen Maßstäben einfache Form der Quantifizierung eine der zentralen Schwachstellen der Arbeit, spricht die Wertschätzung für Theodore Abel oder die Inklusion des Interviewprotokolls von „Karl" in Kapitel 3 für eine streckenweise stärkere Umarbeitung des endgültigen Manuskripts.

Alles in allem scheint Luchterhand mit seinen beiden Betreuern bzw. Gutachtern gut, aber nicht förderlich bedient gewesen zu sein. Sie ließen die Arbeit durch, fanden sie aber nicht attraktiv genug, um durch intensivere Betreuung oder die Forderung nach eingehender Überarbeitung im Nachhinein daraus ein publikationswürdiges Produkt zu machen. Was weder Becker noch Gerth sahen, ist, dass Luchterhand wie niemand vor ihm und nur wenige danach eine sehr große Zahl von Überlebenden befragte, dabei reichhaltiges Material generierte und in den Interviews und der Dissertation Aspekte des Lagerlebens erstmals zur Sprache brachte. Nie davor und nur sehr selten danach wurde über die Intimbeziehungen der Häftlinge so genau gefragt und so akribisch analysiert.

Zentrale Thesen der Studie und das Sample der Interviewten

Für die vorliegende Dissertation führte Elmer Luchterhand in den Jahren 1950 und 1951 insgesamt 52 Interviews mit KZ-Überlebenden, die in den USA lebten. Über die Auswahl der Interviewten ist wenig mehr bekannt, als in der Einleitung zur Dissertation selbst zu lesen ist. Das Sample ist offensichtlich verzerrt, bezieht man es auf die (damals wie heute selbstverständlich unbekannte) Gesamtheit der Häftlinge des KZ-Systems: Die Mehrheit der Interviewten war jüdisch und stammte aus der Mittelschicht deutscher Großstädte.[35] Doch das ohnehin unerreichbare Ziel der Repräsentativität ist nicht der einzig mögliche Maßstab. Die fortlaufende Nummerierung der Interviewpartnerinnen und Interviewpartner, die das chronologische Vorgehen Luchterhands bei der Auswahl der Interviewten widerspiegelt, lässt gewisse Muster erkennen, die im Lichte der späteren KZ-Forschung ein innovatives Vorgehen verdeutlichen, das mit gutem Grund als theoretisches Sampling *avant la lettre* bezeichnet werden könnte. Ein Wechsel zwischen Ähnlichkeit und Verschiedenheit des jeweils nächsten Interviewten lässt sich daran erkennen. Interviews mit Überlebenden in New York, darunter mit auffallend vielen österreichischen Akademikern wie Paul Neurath, Heinrich Glass oder Armand Eisler, folgten (sicherlich wie in Eislers Fall dank der Hilfe von Überlebendenverbänden wie der *„K. Z.*

35 Vgl. dazu ausführlich Andreas Kranebitter: Zahlen als Zeugen. Soziologische Analysen zur Häftlingsgesellschaft des KZ Mauthausen. Mauthausen-Studien, Band 9 (Wien 2015), S. 80–83.

American Association of Former Inmates of Concentration Camps“) Interviews in Chicago, nicht selten mit Leuten aus der *Working Class.* Im Ergebnis interviewte Luchterhand etwa gleich viele Männer wie Frauen, Menschen aus unterschiedlichen Berufen, Schichten und auch Ländern, die zu unterschiedlichen Zeiten in unterschiedlichen Lagern und Lagertypen inhaftiert waren, unterschiedlich lange und sogar mit unterschiedlicher Kategorie. Neben jenen, die als „Jüdinnen“ und „Juden“ oder auch als „Politische“ deportiert worden waren, findet sich unter den Interviewten mit Bernie Simon auch jemand, der als *„A[rbeits]S[cheu]R[eich] J[ude]“*, also als vermeintlich „Asozialer“, und zeitweise sogar als *„B[erufs]V[erbrecher] J[ude]“*, also als vermeintlich „Krimineller“ kategorisiert worden war.[36] Simon war in der „Juni-Aktion“ 1938 verhaftet und 1940 aus der KZ-Haft entlassen worden.[37] In seinem Interview berichtet er – was für sich genommen bereits den Seltenheitswert der Interviewmaterialien verdeutlicht – offen von seiner Rolle als Funktionshäftling, von selbst erfahrener wie auch selbst an anderen verübter Gewalt. *„Kooperativ während des Interviews. Notiz: Eher streng mit seinem 2½-jährigen Kind. Kind musste ‚Ich entschuldige mich‘ sagen, als es die Hand gegen den Vater erhob. […] Scheint ein guter Arbeiter zu sein, spielt Schach und sagt, als Jugendlicher ‚in der Nachbarschaft ein Raufer‘ gewesen zu sein. […] Er gibt an, am zornigsten gewesen zu sein, als ihn ein SS-Mann niederschlug und fünf Mal in den Oberschenkel stach. Bei einem anderen Anlass war er auch besonders zornig, als ein Häftling sein Brot genommen hatte. Er berichtet, diesen Häftling dreimal mit der Faust geschlagen zu haben.“*[38]

Interview-nummer	Name	Vorname	Pseudonym	Geburts-datum	Geburtsort	Todesdatum	Todesort	Angegebene(r) Beruf(e)
1	Sitte	Kurt	Frank	01.12.1910	Reichenberg (Liberec)	20.06.1993	Freiburg/ Breisgau	Dozent
2	Glass	Henry	Peter	24.09.1911	Wien	16.06.1981	DeKalb, Georgia	Architekt
3	Eisler	Armand	Mark	06.05.1880	Paris	16.09.1957	Miami	Rechtsanwalt
4	Stein	Paul	Eli	16.07.1896	Linz			Buchdrucker
5	Neurath	Paul	Ira	12.09.1911	Wien	03.09.2001	New York	Rechtsanwaltsan-wärter
6	Monschein	Rose	Edna	24.06.1901	St. Pölten	09.1979	New York	Schneiderin
7	Askenasy	Alex	Matt	1926	Frankfurt/ Main			Schüler
8	Morrow	Steven	Ben	28.03.1921	Kraków	11.10.1998	New York	Schlosser, Techniker, Angestellter, Buchhalter
9	Landauer	Eva	Ruth	09.10.1917	Heilbronn	14.02.2004	New York	Studentin
10	Sachs	Walter	Edward	15.12.1927	Białystok	09.03.2011	New York	Schlosser

36 Vgl. Inhaftierungsbescheinigung, T/D 326458, 26. Februar 1954 (International Tracing Service [fortan ITS] Arolsen 6.3.3.2/93718282).

37 Vgl. Wolfgang Ayaß: „Asoziale“ im Nationalsozialismus (Stuttgart 1995); Christian Faludi: Die „Juni-Aktion“ 1938. Eine Dokumentation zur Radikalisierung der Judenverfolgung (Frankfurt am Main/New York 2013).

38 Interviewprotokoll „Reuben“ (BC Archives, Elmer G. Luchterhand Papers, Accession #2001-005, Sub-Group I, Series 1, Box 1).

Interview-nummer	Name	Vorname	Pseudonym	Geburts-datum	Geburtsort	Todesdatum	Todesort	Angegebene(r) Beruf(e)
11	Feuer	Otto	Karl	02.11.1914	Wien	01.1982	New York	Kaufmann
12	Wantuch	Haydee	Amy	01.10.1898	Breslau (Wrocław)	28.10.1984	New York	Uniformnäherin
13	Landauer	Karoline	Minna	07.05.1893	Gemmingen	01.12.1977	New York	Hausfrau
14	Fink	John	Joe	12.08.1920	Berlin	20.12.2000	Chicago	Elektromonteur
15	Allerhand	Gusta	Jennie	10.01.1904	Kraków			Galanteriefach-warenverkäuferin
16	Caspary	Margot	Selma	03.09.1897	Berlin	08.11.1995	Los Angeles	Hausfrau
17	Astor	Henry	Sigmund	14.01.1921	Breslau (Wrocław)	22.03.1984	Glenwood, Illinois	Angestellter
18	Treitel	Frieda	Greta	14.05.1922	Essen			kaufmännische Angestellte
19	Treitel	Herbert	Philip	17.05.1910	Samter (Szamotuły)	30.05.1994	Sarasota, Florida	Arbeiter, Elektro-Monteur
20	Rosenrauch	Alice	Louise	26.09.1913	Bad Cannstatt (Stuttgart)			
21	Mehler	Margaret	Paula	09.03.1912	Berlin	30.12.1998	Evanston, Illinois	
22	Salomon	Rolf	Dan	22.09.1912	Berlin	07.1964	Illinois	Kaufmann, Krankenpfleger
23	Plaut	Lucie	Laura	26.01.1905	Köln	04.09.1992	Chicago	Hausfrau
24	Shuftan	Sidney	Jacob	12.11.1918	Breslau (Wrocław)	05.12.1994	Glenwood, Illinois	Klempner, Dach-decker, Schmied
25	Sanders	Michael	Jim	01.07.1919	Działoszyce	20.01.2001	Illinois	Schäftemacher, Maurer
26	Sanders	Eta	Leah	09.05.1921	Mischkolc	22.07.2014	Des Plaines, Illinois	Fachlehrerin, Schneiderin
27	Mamlok	Henry	Gus	03.07.1921	Berlin	03.05.2016	Skokie, Illinois	Mechaniker, Dreher, Werk-zeugschlosser
28	Libman	Edith	Julia	09.06.1925	Köln	13.12.1990	Illinois	Haushälterin
29	Kandell	Eric	Herman	15.11.1902	Mątowy Wielkie	07.1969	Illinois	
30	Simon	Bernie	Reuben	24.03.1903	Darmstadt	01.01.1963	Illinois	Fleischer
31	Fiedler	Ernestine	Lottie	04.08.1899	Czernowitz	04.07.1982	Lehigh Acres, Florida	Konzertpianistin
32	Stern	Herta	Elsie	16.06.1901	Berlin	31.03.1972	Lehigh Acres, Florida	Journalistin, Schriftstellerin
33	Libman	Lou	Conrad	03.01.1925	Darmstadt	10.09.2007		Schlosser
34	Strick	Henry	Olaf	03.12.1921	Piotrków Trybunalski	06.1978	Chicago	Glaser
35	Ziel	George	Felix	28.03.1914	Łowicz	28.02.1982	New Preston, Connecticut	Kunstmaler
36	Busek	Vratislav	Steve	14.05.1897	Prag	12.06.1978	New York	Professor für Rechtswissen-schaften
37	Sedlak	Mirko	Boris	14.05.1913	Český Krumlov	12.01.1981	Marietta, Georgia	Beamter
38	Federn	Ernst	Sol	26.08.1914	Wien	24.06.2007	Wien	Student
39	Berger	Hilde	Stella	13.06.1914	Berlin			Korrespondentin, Sekretärin, Stenotypistin
40	Simons	Rudy	Bennet	03.05.1907	Düsseldorf	09.12.1992	New York	Fabrikant, Landwirt

Interview-nummer	Name	Vorname	Pseudonym	Geburts-datum	Geburtsort	Todesdatum	Todesort	Angegebene(r) Beruf(e)
41	Cohn	August	Richard	10.05.1910	Fulda	22.02.1986	Holtsville, New York	kaufmännischer Angestellter
42	Simons	Mary	Leila	22.11.1909	Düsseldorf	03.09.2002	New York	Sekretärin
43	Berner	Inge	Trudy	27.04.1922	Berlin	10.06.2012	Portland, Oregon	Arbeiterin, Stenotypistin, Sekretärin
44	Ullman	Max	Jerome	09.01.1911	Haigerloch	03.11.1994	New York	Verkäufer
45	Unger	Hyman	Milton	12.06.1920	Działoszyce	10.05.1994		Bauer, Schlosser
46	Holzer	Charles	Martin	25.09.1920	Frankfurt/ Main	25.12.2010	New York	Filmtechniker
47	Winter	Werner	Hugo	02.06.1925	Berlin			Schüler, Magaziner
48	Floss	Eric	Alfred	09.06.1924	Büdesheim (Schöneck)	27.01.1997	Chicago	Angestellter
49	Zendel	Allen	Ralph	04.10.1915	Sosnowiec	21.07.1988	Chicago	Mechaniker-gehilfe
50	Schweizer	Morris	Warren	13.08.1900	Euskirchen	16.11.1982	Miami	Universitäts-assistent
51	Fiedler	Fritz	Harry	1919				
52	Beiler	Leon	Ray	14.04.1910	Włocławek	15.06.2004	Milwaukee, Wisconsin	Friseur

Interviewnummern, Namen, Pseudonyme und Daten der Interviewpartnerinnen und -partner. Die Namen der Interviewten werden in ihrer amerikanischen Schreibweise wiedergegeben, die Berufsangaben umfassen sowohl subjektiv angegebene, als auch von der Lager-SS notierte Berufe. Ausführliche biografische Angaben finden sich in den Fußnoten bei erster Erwähnung des Interviewpartners.

Aus inhaltlicher Sicht werden zentrale Momente der Holocaustforschung bei Luchterhand erstmals thematisiert: neben der Erwähnung von bis dahin in der Öffentlichkeit vollkommen unbekannten Personen wie Oskar Schindler ist hier vor allem die zentrale Schlussfolgerung zu nennen, dass der Zusammenschluss in Paaren und Kleingruppen buchstäblich überlebensnotwendig war. Das mehrfach formulierte Ziel der Arbeit bestand darin, Bruno Bettelheims Hypothesen zu überprüfen. Bettelheim hatte zwar anfänglich Schwierigkeiten gehabt, seinen Artikel zu publizieren,[39] nach der Veröffentlichung 1943 wurde sein Aufsatz aber einer der meistgelesenen Beiträge der frühen KZ-Forschung. Seine zentrale Behauptung war, dass sich die KZ-Häftlinge mit zunehmender Haftdauer stärker an die Lager anpassten. Am Ende stehe die Identifikation mit dem Aggressor: „*Hatte der Gefangene das Endstadium seiner Anpassung an die Lagersituation erreicht, so hatte sich seine Persönlichkeit derart verändert, daß er sich nunmehr sogar manche Wertvorstellungen der SS zu eigen gemacht hatte.*“[40] „Alte Häftlinge“ wären daher besonders angepasst gewesen; die einzige Überlebensstrategie für den „neuen Häftling“

39 Vgl. Christian Fleck/Albert Müller: Bruno Bettelheim (1903–1990) und die Konzentrationslager, in: Amalia Barboza/Christoph Henning (Hg.): Deutsch-jüdische Wissenschaftsschicksale. Studien über Identitätskonstruktionen in den Sozialwissenschaften (Bielefeld 2006), S. 180–231.

40 Bruno Bettelheim: Individuelles und Massenverhalten in Extremsituationen, in: Ders.: Erziehung zum Überleben. Zur Psychologie von Extremsituationen (Darmstadt 1980), S. 58–95, hier S. 88.

bestehe demnach darin, sich als Einzelner von den „alten“ Häftlingen und der Häftlingsgesellschaft zu isolieren, um psychisch intakt zu bleiben – also individuelle Isolierungsstrategien zu verfolgen. *„Es war einfacher, dem Druck der Gestapo [sic] und der Nazis zu widerstehen, wenn man nach wie vor als Individuum funktionierte.“*[41] Dieser individualistische Fokus hatte seine Entsprechung im Positiven wie im Negativen in Überlebendenmemoiren – im *„Märchenwald der Erfolgsgeschichte“*[42], wie Ruth Klüger schrieb, oder in der Manifestation der berühmten „Überlebensschuld“. Gleichzeitig diffundierte dieser Blickpunkt in die Forschung – Autorinnen und Autoren wie Herbert Bloch[43] und Hannah Arendt[44] bezogen sich ebenso in zentraler Weise auf Bettelheim wie bekannte Bücher wie Wolfgang Sofskys *Die Ordnung des Terrors.*[45] Sofsky zufolge hatte die SS die sogenannte Häftlingsgesellschaft erfolgreich in vereinzelte Einzelne atomisiert und disaggregiert, was auch ein Überleben nur auf individueller Basis möglich scheinen ließ. Die Häftlingsgesellschaft galt ihm als soziales Gefüge, in dem sich *„der Aggregatzustand der Gesellschaft der atomisierten Dissoziation annäherte“.*[46]

Luchterhand hatte diese von ihm als Hobbessche Perspektive bezeichnete Ansicht früh zurückgewiesen. Schon in seiner Masterarbeit hatte er geschrieben: *„Sogar in Bezug auf die Phase der Einweisung mag es überzeugend klingen, das Leben in der KZ-Gesellschaft als einen Hobbesschen ‚Krieg aller gegen alle‘ zu charakterisieren, wie dies einige Beobachter auf Basis von journalistischen Berichten getan haben, die in der Phase der Auflösung des konzentrationären Universums zu einer Flut angewachsen sind. Die Fakten sprechen, wie in dieser Studie dargelegt, eine andere Sprache.“*[47] In der 1949 approbierten Masterarbeit basierte diese Erkenntnis allerdings noch auf Literaturstudium; für die Dissertation versuchte er das Forschungsanliegen mit Hilfe von Interviews mit Überlebenden, die in die USA emigriert waren, weiterzuverfolgen. Im Interviewleitfaden finden sich Fragen zu zahlreichen Verhaltensweisen und ihren Veränderungen während der Inhaftierung, u.a. zu religiösem Verhalten und Glauben, aber auch zu Sexualität oder Diebstahl. Dank Verlesen von individuellen Berichten zu Diebstahlshandlungen gaben neun Interviewte derartige Handlungen in den Lagern zu, fünf weitere gaben an, darüber nachgedacht zu haben. Da die Mehrzahl dieser Vorkommnisse auf Transporten oder in frühen Phasen der

41 Ebd., S. 93.

42 Ruth Klüger: weiter leben. Eine Jugend (München 1994), S. 108.

43 Vgl. Herbert A. Bloch: The Personality of Inmates of Concentration Camps, in: American Journal of Sociology, 52. Jahrgang (1947), Heft 4, S. 335–341.

44 Hannah Arendt: The Concentration Camps, in: Partisan Review, 15. Jahrgang (1948), Heft 7, S. 743–763; Hannah Arendt: Social Science Techniques and the Study of Concentration Camps, in: Jewish Social Studies, 12. Jahrgang (1950), Heft 1, S. 49–64; Hannah Arendt: Die vollendete Sinnlosigkeit, in: Dies.: Nach Auschwitz. Essays & Kommentare 1 (Berlin 1989), S. 7–30.

45 Wolfgang Sofsky: Die Ordnung des Terrors: Das Konzentrationslager (Frankfurt/Main 1997).

46 Wolfgang Sofsky: An der Grenze des Sozialen. Perspektiven der KZ-Forschung, in: Ulrich Herbert/Karin Orth/Christoph Dieckmann (Hg.): Die nationalsozialistischen Konzentrationslager. Entwicklung und Struktur, Band II (Göttingen 1998), S. 1141–1169, hier S. 1155. Vgl. dazu auch Kranebitter: Zahlen als Zeugen, S. 87–110.

47 Elmer Luchterhand: The Nazi Concentration Camps: A Study in Survival and Rebellion. Unveröffentlichte Diplomarbeit, University of Wisconsin (Madison 1949), S. 223.

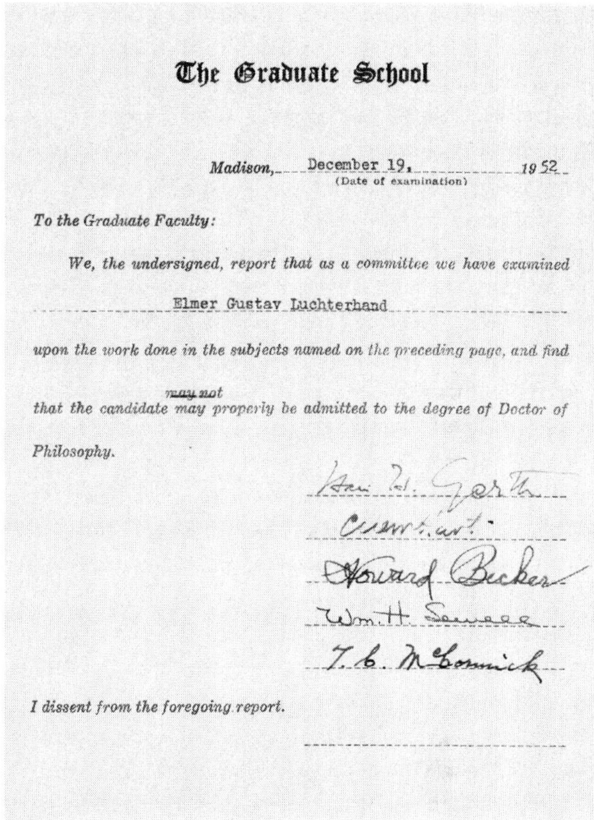

The Graduate School

Madison, December 19, 1952
(Date of examination)

To the Graduate Faculty:

We, the undersigned, report that as a committee we have examined

Elmer Gustav Luchterhand

upon the work done in the subjects named on the preceding page, and find

may not
that the candidate may properly be admitted to the degree of Doctor of Philosophy.

I dissent from the foregoing report.

Empfehlung des Prüfungs-Komitees über die Verleihung des Doktortitels, 19. Dezember 1952. Unter den Unterzeichnenden sind neben den beiden Betreuern der Dissertation, Howard P. Becker und Hans Gerth, mit C.W.M. Hart (1905–1976), Thomas C. McCormick (1892–1954) und William Hamilton Sewell (1909–2001) auch andere bekannte Namen der US-Soziologie der 1950er-Jahre (Quelle: UW Archives, Elmer Luchterhands, Warrants).

Inhaftierung passierte, schloss er daraus, dass der Diebstahl mit zunehmender Inhaftierungsdauer (und damit einer Integration in die sogenannten Häftlingsgesellschaften) zugunsten von Verhaltensweisen wie dem berühmten „Organisieren“ aufgegeben wurde, bei dem aus SS-Beständen, nicht aber von Häftlingen gestohlen wurde, dass also ein Regelsystem entstand. Das Verhalten der Häftlinge verwies auf ein soziales System, das entstanden wäre und das Handeln beeinflusst hätte. Dass Sozialkontakte mit der Inhaftierungsdauer zunahmen oder Selbstmorde tendenziell nur in frühen Inhaftierungsphasen vorkamen, zeigte in dieselbe Richtung wie die auf den ersten Blick verblüffende Feststellung, dass Traumata mit längerer Inhaftierungsdauer dank zahlreicherer Gelegenheit tendenziell besser bearbeitbar waren als bei kurzer Inhaftierung. Kurz: Nicht das isolierte Leben eines „einsamen Wolfes“ garantierte das Überleben, nicht das Dasein als „Speckjäger", sondern ein Verhalten des Teilens und Tauschens, dass er als Verhalten stabiler Paare bezeichnete. In seiner späteren Zusammenfassung schrieb er: *„Aus den Daten dieser Studie lässt sich feststellen, dass ein großer Teil der Kraft für ein Überleben – psychisch wie physisch – offenbar aus einer ‚stabilen' Paarbildung kam. Jenseits aller schweren Konflikte in den Lagern waren es die Paare, wiederholt von Transporten und Tod zertrennt und bei Todesfällen paradoxerweise durchgängig wiederhergestellt, in denen der Häftling einen Anflug von Menschsein am Leben hielt."*[48]

Nur vier der 47 „Standardinterviewpartnerinnen" und „Standardinterviewpartner" – die „Sonderinformanten" hatte er nur zu besonderen Extremsituationen in den Lagern wie den verlängerten Appellen befragt – wurden demnach als „einsame Wölfe" kategorisiert, der Rest habe an irgendeiner Form gegenseitiger Hilfe teilgenommen. Die durchschnittliche Inhaftierungsdauer der „einsamen Wölfe" war zudem erheblich kürzer als jene der anderen – wogegen Bettelheims zentrale These gerichtet war, was aber gleichzeitig Bettelheims eigene Haftdauer widerspiegelt. Paare und Gruppen formierten sich selten in primären Netzwerken, sondern fanden sich meist erst im Lager – bis hin zur Erscheinungsform der *„inkompatiblen Paare"*, bei denen sich die Interviewten nicht erklären konnten, warum dieser oder jener im Lager zum Partner geworden war. In diesem analytischen Rahmen werden manche Sequenzen aus Interviews mit Überlebenden klar, in denen ähnliche Prozesse geschildert werden. Aus vielen möglichen Beispielen sei hier ein Interview mit dem Mauthausen-Überlebenden Mordechai Eldar zitiert: *„Auch in Mauthausen habe ich mich mit einem Jungen meines Alters angefreundet – weiß nicht, ob am Anfang oder gegen Ende, -- ich habe versucht, mich an seinen Namen zu erinnern, ich schaffe es aber nicht, auf seinen Namen draufzukommen. Dauernd ... Tatsache ist: an diesen Mosche kann ich mich erinnern und an den Jungen in Mauthausen – ich weiß nicht. Wir waren zusammen in Mauthausen und haben einander geholfen. Einander helfen heißt – in der Schlange für die Suppe stehen, wenn nötig muss man jemanden aus der Schlange drängen, da haben wir gemeinsam ihn hinaus gedrängt, wenn er etwas tat, das in unseren Augen nicht richtig war, dass er das Bessere von der Suppe sich nehmen wollte, und wer weiß, was. Wir haben einander beim Marschieren unterstützt, bald komme ich darauf. Auch nach Gunskirchen ... waren wir zusammen. Weiteres weiß ich nicht, weiß überhaupt nichts."*[49]

Im Gegensatz zu Bettelheim, der *„schreibt,* als ob *eine Häftlingsgesellschaft nicht existierte oder existieren könne"*[50], betonte er den *prisoner code,* ein Regel-, Normen- und Sozialsystem, das sich in den Lagern herausbildete und dem die größte Bedeutung für ein Überleben zukam. Während Bettelheim Luchterhands Kritik nicht wahrgenommen zu haben scheint oder zumindest nicht öffentlich kommentiert hat, reagierte der österreichische Psychoanalytiker und Freund Bettelheims, Ernst Federn, der unter dem Pseudonym „Sol" auch als Interviewpartner fungierte, mit Interesse auf die Forschungs-

48 Elmer Luchterhand: Prisoner Behavior and Social System in the Nazi Concentration Camps, in: International Journal of Social Psychiatry, 13. Jahrgang (1967), Heft 4, S. 245–264, S. 259f.

49 Interview mit Mordechai Eldar, 23.4.2002, Interviewerin: Keren Harazi (AMM OH/ZP1/052).

50 Luchterhand: Prisoner Behavior and Social System, S. 248.

ergebnisse. In einem auf April 1969 datierten Brief widersprach er Bettelheims Identifikationsthese, rügte Luchterhand aber auch für seinen soziologischen Zugang: *„Ich würde gerne mit Ihrer vorrangigen These beginnen, dass ‚sich die menschliche Gruppe und das menschliche Sozialsystem als fruchtbarster Schwerpunkt für die sozialwissenschaftliche Analyse erweisen'. Das ist eine angemessene Feststellung für einen Sozialwissenschaftler und tatsächlich sein Job. Natürlich stimme ich dem nicht zu, weil ich nicht einsehe, wie ein streng soziologischer Zugang ausreichend Licht auf psychologische Probleme werfen kann."*[51] Luchterhands Zugang war in der Tat eine genuin soziologische Perspektive, die er auch später verfolgte. Eine ihrer zentralen Implikationen bestand dabei darin, im Kontrast zu Bettelheim, der letztlich *„die Effizienz des Nazi-Terrors"* betonte, die Grenzen der NS-Politik aufzuzeigen.[52] Abgesehen von wenigen Bezugnahmen fand diese Perspektive in der soziologischen Forschung allerdings kaum Niederschlag – selbst in der engeren soziologischen KZ-Forschung, so vor allem von Wolfgang Sofsky und Maja Suderland, wurde sie prominent ignoriert.[53]

Die Rezeption der Studie seit den 1950er-Jahren und weitere Forschungen zu Konzentrationslagern

Noch im Jahr 1953, unmittelbar nach Fertigstellung und Approbation der Dissertation, verließ Luchterhand mit seiner Frau und seinen beiden Kindern Dennis und Erika die USA und ließ sich in Montreal, Kanada, nieder. Die Ausreise war eine Flucht vor der politischen Entwicklung in den USA, in der Senator McCarthy regelrecht Jagd auf tatsächliche wie vermeintliche Mitglieder der Kommunistischen Partei der USA machte, dabei aber vornehmlich beruflich höher gestellte und öffentlich wirkende Personen ins Visier nahm.[54] Erst 1958 kehrte die Familie aus dem freiwilligen Exil zurück; ab Anfang der 1960er-Jahre war Luchterhand als Leiter einer *Research Division of Community Progress* in Connecticut und schließlich als Research Associate an der Yale University im Forschungsfeld der *Community Studies* tätig.[55]

51 Brief Ernst Federns an Elmer G. Luchterhand, 9. April 1969 (BC Archives, Elmer G. Luchterhand Papers, Sub-Group I, Series 1, Box 3). Vgl. dazu ausführlich Christian Fleck/Andreas Kranebitter: Von der Psychologie zur Soziologie des Terrors. Ernst Federn, Elmer Luchterhand und die sogenannte Bettelheim-These, in: WERKBLATT. Psychoanalyse und Gesellschaftskritik Nr. 79, 34. Jahrgang (2017), Heft 2, S. 106–116.

52 Vgl. Schreiben Luchterhands an das National Endowment for the Humanities, Washington D.C., 17. November 1973 (BC Archives, Elmer G. Luchterhand Papers, Sub-Group V/VI, Series 14/15/16/17, Box 19, Request for Grant Money: Different Applications, Research Proposals).

53 Weder Sofsky noch Suderland – vgl. Maja Suderland: Ein Extremfall des Sozialen. Die Häftlingsgesellschaft in den nationalsozialistischen Konzentrationslagern (Frankfurt am Main 2009) – listen Luchterhand in ihrem Literaturverzeichnis.

54 Einen guten Überblick über die Ära und McCarthy selbst, der ebenfalls aus Wisconsin stammte, bietet Ellen Schrecker: Many Are the Crimes: McCarthyism in America (Boston 1998).

55 Vgl. Elmer Luchterhand/Daniel Sydiaha: Choice in Human Affairs. An Application to Aging-Accident-Illness Problems (New Haven 1966).

Es sollte bis zu seiner Ernennung zum Assistenzprofessor für Soziologie am Brooklyn College in New York 1967 dauern, ehe er den Faden seiner Recherchen zu nationalsozialistischen Konzentrationslagern wieder aufnehmen konnte. Am Soziologieinstitut des Brooklyn Colleges befanden sich zu dieser Zeit Soziologinnen und Soziologen wie der Langzeitvorsitzende Alfred McClung Lee, Charles Radford Lawrence und die aus Deutschland emigrierte Hilda Weiss. Besonders Lawrence spielte eine aktive Rolle bei Luchterhands „Rekrutierung“: von 1966 an war das Department angesichts des steigenden Studierendeninteresses bei gleichzeitig geringem Lehrangebot *„besorgt, die Kurse abzudecken“*[56], und sah sich aktiv nach Kandidatinnen und Kandidaten um. Im März 1967, nachdem die Fakultät *„Elmer Luchterhand am 20. Februar mittags interviewt hatte und nun die Qualifizierung für seine Ernennung zu einem außerordentlichen Universitätsprofessor geprüft hat“* [57], wurde er einstimmig für eine Ernennung zum Associate Professor vorgeschlagen.[58] Im Sommer 1967 stellte ihn Lawrence in einem Brief seinen Institutskolleginnen und -kollegen vor: *„Elmer Luchterhand, außerordentlicher Universitätsprofessor, kommt von der University of Wisconsin und hat seine Undergraduate- und Doktorarbeiten in Madison verfasst. Er kommt aus New Haven zu uns […]. Elmers spezielles Interesse gilt der Soziologie von Gruppen unter erheblicher Stressbelastung, eine Rubrik, unter der er die Überlebenden von Hitlers Konzentrationslagern, innerstädtische Jugendliche und neue Industriegemeinden in Kanada untersucht hat. Bevor er nach New Haven ging, unterrichtete er am Sarah Lawrence College. Diesen Herbst wird er Kurse in Bürokratie und Organisation ebenso wie Individuum und Gesellschaft halten.“*[59]

Die Bestellung ans Brooklyn College erfolgte inmitten der turbulenten Zeit um 1968. Schon 1967 war es angesichts der Vietnamkriegs-Rekrutierungsversuche der U.S. Army auf dem Campus des Colleges zu Protesten gekommen. Am 19. Oktober 1967 wurden, wie die *New York Times* berichtete, 40 Studierende nach einem fünfstündigen Kampf mit der Polizei verhaftet, weshalb Rektor Kilcoyne in Folge eines Streiks versprechen musste, niemals mehr die Polizei zu Hilfe zu rufen, um Campus-Angelegenheiten zu regeln, und Rekrutierern keinen Platz mehr in der Öffentlichkeit zu bieten.[60] Zahlreiche In-

56 Minutes of the Appointments Committee, 19. Dezember 1966 (BC Archives, The Office of the President, Accession #91-032, Sub-Group XXI, Series 1, Box 330).

57 Minutes of the Committee on Appointments, 7. Februar 1967 (BC Archives, The Office of the President, Accession #91-032, Sub-Group XXI, Series 1, Box 330).

58 Vgl. Minutes of the Departmental Appointments Committee, 1. März 1967 (BC Archives, The Office of the President, Accession #91-032, Sub-Group XXI, Series 1, Box 330).

59 Letter of Charles R. Lawrence to the Colleagues in Sociology Department, 1. August 1967 (BC Archives, The Office of the President, Accession #91-032, Sub-Group XXI, Series 1, Box 330).

60 Vgl. Murray M. Horowitz: Brooklyn College. The First Half-Century (New York 1981), S. 145. Die New York Times berichtete am 20. Oktober: *„Ein rempelnder, zerrender, schlagender, knüppelschwingender Zusammenstoß zwischen Studierenden und Polizei brach gestern während einer Demonstration am Brooklyn College Campus aus, bei der gegen das Auftreten von zwei Navy-Anwerbeoffizieren protestiert wurde. Etwa 40 Studierende und zumindest zwei Fakultätsmitglieder wurden verhaftet, ein Polizist verletzt, dutzende Studierende erlitten bei diesem bitteren Ausbruch Schnittwunden, Prellungen, oder hatten zerrissene Kleidung. An seinem Höhepunkt waren 1.000 Studierende und 200 Polizisten in diesen Kampf verwickelt“* (zitiert nach ebd., S. 141).

stitutsangehörige (und bald auch Luchterhand selbst) nahmen aktiv an den sozialen Protesten teil. Man organisierte *Martin Luther King Jr. Lectures*, die von prominenten Linken wie Howard Zinn gehalten wurden,[61] diskutierte und unterstützte den Streik der Lehrer-Gewerkschaften, regte eine Forschung zur Nachbarschaft des Brooklyn Colleges in Brooklyn selbst an[62] und verlangte nachdrücklich, dass *„der allgemeine Ausschluss von Studierenden, die in das Sit-In am 18. Mai 1968 involviert waren, mit dem Hinweis verurteilt werden sollte, dass eine derartige Aktion den Geist eines ordnungsgemäßen Verfahrens verletzen würde"*[63] und die Strafanzeigen gegen sie fallengelassen werden sollten. In dieser politisch und persönlich turbulenten Zeit (sein Sohn Dennis war bei einem Unfall bei einer Klettertour am Mt. McKinley ums Leben gekommen) nahm Luchterhand die Arbeit an seinen früheren Forschungen wieder auf – zum einen publizierte er eine Kurzfassung seiner Dissertation,[64] zum anderen ging er nun daran, seine ehemaligen Interviewpartnerinnen und -partner aufzufinden und erneut zu interviewen. In den Jahren 1970 und 1971 wiederholte er so seine Interviews mit 43 seiner früheren Befragten von 1950 und 1951 – und erstellte damit eine der wenigen Longitudinalstudien zu KZ-Überlebenden. Er befragte sie zu Anpassungsschwierigkeiten und Stressfaktoren in der Nachkriegszeit und wies zugespitzt formuliert nach, dass ein in der Nachkriegszeit zu beobachtender Stress nicht notwendigerweise auf die Zeit in den Lagern zurückging. So fand er keinen Zusammenhang zwischen der gegenwärtigen Stressbelastung (mit Hilfe eines Stressindex nach Gerald Gurin operationalisiert) und der Dauer wie auch dem Ort der Inhaftierung. Angesichts der Bedeutung, die vor allem der Variablen Inhaftierungsdauer in der vorliegenden Dissertation zukam, schloss er daraus, dass *„der von den Mitgliedern unserer Stichprobe gezeigte Stress überwiegend eine Konsequenz von stressauslösenden Situationen im Post-Lager-Leben ist"*.[65] Einmal mehr hatte er damit einer weit verbreiteten psychologischen These, nämlich jener der „Überlebensschuld", die KZ-Überlebende unabhängig von ihrem Weiterleben unisono fühlen würden, diametral widersprochen.[66]

Zudem begann Luchterhand neben seiner Lehrtätigkeit Anfang der 1970er-Jahre damit, an einem Buch namens *Doggerwerk*[67] zu arbeiten, und führte in den folgenden Jah-

61 Vgl. News, Office of College Relations, Brooklyn College, 20. März 1969, For Immediate Release (BC Archives, The Office of the President, Accession #91-032, Sub-Group XXI, Series 1, Box 330).

62 Vgl. Minutes of the Special Meeting, 21. Oktober 1968 (BC Archives, Accession #91-032, Sub-Group XXI, Series 1, Box 330).

63 Minutes of Department Meeting, 16. Oktober 1968 (BC Archives, Accession #91-032, Sub-Group XXI, Series 1, Box 330).

64 Luchterhand: Prisoner Behavior and Social System in the Nazi Concentration Camps, S. 245–264.

65 Elmer G. Luchterhand: The Resocialization of Nazi Camp Survivors. Unveröffentlichtes Manuskript (New York 1972), S. 5 (BC Archives, Elmer G. Luchterhand Papers, Sub-Group II, Series 5, Box 9). Vgl. auch Elmer Luchterhand: Social Behavior of Concentration Camp Prisoners: Continuities and Discontinuities with Pre- and Postcamp Life, in: Joel E. Dimsdale (Hg.): Survivors, Victims, and Perpetrators. Essays in the Nazi Holocaust (Washington 1980), S. 259–283, hier S. 277.

66 Für die Erkenntnis, dass ein großer Teil der KZ-Überlebenden psychisch gesund war, sind Autoren wie der parallel zu (und offenbar unabhängig von) Luchterhand arbeitende Aaron Antonovsky mit seinem Modell der „Salutogenese" – vgl. Aaron Antonovsky: Salutogenese. Zur Entmystifizierung der Gesundheit (Tübingen 1997) – heute besser bekannt.

67 Doggerwerk war die Tarnbezeichnung des unterirdischen Flugzeugmotorenwerks des Lagers Hersbruck

ren 73 Interviews mit Überlebenden, Anwesenden (*„co-presents“*, offensichtlich vermied er den Begriff *„bystanders“*) und sogar ehemaligen Tätern des KZ Hersbruck, an dessen Befreiung er beteiligt gewesen war. Unter den Interviewten war etwa der bereits erwähnte evangelische Pfarrer und Sekretär des KZ Hersbruck, Hans-Friedrich Lenz. Um die Bedeutung dieser Interviews zu verdeutlichen, sei hier ausführlich ein Transkript eines Interviews mit Ernst Magura wiedergegeben, dem Kommandanten einer 250 Mann starken SS-Strafkompanie in Happurg, der (seinen eigenen Angaben zufolge) selbst wegen des Diebstahls eines Motorrads von einem SS- und Polizeigericht verurteilt worden war.[68] Nach einem ersten Gespräch mit Luchterhand zu einem früheren Zeitpunkt gibt Magura nun zu Protokoll: *„Ich war also ein überzeugter SS-Mann. Wir hatten sehr gute Kameradschaft, deswegen liebte ich das und ich würde, wenn es heute noch einmal dazu kämme [sic], es wieder tun. Natürlich war es nicht richtig, was Hitler mit den Juden getan hat, das wollte ich auch damals schon sagen, aber man konnte es ja nicht tun. Ich bin nun Mitglied der CSU. Die meisten SS-Leute sind in der NPD und eines Tages saß ich beim Frühschoppen im Gasthaus. Da war der Herr Professor schon mal dagewesen und da haben die gesagt, warum arbeitest du mit einem Juden zusammen? Früher haben wir zusammen gegen die Juden gekämpft und nun machst du gemeinsame Sache mit einem Juden. Er ist ein Jude, er ist der größte Jude in Amerika. Das stimmt nicht, das ist nicht wahr! Er ist eine sehr ehrenwerte Persönlichkeit. – Na dann geh‘ doch weg! Setz‘ dich woanders hin, aber nicht zu uns. / Ja und dann, dann... Deswegen will ich nichts mehr darüber erzählen. Als ich dann einmal nachts heimgegangen bin, dann haben mich zwei Männer niedergeschlagen, es war so um eins[,] halb zwei, mich mit einem Holzknüppel direkt über den Kopf, ich konnte also drei oder vier Tage hinterher meinen Kopf nicht mehr drehen. Und die haben dann die Adresse vom Herrn Professor rausgezogen. Die haben sie mir direkt gestohlen. Und ich hätte eine Frau und ein Haus, damit haben sie mir fürchterlich gedroht. [...] NEIN, nein, ich will davon nichts mehr erzählen, nein, das will ich nicht mehr. Nein, ich hab‘ schon genügend Schwierigkeiten gehabt. Ich hab‘ schon viel zu viel erzahlt, ich hab‘ schon viel zu viel erzählt. Ich muß versuchen, mich da rauszuhalten. Nein, ich sage jetzt darüber gar nichts, gar nichts mehr. Zum Beispiel der Walter... Nein, ich sag‘ jetzt nichts mehr, ich hab‘ schon zu viel erzählt, ich werde nichts mehr sagen. / Das ist meine Uniformjacke, die habe ich 1938, wie ich in die SS eintrat[,] gekauft und ich habe sie sehr pfleglich behandelt, ich habe sie geliebt. Sie kriegen heute bestimmt keinen so guten Stoff mehr. Es ist eine wunderbare Jacke, ich habe sie sehr gern getragen, ich habe sie geliebt und liebe sie noch heute. Man sieht es[,] sie ist sehr, sehr ordentlich gehalten und ich ziehe sie mal an. Ich sehe doch wunderbar aus damit. Früher war ich ein guter Soldat, ich war gerne Soldat, ich habe sehr gut ausgesehen. Und, und nun, möchte ich Sie Ihnen*

(vgl. Alexander Schmidt: Happurg und Hersbruck, in: Wolfgang Benz/Barbara Distel (Hg.): Der Ort des Terrors. Geschichte der nationalsozialistischen Konzentrationslager, Band 4: Flossenbürg, Mauthausen, Ravensbrück (München 2006), S. 136–140, S. 138).

68 Vgl. Interviewprotokoll mit Ernst Magura, 54 years old, March 2, 1974, 9:30 a.m. to 5:00 p.m. (BC Archives, Elmer G. Luchterhand Papers, Sub-Group I, Series 2, Box 4). Magura, Jahrgang 1920, starb einer beiliegenden Parte zufolge am 19. Juni 1981 in Offenhausen.

schenken. Ich möchte sie Ihnen schenken, Herr Professor. Nehmen Sie sie mit nach Amerika, nehmen Sie sie mit, nehmen Sie sie mit. Doch, doch, nein, nehmen Sie sie mit! Ich will nichts mehr wissen davon, ich will endlich Schluß machen damit. Ich war oft in meinem Zimmer oben, vor dem Spiegel und habe mich angeschaut, am 30. Januar, als ich in die SS eintrat, am 20. April [...] um diesen Tag wieder zu feiern. Und ich habe dann meine Orden angelegt und die SS-Spiegel. Aber nehmen Sie sie mit nach Amerika, ich schenke sie Ihnen, nehmen Sie sie mit. Ich will nichts mehr damit zu tun haben. Ach, ich habe sie sehr in Ehren gehalten und ich hatte sie oben in meinem Zimmer gehabt, aber nehmen Sie sie mit. Ich will nichts mehr davon wissen. Die anderen werden sie mir sowieso stehlen, nachdem sie wissen, daß Sie wieder hier waren. Wenn ich nach Amerika komme, darf ich sie dann wieder mal anschauen. Ja, nehmen Sie sie mit, nehmen Sie sie mit nach Amerika.“[69]

Die Erzählung, die hier nicht als schuldeingestehende „*Bußpredigt*“[70] daherkommt, sondern kaum verhohlenen Stolz auf die Zeit in der SS äußert, die Externalisierung der Verantwortung für den Holocaust – schließlich war es nur Hitler, der den Juden „etwas angetan“ habe –, die offensichtliche innere Zerrissenheit zwischen Erzählen und Nicht-Erzählen, zwischen dem Erzähl-Bedürfnis und dem Abschluss-Bedürfnis, schließlich die Angst vor der Gewalt der ehemaligen SS-Kameraden, die den Interviewten im öffentlichen Raum schmähen und auf offener Straße körperlich traktieren, deren regelrechte Paranoia, dass man es in der Gestalt des Professors mit dem „größten Juden“ Amerikas zu tun habe – ein Irrtum, den der protestantische Luchterhand auch in Berichten über dieses Interview nicht notwendig fand zu berichtigen[71] –, die ebenso schmerzhafte wie feierliche Übergabe der SS-Uniform am Ende des Interviews, die geliebt und zu Hitlers Geburtstag angelegt wird und doch abgegeben werden muss, um in Amerika vor den Ex-Kameraden in Sicherheit zu sein (wobei nicht überliefert ist, ob sie tatsächlich ihren Weg von der oberbayrischen Pfalz nach New York fand) – die Themen in den narrativ geführten Interviews seines *Doggerwerk*-Projekts wie diesem sind mehr als reichhaltig. Die Interviews blieben in der KZ-Forschung einzigartig, verdeutlicht man sich im Rückblick, dass Mitte der 1970er-Jahre so gut wie keine geschichtswissenschaftliche Forschung zu den Außenlagern der Konzentrationslager existierte[72] und die sogenannte Täterfor-

69 Interviewtranskript mit Ernst Magura, 2. März 1974 (BC Archives, Elmer G. Luchterhand Papers, Sub-Group I, Series 2, Box 4).

70 Harald Welzer: Verweilen beim Grauen. Essays zum wissenschaftlichen Umgang mit dem Holocaust (Tübingen 1997), S. 55. Welzer kritisiert hier die Erwartungshaltung einer moralisch rigorosen Nachkriegsgeneration, die damit erst recht der Perspektive der Akteure auf den Leim geht, verblendet und verführt gewesen zu sein (vgl. ebd., S. 60f.).

71 Vgl. z.B. Elmer Luchterhand: Progress Report on Research on Holocaust Episode in a Rural German Community, 28. Februar 1975 (BC Archives, Elmer G. Luchterhand Papers, Sub-Group II, Series 4, Box 6). Erika Luchterhand zufolge war ihr Vater lutherischer Protestant (vgl. Interview mit Erika Luchterhand, AMM Zwischenarchiv).

72 Vgl. Karin Orth: Die Historiografie der Konzentrationslager und die neuere KZ-Forschung, in: Archiv für Sozialgeschichte, 47. Jahrgang (2007), S. 579–598; in Bezug auf den KZ-Komplex Mauthausen begann die Forschung zu den ehemaligen Außenlagern Mitte der 1980er-Jahre – vgl. Florian Freund: Arbeitslager Zement. Das Konzentrationslager Ebensee und die Raketenrüstung (Wien 1989); Bertrand Perz: Projekt Quarz. Steyr-Daimler-Puch und das Konzentrationslager Melk (Wien 1991).

schung nationalsozialistische Täter entweder diabolisiernd pathologisierte oder hinter strukturellen Prozessen versteckte und sie dadurch von jeder eingehenderen Forschung ausschloss.[73] Auch das, was heute als *Oral History* zum etablierten Methodenkanon der Geschichtswissenschaften gehört, steckte Anfang der 1970er-Jahre in den Kinderschuhen.

Luchterhands Forschungen – sowohl seine frühen Interviews im Rahmen der Dissertation, als auch sein *Doggerwerk*-Projekt – blieben abgesehen von einigen wenigen Artikeln[74] weitgehend unpubliziert. Die Gründe dafür sind vielfältig: Erstens bestanden (wie oben skizziert) zweifellos methodologische Mängel, die einer Publikation der Ergebnisse ohne grundlegende Überarbeitungen entgegenstanden. Zweitens interessierten sich innerhalb der Soziologie, auch innerhalb der amerikanischen, nicht allzu viele Kolleginnen und Kollegen für die NS-Forschung. Dieses Desinteresse legten drittens auch sozialwissenschaftliche Verlage an den Tag. Für SAGE Publications lehnte der bekannte Historiker George Mosse etwa Luchterhands Manuskripteinreichung mit der Begründung ab: *„So interessant Ihr Projekt auch ist, ich denke nicht, dass es in die Reihe der SAGE-Monographien passt, die Walter Laqueur und ich herausgeben. Wir sind auf der Suche nach einer größeren Synthese, als sie eine derartige lokale Studie bieten könnte, auch wenn eine lokale Studie mit allgemeineren Folgerungen beladen werden könnte. Darüber hinaus umfasst unsere Serie keine Bücher über Methodologie.“*[75] Viertens spielt die Suche

---

73 *„Indem man die Täter in Himmlers ‚schwarzes Reich' verbannte, vollzog man eine institutionelle Isolierung der Verbrechen. Die Folge war eine weitestgehende Selbstentschuldung und Selbstentlastung großer Bevölkerungsteile. […] Die solchermaßen aus der deutschen Gesellschaft herausinterpretierte SS wurde zugleich als Hort des Abnormen diabolisiert, der nur über pathologische Kategorien zu erschließen war. Die verbleibenden Täter erschienen als Kriminelle, als Dämonen oder Desperados, mit denen die deutsche Gesellschaft nichts gemein zu haben schien. […] Der pathologische Mörder machte dem interesselosen bürokratischen Vollstrecker Platz. […] Die Shoah wurde zu einem Automatismus ohne Menschen, vor allem ohne Täter, angetrieben von abstrakten, gesichtslosen Strukturen und Institutionen.“* (Gerhard Paul: Von Psychopathen, Technokraten des Terrors und „ganz gewöhnlichen“ Deutschen. Die Täter der Shoah im Spiegel der Forschung. In: Ders. (Hg.): Die Täter der Shoah. Fanatische Nationalsozialisten oder ganz normale Deutsche? Dachauer Symposien zur Zeitgeschichte, Band 2 (Göttingen 2002), S. 13–90, hier S. 17 und S. 20).

74 Die wichtigsten einschlägigen Veröffentlichungen sind (neben den bereits mehrfach zitierten Artikeln Luchterhand: Prisoner Behavior; Luchterhand: Social Behavior of Concentration Camp Prisoners) v.a. Elmer G. Luchterhand: Survival in the Concentration Camp: An Individual or a Group Phenomenon?, in: Bernard Rosenberg/Israel Gerver/W.F. Howton (Hg.): Mass Society in Crisis: Social Problems and Social Pathology (New York 1964), S. 223–224; Elmer Luchterhand: Das KZ in der Kleinstadt. Erinnerungen einer Gemeinde an den unsystematischen Völkermord, in: Detlev Peukert/Jürgen Reulecke (Hg.): Die Reihen fast geschlossen. Beiträge zur Geschichte des Alltags unterm Nationalsozialismus (Wuppertal 1981), S. 435–454; Elmer G. Luchterhand/Norbert Wieland: The Focused Life History in Studying Involvement in a Genocidal Situation in Nazi Germany, in: Daniel Bertaux (Hg.): Biography and Society: The Life History Approach in the Social Sciences (London 1981), S. 267–285.

75 Brief von George Mosse an Elmer G. Luchterhand, 18. September 1978 (BC Archives, Elmer G. Luchterhand Papers, Sub-Group IV, Series 11/12/13, Box 18). Ein anderer Verleger, Michael Meller von der Bertelsmann Publishing Group, schrieb Luchterhand: *„Je mehr ich darüber nachdenke, desto mehr bin ich davon überzeugt, dass Sie einen erfahrenen und guten amerikanischen Herausgeber brauchen werden, um das Buch in die passende Form zu bringen und sein volles Potential zu entwickeln (das beträchtlich ist).“* (Brief von Michael Meller an Elmer Luchterhand, 30. September 1978, BC Archives, Elmer G. Luchterhand Papers, Sub-Group IV, Series 11/12/13, Box 18). Für ein ähnlich ablehnendes Verhalten von Verlagsseite vgl. Christian Fleck: Ein Amerikaner in Frankfurt. Everett C. Hughes' nicht veröffentlichtes

nach einer geeigneten Methodologie zur Erforschung der nationalsozialistischen Konzentrationslager keine geringe Rolle – Luchterhands Interviewtechniken, bei denen er sich von teilstandardisierten Leitfadeninterviews zu narrativen Interviews bewegte, die einer hermeneutischen Wissenschaftstradition verpflichtet waren, stellten weder ihn selbst, noch seine methodologisch aus unterschiedlichen Gründen skeptischen Kolleginnen und Kollegen in Geschichtswissenschaften und Soziologie zufrieden.[76] Fünftens standen einer Rezeption von Luchterhands Arbeiten schließlich politische Gründe im Weg: Forschungsergebnisse wie jene Bettelheims, die die Häftlingsgesellschaft der Konzentrationslager als zerfallende Nicht-Gesellschaft atomisierter Individuen begriff, entsprachen dem Nachkriegs-Zeitgeist zweifellos besser als Forschungen eines ehemaligen Kommunisten, der die Solidarität von Häftlingen in Paaren und Kleingruppen ins Zentrum seiner Forschungen stellte, was verdächtig nach DDR und Sowjetunion roch.[77] Zwar arbeitete Luchterhand noch über seine Pensionierung 1981 hinaus an seinem *Doggerwerk*-Buch und starb schließlich auf einer mit seinen Forschungen verbundenen Reise am 18. Juni 1996 in München, doch erblickte der Großteil seiner Forschungen aus den verschiedenen oben geschilderten Gründen nie das Licht der Welt. Uns bleibt zu hoffen, mit der Herausgabe seiner Dissertation einen Baustein für eine späte Rezeption gelegt zu haben, die bisher sporadisch geblieben ist.[78]

Editorische Vorbemerkung und Danksagung

Luchterhands am 5. Dezember 1952 an der Graduate School der University of Wisconsin unter dem Titel *Prisoner Behavior and Social System in Nazi Concetration Camps* eingereichte Dissertation wird im Folgenden in vollständiger deutscher Übersetzung wiedergebeben. Geringfügige Kürzungen wurden lediglich an einigen Stellen vorgenommen, so vor allem in Kapitel 2, das den Forschungsstand von 1952 widerspiegelt, und werden an den jeweiligen Stellen selbst begründet. Von den Anhängen wurde lediglich der Interviewleitfaden übernommen; er wird hier in Faksimile-Form abgedruckt. Die ebenfalls in den Anhängen der Dissertation zu findenden „Haftkalender" der 52 Befragten und ein

Buch über die Deutschen nach dem Ende des Nazi-Regimes, in: Österreichische Zeitschrift für Soziologie, 40. Jahrgang (2015), Heft 2, S. 167–188.

76 Siehe dazu ausführlicher Andreas Kranebitter: „Our classroom methodological prescriptions do not fit easily the problems of studying the SS and their doings": Elmer Luchterhand and sociological research on Nazi concentration camps, in: Serendipities, 2. Jahrgang (2017), Heft 2, S. 213–236, DOI 10.25364/11.2:2017.2.3.

77 Vgl. dazu auch Paul B. Foreman: Buchenwald and Modern Prisoner-of-War Detention Policy, in: Social Forces, 37. Jahrgang (1959), Heft 4, S. 289–298.

78 Zur sporadischen, aber geografisch und thematisch breit gefächerten Rezeption vgl. z.B. Ruth Leys: From Guilt to Shame. Auschwitz and After (Princeton/Oxford 2007), S. 79; Christian Dürr: „Verschwunden". Verfolgung und Folter unter der argentinischen Militärdiktatur (1975–1983) (Berlin 2016), S. 107; Blaine Harden: Flucht aus Lager 14. Die Geschichte des Shin Dong-hyuk, der im nordkoreanischen Gulag geboren wurde und entkam (München 2012), S. 138.

ausführlicher Brief seines Interviewpartners „Frank“ wurden hier nicht übernommen. Die Haftkalender dienten Luchterhand zur Veranschaulichung der Fälle; da wir hier die Entscheidung getroffen haben, die Interviewpartnerinnen und -partner zu entanonymisieren und in Fußnoten ausführlich biografisch zu beschreiben, wäre der Abdruck der „Haftkalender“ eine unnötige Verdoppelung. Die biografische Beschreibung der Interviewten findet sich im Folgenden bei der ersten Erwähnung ihres Pseudonyms – erwähnt Luchterhand also etwa „Ira“, wird der Klarname (in diesem Fall Neurath) samt Kurzbiografie und Interviewsituation in der entsprechenden Fußnote genannt.[79]

Die Übersetzung hält sich im Folgenden eng an das Original; freiere Übersetzungen waren allerdings manchmal unvermeidlich. Das betrifft bereits den Titel der Arbeit: Das behavioristische anmutende *Prisoner Behavior* wollten wir nicht als *Häftlingsverhalten* an den Beginn des Buchtitels stellen, der hier gewählte Haupttitel ist also frei interpretiert, der Haupttitel des Originals in freier Übersetzung als Untertitel wiedergegeben. Erika Luchterhand hat in Bezug auf diese und andere Entscheidungen zurecht auf Mark Twain's 1880 verfassten Essay *The Awful German Language* hingewiesen.

Alle Anmerkungen, die in den Fußnoten nicht als Anmerkungen des Übersetzers oder der Herausgeber gekennzeichnet sind, stammen von Luchterhand selbst. Im Literaturverzeichnis finden sich sowohl die von Luchterhand selbst zitierten (und im Literaturverzeichnis der Dissertation ohne direkte Zitierung im Text erwähnte) Werke, als auch die von uns bei der Herausgabe verwendete Literatur, die mit einem Sternchen (*) gekennzeichnet wird.

Bei einem Projekt wie diesem ist zahlreichen Menschen zu danken, deren Hilfe für das Zustandekommen maßgeblich war. Zuallererst gilt unser Dank zwei bereits erwähnten Personen: Erika Luchterhand, Elmer Luchterhands Tochter, für die Genehmigung zum Abdruck, für zahlreiche Hinweise und für ihre Ermunterung, das Buch herauszugeben,

79 Die Kurzbiografien werden in etwa dieser Form dargestellt: „Ira“ ist das Pseudonym von Paul Martin Neurath, geboren am 12. September 1911 in Wien, gestorben am 3. September 2001 in New York. Neurath, damals Student, wurde am 1. April 1938 mit dem sogenannten „Prominententransport“ – vgl. Neugebauer/Peter Schwarz: „Stacheldraht, mit Tod geladen ...“ Der erste Österreichertransport in das KZ Dachau 1938. Hg. von der Arbeitsgemeinschaft der KZ-Verbände und Widerstandskämpfer Österreichs (Wien 2008) – ins KZ Dachau deportiert und als „S[chutzhaft]-Jude“ und „Rechtsanwalt“ registriert (vgl. ITS Arolsen, 1.1.5.3/6706259). Am 24. September 1938 wurde er ins KZ Buchenwald überstellt, wo er am 27. Mai 1939 entlassen wurde. Über Schweden wanderte er in die USA aus, wo er an der Columbia University in New York 1943 seine Dissertation zu den KZ Dachau und Buchenwald verfasste – siehe dazu ausführlich Christian Fleck/Albert Müller/Nico Stehr: Nachwort, in: Paul Martin Neurath: Die Gesellschaft des Terrors. Innenansichten der Konzentrationslager Dachau und Buchenwald (Frankfurt am Main 2004), S. 409–454. In seinem Interview charakterisiert ihn Luchterhand als *„einigermaßen kooperativ [...], schweifte allerdings häufig in langen Interpretationen vom Thema ab.“* (BC Archives, Elmer G. Luchterhand Papers, Accession #2001-005, Sub-Group I, Series 1, Box 1). Neurath scheint Luchterhand, der ihn beinahe ausschließlich zur Extremsituation eines verlängerten Appells befragen wollte, letztlich zur Öffnung seines Interviewleitfadens bewogen zu haben. In einer Zusammenfassung konstatiert Luchterhand: *„Allgemein wies Ira in seinen Antworten im Interview darauf hin, dass ‚dies [der Appell – Anm. d. Hg.] nicht so schlimm war. Warum sind Sie so interessiert‘[?] Er gab wiederholt zu Protokoll, dass es viel schlimmere Dinge in den Lagern gab als diesen verlängerten Appell. [...] Generell scheint Ira das Gefühl gehabt zu haben, dass der Interviewer davor gewarnt werden müsse, die Härte dieser Erfahrung zu übertreiben.“* (ebd.).

Befreite Deportierte vor dem sogenannten Krankenrevier des ehemaligen KZ Mauthausen, Mai 1945. Luchterhand hatte, wie viele amerikanische GIs, Szenen der Befreiung fotografiert; seine Fotos sind nicht erhalten. Dieses Foto wurde von der amerikanischen Krankenschwester Mae Lopatin aufgenommen, die ab 1944 in einer Sanitätseinheit der U.S. Army diente und am 15. Mai 1945 nach Mauthausen kam, um im dort eingerichteten 130th Evacuation Hospital bei der Pflege der Kranken zu helfen (Quelle: Tauber Holocaust Library – JFCS Holocaust Center, San Francisco, Mae Lopatin papers, 1988.1128).

und Lukas Neißl, der das Buch nicht nur übersetzt hat und sich dafür erst in ein soziologisches und sozialpsychologisches Vokabular der 1950er-Jahre einlesen musste, sondern auch den bibliografischen Nachweisen unter teils großem Aufwand detektivisch nachgegangen ist und den Herausgebern damit die diesbezügliche Arbeit abgenommen hat. Die biografischen Recherchen zu Luchterhand und den von ihm Interviewten wären ohne zahlreiche Archivarinnen und Archivare nicht erfolgreich gewesen – in den USA gilt unser diesbezüglicher Dank David G. Null (University Archives der University of Wisconsin-Madison), Lee Grady (Wisconsin Historical Society), Anne Patton (65th Infantry Division Association) und ganz besonders Marianne Labatto und ihrem Team (Brooklyn College Archives and Special Collections). In Europa danken wir Krzysztof Antończyk (Muzeum Auschwitz-Birkenau), Sylvia Asmus und Regina Elzner (Deutsche Nationalbibliothek, Deutsches Exilarchiv 1933–1945), Henning Borggräfe und Bianka Geißler (International Tracing Service Bad Arolsen), Piotr Chruscielski (Muzeum Stutthof w Sztutowie), Tomáš Černušák (Moravský zemský archiv v Brně), Susanne Fritsch-Rübsamen (Wiener Stadt- und Landesarchiv), Helmut Dorfner (Stadtarchiv St. Pölten), Jochen Dreher (Sozialwissenschaftliches Archiv Konstanz), Bernd Horstmann und Katja Seybold (Gedenkstätte Bergen-Belsen), Johannes Ibel (KZ-Gedenkstätte Flossenbürg), Albert Knoll (KZ-Gedensktätte Dachau), René Pottkamp (NIOD Instituut voor Oorlogs-,

Holocaust- en Genocidestudies), Gabriele Rünger (Stadtarchiv Euskirchen), Ursula Schwarz (Dokumentationsarchiv des österreichischen Widerstandes), Karen Taieb (Mémorial de la Shoah) und den Kolleginnen und Kollegen des United States Holocaust Memorial Museum (USHMM). Für die Genehmigung zum Abdruck einzelner Dokumente und Fotografien danken wir den in den Bildtiteln genannten Institutionen und Personen, unser ganz besonderer Dank gilt hier dem Fotografen Jeffrey A. Wolin. Für ihre Hilfe bei Recherchen, für einzelne Hinweise oder Rückmeldungen zu Vorarbeiten und Teilen dieses Buches danken wir Gerhard Botz, Claude Conter, Christian Dayé, Karl Fallend, Brigitte Halbmayr, Jerry Krase, Russell Middleton, Albert Müller, Bertrand Perz, Christoph Reinprecht, Kurt Salamun, Florian Schwanninger, Nikolaus Wachsmann, Anil Yasar und allen Kolleginnen und Kollegen der KZ-Gedenkstätte Mauthausen, insbesondere Gregor Holzinger für das Korrektorat des Bandes. Für die Finanzierung der Recherchen in den USA durch ein uni:doc-Stipendium für Andreas Kranebitter danken wir der Universität Wien, für die Finanzierung der Kosten der Herausgabe danken wir der KZ-Gedenkstätte Mauthausen. Für die gewohnt gute verlegerische Zusammenarbeit und den geduldigen Satz des Bandes danken wir dem Verlag *new academic press*, insbesondere Bernhard Amanshauser und Peter Sachartschenko.

Elmer Luchterhand

Einsame Wölfe und stabile Paare

Verhalten und Sozialordnung in den Häftlingsgesellschaften nationalsozialistischer Konzentrationslager

„Wie die Menschen in den Tagen vor der Flut aßen und tranken und heirateten [...] und nichts ahnten, bis die Flut hereinbrach und alle wegraffte."
Matthäus 24,38-39

„Im Februar [1940 – EL] kam ein Güterzug in Krakau an. Als die [mit zivilen Häftlingen beladenen] Viehwaggons geöffnet wurden, kam niemand heraus. Im Inneren waren nur Leichen."
Maria Mikorska[1]

In der Annahme, dass die Frage von aktueller Bedeutung ist: Wie kommt man zu einem annehmbaren Verständnis davon, wie Menschen in lang andauernden und schweren Extremsituationen miteinander leben?

1 Maria Mikorska: Spring Held No Hope. The Facts of the German Occupation of Poland (London 1941), S. 25.

Kapitel 1
Das Problem und die Methode

Art und Zweck der Untersuchung

Man könnte annehmen, dass die Systeme gewaltförmiger sozialer Kontrolle über tausende von Jahren unverändert grausam geblieben sind. Es ist allerdings ein Faktum, dass eines dieser Systeme – das Konzentrationslager – vor erst knapp über 50 Jahren entstanden ist[2] und sich seither rasant über den gesamten Globus verbreitet hat.

Diese Untersuchung ist in dem allgemeinen Problemgebiet der sozialen Kontrolle durch Gewalt, ein Begriff, der auch Deprivationen umfasst, angesiedelt. Versuche, die spezifischen Umstände dieser Kontrolle zu untersuchen, sind nicht zahlreich. Stattdessen werden häufig Vergleiche angestellt zwischen Fällen der gewaltförmigen Kontrolle von *Individuen* und Situationen, die die Kontrolle von großen Gruppen umfassen.

In Einklang mit der bekannten Methodik, sich dem Allgemeinen anhand eines spezifischen Phänomens zu nähern, wird das nationalsozialistische System der Konzentrationslager hier als Typus der gewaltförmigen sozialen Kontrolle betrachtet. Die Auswahl dieser Lager für diese und eine vorangegangene Untersuchung[3] stützte sich auf drei Überlegungen: Gewalt hat in nationalsozialistischen Konzentrationslagern alle anderen Kontrollmechanismen in den Hintergrund gedrängt, es kann eine große Anzahl an Überlebenden interviewt werden und es liegen zahlreiche persönliche schriftliche Berichte von ehemaligen Häftlingen vor.

In den Schriften Bruno Bettelheims[4] finden wir die Behauptungen, dass sich Häftlinge

2 Konzentrationslager kamen erstmals im Spanisch-Amerikanischen Krieg und den Burenkriegen zum Einsatz, um große Anzahlen an Nichtkombattanten zu inhaftieren. Im ersten Fall von den Spaniern und im zweiten Fall von den Briten. Anm. d. Hg.: Die Frage des begrifflichen und historischen Zusammenhangs der von Luchterhand erwähnten Lager, die zeitgenössisch als „Konzentrationslager" bezeichnet wurden, mit den nationalsozialistischen Konzentrationslagern ist seit geraumer Zeit Gegenstand historiografischer Debatten – vgl. dazu zuletzt die Kontroversen in Bettina Greiner/Alan Kramer (Hg.): Welt der Lager. Zur „Erfolgsgeschichte" einer Institution (Hamburg 2013), sowie Christoph Jahr/Jens Thiel (Hg.): Lager vor Auschwitz. Gewalt und Integration im 20. Jahrhundert (Berlin 2013); Joël Kotek/Pierre Rigoulot (Hg.): Das Jahrhundert der Lager. Gefangenschaft, Zwangsarbeit, Vernichtung (Berlin/München 2001).

3 Vgl. Elmer Luchterhand: The Nazi Concentration Camps: A Study in Survival and Rebellion. Unveröffentliche Diplomarbeit (Madison 1949).

4 Vgl. Bruno Bettelheim: Individuelles und Massenverhalten in Extremsituationen, in: Ders. (Hg.): Erziehung zum Überleben. Zur Psychologie der Extremsituation (München 1982), S. 58-95. Anm. d. Ü.: Dieser von Edwin Ortmann übersetzte Text „mit geringfügigen editorischen Veränderungen" (ebd., S. 58) gilt als deutsche Übersetzung von Bruno Bettelheims: Individual and Mass Behavior in Extreme Situations, in: Journal of Abnormal and Social Psychology, 4. Jahrgang (1943), S. 417–452. Zur Entstehungsgeschichte und den zahlreichen Überarbeitungen dieses Textes vgl. Christian Fleck/Albert Müller: Bruno Bettelheim (1903–1990) und die Konzentrationslager, in: Amalia Barboza/Christoph Henning (Hg.): Deutsch-jüdische Wissenschaftsschicksale. Studien über Identitätskonstruktionen in der Sozialwissenschaft (Bielefeld 2006), S. 180–231. Eine spätere Version des Artikels (Bruno Bettelheim: Indivi-

im Allgemeinen umso stärker mit der Gestapo[5] identifizierten, je länger sie in den Konzentrationslagern waren; dass „alte" Häftlinge im Unterschied zu neuen Häftlingen (d.h. Häftlinge, die drei Jahre oder länger inhaftiert waren, im Gegensatz zu Häftlingen, die ein Jahr oder kürzer in Haft waren) dazu neigten, sich mit der Gestapo zu identifizieren. Es wird behauptet, dass diese Anpassung in mehreren Phasen vollzogen wurde.[6] Es wird zudem behauptet, dass *„die Gruppe eine Aversion gegen jede Art von Beschützer [entwickelte], denn einen Beschützer zu haben, hieß leiden zu müssen.* So verhinderte man, daß aus dem Beschützer ein Anführer [...] wurde, um den herum sich eine Widerstandsgruppe hätte bilden können."[7]

Hypothesen

Zentrale Hypothese: Die neuen und „alten" Häftlinge nach Bettelheim und die damit in Zusammenhang stehende Phasentheorie der Anpassung von Häftlingen können das Verhalten eines bedeutenden Teils der Häftlingspopulation nicht erklären.

Ergänzende Hypothesen:

(a) Unterschiedliche Arten von Lagersituationen führten zu weitgehend unterschiedlichen Folgen. In Hinblick auf zwischenmenschliche Beziehungen reichten diese Auswirkungen von gewaltsamem Konflikt bis zu Kooperation; in Hinblick auf die Häftlingsgesellschaft[8] von extremer Destruktivität bis zu Konstruktivität.

Die Entwicklung von Anführerinnen und Anführern unter den Häftlingen in größerer Zahl bedarf wohl kaum weiterer Belege. Ihre Existenz ist umfangreich von faktisch der gesamten Literatur über die Lager, sowie durch die Interviews, die Teil der vorliegenden

---

dual and Mass Behavior in Extreme Situations, in: Theodore M. Newcomb/Eugene L. Hartley: Readings in Social Psychology (New York 1947), S. 628–638.) ist eine überarbeitete und gekürzte Fassung der vorherigen Quellenangabe und erschien 1952 in der überarbeiteten Ausgabe von Guy E. Swanson/Theodore M. Newcomb/Eugene L. Hartley (Hg.): Readings in Social Psychology. 2., überarbeitete Aufl. (New York 1952), S. 33–43. Vgl. auch Bruno Bettelheim: Concentration Camps, German, in: Encyclopaedia Britannica, Volume 2 (Chicago 1947), S. 1–12.

5 Anm. d. Hg.: Bettelheim sprach in der ersten Veröffentlichung seines Artikels zunächst von einer Identifizierung mit der „Gestapo", die er erst in späteren Auflagen seines Artikels durch die „SS" ersetzte. Siehe dazu allg. Fleck/Müller: Bettelheim.

6 Vgl. Bruno Bettelheim: Individuelles und Massenverhalten in Extremsituationen, S. 60ff.

7 Bruno Bettelheim: Individuelles und Massenverhalten in Extremsituationen, S. 77.

8 Anm. d. Hg.: Luchterhand verwendet im amerikanischen Original den Begriff *„prisoner social system"*, den er dem Begriff des *„prisoner normative system"* gegenüberstellt. In der deutschen Übersetzung wird *„prisoner normative system"* als *„Wertesystem der Häftlinge"*, *„prisoner social system"* mit *„Häftlingsgesellschaft"* übersetzt. Der Terminus „Häftlingsgesellschaft" wurde erstmals von Paul Neurath verwendet. Die „Häftlingsgesellschaft" begann für Neurath dort, wo die SS-Herrschaft durch eigene Regeln ergänzt, aber auch unterwandert wurde: *„Aber unter der Oberfläche wächst die Häftlingsgesellschaft heran und entwickelt ein Eigenleben, ein Leben, dessen Rahmenbedingungen mit den natürlichen und administrativen Bedingungen des Lagers vorgegeben sind, dessen menschlicher und sozialer Gehalt jedoch in hohem Maße von dem sozialen, politischen und religiösen Hintergrund der Männer bestimmt wird, die dieses Leben"* (Paul Martin Neurath: Die Gesellschaft des Terrors. Innenansichten der Konzentrationslager Dachau und Buchenwald. Hg. von Christian Fleck und Nico Stehr (Frankfurt am Main 2004), S. 30).

Untersuchung sind, belegt. Die andere hier aufgestellte ergänzende Hypothese (b) ist, dass die Führung von im Untergrund agierenden Häftlingsorganisationen in erster Linie aus „alten“ und sehr „alten“ Häftlingen bestand. Bettelheims Interpretation, dass sich die „alten“ Häftlinge mit der Gestapo identifizierten, schließt die Möglichkeit der Entstehung solcher Anführerinnen und Anführer praktisch aus.[9]

Die These, dass die aktive Beteiligung an einer Gruppe die Überlebenschancen verbesserte, gilt durch eine frühere Untersuchung als ausreichend bewiesen. Dennoch sind weitere Belege hinsichtlich dieser Frage ein zusätzliches Ergebnis der Forschungsbemühungen und sind auch in dieser Untersuchung berücksichtigt.

Die Informantinnen und Informanten

Da nur ein kleiner Prozentsatz der Häftlinge nationalsozialistischer Konzentrationslager überlebte, besteht keine Möglichkeit, eine repräsentative Stichprobe der gesamten Häftlingspopulation zu erreichen. Gleichermaßen ist die Beschaffung einer repräsentativen Stichprobe nur von Überlebenden offensichtlich praktisch unmöglich.

Die in den USA für Interviews zur Verfügung stehenden Überlebenden repräsentieren eine äußerst selektive Gruppe. Dies ist einerseits den Einwanderungsbeschränkungen und andererseits den Entscheidungen von Überlebenden geschuldet. Es scheint Hinweise darauf zu geben, dass in die USA eingewanderte Überlebende in Hinblick auf ihre finanziellen Ressourcen und beruflichen Qualifikationen über dem Durchschnitt liegen. Aufgrund einer Vielzahl an offenkundigen Gründen standen Gewerkschafterinnen und Gewerkschafter, russische Kriegsgefangene, Kommunistinnen und Kommunisten, Sozialdemokratinnen und Sozialdemokraten, Zeuginnen und Zeugen Jehovas und „Zigeunerinnen“ und „Zigeuner“, um nur einige der am schlechtesten behandelten Opfergruppen zu nennen, im Allgemeinen nicht für Interviews zur Verfügung.

Selbstredend waren politische Häftlinge und Gewerkschafterinnen und Gewerkschafter als die ersten großen Opfergruppen der Nazis von besonderer Bedeutung. Folglich stellt die Tatsache, dass diese Gruppen unter unseren Informantinnen und Informanten verhältnismäßig gering vertreten sind, unbestreitbar ein ernsthaftes Defizit dar und könnte zunächst als nicht unüberbrückbare Schwäche erscheinen.

Es gilt jedoch darauf hinzuweisen, dass das Hauptinteresse dieser Untersuchung nicht auf quantitativem, sondern auf qualitativem Datenmaterial liegt – d.h. an der Beleuchtung von Prozessen sozialer Kontrolle durch Gewalt. Im Lichte dieser Schwerpunktsetzung ist es ersichtlich, dass das Hauptanliegen darin besteht, an Informantinnen und Informanten zu gelangen, die – kollektiv betrachtet – den gesamten Umfang des Terrors und der Deprivationen der nationalsozialistischen Lager erfuhren. Obwohl keine Anstrengungen unternommen wurden, um die Repräsentation von Jüdinnen und Juden zu maximieren, er-

9 Anm. d. Ü.: Diese Fußnote fehlt im Fließtext des Originals.

Elmer Luchterhand, 1940er-Jahre (Quelle: KZ-Gedenkstätte Mauthausen, Sammlung Erika Luchterhand).

schien die Tatsache, dass Jüdinnen und Juden zufällig die überwiegende Mehrheit unserer Informantinnen und Informanten ausmachten, diesem Anspruch zu entsprechen.

Zur Frage der Schwerpunktsetzung im Forschungsprozess zurückkehrend, ist selbstredend wahr, dass man sich in Acht nehmen muss vor einer vorschnellen Missachtung der numerischen Bedeutung oder Bedeutungslosigkeit von Phänomenen, die eine selektive Schwerpunktsetzung auf das qualitative Material bedeutungslos machen würde. Zur Absicherung gegen derartige Tendenzen und zur Verbesserung der Verlässlichkeit der Untersuchung wurden Häufigkeiten von bestimmten Verhaltensweisen tabellarisch dargestellt. Darin liegt der Grund für die achtsame Auswahl von Informantinnen und Informanten und die sorgfältige Tabellierung.

Dabei muss klar sein, dass diese Tabellierungen keine Grundlage für sichere Schlussfolgerungen über die Häufigkeiten von bestimmten Verhaltensweisen, weder für die Gesamtheit der Häftlinge im Allgemeinen, noch für Überlebende, darstellen.

Die Überlebenden wurden gezielt ausgewählt, um gewisse Anforderungen im Forschungsdesign zu erfüllen. Zuerst versuchten wir der möglichen Überrepräsentation von verhältnismäßig wohlhabenden, gebildeten und hochqualifizierten Überlebenden und anderen Faktoren, die unsere Untersuchung übermäßig einseitig gestaltet hätten, vorzubeugen. Darüber hinaus suchten wir insbesondere nach Folgendem:

1. Personen, die wenige Monate bis zu zwölf Jahren in den Lagern verbrachten.
2. Personen, die in weitestgehend unterschiedlichen Arten nationalsozialistischer Konzentrationslager waren.
3. Ein Verhältnis zwischen Frauen und Männern, das der Gesamtheit der Lagerhäftlinge in angemessener Weise entsprach.
4. Die größtmögliche Streuung in Bezug auf Alter.
5. Einen plausiblen Anteil an Personen, die Machtpositionen über andere Häftlinge innehatten.

Informantinnen und Informanten wurden mithilfe einer Vielzahl von Organisationen und Einzelpersonen ausgewählt und es wurde darauf geachtet, jegliche Stichprobenverzerrung zu Gunsten bestimmter Verhaltensweisen zu minimieren. Mehrere Einzelpersonen waren dabei behilflich, Personen vorzuschlagen, deren Verhalten in den Lagern Anlass zu Kritik war. Diese Personen wurden ausfindig gemacht und in die Untersuchung als Kontrolle gegen mögliche Verzerrungen miteinbezogen.

Unter den kontaktierten Personen war keine einzige Person, die es kategorisch ablehnte, interviewt zu werden. Zwei Personen, die nicht interviewt wurden, verwiesen auf ihren Gesundheitszustand, wodurch ein Interview belastend gewesen wäre. Eine Frau wollte – kurz vor der Entbindung eines Kindes und gegen unseren Rat – das Interview unbedingt durchführen. Aufgrund ihrer Beharrlichkeit wurde ein Interviewtermin vereinbart. Allerdings räumte sie in einem späteren Telefongespräch ein, dass es doch besser wäre, auf die Entbindung zu warten, da es ihre Verfassung womöglich nur schwer erlauben würde, sich während des Interviews um ihre beiden kleinen Kinder zu kümmern. Die andere Person, der aufgrund der Lagerhaft erst kürzlich zwei Gliedmaßen amputiert worden waren, äußerte, dass die mit der Interviewsituation verbundenen Erinnerungen eine unzumutbare Belastung darstellen würden.

Die einzige Person, die einen vereinbarten Interviewtermin absagte, musste eine Reise antreten. Der Mann unternahm jedoch zahlreiche Versuche, den Interviewer zu kontaktieren und einen neuen Termin zu vereinbaren.

Unter den interviewten Personen zögerten zwei Personen, einem Interview zuzustimmen, als sie telefonisch kontaktiert wurden. Eine Frau wies darauf hin, dass sie sich *„diese Dinge nicht ins Gedächtnis zurückrufen möchte"*. Nach kurzem Zögern entschied sie sich allerdings dazu, das Interview doch durchzuführen, um zur weiteren Untersuchung der Konzentrationslager beizutragen. Ein zögernder Mann äußerte Bedenken, dass er die Möglichkeit verlieren würde, eigene Publikationen zu veröffentlichen. Ihm musste versichert werden, dass der Interviewer nicht an seinem Material interessiert war, um dieses zu veröffentlichen, sondern um Hypothesen zu überprüfen.

Die folgende Tabelle stellt die sozialen Merkmale der 52 ausgewählten Informantinnen und Informanten dar.

Kategorie	Anzahl der Fälle	Prozentsatz der Fälle
Alter zum Zeitpunkt der Deportation		
16-20	12	23%
21-30	21	40%
31-40	12	23%
41-50	6	12%
58	1	2%
Geschlecht		
männlich	35	67%
weiblich	17	33%
Familienstand zum Zeitpunkt der Deportation		
ledig	35	67%
verheiratet	17	33%
verheiratet, mit Kindern	8	
Beschäftigung zum Zeitpunkt der Deportation		
Geschäftsführer/in	6	
Künstler/in	2	
Schneider/in	1	
Landarbeiter/in	2	
Landwirt	1	
Hausfrau	5	
Journalist/in und Schriftsteller/in	1	
Musiker/in	1	
Büroangestellte/r	5	
Politische/r Parteifunktionär/in	1	
Verkäufer/in	5	
Fürsorger/in	2	
Student/in	5	
Hochschullehrer/in	3	
Kosmetiker/in	1	
Metzger/in	1	
Elektriker/in	2	
Fabrikangestellte/r	1	
Mechaniker/in	1	
Installateur/in	1	
Näher/in	2	
Schuster/in (gelernt)	2	
Werkzeugmacher/in	1	
Geschätzte Klassenzugehörigkeit zum Zeitpunkt der Deportation		
Oberschicht	1	2%
Mittelschichten		75%
Obere Mittelschicht	6	
Mittelschicht	18	
Untere Mittelschicht	15	
Arbeiterklasse (Facharbeiter/innen)	12	23%

Kategorie	Anzahl der Fälle	Prozentsatz der Fälle
Land des längsten Aufenthaltes zum Zeitpunkt der Deportation		
Deutschland	31	60%
andere		40%
Polen	9	
Österreich	7	
Tschechoslowakei	3	
Niederlande	1	
Ungarn	1	
Ort des längsten Aufenthaltes zum Zeitpunkt der Deportation		
Städte über 100.000		67%
Berlin	11	
Wien	6	
Breslau	3	
Frankfurt am Main	3	
Düsseldorf	2	
Krakau	2	
Prag	2	
Amsterdam	1	
Köln	1	
Dortmund	1	
Essen	1	
Hamburg	1	
Nürnberg	1	
andere Städte (2.500-100.000)	21	11%
Kleinstädte (1.000-2.500)	8	4%
Dörfer (unter 1.000)	4	2%
Angegebene Religion vor der Deportation		
jüdisch	41	79%
protestantisch	2	4%
katholisch	2	4%
agnostisch	1	2%
atheistisch	6	12%

Tabelle 1: Soziale Merkmale von 52 Veteraninnen und Veteranen nationalsozialistischer Konzentrationslager. Anm. d. Ü.: Luchterhand verwendet in diesem Zusammenhang den Begriff „*induction*" („Einführung", „Aufnahme"), der im US-amerikanischen Englisch auch für die „Einberufung" in den Militärdienst verwendet wird. In Absprache mit den Herausgebern ist dieser Terminus durchgehend als „Deportation" im Sinne von Eintritt in das Lagersystem, wie dies auch von Luchterhand verstanden wird, übersetzt worden.

Unter den Informantinnen war eine Frau, die durchgehend mit zwei Kleinkindern in Haft war und eine andere Frau mit einem Kleinkind. Alle leben noch. Eine andere Mutter lebte während ihrer gesamten Haftzeit mit ihrer etwa 20-jährigen Tochter in derselben Baracke. Beide wurden interviewt. Eine andere Frau war für einen Teil ihrer Haft mit ihrem Sohn im selben Lager. Beide überlebten.

Die 52 Informantinnen und Informanten verbrachten durchschnittlich etwas mehr als drei Jahre in durchschnittlich jeweils fünf oder sechs (5,5) Lagern. 47 der 52 Informantinnen und Informanten wurden im Rahmen eines „Standardinterviews“ interviewt. Diese 47 Informantinnen und Informanten verbrachten durchschnittlich 37,7 Monate oder 3,14 Jahre in den Lagern.

Wir haben verschiedene Vorkehrungen getroffen, um die Anonymität unserer Informantinnen und Informanten zu gewährleisten, wenngleich diesbezügliche Bedenken selten waren.[10] In der Hoffnung, dass diese Vorkehrungen kein Ärgernis für die Leserinnen und Leser darstellen, möchten wir die diesbezüglichen Überlegungen kurz erläutern.

Erstens wies die Häftlingsgesellschaft der Lager, wie später ausgeführt wird, ein Normensystem auf, dessen Kontinuitäten mit unserem eigenen im Allgemeinen nicht auf den ersten Blick erkennbar sind. Selbst Personen, die sich Mühe geben und sich über das Thema informieren, schaffen möglicherweise niemals den empathischen Schritt zur Überwindung ihres eigenen Ethnozentrismus. Kurzum, diese Vorkehrungen können die Informantinnen und Informanten vor vorurteilsbehafteten Äußerungen schützen.

Die zweite und weniger offensichtliche Überlegung ist, dass wir in einer Zeit von *„Kriegen [...] und Nachrichten von Kriegen“* (Mt 24,6), von Lagern und Nachrichten von Lagern leben. Wie es Informant Steve[11] ausdrückte: *„Mir reicht die Inhaftierung in einem Lagersystem völlig.“* Es sei ein Vorfall angeführt, der diese Befürchtung bestätigt.

Im April 1945 beförderte der Autor nach informellen Absprachen mit US-Militärpersonal zwei Buchenwald-Überlebende, einen Belgier und einen Spanier, vom Lager in die Stadt, wo seine eigene Militäreinheit stationiert war.[12] Dort erläuterten und schrieben sie für mehrere Tage über ihre Lagerhaft und kehrten anschließend direkt nach Belgien zu-

10 Anm. d. Hg.: Wir haben uns entschieden, die Anonymisierung der Interviewpartnerinnen und Interviewpartner rückgängig zu machen, zumal der von Luchterhand geschilderte Hauptgrund für die Anonymisierungsentscheidung, die etwaige politische Verfänglichkeit für die Interviewten, heute nicht mehr besteht. Die Identität der Interviewpartnerinnen und Interviewpartner wird im Folgenden bei der Nennung ihres Pseudonyms in Kurzbiografien kommentierend erläutert.

11 Anm. d. Hg.: „Steve“ ist das Pseudonym von Vratislav Bušek, geboren am 14. Mai 1897 in Prag, gestorben am 12. Juni 1978 in New York. Bušek war zunächst außerordentlicher, dann ordentlicher Professor für Kirchenrecht an der Comenius-Universität in Bratislava, in den 1930er-Jahren auch Dekan und schließlich Rektor der Universität. Am 10. Jänner 1942 wurde Bušek *„wegen Verbrechens der Störung der öffentlichen Ordnung und Sicherheit [...] sowie wegen Vorbereitung eines hochverräterischen Unternehmens [...] der Geheimen Staatspolizei überwiesen.“* (Geheime Staatspolizei, Staatspolizeistelle Brünn, Standgericht, 10.1.1942, Moravský zemský archiv v Brně, B 340, Box 328, 100-328-28). Die Verhaftung nahm damit auf das von „Reichsprotektor“ Reinhard Heydrich unmittelbar nach dessen Einsetzung verhängte Standrecht, die Verordnung über die „Verhängung des zivilen Ausnahmezustandes“ vom 27. September 1941, Bezug. Bušek war damit einer von zahlreichen auf dieser Basis ins KZ Mauthausen deportierten tschechischen und slowakischen Intellektuellen – vgl. dazu auch Miloš Vitek: Zeugenaussage über Mauthausen 1942 (AMM V/03/01). Er wurde am 4. Februar 1942 ins KZ Mauthausen deportiert und erlebte dort am 5. Mai 1945 die Befreiung; nach eigenen Angaben emigrierte er nach der Befreiung über Paris in die USA (vgl. ITS Arolsen, 6.3.3.2/86700281).

12 Anm. d. Hg.: Am Tag der Befreiung des KZ Buchenwald, dem 11. April 1945, war das 261st Infantry Regiment der 65th Infantry Division, Luchterhands Einheit, in Oberellen stationiert, etwa 80 Kilometer von Buchenwald entfernt (vgl. Robert H. Cardinell (Hg.): The 65th Infantry Division in WW II (Palm Lane 2004), S. 254.) Bis zum 18. April war sie in etwa 20 Kilometer Entfernung in der Gegend rund um Alkersleben und Werningsleben stationiert (vgl. ebd.); welche Stadt hier genau gemeint ist, konnte nicht eruiert werden.

rück. Seither führt der Belgier regelmäßige Korrespondenz mit dem Autor. Im Dezember 1949 schrieb er: *„[E]in wenig über unseren armen Freund [José -EL]. Ja, arm deshalb, weil als ich in [Name der Stadt – EL] war, sah ich seine Ehefrau mit einem Kind, einem Mädchen. Für mich sah sie wie eine kleine, dicke spanische Carmen aus. Also, sie erzählte mir, dass das Geschäft schlecht lief und er sich deshalb nach Spanien wagte. Fazit: Sie erhielt einen Brief aus einer bestimmten Festung in der Nähe von oder in [eine große spanische Stadt – EL], in dem stand: ‚Alles ist gut'. Das war die einzige Nachricht, die wir übermitteln konnten, als wir in den Händen der Gestapo waren – ‚Alles in Ordnung' (in der Hölle!). Wir vermuten also, dass sie ihn mitgenommen haben und hoffen das Beste."* Im Dezember 1951 schrieb der Belgier: *„Wir haben nichts mehr von [José] gehört."*

Neben der Anonymität wurde eine weitere Vorkehrung getroffen, um das Selbstbild der Informantinnen und Informanten zu schützen, die die Untersuchung zu Verhaltensevaluierungen, die Teil unserer Untersuchung bildet, lesen könnten. Dies dient auch dazu, uns in der Bewertung des Verhaltens von Informantinnen und Informanten von etwaigen im Kontext der Interviews entstandenen Einschränkungen zu lösen.

Diese verschiedenen Vorkehrungen bestehen aus einem Doppelsystem zur Identifizierung: Nummer und Pseudonyme.[13]

Definitionen und Klassifikationssysteme

In der Zusammenfassung des Fallmaterials wurde die Deportation von Informantinnen und Informanten in das Lagersystem entweder als „mild" oder „schwer" klassifiziert. Deportationen aus Ghettos wie Westerbork oder Theresienstadt und aus den meisten Gefängnissen wurden als „mild" klassifiziert; Deportationen aus dem Ghetto Litzmannstadt als „schwer". Deportationen aus nationalsozialistischen Konzentrationslagern wurden als „schwer" eingestuft.

In der allgemeinen psychiatrischen Begrifflichkeit kann ein *traumatisches Ereignis* als ein Ereignis betrachtet werden, in dem *„die Psyche innerhalb eines kurzen Zeitraums einer starken Reizstimulation unterworfen wird – mit der Auswirkung, dass diese Stimulation*

13 Anm. d. Hg.: Im amerikanischen Original steht hier folgende Passage: *„Im Anhang findet sich ein kalendarischer Überblick über Dauer und Ort der Inhaftierung für alle Informantinnen und Informanten. Diese Kalender ermöglichen es Informantinnen und Informanten, die diese Untersuchung lesen, einfach und eindeutig ihre eigenen Interviewbeiträge im Text zu erkennen, da sie mittels Pseudonym zitiert werden. Zugleich ist die Anonymität der Informantinnen und Informanten relativ gut von der möglichen Neugier anderer Informantinnen und Informanten geschützt. Im Einklang mit unserer Verpflichtung, das Selbstbild unserer Informantinnen und Informanten, die diese Untersuchung möglichweise lesen, zu schützen, und um eine objektive Bewertung ihres Verhaltens zu gewährleisten, werden sie in den Tabellen, die das untersuchte Verhalten einzelner Informantinnen und Informanten darstellen, mittels Nummer identifiziert."* Durch die Entscheidung, die Interviewpartnerinnen und Interviewpartner zu nennen und kurz zu biografieren, haben wir auf die Wiedergabe des erwähnten „Inhaftierungskalenders" jedes Interviewten im Anhang dieser Arbeit verzichtet.

nicht im gewöhnlichen Sinne integriert oder adäquat verarbeitet werden kann"[14]. Diese allgemeine Charakterisierung berücksichtigt die Tatsache, dass das „*Trauma von zwei Faktoren abhängt: von der ‚Intensität', d.h. das durch das Trauma verursachte Maß an Exzitation innerhalb kurzer Zeit, und dem Grad der Unvorhersehbarkeit*".[15] Die spezifische Natur der Anzeichen für Traumata unter Lagerhäftlingen wird im Detail im Kapitel „Biosoziale Aspekte von Trauma und Anpassung" besprochen.

Für die Zusammenfassung des Interviewmaterials wurden die folgenden Abstufungen von Beziehungsmustern verwendet:

1. Einsamer Wolf. (Die beste deutsche Entsprechung ist ein Ausdruck, den zahlreiche Informantinnen und Informanten verwendet haben: *Speckjäger*.) Der einsame Wolf versuchte lediglich, Kontakte, die er knüpfte, auszunutzen, hatte aber kaum die Fähigkeit, freundschaftliche Beziehungen oder selbst Zweckbündnisse zu entwickeln (siehe unten).
2. Instabile Paare. Dieser Ausdruck bezieht sich auf Beziehungen von Personen, die eine gewisse Fähigkeit hatten, Bekanntschaften oder sogar Freundschaften anzubahnen, aber kaum die Fähigkeit, diese zu entwickeln und aufrechtzuerhalten. Diese Beziehungen endeten schnell in Dissens und Konflikt.
3. Stabile Paare. Dies beschreibt Beziehungen von Personen, die die Fähigkeit hatten oder möglicherweise auch vermissen ließen, Freundschaften anzubahnen, aber die tatsächliche Kompetenz besaßen, diese Freundschaften auch zu entwickeln und aufrechtzuerhalten.
4. Beteiligung in Kleingruppen (Gruppen von drei bis acht Personen).
5. Beteiligung in Großgruppen (Gruppen mit neun oder mehr Mitgliedern).
6. Zweckbündnisse. Der Begriff beschreibt Beziehungen, die eingegangen oder aufrechterhalten wurden, um an privilegierte Positionen oder Güter zu kommen, um die Überlebenschancen zu erhöhen.

Der Begriff „Diebstahl" wird in dieser Untersuchung ausschließlich für Fälle verwendet, in denen ein Häftling die Habseligkeiten eines anderen Häftlings zur eigenen Verwendung an sich nimmt.

Das Wort „organisieren" bezeichnet Anstrengungen oder Praktiken von Häftlingen zur Beschaffung von irgendetwas von irgendjemandem, außer einem Häftling, durch ungleichen Handel oder schlichtweg durch Wegnahme. (Der Begriff steht für das deutsche Verb *organisieren*, das Teil des Lagerjargons war, und zufällig in der deutschen Armee als Pendant für den Ausdruck „befreien" verwendet wurde.[16] Die Unangemessenheit des Begriffes

14 Hilde O. Bluhm: How Did They Survive? Mechanisms of Defense in Nazi Concentration Camps, in: American Journal of Psychotherapy, 53. Jahrgang (1999), Heft 1, S. 96–122, hier S. 99. Anm. d. Ü.: Es handelt sich hierbei um den unveränderten Nachdruck des Artikels, der zuerst im American Journal of Psychotherapy, 2. Jahrgang (1948), Heft 1, S. 3–32 abgedruckt wurde.

15 Hilde O. Bluhm: How Did They Survive?, S. 105.

16 Anm. d. Hg.: Es ist unklar, worauf sich Luchterhand mit dem Terminus „befreien" (im Original „*liberate*") bezieht. Das berüchtigte „Organisieren" ist in zahllosen Erinnerungsberichten Überlebender Thema für

„befreien" als mögliche Entsprechung für „organisieren" wird im Kapitel „Normensystem und Sozialordnung von Lagerhäftlingen" behandelt.)

Ein *Muselmann*, war jemand, der den Großteil seines Lebenswillens verloren hatte und als soziale Kategorie eine hohe Sichtbarkeit im Lageralltag aufwies, da sich seine geringe Motivation in mangelnder körperlicher Sauberkeit, im Betteln und im „Organisieren" oder sogar Stehlen unter feindlicher Beobachtung zeigte. Ein *Muselmann* [Deutsch im Original] war stets in Gefahr, für die Vernichtung selektiert zu werden. Der deutsche Ausdruck *Muselmann* wird hier beibehalten, da weder der englische Begriff „Moslem", noch irgendein anderer Begriff bedeutungsähnlich verwendet werden kann.

In der Zusammenfassung des Fallmaterials wurden Veränderungen als wesentliche Verschiebungen erachtet und nicht als kurzfristige Fluktuationen während der Haft. Spezifische Bedeutungen sind an den entsprechenden Stellen weiter unten angeführt.

Später wird in dieser Untersuchung die Anwendbarkeit des Konzepts der Identifizierung auf jene Prozesse behandelt, durch die Häftlinge sich selbst mit anderen in den Lagern im Verlauf von unterschiedlich belastenden Situationen in Beziehung setzten. Es soll an dieser Stelle jedoch darauf hingewiesen werden, dass die unklare Anwendung von Konzepten, wie der Identifizierung mit der SS oder dem Ich-Ideal, seitens des Autors in seiner früheren Untersuchung und seitens anderer, sowie die Art und Weise, wie Bettelheim das Konzept der Identifizierung mit der SS verwendet, die Untersuchung von Häftlingsverhalten erschwert haben.

Die Aufgabe dieses Kapitels liegt nicht in der Skizzierung der Schwachstellen in der Anwendung dieser Konzepte, sondern darin, die bedeutenden theoretischen Probleme der von Bettelheim suggerierten Schlussfolgerungen in eine der Forschung zugängliche Form zu bringen und anschließend Möglichkeiten für deren Lösung aufzuzeigen.

Die Interviews

Einer der 52 Informantinnen und Informanten, Frank[17], wurde erstmals im April 1945, vier Tage nach der Befreiung, informell im Konzentrationslager Buchenwald interviewt.

---

den weit verbreiteten Diebstahl oder Handel mit Utensilien aus SS-Eigentum, der von der SS streng bestraft wurde. *„Aber alles hat organisiert, es hat keinen Häftling gegeben, der nicht organisiert hat"* (Margareta Glas-Larsson: Ich will reden. Tragik und Banalität des Überlebens in Theresienstadt und Auschwitz. Hg. und kommentiert von Gerhard Botz (Wien/München/Zürich/New York 1981), S. 180), so beispielsweise die Auschwitz-Überlebende Margareta Glas-Larsson. Laut Hans Maršálek (Hans Maršálek: Die Geschichte des Konzentrationslagers Mauthausen. Dokumentation (Wien 2006), S. 425) wurde dieser Begriff auch von SS-Angehörigen verwendet; die Herkunft des Begriffs ist allerdings unklar.

17 Anm. d. Hg.: „Frank" ist das Pseudonym für Kurt Sitte, geboren am 1. Dezember 1910 in Reichenberg (Liberec), gestorben am 20. Juni 1993 in Freiburg im Breisgau. Sitte war von der Gestapo Prag am 1. September 1939 verhaftet und eine Woche später ins KZ Dachau deportiert worden; er wurde von dort am 27. September 1939 ins KZ Buchenwald überstellt, wo er (wie er selbst schreibt) als Kapo dem Arbeitskommando der „Pathologie" zugeteilt wurde (vgl. International Tracing Service [fortan ITS] Bad Arolsen 1.1.5.3/7122182). Sitte war unter den 46 gefährdeten „prominenten" Häftlingen des KZ Buchenwald, die die SS kurz vor der Befreiung auf einer Liste notiert hatte – alle 46 wurden innerhalb des Lagers

Fünfeinhalb Jahre später wurde er gebeten, die folgende Frage schriftlich zu beantworten, da es die Umstände nicht erlaubten, ein Standardinterview durchzuführen: „*Wie passend erscheint Bruno Bettelheims Klassifizierung in ‚alte' und neue Häftlinge für die Häftlinge von Buchenwald aufgrund ihrer sich über sechs Jahre erstreckenden Beobachtungen?*"[18]

Vier andere der 52 Informantinnen und Informanten wurden zu ihren Reaktionen und Beobachtungen während eines längeren Häftlingsappells in Buchenwald in einer Nacht im Dezember 1938 interviewt. Die fünf bislang angeführten Interviews werden als *Sonderinterviews* bezeichnet; die übrigen 47 als *Standardinterviews*.

Die in dieser Untersuchung verwendeten Interviewleitfäden wurden in Teilen einem Prätest unterzogen; in erster Linie unter Mitgliedern einer Organisation von Überlebenden in New York. Dieser Prätest war – wie die Interviews aufzeigten – im Allgemeinen zweckdienlich, wenngleich später, in der Untersuchung von Diebstahlsverhalten, Schwachstellen erläutert werden.

Die Standardinterviews, die in fast allen Fällen bei den Informantinnen und Informanten zuhause geführt wurden, dauerten durchschnittlich 4 Stunden und 10 Minuten, das längste Interview 8 Stunden. Die Aufzeichnung aller Interviews erfolgte in Form von ausführlichen Notizen direkt auf mehrfärbigen Abschnitten des Leitfadens. Die Informantinnen und Informanten schienen sich nicht an der umfangreichen Notizentechnik zu stören, sondern schienen diese von einer seriösen Forschungsbemühung eher zu erwar-

vom illegalen Widerstandskomitee versteckt und konnten überleben. Eugen Kogon schreibt dazu: „*Die entscheidende Belastungsprobe war der 5. April. Die SS-Führer hatten in den Tagen vorher die wichtigsten Papiere vernichtet. SS-Sturmbannführer Dr. Ding-Schuler [Lagerarzt im KZ Buchenwald – Anm. d. Hg.] kam noch einmal in das Lager zurück und teilte mir mit, daß von der Gestapo Weimar der Befehl ergangen sei [...], 46 Politische am nächsten Morgen zu exekutieren, ehe das Lager evakuiert würde. [...] Die Warnung war von unschätzbarem Wert, denn sie gewährte beinahe acht Stunden Vorsprung. Im Nu war der gesamte Apparat der internen Lagerleitung alarmiert. Es wurde der Beschluß gefaßt, Ernst zu machen, die Auslieferung der 46 Mann zu verweigern, selbst wenn es darüber zum offenen Kampf kommen sollte.*" (Eugen Kogon: Der SS-Staat. Das System der deutschen Konzentrationslager, 3., vollständige und erweiterte Aufl. (Frankfurt am Main 1947), S. 330; vgl. auch David Hackett (Hg.): Der Buchenwald-Report. Bericht über das Konzentrationslager Buchenwald bei Weimar (München 1996), S. 132; zur Liste der 46 ebd., S. 366). Sitte war 1947 ein maßgeblicher Zeuge im Dachauer Buchenwald-Prozess gegen 31 SS-Angehörige und Funktionshäftlinge des KZ Buchenwald (vgl. dazu Katrin Greiser: Die Dachauer Buchenwald-Prozesse – Anspruch und Wirkung, in: Ludwig Eiber/Robert Sigel (Hg.): Dachauer Prozesse. NS-Verbrechen vor amerikanischen Militärgerichten in Dachau 1945–48 (Göttingen 2007), S. 160–173). 1946 emigrierte er als Stipendiat zunächst nach Großbritannien, 1948 in die USA, wo er, der 1933 sein Studium mit einem Doktorat in Physik abgeschlossen hatte, als Kernphysiker an der Syracuse University im Bundesstaat New York lehrte. Sitte stand bald unter FBI-Überwachung und emigrierte 1953 aus den USA nach Brasilien und schließlich nach Israel, wo er seine Forschungen fortsetzte und wegen Geheimnisverrats an tschechoslowakische Diplomaten in einem Geheimprozess 1961 zu fünf Jahren Haft verurteilt wurde (zum Prozess siehe Ohne Autor: Sitte-Prozess. Spion im Weltraum, Der Spiegel Nr. 3/1961, S. 44–45, (http://magazin.spiegel.de/EpubDelivery/spiegel/pdf/43159380, Aufruf am 25.11.2017). Nach seiner vorzeitigen Entlassung wanderte er 1963 nach Deutschland aus, wo er 1993 starb.

18 Anm. d. Hg.: Luchterhand verweist an dieser Stelle auf den im Anhang seiner Dissertation abgedruckten Brief Sittes, in dem dieser Bettelheims Beobachtungen widersprach; „*Aus diesen Gründen und Erfahrungen muss ich allerdings sagen, dass ich Bettelheims Charakterisierung des ‚alten' Häftlings entschieden widerspreche, die ich mir nur durch seine kurze und eher periphere Erfahrung des Lagerlebens erklären kann, noch dazu in einer Phase der ‚grünen' Herrschaft.*" (A six-year prisoner's reply to a question, in: Elmer Luchterhand: Prisoner Behavior and Social System in Nazi Concentration Camps. Unveröffentlichte Dissertation (Madison 1952), S. 334–353, hier S. 336).

ten. Kontinuierliches Mitschreiben erschien den Informantinnen und Informanten weniger störend als gelegentliche, hastige Notizen. Obwohl diese Notizentechnik hauptsächlich der Komplexität des Materials und der daraus folgenden Gefahr von Erinnerungslücken geschuldet war, hatte sie auch den glücklichen Effekt, dass den Informantinnen und Informanten der Eindruck vermittelt werden konnte, dass alles, was sie erzählten, wichtig war. Kontinuierliches Mitschreiben hatte auch einen weiteren unerwarteten Vorzug, der in vielen anderen Interviewmethoden nicht gegeben gewesen wäre.

Es bestärkte die Informantinnen und Informanten, die erst seit kurzem mit unserer Kultur vertraut und deshalb weniger empfänglich für sprachliche und andere Gesten waren, die bei gebürtigen Amerikanerinnen und Amerikanern üblicherweise Wirkung zeigen.

Ein offensichtlich wichtiges Ergebnis dieser umfangreichen Notizentechnik war die Tatsache, dass es möglich war, ein detaillierteres und präziseres Protokoll für jede Informantin oder jeden Informanten zu erstellen.

Es wurde insbesondere nach folgenden Hinweisen gesucht:

1. Veränderungen der zwischenmenschlichen Beziehungsmuster und des Verhaltens hinsichtlich Teilen und Diebstahl im Verlauf der Zeit.
2. Veränderungen des Häftlingsverhaltens in speziellen Extremsituationen.
3. Beschreibungen und Haftdauer von „alten“ Häftlingen und insbesondere von Mitgliedern von im Untergrund agierenden Häftlingsorganisationen.

Zusätzlich zu den aufgelisteten Hinweisen wurden auch Angaben zu einem breiten Spektrum von Verhaltensweisen der Häftlinge eingeholt, da angenommen wurde, dass ein solcher Zugang verhindern würde, wichtige soziale Prozesse zu übersehen, und da dadurch zugleich die Wahrscheinlichkeit, innere Widersprüche aufzudecken, maximiert werden würde.

Zu Beginn jedes Interviews wurde ein Kalender über das Leben des Häftlings in den Lagern, Gefängnissen oder Ghettos erstellt. In den ersten Entwürfen des Forschungsdesigns bestand noch die Hoffnung, einzelne Lager für Untersuchungszwecke zu kategorisieren. Ein Blick auf die Komplexität dieser Kalender legt jedoch die Unmöglichkeit einer solchen Vorgehensweise nahe. So kann ein Häftling in einem Ghetto inhaftiert und anschließend in ein Vernichtungslager deportiert worden sein; oder in etwas, was euphemistisch als „Arbeitslager“ bezeichnet wurde, wo aber die Vernichtungsfunktion noch größer war als in einem Vernichtungslager.

Ein anderer Häftling kann in ein Vernichtungslager deportiert worden sein, dann in ein Ghetto transportiert, oder, in seltenen Fällen, sogar zur Arbeit auf einem Bauernhof geschickt worden sein. Zusätzlich zu diesen Schwierigkeiten hatte jedes Lager seine eigene unterschiedliche und manchmal ziemlich einzigartige Geschichte. Das Leben in einem Lager unter einem Kommandanten kann rund um die Uhr die reinste Hölle gewesen sein, und später durch bestimmte unspektakuläre, aber tatsächliche Veränderungen im Häftlingsalltag zu einem *vergleichsweise* „milden“ Ort geworden sein. Der neue industrielle Zwangseinsatz von Häftlingsarbeit führte oftmals zu abrupten Veränderungen.[19]

Es stellte sich die spezifische Frage, was in dieser Untersuchung für die Berechnung der gesamten Haftzeit der Informantinnen und Informanten herangezogen werden sollte. Es wurde entschieden, dass die Zeit in einem nationalsozialistischen Ghetto nicht miteingerechnet wurde, falls die Person in ein Ghetto in ihrem Wohnort gezwungen wurde. Diese Entscheidung umfasste folgende Überlegungen: (1) Ungeachtet der jeweiligen Härten, die eine solche Zwangsumsiedlung mit sich brachte, war die Person nach wie vor von den sichtbaren Zeichen ihres früheren Lebens umgeben, und (2) Verwandte, Freundinnen und Freunde und Bekannte waren noch immer irgendwie erreichbar.

Obwohl diese Vorgehensweise Fälle von Deportationen unberücksichtigt lassen könnte, die gemessen an den in dieser Untersuchung herangezogenen Kriterien der Härte wirklich „schwer“ waren, wären solche Fälle nicht zahlreich. In Übereinstimmung mit dieser Vorgehensweise wird die Zeit in einem Ghetto im Wohnort nicht in die insgesamte Haftzeit eingerechnet.

Für den Fall, dass Personen von ihren Wohnorten in ein Ghetto einer anderen Stadt deportiert wurden, wurde diese Zeit bei der Berechnung der gesamten Haftzeit berücksichtigt. Die Begründung für diese Unterscheidung wird ersichtlich, wenn man die Unterschiede zwischen den beiden Arten der Deportation in ein Ghetto berücksichtigt. Im Fall der zuerst genannten Deportation in ein Ghetto hatte eine Person im Allgemeinen erheblich bessere Chancen, die Voraussetzungen für ein „normales“ Familienleben und die „normale“ Befriedigung von alltäglichen Lebensbedürfnissen zu schaffen. Im Fall einer Deportation in ein Ghetto einer anderen Stadt wurden diese Möglichkeiten erheblich erschwert. Die Möglichkeit an bestehende Freundschaften anzuknüpfen war meist viel geringer. Ehemänner, Ehefrauen und Kinder waren oft in verschiedenen Transporten. Das nationalsozialistische Regime dürfte die Vorteile für die zweite Art der Zwangsumsiedlung von jüdischen Familien bereits in der Frühphase der antijüdischen Maßnahmen erkannt haben.

Es gibt gute Gründe, die Haftzeit in nationalsozialistischen Ghettos in Fällen der zweiten Art von Zwangsumsiedlungen in ein Ghetto miteinzubeziehen. Das nationalsozialistische Ghetto wies im Unterschied zu historischen Ghettos in der europäischen Geschichte etliche spezifische Gefahren auf: Erstens, die Selektion für den Transport in andere Lager oder Vernichtungskomplexe; zweitens, der systematische zwangsweise Einsatz von Arbeitskräften im Ghetto und die Organisation dieser Arbeitenden in Arbeitskommandos unter bewaffneten Wachleuten; drittens, die Durchsetzung von Le-

19 Anm. d. Hg.: Luchterhand bezieht sich hier auf die zunehmende „Ökonomisierung“ der Konzentrationslager ab 1943, die in der heutigen KZ-Forschung unter dem Stichwort des „Funktionswandels“ diskutiert wird – vgl. zur Bedeutung dieses Funktionswandels für das KZ Mauthausen Bertrand Perz: Der Arbeitseinsatz im KZ Mauthausen, in: Ulrich Herbert/Karin Orth/Christoph Dieckmann (Hg.): Die nationalsozialistischen Konzentrationslager. Entwicklung und Struktur, Band 2 (Göttingen 1998), S. 533–557) und Kranebitter: Zahlen als Zeugen, S. 197 und S. 222f.

bensbedingungen, die trotz der fehlenden Geschlechtertrennung Bedingungen in Baracken nahe kamen; und viertens, der wiederholte Einsatz von Strafaktionen und terroristischen Angriffen durch militärische Verbände gegen bestimmte Bereiche des Ghettos. In den historischen Ghettos waren solche Angriffe weniger häufig.

Es gilt festzuhalten, dass keines der nationalsozialistischen Ghettos – trotz einiger Unterschiede zwischen den Ghettos zu unterschiedlichen Phasen – jemals frei von den entsetzlichen Selektionen war. Diese grundlegende Methodik hatten die nationalsozialistischen Ghettos mit dem Rest des Systems der Konzentrationslager gemeinsam. Es kann behauptet werden, dass diese Selektionen in vielerlei Hinsicht einer der charakteristischsten Aspekte des nationalsozialistischen Lagersystems waren.

Einer der Hauptunterschiede zwischen den Lagern an sich und den nationalsozialistischen Ghettos war der Unterschied in der Zuteilung und der Verfügbarkeit von Lebensmitteln. Allerdings stimmt es, entgegen der geläufigen Annahme, nicht generell, dass Essen in einem Lager schlechter verfügbar war als in einem nationalsozialistischen Ghetto. In vielen Situationen sind zufällig vorhandene Möglichkeiten der Grund, weshalb Einzelpersonen, z.B. in Auschwitz-Buna, gelegentlich mehr zu essen hatten als zuvor im Ghetto. Das Material unserer Fallstudie liefert einige Hinweise auf die unterschiedlichen Faktoren hinsichtlich der Verfügbarkeit von Lebensmitteln für Einzelpersonen in einem Ghetto und später in einem Lager wie Auschwitz-Buna.

In der Entwicklung des Forschungsdesigns wurde von der Annahme ausgegangen, dass das Erinnerungsvermögen von Informantinnen und Informanten zu erheblichen Schwierigkeiten führen könnte. Obwohl angenommen werden muss, dass Erinnerungen in beträchtlichem Ausmaß verloren gegangen sind, ist es wohlbekannt, dass entscheidende Lebenserfahrungen mit erstaunlicher Klarheit über viele Jahre hinweg erhalten bleiben können. Auch ist es allgemein bekannt, dass die Vergegenwärtigung einer Reizsituation Erinnerungsprozesse beträchtlich fördern kann. Die Verwendung von vormals vertrauten Bergriffen, die in der gegenwärtigen Lebenssituation nicht verwendet werden, war äußerst erfolgreich. Solche Reizwörter waren etwa *Muselmann* und *organisieren* [Deutsch im Original]. Wie bereits ausgeführt, bedeutete letzteres, Dinge von anderen Häftlingen durch Handel und – entweder alleine oder mit Hilfe von anderen Häftlingen – Güter von irgendjemandem, der kein Häftling war, auf irgendeine Weise zu erhalten.

Es konnte beobachtet werden, dass Informantinnen und Informanten mit sichtbarem Vergnügen auf die Erwähnung dieser Begriffe reagierten. In ihrem heutigen Leben rief *Muselmann* das Bild der untersten Stufe der Menschheit hervor, die sie in jedem Fall persönlich erlebt hatten, oder der sie gerade noch entkommen konnten. Der andere Begriff, *organisieren*, rief Überlebensmethoden ins Gedächtnis; Methoden, die an sich Vorstellungen des Triumphs über die vorgegebene Vernichtungsfunktion des nationalsozialistischen Lagersystems nahelegten. Die emotionalen Reaktionen auf diese Reizwörter gingen häufig mit einer Flut an reichhaltigem Material einher, das darauf hindeutete, dass Informantinnen und Informanten in die Gefühlszustände des Lagerlebens eintauchten.

Die Verwendung von Reizwörtern wie *Muselmann* bei den Informantinnen und Informanten in dieser Untersuchung war aufgrund des vermeintlich unüberbrückbaren Bedeutungsunterschiedes zwischen der Häftlingsgesellschaft und unserer eigenen Gesellschaft außerordentlich effektiv. Die übliche erste Reaktion auf die Verwendung des Wortes *Muselmann* während des Interviews war ein Lächeln, das Erschrecken und Erstaunen andeutete und häufig mit einer Art gestisch artikulierter oder ausgesprochener Frage einherging: „*Wie können Sie bloß dieses Wort kennen?*" Die Verwendung des Wortes durch den Interviewer wurde wie ein Losungswort behandelt, das ihn dazu berechtigte, sich frei mit den Überlebenden der Lager zu assoziieren.

Eine detaillierte Kenntnis über den Evakuierungsplan der Lager des Auschwitz-Komplexes hatte ähnliche Folgen. So könnte ein Informant in der Erstellung des Haftkalenders sagen: „*Es war im Jänner als wir Buna an einem sehr kalten Tag verließen.*" Der Interviewer würde an dieser Stelle die üblichen Interviewregeln brechen und kommentieren: „*Oh, ja, das war ein sehr kalter Tag. Ich glaube Sie brachen am späten Nachmittag des 18. Jänner auf. Sind Sie zu Fuß nach Gleiwitz marschiert?*"[20] Anschließend kam in jedem einzelnen Fall ein Schwall an bildhaftem Material über den Marsch selbst, wobei der Interviewer das unverkennbare Gefühl hatte, als jemand akzeptiert zu werden, der in der Lage ist, die Bedeutung eines solchen Marsches zu verstehen.

Gleichermaßen könnte ein Informant die Information teilen, dass er von Gleiwitz nach Sachsenhausen marschiert war.[21] Eine Frage wie, „*Dann waren Sie unter denen, die in einem offenen Waggon fuhren?*", führte zu ähnlichen Reaktionen. Darüber hinaus wurde später während des Interviews, wenn der Transport selbst im Detail besprochen wurde, die Frage (deren Bedeutung später augenscheinlich werden wird)[22] gestellt: „*Wo im Waggon standen Sie und ihre Freunde?*" Diese Frage brachte derart qualvolle Realitäten ins Bewusstsein, dass sie normalerweise geradezu als verboten zu bezeichnen wäre. Allerdings

20 Anm. d. Hg.: Am 18. Jänner 1945 mussten etwa 10.000 „marschfähige" Häftlinge des KZ Auschwitz III (Monowitz), nach dem dort für die I.G. Farben produzierten Kautschuk auch „Buna" genannt, zu Fuß auf einem Todesmarsch in das etwa 70 Kilometer entfernte Außenlager Gleiwitz gehen, wobei zahlreiche Menschen von den Wachmannschaften ermordet wurden – vgl. dazu allg. Susanne Willems: Monowitz (Monowice), in: Wolfgang Benz/Barbara Distel (Hg.): Der Ort des Terrors. Geschichte der nationalsozialistischen Konzentrationslager, Band 5: Auschwitz, Neuengamme (München 2007), S. 276–284, und Andrzej Strzelecki: Endphase des KL Auschwitz: Evakuierung, Liquidierung und Befreiung des Lagers (Oświęcim-Brzezinka 1995). Elie Wiesel beschrieb den Todesmarsch 1958 eindrücklich in seinem Roman *La Nuit*: „*Die letzte Nacht in Buna. Wieder einmal die letzte Nacht. Die letzte Nacht zu Hause, die letzte Nacht im Ghetto, die letzte Nacht im Viehwagen und nun die letzte Nacht in Buna. Wie lange würde unser Leben sich noch von einer ‚letzten Nacht' zur anderen schleppen?*" (Elie Wiesel: Die Nacht zu begraben, Elischa (München 2005), S. 99; vgl. zur Schilderung des Marsches und der Morde ebd., S. 97–112.)

21 Anm. d. Hg.: Die Häftlinge des Auschwitz-Außenlagers Gleiwitz II wurden am 18. Jänner 1945 auf einem sogenannten „Evakuierungstransport" zunächst zu Fuß in die Stadt Gleiwitz (Gliwice) getrieben. Ein Teil der männlichen Häftlinge wurde von dort in offenen Güterwaggons ins KZ Sachsenhausen gebracht (vgl. Andrea Rudorff: Gleiwitz II, in: Wolfgang Benz/Barbara Distel (Hg.): Der Ort des Terrors. Geschichte der nationalsozialistischen Konzentrationslager, Band 5: Auschwitz, Neuengamme (München 2007), S. 230–233, hier S. 232.

22 Anm. d. Hg.: Luchterhand schrieb 1966 zu dieser Frage selbst einen Artikel – siehe Elmer Luchterhand: The Gondola-Car Transports, in: The International Journal of Social Psychiatry, 13. Jahrgang (1966), Heft 1, S. 28–32.

war die Reaktion stets die vollkommene Akzeptanz des Interviewers als *„die erste Person in den USA, die diese Dinge versteht!"*

In der Untersuchung des Verhaltens und des Sozialsystems der Häftlinge befassten wir uns auch mit der Stellung von Informantinnen und Informanten in der Häftlingshierarchie und ihrem jeweiligen Status als Mitglied eines Arbeitskommandos, der Gruppe eines Transports; einer Gruppe, die gemeinsam „organisierte", einer Gruppe, die in der Freizeit Diskussionen führte, oder, seltener, sang oder Schach spielte. Es bestand Interesse am Rollenverhalten sowie an Veränderungen im Rollenverhalten im Verlauf der Haft und an der persönlichen Bedeutung der Teilnahme an Gruppen.

Um die sinnlose Anhäufung von deskriptivem Material, das lediglich Fakten reproduziert, die bereits hinreichend dokumentiert sind, zu vermeiden, wurden bestimmte Sachverhalte nicht untersucht. Folglich wurden Arbeitskommandos und „milde" Transporte, die ein oder zwei Tage dauerten, in der Regel nicht untersucht. Auf der anderen Seite wurden „schwere" und relativ lange Transporte mit großer Umsicht untersucht, da angenommen werden durfte, dass beschwerliche Lagen beispielsweise Freundschaften und Teilen auf eine schwere Probe gestellt hatten.

Die aktive Lenkung des Interviews war freilich unausweichlich, um spezifische Bereiche zu untersuchen, die das Forschungsdesign erforderte. Deshalb bestand eine Art der Lenkung vorwiegend darin, die Erinnerung rund um bestimmte Status und das damit einhergehende Rollenverhalten zu lenken. Eine zweite Art der Lenkung, die weiter unten besprochen wird, zielte auf die Aufrechterhaltung der Selbstbilder von Informantinnen und Informanten ab.

Sobald Informantinnen und Informanten in einem der einschlägigen Gebiete zu sprechen begannen, wurde die Lenkung auf ein Minimum reduziert und der freien Antwort größtmöglicher Raum gegeben. Durch die Sammlung von Material über die größte Bandbreite von unterschiedlichem Rollenverhalten wurde der Versuch unternommen, die allgemeinen Muster der Reaktionen von Informantinnen und Informanten auf Lagersituationen zu verstehen. Es wird vermutet, dass diese Schwerpunktsetzung auf eine breite Palette von unterschiedlichem Rollenverhalten maßgeblich dazu beigetragen hat, Erinnerungsprozesse zu verstärken und auch dazu, ein Maximum dessen zu schaffen, was Merton und Kendall als *„Tiefgründigkeit und personale[n] Bezugsrahmen"*[23] bezeichnen. Es versteht sich von selbst, dass mit einem solchen Ansatz keine kurzen Interviews geführt werden konnten.

Es wurden keine spezifischen Anstrengungen unternommen, einem einheitlichen Interviewablauf zu folgen, abgesehen davon, dass die schwierigsten Bereiche – bei denen eine eher intensive Bearbeitung notwendig war – gegen Ende behandelt wurden.[24] Die

23 Robert K. Merton/Patricia L. Kendall: The Focused Interview, American Journal of Sociology, 51. Jahrgang (1946), Heft 6, S. 541–557; dt. Das fokussierte Interview, in: Christel Hopf/Elmar Weingarten (Hg.): Qualitative Sozialforschung (Stuttgart 1979), S. 169–204, hier S. 178.

24 Anm. d. Hg.: Für die Entscheidung Luchterhands, die schwierigsten Fragen erst am Ende zu besprechen, gibt es in der sozialwissenschaftlichen Literatur keine uns bekannten Vorbilder. Vermutlich wollte

Notizen wurden direkt auf den Leitfaden aus losen Blättern geschrieben. Es wurde mehrfärbiges Papier verwendet, um das schnelle Notieren von langen, ununterbrochenen Antworten zu erleichtern, sowie um das Material von Zeit zu Zeit auf Lücken und die notwendige Genauigkeit zu überprüfen.

Seitens der Informantinnen und Informanten deutete alles auf eine tiefe persönliche Beteiligung – in einigen Fällen mit der offensichtlichen Wiederkehr von Gefühlsreaktionen auf die Ausgangssituationen – hin. Dies war insbesondere bei beschwerlichen Situationen unter den im Allgemeinen extremen Bedingungen des Lagerlebens der Fall.

Bezeichnend für die Atmosphäre dieser intensiven Interviews ist die Tatsache, dass Informantinnen und Informanten im Allgemeinen vier bis fünf, oft sogar sieben Stunden saßen und keine Anzeichen machten, das Interview unterbrechen zu wollen. In mehreren Fällen kam es vor, dass die Ehepartnerin oder der Ehepartner Kaffee und Kuchen servierte, nur um später wiederzukommen und kalte und unbenutzte Tassen vorzufinden.

Während aller Interviews bemühten wir uns aktiv, das Selbstbild der Informantinnen und Informanten zu schützen, indem wir moralische Urteile sorgsam vermieden und die Interviewpartnerinnen und -partner unseres mitfühlenden und sachkundigen Verständnisses für ihren Kampf und dessen bizarren Kontext versicherten. Zudem waren wir bemüht, so beiläufig wie möglich darauf hinzuweisen, dass wir in der Lage waren, in empathischer Weise zwischen den Normen des Nicht-Lagerlebens und den Normen der Häftlingsgesellschaft zu unterscheiden und dadurch auch das „Organisieren" und andere „unvermeidliche" Mittel der Häftlingsgesellschaft zu akzeptieren. Dieser Zugang erschien notwendig, obwohl die Prätests des Leitfadens und die Interviews in acht Lagern nach der Befreiung darauf hinwiesen, dass die Informantinnen und Informanten nach den Interviews gewöhnlich überaus erleichtert waren.

Hinsichtlich dieser letzten Beobachtung muss auf eine höchst aufschlussreiche Ausnahme hingewiesen werden. Im Konzentrationslager Mauthausen in Österreich wurde ein Überlebender interviewt, der in den letzten Wochen vor der Befreiung in einem Arbeitskommando gearbeitet hatte, das dafür verantwortlich war, Leichen in den Krematoriumsofen zu schieben.[25] Er wurde diesem Arbeitskommando von der SS zugeordnet

---

er schwierige Fragen erst von sich aus ansprechen, nachdem es ihm gelungen war, ein Vertrauensverhältnis zu etablieren.

25 Anm. d. Hg.: Es handelt sich bei dem Interviewten vermutlich um Wilhelm Ornstein aus Drohobytsch (heute Ukraine), der als polnischer Jude ins KZ Plaszow deportiert und am 10. August 1944 ins KZ Mauthausen überstellt wurde, wo er dem sogenannten „Krematoriumskommando" zugeteilt wurde. Dies kann aus Luchterhands früherer Beschreibung dieser Episode geschlossen werden: *„Der Autor interviewte ein jüdisches Mitglied des Sonderkommandos von Mauthausen. Dieser Mann war einige Wochen vor der Befreiung mit anderen diesem Kommando zugeteilt worden, bei dem er Körper in die Krematoriumsöfen schieben musste, und schlief in verhältnismäßigem Komfort in einem warmen und trockenen Bereich dahinter. Der Mann wies wiederholt darauf hin, dass das gesamte* Sonderkommando *alle paar Wochen vernichtet wurde und er deshalb normalerweise nicht am Leben geblieben wäre. Sein Verhalten schien dem Beobachter zwei einander widersprechende Haltungen zu sich selbst zu reflektieren. Einerseits gab es eine gesunde Selbstsicherheit, die augenscheinlich auf den Realitäten der moralischen Normen fußte, wie sie von den Mitgliedern der KZ-Gesellschaft verstanden wurden. Im Konflikt mit diesem Selbstbild gab es eine allzu offensichtliche Sorge um das Bild, das andere anzunehmenderweise von ihm haben müssten, die niemals*

und durfte in relativem Komfort auf dem Boden hinter dem Ofen schlafen. Das Interview war das erste längere Gespräch des Informanten mit jemandem aus der Außenwelt. Anfänglich verlief das Interview problemlos und der Informant schien selbstsicher, fast euphorisch zu sein. Als er durch einige nebensächliche Fragen des Interviewers sein Leben überdachte, wurde er zunehmend zurückhaltend. Er betonte, dass er nicht davon ausgegangen war, zu überleben, als er dem Arbeitskommando zugeteilt wurde; dass die Mitglieder solcher Arbeitskommandos häufig ermordet wurden; dass er immer wusste, dass auch er an die Reihe kommen würde; dass es nur Zufall war, dass er überleben konnte. Der Interviewer erkannte bald, dass den Mann plötzlich Schuldgefühle plagten, überhaupt überlebt zu haben.[26] Der Interviewer gab sich große Mühe, das geschwächte Selbstbild des Informanten zu stärken und beendete das Interview, sobald ein gewisses Ausmaß an erneuter Selbstbestätigung beobachtet werden konnte. Dieser Vorfall wurde folgendermaßen interpretiert:

Mitglieder der KZ-Gesellschaft waren." (Luchterhand: The Nazi Concentration Camps, S. 160f.). Der Grazer Johann Kanduth, der als „Asozialer" ins KZ Mauthausen deportiert worden war, war Kapo dieses Kommandos (vgl. dazu allg.: Bertrand Perz/Christian Dürr/Ralf Lechner/Robert Vorberg: Die Krematorien von Mauthausen. Katalog zur Ausstellung in der KZ-Gedenkstätte Mauthausen (Wien 2008), S. 77). Die SS wollte die Mitglieder des Kommandos, die wesentliche Augenzeugen der NS-Verbrechen waren, unmittelbar vor der Befreiung des KZ Mauthausen beseitigen, es gelang ihnen allerdings, sich zu verstecken – siehe dazu die Aussagen von Johann Kanduth (AMM V/03/29/01) und Wilhelm Ornstein (AMM V/03/17/01). Ornstein sagte im Zuge der Ermittlungen gegen die SS-Angehörigen Werner Fassel und Martin Roth aus: „*Der Raum Nr.10 war das Dienstzimmer meines Chefs, in dem sich ein Tisch mit Radio, ein Spind und ein Bett befanden. Teilweise an der Rückseite dieses Raumes zum Inneren des Krematoriums hin, befand sich ein Verbrennungsofen, der auf der Skizze mit Nr.15 bezeichnet ist. In dem dahinter liegenden großen Raum Nr.14 haben wir Häftlinge uns aufgehalten, sofern wir nicht Leichen zu transportieren oder zu verbrennen hatten.*" (Generalkonsulat der BRD in New York, 10.3.1969, RII SE 50315/18/68 CLXX, Vernehmungsniederschrift Wilhelm Ornstein, 6.3.1969 im Generalkonsulat der BRD in New York; zu Werner Fassel und Martin Roth siehe Gregor Holzinger (Hg.): Die zweite Reihe. Täterbiografien aus dem Konzentrationslager Mauthausen. Mauthausen-Studien, Band 10 (Wien 2016), S. 85–88 und S. 131–135). Dass die Ermordung der Angehörigen des „Krematoriumskommandos" eine reale Gefahr darstellte, zeigt auch die Tatsache, dass der Kapo dieses Kommandos im KZ Gusen, der Schweizer Jose Schwendemann, sowie vier sowjetische Häftlinge dieses Kommandos kurz vor der Befreiung des Lagers erschossen wurden (vgl. Roman Igl/Paul Mitchell: Memorial Gusen. Die bauhistorische und bodenarchäologische Untersuchung des Krematoriumsofens im Vorfeld seiner Restaurierung, in: Bundesministerium für Inneres (Hg.): KZ-Gedenkstätte Mauthausen | Mauthausen Memorial. Jahrbuch 2013. Forschung, Dokumentation, Information (Wien 2014), S. 59–70, hier S. 62.

26 Es ist durchaus symptomatisch, dass Karl Jaspers, der herausragende Heidelberger Philosoph und Psychiater, der heute an der Universität Basel lehrt, als erster Deutscher nach dem Krieg in einer Radio-Übertragung aus Frankfurt im Jahr 1945 erklärte: „*Die Tatsache, dass wir noch leben, macht uns schuldig.*" Unter den Nazis lebte Jaspers gemeinsam mit seiner jüdischen Frau ein Leben der freiwilligen Selbstisolation. Anm. d. Hg.: Es handelt sich vermutlich um eine Passage aus der Vorlesung *Die Schuldfrage*, die Jaspers im Wintersemester 1945/1946 an der Universität Heidelberg gehalten hatte, in der er ähnlich konstatierte: „*Wenn ich mein Leben nicht eingesetzt habe zur Verhinderung der Ermordung anderer, sondern dabeigestanden bin, fühle ich mich auf eine Weise schuldig, die juristisch, politisch und moralisch nicht angemessen begreiflich ist. Daß ich noch lebe, wenn solches geschehen ist, legt sich als untilgbare Schuld auf mich.*" (Karl Jaspers: Die Schuldfrage. Von der politischen Haftung Deutschlands (München 1987 [1946]), S. 18).

1. Im Kreis anderer Überlebenden dachte der Mann nicht an irgendeine nachteilige Interpretation seines Lagerverhaltens, und wahrscheinlich wäre dies auch gar nicht möglich gewesen.
2. Während seines ersten engeren Kontaktes mit jemandem, der die Gesellschaft jenseits des elektrischen Zaunes repräsentierte, realisierte er plötzlich den Widerspruch zwischen unterschiedlichen Regelsystemen und der bedrohlichen Möglichkeit, dass Verhaltensweisen in den Lagern aus der Perspektive von sozialen Regeln außerhalb der Lager fehlinterpretiert werden könnte.

Aufgrund von Bedenken in Hinblick auf das psychische Wohlbefinden der Interviewpartnerinnen und -partner weigerte sich die Leiterin einer wichtigen Fürsorgeorganisation in New York, uns die Namen möglicher Informantinnen und Informanten zur Verfügung zu stellen. Sie war fest davon überzeugt, dass man Lagerüberlebende nicht interviewen könnte, ohne ernsthafte Gefühlsstörungen hervorzurufen.

Es können bestimmte Belege für die erfolgreiche Anwendung der zweiten Art der Interviewlenkung genannt werden. Im Fall von aufeinanderfolgenden Interviews an verschiedenen Tagen gelang es uns in der Regel, die Informantinnen und Informanten dazu zu bringen, ihre Gefühle bereits in der ersten Sitzung zu äußern. Niemand unter den Informantinnen und Informanten zeigte auch nur Anzeichen von Gefühlsstörungen als Folge der ersten Sitzung. Vielmehr waren die Informantinnen und Informanten *in allen Fällen* sichtbar erleichterter und entspannter und schienen die Fortführung des Interviews zu begrüßen. Freilich können solche Reaktionen teilweise durch die üblichen Umgangsformen unter Bekannten erklärt werden.

In Tiefeninterviews besteht das Ziel darin, ein Höchstmaß an personalem Bezugsrahmen herzustellen, und in den meisten Fällen, wenn solche Interviewtechniken angewendet werden, würde man, ohne zu zögern, Pauline Young zustimmen, dass es schwierig ist, *„an Informationen zu gelangen, ‚die an die Seele rühren'“*[27]. Allerdings legt unsere Erfahrung mit Lagerüberlebenden nahe, dass sie im Allgemeinen ein tiefes Bedürfnis verspürten, ihre Informationen zu teilen, und dass sie Erleichterung verspürten, wenn die zweite Art der Interviewführung zum Einsatz kam.

Die schwierigsten Bereiche des Interviews und die entsprechenden Bewältigungstechniken können am besten mit Bezug auf Häftlingsdiebstähle (wie in der vorliegenden Untersuchung definiert) veranschaulicht werden. Um auf das Thema von Diebstahlsverhalten zu sprechen zu kommen, wurden die Informantinnen und Informanten zuerst gebeten, eine von einer/einem anderen Überlebenden getätigten Aussage zu lesen. (Diese Äußerung wird in dieser Untersuchung als Aussage I bezeichnet.)

27 Pauline V. Young: Scientific Social Surveys and Research (New York 1942), S. 194. Anm. d. Ü.: Es handelt sich teilweise um ein Sekundärzitat aus Zora Neale Hurston: Mules and Men (Philadelphia 1935), welches Luchterhand nicht ausweist.

„Es zählte nur, dass ich überleben wollte. Ich hätte von meinen Geliebten – Kindern, Eltern oder Freundinnen und Freunden – gestohlen, um am Leben zu bleiben. Jeden Tag überlegte ich, wie ich einen Pullover stehlen könnte, oder etwas, um es für eine Decke, Unterwäsche oder eine zusätzliche Schale Suppe einzutauschen. Ich blieb in der Nähe der Kranken und wenn sie zu schwach waren, um ihr Brot oder ihre Suppe zu essen, würde ich es ihnen wegnehmen. Wenn ich am Ende des Tages nicht in der Lage gewesen war, etwas Zusätzliches zum Leben zu erhalten, war ich furchtbar entmutigt.“[28]

Sobald die Informantinnen und Informanten die Aussage gelesen hatten, und noch bevor sie sich dazu äußern konnten, begann der Interviewer sich auf den folgenden Vorfall zu beziehen. Im Wesentlichen wurde dieser Vorfall so wiedergegeben, wie er ursprünglich von Louise[29] erzählt worden war, außer dass die dritte Person verwendet wurde, und, wenn der Interviewpartner ein Mann war, die männliche Form. Andernfalls wurde die weibliche Form beibehalten. (In dieser Untersuchung wird dieses Ereignis als Aussage II bezeichnet.)

Eine Überlebende (ein Überlebender) erzählte mir, dass sie (er) Teil einer großen Gruppe war, die im Februar und März 1945 für rund zwei Monate zu Fuß durch Polen marschierte. Schließlich wurden die Marschierenden in mehreren Holzhütten auf einem Anwesen untergebracht. In einer dieser Hütten waren rund 100 Frauen (Männer), die vom Hunger und den anderen Entbehrungen des Marsches und der Arbeit an Befestigungsanlagen, mitten im Win-

28 Herbert A. Bloch: The Personality of Inmates of Concentration Camps, in: American Journal of Sociology, 52. Jahrgang (1947), S. 335–341, hier S. 338. Es handelt sich um eine überarbeitete und abgeschwächte Version einer Äußerung, die Bloch *„einer kultivierten und aristokratischen britischen Frau, die Ehegattin eines Franzosen, die sehr französisch war, die in ihrem früheren Leben für ihre Großzügigkeit, Menschlichkeit und humanitären Anliegen bekannt war“* (ebd.) zuschreibt. Anm. d. Hg.: Der amerikanische Soziologe Herbert Aaron Bloch (1904–1965) führte als Offizier der U.S. Army unmittelbar nach der Befreiung des KZ Buchenwald und der Mauthausen-Außenlager Ebensee und Lenzing Interviews mit ehemaligen Häftlingen, darunter insbesondere mit 547 jüdischen Frauen in Lenzing (vgl. ebd., S. 336). Blochs an Bruno Bettelheim orientierte Hauptthese war, dass KZ-Häftlinge ihrer gewohnten sozialen Umgangsformen beraubt und die Gesellschaft auf einen tierischen Urzustand einer wilden Gemeinschaft (*„feral community“*) zurückgeworfen worden wäre – das KZ *„kulminierte in rohen und verkümmerten Formen von gemeinschaftlichem Leben, die in Wirklichkeit moderne wilde Gemeinschaften waren“*, wobei die Häftlinge *„auf einen tierischen Zustand sehr nahe an einem ‚rohen‘ Antrieb reduziert“* gewesen wären und sich in einem Prozess der *„‚Desozialisierung‘, resultierend in einem ursprünglichen Zustand eines menschlichen Verbandes“* befunden hätten (ebd., S. 335). Vgl. zu Blochs Arbeit Kranebitter: Zahlen als Zeugen, S. 79f.

29 Anm. d. Hg.: „Louise“ ist das Pseudonym für Alice Rosenrauch, geborene Wolf, geboren am 26. September 1913 in Bad Cannstatt. Alice Rosenrauch wohnte mit ihrem Verlobten und späteren Mann in Stuttgart, von wo sie über das Sammellager am Killesberg Anfang Dezember 1941 ins Ghetto Riga deportiert wurden. In einem Interview aus den späten 1970er-Jahren erinnert sie sich: *„Am 4. Dezember wurden wir in Riga ausgeladen. Nun mußten wir zu Fuß bis zum Jungfernhof laufen. Das Gepäck mußten wir tragen. Es gab Schnee und Eis, wir fielen hin. Eine Frau hat sich das Bein gebrochen, es war ein furchtbarer, schlimmer Marsch! Auf dem Jungfernhof hat man uns dann in Scheunen hineingetrieben.“* (Bettina Wenke: Warum haben wir nicht überlebt? Interview mit Heinrich und Alice Rosenrauch, in: Dies.: Interview mit Überlebenden. Verfolgung und Widerstand in Südwestdeutschland (Stuttgart 1980), S. 163–196, hier S. 181). Sie überlebten zahlreiche Selektionen und Abtransporte aus diesem Ghetto, das schließlich im Frühjahr 1944 aufgelöst wurde. Heinrich Rosenrauch wurde danach ins KZ Buchenwald, Alice Rosenrauch ins KZ Stutthof überstellt (vgl. ebd., S. 188). Im September 1947 emigrierten Heinrich und Alice Rosenrauch über Frankreich in die USA (vgl. ITS Arolsen, 6.3.3.2/107093384).

ter, alle schwach oder krank waren. Damit man zur Essenszeit in den Kessel fassen durfte, musste man einen Blechnapf haben. Allerdings dürfte es unter den 100 Frauen (Männern) nur rund 95 Blechnapfe gegeben haben. Eines Abends, noch bevor die Essensverteilung wirklich begann, bemerkte dieser Häftling, dass ihr (sein) Napf verschwunden war. Der Häftling wusste, dass sie (er) anstelle des gestohlenen einen neuen Napf besorgen müsse, oder verhungern würde. Zum damaligen Zeitpunkt war dieser Häftling so schwach, dass sie (er) nur mit der Hilfe anderer gehen konnte. Sie (Er) sah einen anderen Napf, kroch in die Nähe, stieß ihn ein wenig weg und hob ihn dann auf.

An dieser Stelle wurden die Informantinnen und Informanten gefragt: *„Gab es jemals eine auf irgendeine Weise ähnliche Situation, in der Sie etwas an sich nehmen mussten?“*

Bedauerlicherweise war diese Verwendung von Fallgeschichten, um Eingeständnisse zu provozieren, für die Prätests des Interviewleitfadens noch nicht perfektioniert und wurde in der endgültigen Fassung erst im Laufe der Feldforschung während des 15. Interviews entwickelt. (Im Kapitel „Normensystem und Sozialordnung von Lagerhäftlingen“ werden Überlegungen über die Auswirkungen dieser Einschränkungen des Forschungsdesigns auf die Analyse angestellt und die angewendete Vorgehensweise, um diese Auswirkungen auf ein Minimum zu beschränken, beschrieben.)

Wie bereits dargelegt,[30] ist Aussage I die abgeschwächte Wiederholung der von Bloch einer tatsächlichen Informantin zugeschriebenen Aussage. In den Prätests des Leitfadens wurde die ursprüngliche, extremere Aussage verwendet. Diese beinhaltet den Ausdruck *„niedere primitive Arglist“*, der, wie sich herausstellte, das Vertrauen zwischen Interviewer und Interviewten belastete. Als die überarbeitete Aussage vorgelegt wurde, wurde diese von den Informantinnen und Informanten auch als extrem zurückgewiesen, jedoch dieses Mal ohne das Vertrauen zu stören.

Als die ursprüngliche Aussage verwendet wurde, schienen Interviewpartnerinnen und -partner vor der Möglichkeit zurückzuschrecken, dass der Interviewer in Betracht ziehen könnte, dass sie sich so verhalten hätten können. Mehrere Informantinnen und Informanten antworteten auf die überarbeitete Fassung in folgender Manier: *„Die Person, die das gesagt hat, scheint nicht wirklich menschlich zu sein. Zu meiner schlimmsten Zeit war ich niemals so.“* Trotz des nachdrücklichen Bestreitens wurde das Vertrauen zwischen Interviewer und Interviewten nicht gestört.

Aussage II, der Blechnapfvorfall, war für alle Informantinnen und Informanten annehmbar real. Die gängige Auswirkung in der Bezugnahme auf diesen Vorfall war, das Vertrauen zwischen Interviewer und Interviewten zu einem Zeitpunkt zu bestärken, als ebendieses am schwersten auf die Probe gestellt wurde. Der Interviewer bekundete, dass er sich der Natur der Entscheidungen, mit denen ein Häftling in den Lagern konfrontiert war, und den schwerwiegenden Einschränkungen in der Praktikabilität sozialer Normen von außerhalb der Lager, vollkommen bewusst war.

30 Vgl. Fußnote 28.

Durch diese beiden Aussagen, die eine Klammer für eine ganze Reihe an Verhalten enthielt, und durch ein Klima der Permissivität, das geschaffen wurde, indem Teile des Interviews vorgereiht wurden (Fragen zu Diebstählen wurden *gegen*, aber nicht *zu* Ende des Interviews gestellt), wurde ein größerer Erfolg erzielt, als durch die bloße Verwendung von Aussage I. Informantin Louise, die den Napfvorfall ursprünglich beschrieben hatte, schilderte danach mehrere andere Vorfälle, die sich über ihre Jahre in den Lagern erstreckten, und die zu erzählen mehr Mut erforderte.

Belege für das Teilen unter Gruppenmitgliedern wurden mit Hilfe einer Fallgeschichte gesichert, die den oben erwähnten ähnelt. Die Informantinnen und Informanten wurden gebeten, eine weitere „Überlebendenaussage" (Aussage III) zu lesen. Diese bezieht sich auf das Verhalten einer Gruppe von Häftlingen in einem Lager und lautet:

„Sie waren gegenüber anderen sehr selbstlos. Sie teilten ihre Rationen, um eine Gruppe von Kindern im Lager zu versorgen, und sie spendeten auch kleine Kleidungsstücke. Wenn Deportationen aus ihrem Herkunftsland ankamen, nahmen sie die Schwächsten und die Verletzten unter ihren Schutz. Sie organisierten sich und führten zu diesem Zweck Sammlungen in den Blöcken durch."[31]

Aussage III neigte dazu, das Selbstbild der Informantinnen und Informanten gewissermaßen zu stören, da die Aussage ein Verhalten beschrieb, dass man jenseits von Lagern wie Buchenwald im Allgemeinen nicht erlebte. Andere Beispiele des Teilens innerhalb von Gruppen gab es in äußerst kohäsiven Gruppen, die für eine lange Zeit in den Lagern fortbestanden. Situative Faktoren erlaubten es nur wenigen, solche Erfahrungen zu machen.

Erwähnenswert scheint die Tatsache, dass es sich in der Regel lohnte, viel Zeit mit Informantinnen und Informanten zu verbringen, die extreme Ansichten vertraten. Ein Überlebender führte das Machtstreben von Politischen hartnäckig auf ihre vermeintliche Begierde nach homosexuellen Partnern zurück.[32] Die Beschäftigung dieses Informanten mit homosexuellem Verhalten unter Häftlingen wurde, durch wiederholte ironische Bezugnahmen auf die „Pärchen" unter ihnen, unkritisch auf die gesamte Masse der Lager-

31 Es handelt sich nicht um ein direktes Zitat, sondern wurde auf der Grundlage von Belegen aus Eugene Weinstock: Beyond the Last Path (New York 1947), S. 184ff. für Forschungszwecke verfasst.

32 Anm. d. Hg.: Gemeint ist der österreichische Psychoanalytiker Ernst Federn, geboren am 26. August 1914 in Wien, gestorben am 24. Juni 2007 in Wien, den Luchterhand unter dem Pseudonym „Sol" erwähnt. Federn widmete homosexuellen Handlungen unter KZ-Häftlingen in seiner 1947 verfassten Arbeit *Versuch einer Psychologie des Terrors* breiten Raum und konstatierte etwa, dass *„ein Teil des ausgesprochen ‚hysterischen' Gehabes langjähriger Häftlinge"* auf die „Sexualnot" bei Fehlen homosexueller Triebbefriedigungen zurückzuführen sei (vgl. Ernst Federn: Versuch einer Psychologie des Terrors, in: Bernhard Kuschey (Hg.): Ernst Federn. Sozialismus, KZ, Psychoanalyse und Sozialarbeit (Wien 2012), S. 33–76, hier S. 59). Zu Luchterhands Korrespondenz mit Ernst Federn vgl. Christian Fleck/Andreas Kranebitter: Von der Psychologie zur Soziologie des Terrors. Ernst Federn, Elmer Luchterhand und die sogenannte Bettelheim-These, in: WERKBLATT. Psychoanalyse und Gesellschaftskritik Nr. 79, 34. Jahrgang (2017), Heft 2, S. 106–116; zu Federns Biografie vgl. Bernhard Kuschey: Die Ausnahme des Überlebens. Ernst und Hilde Federn. Eine biographische Studie und eine Analyse der Binnenstrukturen des Konzentrationslagers, 2 Bd. (Gießen 2003); sowie die Beiträge in Roland Kaufhold/Galina Hristeva (Hg.): „Gewalttätigkeit verstehen". Zum 100. Geburtstag des Psychoanalytikers und psychoanalytischen Sozialarbeiters Ernst Federn. Psychoanalyse, Texte zur Sozialforschung, 18. Jahrgang (2014), Heft 2.

häftlinge ausgeweitet. Diese beharrliche Betonung von Sexualität und Homosexualität im Besonderen als vermutete Grundlage von Gruppenbeziehungen, steht offensichtlich in Konflikt mit dem relativ gut belegten Ausbleiben jeder Art von sexuellem Empfinden unter der Hauptmasse der Häftlinge. Unser Augenmerk auf die Beschäftigung dieses Informanten mit „Pärchen“ und Homosexualität lieferte uns weitere Indizien für die Intensität der Verbundenheit zwischen Freundschaftspaaren in den Lagern – von dem obersten Bedürfnis, zu jeder Zeit Freundschaften mit zumindest einer weiteren Person zu haben und aufrechtzuerhalten. Auf ähnliche Weise lieferten uns andere Informantinnen und Informanten, die Ansichten vertreten, die in offensichtlichem Widerspruch zu hinlänglich gesicherten Tatsachen standen, häufig Anhaltspunkte für den Bedeutungsgehalt oder die Wichtigkeit von bestimmten Aspekten des Häftlingsverhaltens.

Überprüfung der Reliabilität und Validität

Die Schlüsselfrage jedes Forschungsvorhabens ist: Wie kann die Reliabilität und Validität des Datenmaterials gewährleistet werden? In Bezug auf die Reliabilität wurde jede Anstrengung unternommen, den Interviewleitfaden einzusetzen, um die Abhängigkeit der Forschungsergebnisse von möglichen eigenwilligen Schwerpunktsetzungen des Interviewers zu verringern.

Einer der ersten Informanten wurde nach 14 Monaten nochmals interviewt; vordergründig um Lücken in den Angaben zu füllen. Dieser nochmalige Einsatz des Interviewleitfadens zeigte keine Instrumentenfehler und führte zu einer überraschend exakten Übereinstimmung der Antworten. Die einzigen Unterschiede waren äußerst nebensächliche Abweichungen in den Zeitangaben bei der Erstellung des Haftkalenders. In Bereichen wie Freundschaften und Teilen gab es keine Abweichungen.

Eine ungeplante und etwas eingeschränkte Überprüfung der Reliabilität der allgemeinen Forschungsmethode ergab sich aus dem informellen Interview mit einem Informanten vier Tage nach der Befreiung vor Ort im Konzentrationslager, und erneut fünfeinhalb Jahre später. Im ersten Interview war der Interviewer vorrangig mit der Frage befasst, wie es jemand schaffen konnte zu überleben. In den Bereichen, in denen es zu thematischen Wiederholungen kam, unterscheidet sich die ausführliche mündliche Darstellung von Häftlingsverhalten unmittelbar nach der Befreiung im Wesentlichen nicht von der späteren schriftlichen Antwort auf eine bestimmte, für diese Untersuchung formulierte Interviewfrage.[33] Die allgemeine Interpretation des Informanten ist, trotz erheblicher Unterschiede im dargebotenen Material, in beiden Interviews in jeder Hinsicht ähnlich. Es ist zu betonen, dass diese Tatsache nicht ausdrücklich die Reliabilität des für die Untersuchung entwickelten Interviewleitfadens überprüft, aber ein gewisses Indiz für die Verlässlichkeit von Erinnerungsprozessen, wie sie in dieser Untersuchung zur Anwendung kommen, darstellt.

33 Anm. d. Hg.: Gemeint ist Kurt Sitte alias Frank, siehe oben.

In Bezug auf die angesprochene Überprüfung der Reliabilität ist es möglicherweise von Bedeutung, dass die beiden Informanten, die nochmals interviewt wurden, sehr unterschiedliche Lebensmuster haben. Einer ist ein Facharbeiter, der in seinem erlernten Beruf tätig ist, der andere ein auf mehreren Gebieten der Geistes- und Naturwissenschaften kundiger Gelehrter.

Die Vorbereitung der Forschenden auf das Forschungsvorhaben ist von grundlegender Bedeutung für die Sammlung zuverlässiger Daten. Je adäquater die Vorbereitung, desto größer ist die Wahrscheinlichkeit, dass ähnliche Vorhaben von anderen qualifizierten Personen zu übereinstimmenden Ergebnissen kommen. Als Beleg für die Vorbereitung des Autors seien an dieser Stelle seine ausgedehnten Bekanntschaften oder fortwährenden Freundschaften mit einem Dutzend Überlebender, informelle Interviews mit rund 75 Überlebenden in acht Lagern nach der Befreiung (Ohrdruf, Buchenwald, Nabburg[34], Gusen I, Mauthausen, Dachau, ein kleines Lager in einer Fabrik in Wanfried[35] und ein Zwangsarbeiterlager[36]), und eine frühere Untersuchung, die sich in erster Linie auf Berichte von Überlebenden stützte, angeführt. Neben dieser Vorbereitung wurden die Anlagen eines Waldlagers nahe Kraiburg untersucht und mehrere Zivilistinnen und Zivilisten in der Umgebung befragt. Befragt wurden auch Einwohnerinnen und Einwohner in

34 Anm. d. Hg.: Gemeint ist Happurg. Das Lager Hersbruck, das zweitgrößte Außenlager des KZ Flossenbürg, in dem Häftlinge ein Stollensystem für die unterirdische Rüstungsproduktion in den Berg graben mussten, lag zwischen den Orten Happurg und Hersbruck (vgl. Alexander Schmidt: Happurg und Hersbruck, in: Wolfgang Benz/Barbara Distel (Hg.): Der Ort des Terrors. Geschichte der nationalsozialistischen Konzentrationslager, Band 4: Flossenbürg, Mauthausen, Ravensbrück (München 2006), S. 136–140). Der Ort Nabburg liegt etwa 60 Kilometer weiter östlich. Während Luchterhand den Ort in seiner Masterarbeit 1949 noch korrekt als Happurg wiedergab (vgl. Luchterhand: The Nazi Concentration Camps, S. vii), schlich sich in dieser Arbeit ein phonetischer Irrtum ein. In einem kurzen, mit *View from the Mountain or Appendix B* betitelten und auf den 29. Jänner 1975 datierten Typoskript geht Luchterhand im Rahmen einer Schilderung des Beginns seiner Arbeit am geplanten Buch *Doggerwerk* auf diesen Irrtum ein: „*Im Jahr 1964 brachen meine Frau und ich während einer Urlaubsreise in unserem Mietwagen in das Dorf Happurg auf. Obwohl ich noch keinen Plan hatte und noch niemandem von meinen Hoffnungen erzählt hatte, war dieser Besuch Happurgs Teil einer Suche nach einem möglichen Ort, an dem ich meine unterbrochene Arbeit über den Holocaust wiederaufnehmen können würde. Es war Teil einer Art intellektuellen Überprüfung von Orten und Episoden, die dem Zweck dienen könnten, alte und hartnäckig wiederkehrende Fragen zu klären. Die frühmorgendliche Reise begann Unheil verheißend. Zum ersten Mal seit Wochen regnete es. Schwerwiegender war unsere Verwirrung darüber, wie man den Namen der Ortschaft schreiben würde. Noch verwirrender war aber die Existenz eines Sees auf meiner Autokarte – an einer Stelle, an der meinen Weltkriegserinnerungen zufolge kein See sein sollte. In einer meiner handschriftlichen Notizen über den Ort stand der Name HAPPURG, richtig buchstabiert. In einer anderen Notiz fand ich aber NABBURG. Nabburg war ebenfalls auf der Karte, lag aber zu weit östlich. Doch auch bei Nabburg gab es Hügel, aber keinen See. In diesem Durcheinander fand mein erstes ‚Interview' statt. Es ergab sich in einer Bierstube [Deutsch im Original] eines örtlichen Gasthauses in Pommelsbrunn, wo ich hinfuhr, um die Angelegenheiten zu klären.*" (Elmer Luchterhand: View from the Mountain or Appendix B, 29.1.1975, Elmer G. Luchterhand Papers, Brooklyn College Archives and Special Collections, Accession #2001-005, Sub-Group I, Series 3, Box 5).

35 Anm. d. Hg.: Im Ort Wanfried (Hessen) existierten in der NS-Zeit verschiedene Kriegsgefangenen- und ZwangsarbeiterInnenlager, in denen die Inhaftierten für diverse Firmen arbeiten mussten (vgl. http://www.lagis-hessen.de/de/subjects/xsearch/sn/nstopo?ort=Wanfried&okz=636013050&trunkieren=0, Aufruf am 1.12.2017).

36 Anm. d. Ü.: Luchterhand verwendet den Ausdruck „*factory slave barracks*", der wohl nur auf ein Zwangsarbeitslager verweisen kann.

österreichischen Städten entlang der Route eines Fußmarsches von 17.000 ungarischen Jüdinnen und Juden im April 1945. Die Städte und Dörfer, in denen solche Befragungen durchgeführt wurden, waren Enns, Mauthausen, Asten und St. Florian. Überlebende nationalsozialistischer Konzentrationslager wurden in einem Lager für Displaced Persons in Feldafing, nahe Tutzing, Deutschland, befragt. Eine schwerwiegende, aber nicht zu bedauernde Einschränkung in der Vorbereitung des Forschers stellt die Tatsache dar, dass er selbst kein Lagerhäftling war.

Die persönliche Voreingenommenheit ist für die persönliche Ausgewogenheit von Bedeutung. Der Forscher ist sich seiner Abneigung gegenüber der Sichtweise, Menschen darauf zu reduzieren, auf Befehl eines sadistischen, politischen Zirkusdirektors durch Reifen springen zu lassen, gänzlich bewusst. Es wurde allerdings jede Anstrengung unternommen, die Tatsachen des Lebens so zu akzeptieren, wie sie sich zeigen, und sich nur darum zu sorgen, nicht genügend Material zu erhalten. In der Darstellung und Analyse des Datenmaterials werden die Leserinnen und Leser an jeder Stelle gewarnt, sollte die Gefahr bestehen, dass ungesicherte Schlussfolgerungen gezogen werden könnten.

Dies sind die wichtigsten Belege für die Validität der Interviewmethode und der Untersuchungsergebnisse:

1. In den Fällen mehrerer bekannter Häftlingsinformanten wurden die zufälligen Bezugnahmen von anderen Informantinnen und Informanten sorgfältig mit den Fallbeschreibungen verglichen.
2. In der Literatur über die Lager konnten maßgebliche Bezugnahmen auf drei Informanten dieser Untersuchung ausfindig gemacht werden. Im Fall von einem dieser Informanten wurden übereinstimmende Bezugnahmen in zwei Werken gefunden.
3. Die zufälligen gegenseitigen Bezugnahmen von zwei verschiedenen interviewten Freundschaftspaaren wurden sorgfältig mit dem jeweils anderen Paar der Fallbeschreibungen verglichen. Derartige Vergleiche waren insbesondere in der Überprüfung der Validität der Vorgehensweise zur Erlangung von Hinweisen auf Traumatisierung, Muster des Teilens, Freundschaftsmuster, Beschreibungen „alter" Häftlinge und in anderen Bereichen hilfreich.
4. Die Zuverlässigkeit der Interviewmethoden in Bezug auf besondere Extremsituationen, auf die später eingegangen werden wird, wurde anhand erfolgreicher rückblickender Prognosen[37] in Bezug auf anderes Häftlingsverhalten hinsichtlich der Informantin oder des Informanten, der Position von Informantinnen und Informanten in offenen Güterzügen während Transporten zwischen zwei Lagern (behandelt im Kapitel „Häftlingsverhalten in speziellen Extremsituationen") und hinsichtlich verschiedener nebensächlicher Verhaltensweisen überprüft.
5. Behauptungen und Interpretationen von Informantinnen und Informanten und Untersuchungsergebnisse im Allgemeinen wurden mit verschiedenen anerkannten Wer-

37 Anm. d. Ü.: Luchterhand schreibt von *„successful retrospective predictions"*.

ken über die Lager, insbesondere mit jenem von Eugen Kogon[38], verglichen. Welche Defizite heute oder in Zukunft Kogons Untersuchung auch immer vorgehalten werden mögen, so bleibt das Werk dennoch die mühevolle und gewissenhafte Arbeit eines führenden Buchenwald-Häftlings und stützt sich auf die umfangreiche Zusammenarbeit mit unterschiedlichen Häftlingssprechern und auf im Allgemeinen ausgezeichnete Beobachtungsmöglichkeiten von Kogon während seiner siebenjährigen Inhaftierung.[39]

38 Vgl. Eugen Kogon: Der SS-Staat. Das System der deutschen Konzentrationslager (München 1946). Anm. d. Hg.: In Folge wird aus dieser Erstauflage zitiert, wenn nicht anders angegeben.

39 Anm. d. Hg.: Die Beobachtungsmöglichkeiten Kogons sind auf den Charakter einer Kollektivarbeit zurückzuführen; Kogons Buch basiert auf dem sogenannten Buchenwaldreport – vgl. Hackett (Hg.): Der Buchenwald-Report. An diesem Report hatten, unter der Federführung des späteren Soziologieprofessors Albert G. Rosenberg, über 100 Informanten mitgewirkt – vgl. Andreas Kranebitter: Die Vermessung der Konzentrationslager. Soziologiegeschichtliche Betrachtungen zum sogenannten Buchenwaldreport, in: Regina Fritz/Éva Kovács/Béla Rásky (Hg.): Als der Holocaust noch keinen Namen hatte. Zur frühen Aufarbeitung des NS-Massenmordes an den Juden (Wien 2016), S. 63–86.

Kapitel 2
Struktur und Funktion des Systems der nationalsozialistischen Konzentrationslager

Entwicklung des nationalsozialistischen Lagersystems

Diese Untersuchung befasst sich nicht gezielt mit der Entstehung des Systems der nationalsozialistischen Konzentrationslager und Ghettos, das hier als Lagersystem bezeichnet wird. Es wurde so viel naiv Ahistorisches über dieses System geschrieben, dass eine Bezugnahme auf historische Kontinuitäten beinahe zur Verpflichtung geworden ist; umso mehr, als eine Handvoll hoch qualifizierter Forscher des Gebiets „Persönlichkeit und Kultur" die weitverbreiteten Stereotype über die deutsche Bevölkerung bekräftigt haben. Ohne diese aufzählen zu wollen, liegt eine der gegenwärtigen Funktionen dieser Stereotype in der „Erklärung" der Entstehung des Lagersystems und des Genozids. Wenngleich ein Kontakt mit Deutschen diese stereotypischen „Erklärungen" ins Wanken bringen könnte, sind sie dennoch weniger beunruhigend als die Alternative: die Berücksichtigung gesellschaftlicher Prozesse, die in vielen nationalen Umgebungen wirken. Für Nicht-Deutsche sind die entsetzlichsten Aspekte der jüngeren deutschen Geschichte wohl nicht schlichtweg die Ereignisse selbst, so unvorstellbar und Grauen erregend diese auch waren, sondern die „Notwendigkeiten", der Druck in Richtung Konsistenz, der einem formal rationalen System eigen war, das zum Grundprinzip für jeden Schritt in der Abfolge der Gewalt wurde, die im Genozid kulminierte. Es geht hierbei nicht um irgendeine Art offizieller Anerkennung dieser „Notwendigkeiten", die dadurch möglicherweise Rechtfertigungstendenzen unterstützen könnte. Vielmehr gilt es den Beweisen kompromisslos ins Auge zu sehen, dass die Ausweitung sozialer Kontrolle durch Gewalt und ihre Kulmination im Genozid eine prozesshafte Abfolge bildet, d.h. eine Abfolge mit „einer Logik" und einer Dynamik, die nicht ausgeblendet werden können. Es mangelt nicht an Beweisen dafür, dass sich diese „Notwendigkeiten" weder auf Deutschland, noch auf die historische Vergangenheit beschränken, sondern in vielen Ländern situativ oder zumindest potenziell vorhanden sind.

In der Diskussion über Vorläufer des Systems der nationalsozialistischen Konzentrationslager wird häufig Bezug auf die von den Spaniern im Spanisch-Amerikanischen Krieg 1898 und die von den Briten im Burenkrieg 1899 bis 1902 errichteten Lager genommen. Allerdings hat eine Feststellung von Theodore Abel wohl große Berechtigung: *„In der historischen Perspektive gibt es kein einziges Element im Muster der Konzentrationslager das singulär ist. Gefangenschaft, Folter, Grausamkeit, psychisches und physischen Leiden, körperliche Bestrafung und tödliche Folgen, Massenhinrichtungen und andere ähnliche Ereignisse sind wiederholt zu verschiedenen Zeiten und an verschiedenen*

Orten dokumentiert. Ich muss solche Ereignisse hier nicht aufzählen, da die Geschichte voll von ihnen ist."[40]

Was sind also die charakteristischen Merkmale des nationalsozialistischen Lagersystems? Es wird nahegelegt, dass die Ausdehnung des Systems und die Härte, mit der Häftlinge behandelt wurden, in die Antwort miteinbezogen werden müssen. Allerdings müssen auch die Unterschiede im System im zeitlichen Verlauf sowie das letztendlich vollentwickelte System berücksichtigt werden. Nicht weniger wichtig ist die von Bettelheim skizzierte Charakteristik, dass das nationalsozialistische Regime das erste Regime war, das ein solches Lagersystem zur Einschüchterung seiner eigenen Bevölkerung einsetzte.[41]

Es wird Abstand genommen von Abels Behauptung, dass das *differentium specificum* der nationalsozialistischen Lager ist, dass die letzte Konsequenz der Lager – Massenvernichtung und Selektion der Opfer, nicht auf Grundlage ihres Handelns, sondern ausschließlich aufgrund der Zugehörigkeit zu als überflüssig erachteten sozialen Gruppen – aus einer *apriorischen „eindeutigen Politik*"[42] resultierte.[43] Die Logik hinter dieser Schlussfolgerung wird in folgender Äußerung von Abel zusammengefasst: *„Eine politische Maßnahme manifestiert sich in der Funktion, die sie erfüllt, sobald sie institutionalisiert wurde.*"[44] Diese Logik trägt ebenso wenig zu einem Verständnis über das Lagersystem und die Entstehung des Genozids bei, wie die Untersuchung von Opferzahlen der Weltkriege zu einer Theorie über die Kriegsursachen.

Es sei angemerkt, dass Abel widersprüchlichen Gegebenheiten Aufmerksamkeit widmet: *„dem Überleben einer signifikanten Anzahl an Personen, der Existenz, wenngleich unzureichender, medizinischer Versorgung, der Häftlingen erteilten Erlaubnis, Essenspakete zu erhalten, die Anordnungen in offiziellen Dokumenten, die Verbesserungen in der Behandlung von Häftlingen fordern, usw.*"[45] Die Amnestien und die in diesem Zusammenhang nicht unbedeutende Anzahl an Begnadigungen bis unmittelbar vor Kriegsausbruch berücksichtigt er nicht. Abel versäumt es, gewisse Fakten über die Entwicklung der Lager, die im Folgenden kurz zusammengefasst werden, zu erwähnen.

In Bezug auf widersprüchliche Tatsachen erklärt Abel: *„[D]iese scheinbaren Widersprüche waren das Ergebnis der Einführung einer spezifischen, durch den Krieg notwendig gewordenen Politik, deren Ziel darin bestand, die Häftlinge der Konzentrationslager als Arbeitskräfteangebot für die Kriegsanstrengungen zu nutzen. Die Widersprüche können als un-*

40 Theodore Abel: The Sociology of Concentration Camps. Unveröffentlichtes Vortragsmanuskript der Tagung "World War II in the West. Historical Methods – Documentation – Research – Historiography", Amsterdam, 5.-9. September 1950 (NIOD Instituut voor Oorlogs-, Holocaust- en Genocidestudies NL-AsdNIOD/552/07569), S. 3. Anm. d. Hg.: Das Vortragsmanuskript bildet die Basis eines 1951 von Abel veröffentlichten Artikels – vgl. Theodore Abel: The Sociology of Concentration Camps, in: Social Forces, 30. Jahrgang (1951), Heft 2, S. 150–155.

41 Vgl. Bettelheim: Concentration Camps, German, S. 1.

42 Abel: The Sociology of Concentration Camps, S. 3.

43 Vgl. ebd., S. 1ff.

44 Ebd., S. 3.

45 Ebd.

beabsichtigte Folge von Überschneidungen in politischen Strategien betrachtet werden – einer langfristigen und einer auf die Dringlichkeiten unmittelbarer Situationen reagierenden.“[46] Kurzum: Abel beharrt auf der These, dass die intendierten finalen Konsequenzen des Lagersystems aus einer *apriorischen „eindeutigen Politik*“[47] resultierten. Sollte Abel recht haben, so muss bemerkt werden, dass der Zweite Weltkrieg die Umsetzung einer, von ihm als von *apriorisch* erachteten Politik der Vernichtung bestimmter sozialer Gruppen, verhinderte.

Abel argumentiert, dass *„die Übernahme dieser Politik nicht durch ein spezifisches Merkmal des deutschen Nationalcharakters oder spezifische historische Umstände, die* einzig *Deutschland betreffen, erklärt werden kann.*“[48] Eilig ergänzt er: *„Ob die Verwendung biologischer Kriterien für die Stigmatisierung von Gruppen das Ergebnis einer Philosophie ist, die spezifisch deutsch ist, ist strittig.*“[49] Dass diese Tatsache nicht spezifisch deutsch ist, sollte eigentlich unstrittig sein.

Resümierend lässt sich sagen, dass Abel scheinbar nolens volens zu den Ausnahme-Theorien über Entwicklung und Funktionsweise des nationalsozialistischen Lagersystems und der Entstehung des nationalsozialistischen Genozids beigetragen hat. Eine knappe Überprüfung eines relativ typischen Beispiels für diese Theorien wurde an dieser Stelle dargelegt, da es gerade dieser Zugang ist, der am Markantesten mit den Abstufungen in der Realität der Entwicklung und Funktion des Lagersystems in Widerspruch steht.

Über die Lager, die im ersten Jahr des Naziregimes von der SA geführt wurden, die damals als „Hilfspolizei“ fungierte, schreibt Kogon: *„Die ersten in Deutschland errichteten KL stellten noch nicht den Typ dar, der von der SS ausgebildet worden ist. Sie waren, etwa 50 an der Zahl, 1933 hauptsächlich von der SA eröffnet worden. Die meisten von ihnen befanden sich in Berlin und Umgebung, eine geringere Zahl in Mitteldeutschland, vor allem in Sachsen und Thüringen, so Lichtenburg, Sachsenburg, Hohenstein, Bad Sulza, Colditz und einige in anderen Gegenden Deutschlands […]. Gleich zu Beginn der nationalsozialistischen Herrschaft verschleppte die SA mit Vorliebe politische Gegner, in erster Linie Kommunisten oder Leute, die man als solche bezeichnete, in Kasernen, Kasematten, verlassene Fabrikgebäude, entlegene Magazine, alte Burgen und weidete sich dort an allen Arten von Martern, die sie ihren Opfern zufügte. Auch die sogenannte Feldpolizei des Herrn Göring, bis 1934 seine Privatgarde, in deren Reihen die tollsten Totschläger eine ihnen entsprechende Aufgabe und Uniform fanden, hatte sich in der eigenen Kaserne: Berlin, General-Pape-Straße, ein KZ für Gegner des Preußischen Ministerpräsidenten eingerichtet. Im Berliner KZ Columbia-Haus wurden wohl die schlimmsten Greueltaten verübt, die sich menschliche Einbildung vorstellen kann.*

46 Ebd., S. 3f.
47 Ebd., S. 3.
48 Ebd., S. 5.
49 Ebd.

Da in jenen stürmischen Monaten, als die Mehrheit des deutschen Volkes sich mit immer größerer Begeisterung dem nationalsozialistischen Aufschwung hingab, immer mehr Menschen verhaftet wurden, ohne daß die Angehörigen vom Schicksal der Verschleppten etwas erfahren konnten, häuften sich bei den berliner [sic] Zentralstellen der Polizei, der Justiz und gewisser Verwaltungszweige die Nachfragen, Einsprüche, Interventionen und gelegentlich sogar die Proteste mitbetroffener ‚nationaler Kreise'. (Die SA ging bei ihren ‚Aktionen' nicht sehr wählerisch vor; die ‚Reaktion' war ihr bald so verhaßt wie die Linke, gelegentlich sogar noch mehr.) Der Chef der damals neueingerichteten Gestapo Görings, Rudolf Diels, überzeugte seinen Herrn davon, daß die wilde Methode dem Ansehen des nationalsozialistischen Staates auf die Dauer nur schaden könne, außerdem seien die normalen Gefängnisse zum Brechen überfüllt; man solle reguläre Lager einrichten, sie der Gestapo, der Polizei und den Justizbehörden übergeben und für eine ‚geordnete' Abwicklung sorgen."[50]

Kogon zufolge übernahm Diels fast alle SA-Lager und löste sie, mit Ausnahme einiger Orte, darunter Oranienburg und Dachau, bis März 1934 auf.[51] Einige Lager in der Oldenburger Heide, darunter Esterwegen und Papenburg, blieben formell außerhalb der Zuständigkeit der SS. Nachdem es Himmler gelungen war, seine Kontrolle über alle Sicherheitskräfte auszuweiten, verlor diese Tatsache schnell an Bedeutung.

1934 fanden sich NSDAP-Parteimitglieder selbst in Konzentrationslagern wieder. In den meisten Fällen handelte es sich um Anhänger von Ernst Röhm. Die nachfolgenden, zahlenmäßig größten Gruppen waren Personen, die Kriegsvorbereitungen durch Verantwortungslosigkeiten oder idealistische Einwände, die im Allgemeinen als Pazifismus beschrieben werden können, behinderten.

Verschiedene Autoren schätzten, dass es Ende 1937 insgesamt rund 50.000 Häftlinge in allen nationalsozialistischen Lagern gab.[52] Die Hauptlager zu dieser Zeit waren Sachsenhausen, Dachau, Esterwegen, Buchenwald, Flossenbürg und Ravensbrück.

Bettelheim weist darauf hin, dass es in der Frühphase, obwohl die Rassenpolitik die Behandlung von Häftlingen, die Juden waren, beeinflusste, in der ersten Hälfte des Jahres 1938 *„nicht einmal 500 jüdische Häftlinge*"[53] gab und erst im November dieses Jahres große Zahlen an Juden ohne weiteren „Grund" als die Tatsache ihres Jüdisch-Seins in die Lager gebracht wurden.[54] Die Schätzung Bettelheims von 500 Juden gilt als massive Untertrei-

50 Kogon: Der SS-Staat (1947), S. 38f.

51 Vgl. ebd., S. 39.

52 Anm. d. Hg.: Die hier angegebenen Zahlen spiegeln den damaligen Stand der Forschung wider. Neueren Schätzungen zufolge erreichten die Inhaftiertenzahlen erst nach Kriegsbeginn 1939 ein derartiges Ausmaß. Ende des Jahres 1937, d.h. noch vor den großen Verhaftungsaktionen im Zuge des Novemberpogroms und der Verhaftung und Deportation vermeintlich „Asozialer" und „Krimineller", lag die Zahl der KZ-Häftlinge bei 7.746 Personen – vgl. Nikolaus Wachsmann: KL. A History of the Nazi Concentration Camps (New York 2015), S. 134f.; vgl. allg. auch Falk Pingel: Häftlinge unter SS-Herrschaft. Widerstand, Selbstbehauptung und Vernichtung im Konzentrationslager (Hamburg 1978), S. 61–68: Karin Orth: Das System nationalsozialistischer Konzentrationslager. Eine politische Organisationsgeschichte (Hamburg 1999), S. 46–61.

53 Bettelheim: Concentration Camps, German, S. 2.

54 Vgl. ebd.

bung der tatsächlichen Zahlen jüdischer Häftlinge Anfang 1938.[55] Bettelheim fügt hinzu, dass nach dem Novemberpogromen 1938 die meisten der Verhafteten nach einigen Wochen oder Monaten wieder entlassen wurden. Auf diese beginnende Verwendung der Lager in der Umsetzung „rassepolitischer“ Maßnahmen folgte nach Kriegsausbruch eine rasante Ausweitung. Der erste Einsatz von Gaskammern erfolgte im September 1941 in Auschwitz, aber es sollte noch bis Anfang 1942 dauern, bis das Vernichtungsprogramm gegenüber den Juden gänzlich im Gange war.

Berücksichtigt man die widersprüchlichen Praktiken innerhalb des Lagersystems und die Veränderungen in der Struktur und der Lagerpopulation, dann zeigt sich, dass die Frage nach den Funktionen des Systems nicht leicht beantwortet werden kann. Viele Mitglieder der NSDAP und SS wandten von Beginn an hemmungslose Gewalt gegen Lagerhäftlinge an und die Lagerorganisation und die Verhältnisse in den Lagern erleichterten die Ausübung extremer Gewalt. Es gibt allerdings auch Hinweise darauf, dass ein anderer Teil der SS der Überzeugung war, dass die Lager als Umerziehungssystem für Sauberkeit, Gehorsam und mühevolle Arbeit fungierten.

Da Kriminelle aller Art in die Lager geschickt wurden, sind einige der Hauptaspekte der nationalsozialistischen Philosophie des Strafens von Bedeutung. Kirchheimer vertritt die Auffassung, dass die Nazis die Vorstellung von Schulung oder Erziehung im Strafrecht ablehnten und auf einer klaren Trennung von Straf- und Erziehungsfunktionen bestanden.[56] Jugendliche Straftäter blieben aufgrund von Überlegungen im Hinblick auf die geistige oder moralische Entwicklung oft straffrei, wenngleich die Tendenz bestand, den Spielraum für Ausnahmen in der Deliktsfähigkeit zu beschränken; eine Tendenz, die bereits vor 1933 bestand. Nach 1936 gab es eine Phase, in der Straffreiheit in weniger schweren Fällen zunehmend Anklang fand.

Es ist durchaus interessant, dass noch am 22. Jänner 1937 Sonderregelungen betreffend die Bestrafung jugendlicher Straftäter durch den nationalsozialistischen Justizminister erlassen wurden. Diese Sonderbestimmungen enthalten einige Akzentuierungen der Erziehungsfunktionen des Strafvollzugs für jugendliche Straftäter, wenngleich das folgende Gemenge an widersprüchlichen Prinzipien angeführt wird:

§ 9 Abs. 2: *„Der Jugendstrafvollzug setzt alles daran, die künftige Haltung des jungen Gefangenen entscheidend zu beeinflussen. Der Gefangene soll nicht verloren gegeben, sondern auf den rechten Weg zurückgebracht und so gefestigt werden, daß er ein taugliches Glied der Volksgemeinschaft wird.“*

---

55 Anm. d. Hg.: Die Zahl der jüdischen Gefangenen war in den Konzentrationslagern Anfang 1938 tatsächlich gering und nahm erst nach dem „Anschluss“ Österreichs an das Dritte Reich eklatant zu; die Inhaftierung von Jüdinnen und Juden spielte dennoch von Anfang an eine große Rolle in der Entrechtung der jüdischen Bevölkerung Deutschlands (vgl. z.B. Wachsmann: KL, S. 173; Kim Wünschmann: Gewaltsam aus der „Volksgemeinschaft“ ausgeschlossen. Jüdische Häftlinge in den Konzentrationslagern 1933 bis 1936/37, in: Jörg Osterloh/Kim Wünschmann (Hg.): „...der schrankenlosesten Willkür ausgeliefert“. Häftlinge der frühen Konzentrationslager 1933–1936/37 (Frankfurt am Main/New York 2017), S. 197–220).

56 Vgl. Otto Kirchheimer: Recent Trends in German Treatment of Juvenile Delinquency, in: Journal of Criminal Law and Criminology, 29. Jahrgang (1938), Heft 3, S. 362–370.

§ 9 Abs. 3: *„Über diese Erziehung durch die Strafe hinaus wird dem Gefangenen, soweit es der Strafzweck gestattet, die Erziehung zuteil, die der Erziehungsberechtigte der Gefangenschaft wegen nicht ausüben kann."*

§ 9 Abs. 4: *„Der junge Gefangene wird [...] mit gerechter Strenge in fester Zucht gehalten; er muß lernen, hart gegen sich selbst zu werden."*[57]

Kirchheimer verweist darauf, dass die Aufzeichnungen für die Anfangsjahre des Regimes einen Rückgang der Freisprüche und eine Tendenz in Richtung vermehrt längerer und weniger kürzerer Haftstrafen zeigen. Trotz des Kurswechsels ist es wichtig anzumerken, dass die neue Strafrechtspolitik zu einer Überfüllung der Gefängnisse führte.

Auf dem im August 1935 in Berlin abgehaltenen Internationalen Kongress für Strafrecht und Gefängniswesen[58] wurde die nationalsozialistische Philosophie des Strafens folgendermaßen umrissen:

1. Die Ablehnung menschenwürdiger Behandlung von Gefangenen, die als „Sentimentalität" bezeichnet wurde.
2. Die Befürwortung von Sterilisation und Kastration von Kriminellen unter dem Postulat, dass diese Maßnahmen zu einem Rückgang der Kriminalität führen würden.
3. In Bezug auf die Rechte von Angeklagten vor Gericht, die Einschränkung von Berufungsmöglichkeiten, die allgemeine Verkürzung der Gerichtsverfahren und die Entrechtung von Angeklagten in Hinblick auf das Recht auf Rechtsbeistand.

Darüber hinaus wurden Vorschriften betreffend die Behandlung von Lagerhäftlingen zirkuliert, die die Auspeitschung und unterschiedlich lange Haftstrafen in Bunkerzellen[59] für Lagerhäftlinge, die gegen unterschiedliche Regeln verstoßen, näher beschrieben. Unter diesen Vorschriften war die Anordnung der Todesstrafe für Übertretungen von Bestimmungen betreffend die politische Aktivität innerhalb der Lager. Nationalsozialistische Kongressdelegierte behaupteten, dass der Zweck der Lager darin bestünde, „asoziale" Mitglieder der Gesellschaft zu „nützlichen Mitgliedern" zu machen.

Obwohl an dieser Stelle keine zwingenden Belege dargeboten werden, die die Hypothese bestätigen, spricht einiges dafür, dass die Hypothese, die am wenigsten auf Vermutungen angewiesen ist, folgendermaßen lautet: die Funktionen der Lager, wie diese vom entscheidenden Teil der NSDAP bestimmt wurden, veränderten sich mit den Herausforderungen, mit denen das Dritte Reich konfrontiert war. In der Phase der SA-Lager schienen dies folgende Funktionen gewesen zu sein:

1. Tod oder Isolation politischer Gegnerinnen und Gegner.
2. Terrorisierung der allgemeinen Bevölkerung.

Mit der Ausweitung der SS-Kontrolle über alle Sicherheitskräfte und der Überführung

57 Zitiert nach ebd., S. 367f.

58 Vgl. Negley K. Teeters: Deliberations of the International Penal and Penitentiary Congresses. Questions and Answers, 1872–1935 (Philadelphia 1949), S. 177–190.

59 Anm. d. Hg.: Gemeint ist die sogenannte „Dachauer Lagerordnung" (vgl. dazu Anmerkung 97 in Kapitel 3).

von NSDAP-Mitgliedern und nicht-politischen Häftlingen wie gewöhnlichen Verbrechern in die Lager, kam folgende Funktion hinzu:

3. Die Umstrukturierung der Persönlichkeiten von Häftlingen, um die durchgängige Übereinstimmung mit den Notwendigkeiten des NS-Staates zu gewährleisten.
   So streng die nationalsozialistische Philosophie des Strafens auch war, darf anzweifelt werden, dass das NS-Regime, oder irgendein anderes Regime, jemals auf dem Glauben an den permanenten Rückgriff auf soziale Kontrolle durch Zwang – im Gegensatz zu Überzeugung – gründete. Mit dem Versagen des Regimes, den Bedürfnissen der deutschen Bevölkerung grundlegend gerecht zu werden, und dem Fehlen irgendeines überzeugenden Beweises für den Erfolg des dritten Zwecks des Lagersystems, war das Grundmuster nicht eine Abnahme der Kontrolle durch Zwang, sondern *„kontinuierliche und zunehmende Gewalt“*[60].

Nachdem das NS-Regime den Weg des internationalen Krieges eingeschlagen hatte, entstanden durch die neue Situation zwei weitere *Hauptfunktionen* des Lagersystems:

4. Die Durchsetzung der Kriegsproduktion, wobei Lagerpopulationen im wahrsten Sinne des Wortes bis zum Tode ausgebeutet wurden.
5. Die Vernichtung von Gruppen, die als „rassisch“ minderwertig angesehen wurden und von denen zugleich angenommen wurde, dass sie hoffnungslos mit feindlichen Ideen infiziert waren. Diese Vernichtung wurde mittels Deprivation, Arbeit und direkten Mitteln – getrennt voneinander oder gemeinsam eingesetzt – bewirkt. Der anfänglich größte Rückgriff auf die Vernichtungspolitik erfolgte im NS-Krieg im Osten.[61]

Ausdehnung und Struktur des Lagersystems

Die meisten Karten des Konzentrationslagersystems umfassen weder die in Norwegen, Griechenland, Ungarn oder in besetzten Gebieten slawischer Länder, mit Ausnahme der Tschechoslowakei und Polen, errichteten nationalsozialistischen Lager, noch zahlreiche Lager, in denen unsere Informantinnen und Informanten gefangen waren. Auch drei vom Autor besuchte Lager werden ausgespart.

Die meisten Autorinnen und Autoren verwenden wesentlich kleinere Zahlen und berücksichtigen die Außenlager nicht. Folglich bezieht sich Abel auf *„mehr als zweihundert große Konzentrationslager“*[62]. Tatsache ist, dass es keinen Konsens darüber gibt, was als

60 Vgl. dazu allg. Luchterhand: The Nazi Concentration Camps.

61 Anm. d. Hg.: Die im Original an dieser Stelle zu findenden Karten, die Luchterhand zeitgenössischen Publikationen entnommen hat – vgl. David Rousset: Les Jours de Notre Mort (Paris 1947); Raymond Philipps (Hg.): Trial of Josef Kramer and Forty-Four Others. The Belsen Trial (London 1949) – wurden, da sie den Wissensstand der 1940er-Jaher abbilden, nicht in diese Ausgabe übernommen. Ausführliche Informationen und Visualisierungen der Ausdehnung des KZ-Systems finden sich u.a. auch auf der Website der KZ-Gedenkstätte Mauthausen (www.mauthausen-memorial.org).

62 Abel: The Sociology of Concentration Camps, S. 7.

Konzentrationslager bezeichnet werden soll und darüber, was ein „großes" oder „kleines" Lager ausmacht. Von den 809 Lagern aller Art[63] scheint eine erhebliche Anzahl Populationen gehabt zu haben, die durch Überstellungen wohl nur einige hundert Häftlinge umfassten und für eher kurze Zeiträume existierten. Viele dieser Lager waren Zwangsarbeitslager mit *verhältnismäßig* milden Verhältnissen. Es wäre allerdings ein Fehler anzunehmen, dass die Verhältnisse durchgängig so waren und dass die Mortalität immer niedrig war.

Die Definition des Lagersystems an dieser Stelle beinhaltet nationalsozialistische Ghettos und Zwangsarbeitslager. Diese umfassten das „milde" Extrem eines Kontinuums der Gewalt, dessen Gegenpol das Vernichtungslager war. Zwischen diesen Polen waren Lager unterschiedlicher Bezeichnung, darunter auch einige, die teilweise als Vernichtungslager betrieben wurden.

Das Lagersystem umfasste eine Reihe an Haupt- oder Stammlagern, wie beispielsweise Dachau, Sachsenhausen, Buchenwald, Mauthausen, Flossenbürg, Ravensbrück, Auschwitz, Stutthof und andere. Jedes dieser Stammlager verfügte über eine große Anzahl an angeschlossenen Außenlagern.[64]

Die Diskrepanzen in den Schätzungen der Mortalität sind nicht weniger erschreckend als jene über die Anzahl der Lager. Es scheint Einigkeit darüber zu herrschen, dass fast 6.000.000 europäische Jüdinnen und Juden von den Nazis ermordet wurden. Die Tatsache, dass der Bericht der Hauptkommission zur Untersuchung der deutschen Verbrechen in Polen in Übereinstimmung mit seinen unabhängigen Ergebnissen feststellt, dass *„laut Informationen des Institute for Jewish Affairs in New York von insgesamt 9.612.000 europäischen Jüdinnen und Juden 5.787.000 während der nationalsozialistischen Besatzung starben"*[65], spricht für die Einigkeit in Hinblick auf diese Frage. Es muss allerdings darauf verwiesen werden, dass diese Zahl sowohl Massentötungen durch Spezialeinheiten der nationalsozialistischen Armeen[66] in neubesetzten Städten in den slawischen Ländern, als auch Opfer der Lager umfasst.

Kogon schätzt die Todesopfer unter allen Häftlingskategorien von Konzentrationslagern auf 7.125.000 Menschen mit möglichen weiteren 1.000.000 Todesopfer[67], sodass die

63 Anm. d. Hg.: Luchterhand bezieht sich hier auf die Zahl der auf den erwähnten Karten verzeichneten Lager.

64 Anm. d. Hg.: Die an dieser Stelle zu findende, unvollständige und der zeitgenössischen Literatur entnommene Aufzählung der Außenlager des KZ Buchenwald (vgl. William D. Denson/Robert L. Kunzig/Solomon Surowitz (Hg.): The Buchenwald Case. War Crimes Trial. An Information Booklet on The Buchenwald Concentration Camp Case (Dachau 1947), S. 46) wurde für diese Ausgabe nicht übernommen.

65 Central Commission for the Investigation of German Crimes in Poland: German Crimes in Poland, Volume 1 (Warschau 1946), S. 165.

66 Anm. d. Hg.: Gemeint sind die sogenannten „Einsatzgruppen" der Sicherheitspolizei (Sipo) und des Sicherheitsdienstes (SD), die seit dem Überfall der Wehrmacht auf Polen im September 1939 systematisch Genozid betrieben.

67 Vgl. Kogon: Der SS-Staat, S. 123. Anm. d. Hg.: In der Erstauflage spricht Kogon von insgesamt 7,5 Millionen Toten der Konzentrationslager (vgl. ebd., S. 124), ab der zweiten Auflage von 6,68 Millionen Toten (vgl. Kogon: Der SS-Staat (1947), S. 156). In der englischen Erstausgabe, die Luchterhands Forschungen zugrunde lag, ist von 7,125 Millionen Toten die Rede (vgl. Eugen Kogon: The Theory and Practice of

Gesamtzahl an Todesopfern zwischen 7.125.000 und 8.125.000 Menschen liegt.[68] Kogon schätzt die Gesamtzahl an Überlebenden, einschließlich von den Nazis entlassenen ehemaligen Häftlingen, auf 700.000 Menschen.

Kein Aspekt der Organisation und Verwaltung des Lagersystems scheint derart viel Spekulation veranlasst zu haben, wie die sogenannte Häftlingsselbstverwaltung. Strukturell manifestiert sich dieser Aspekt in der zweifachen Hierarchie von SS und Funktionshäftlingen. Ahistorische Interpretationen, die soziale Prozesse und Kontinuitäten nicht berücksichtigen, deuten dies fast immer einfach als das Ergebnis einer Verbindung rationaler Planung und sadistischer Praktiken. Eine sparsamere Erklärung – eine Erklärung, die weniger Annahmen erfordert – ist, dass sich die wesentlichen Strukturelemente aus kürzlich institutionalisierten Abläufen moderner Kriegsführung – insbesondere jener von Kriegsgefangenenlagern – ableiten. Dies scheint umso plausibler, als viele NSDAP-Mitglieder „Absolventen" solcher Lager waren und durchaus unmittelbar zu deren Verbreitung beigetragen haben könnten.

Die nachstehende Abbildung zeigt die strukturellen Elemente, die Kriegsgefangenenlager in den zwei Weltkriegen, und davor, weitgehend charakterisiert haben.

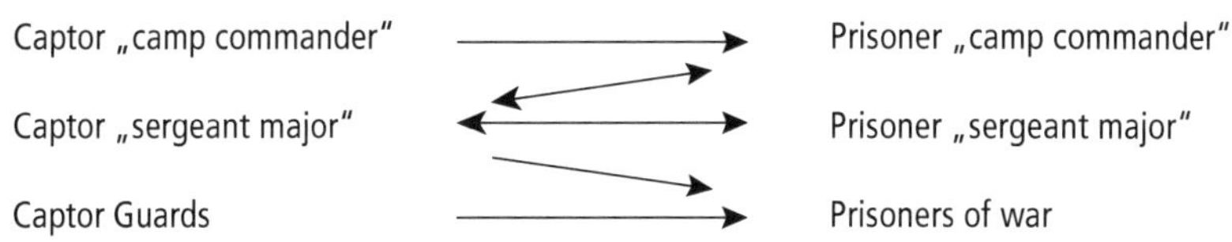

Schematische Darstellung struktureller Elemente moderner Kriegsgefangenenlager[69]

Die Pfeile symbolisieren die häufigsten Kommunikationsrichtungen. Die Anführungszeichen verweisen eher auf Statusbeschreibungen, als auf allgemein verwendete Rangbezeichnungen. Die Popularität dieses allgemeinen Strukturmusters von Kriegsgefangenenlagern ist der Tatsache geschuldet, dass es – mit der Bereitstellung von Dolmetschern (in der Regel aus den Reihen der Kriegsgefangenen), dort wo Sprachunterschiede ein Problem darstellen – die Organisation und administrative Effizienz erleichtert, da es

Hell. The German Concentration Camps and the System Behind Them (New York 1950), S. 227), wobei die Nennung der zusätzlichen Zahl von 1 Million weiteren Toten nicht rekonstruiert werden konnte. Neuere Forschungen gehen von einer Zahl von insgesamt 1,7 Millionen Toten in den Konzentrationslagern des SS-WVHA aus (vgl. Wachsmann: KL, S. 628). Zur Problematik der quantitativen Schätzungen und vor allem der Überschätzungen der Opferzahlen in der frühen KZ-Forschung siehe allgemein Kranebitter: Zahlen als Zeugen.

68 Vgl. Kogon: Der SS-Staat, S. 124.

69 Diese Grafik basiert auf Informationen von zwei älteren deutschen Kriegsgefangenen im Mai 1945 aus zwei amerikanischen Kriegsgefangenenlagern in der Nähe von Linz/Österreich und auf Material von Hans Andresen, deutscher Kriegsgefangener und Dolmetscher in einem alliierten Lager und später Student an der University of Connecticut. Die allgemeinen Merkmale dieser Grafik werden auch von Angaben britischer und amerikanischer Offiziere im Zweiten Weltkrieg gegenüber dem Autor und die direkte Beobachtung von Lagern des Zweiten Weltkriegs in der Nähe von Linz/Österreich gestützt.

sich ohnehin auf die Muster von Autorität und Gehorsam der Häftlinge selbst stützt. Es sei auch angemerkt, dass die Entwicklung paralleler Strukturmerkmale im nationalsozialistischen Lagersystem – das zuerst gegen Deutsche eingesetzt wurde – im Allgemeinen die Interpretation der Funktionen des Systems wie oben beschrieben zu stützen scheint.

An der Spitze der nationalsozialistischen Lagerhierarchie stand ein Lagerkommandant, der von engen Stabsangehörigen unterstützt wurde. Die Macht des Kommandanten über das Lager war absolut, mit der Ausnahme, dass er verpflichtet war, sich innerhalb der Runderlässe des SS-Hauptamtes für Wirtschaft (nach 1942 des SS-Wirtschafts- und Verwaltungshauptamtes) bewegen musste.

Dem Kommandanten war ein Adjutant unterstellt, der die wichtige Verantwortung der unmittelbaren Verwaltung des Lagers hatte. Er wurde von einem Stab an SS-Unteroffizieren unterstützt. Jedes Lager hatte einen oder mehrere verantwortliche Offiziere (Schutzhaftlagerführer[70]), die das unmittelbare Kommando über die Häftlinge hatten. Es gab kaum Einschränkungen ihrer Machtausübung, aber formell waren sie dem Kommandanten verantwortlich. Unter den Schutzhaftlagerführern waren die Rapportführer, denen die regulären Zahlappelle oblagen und deren Schreibstuben alle Häftlingsangelegenheiten abwickelte. Unmittelbar unter den Rapportführern und unter ihrem unmittelbaren Kommando waren die Blockführer und die Kommandoführer. Die Blockführer waren für eine oder mehrere Häftlingsbaracken (Blöcke) verantwortlich. Die Kommandoführer waren für die unmittelbare Überwachung der Häftlingsarbeitskommandos zuständig.

Der Kommandant hatte den höchsten Rang in der Lager-SS, der einem Rang bis zum Oberstleutnant[71], oder, im Fall von sehr kleinen Lagern, einem der oberen Unteroffiziersränge entsprach. Meistens war der Posten des Kommandanten von jemanden besetzt, der zumindest den Rang eines Hauptmannes[72] hatte. Der Rang anderer Untergebener in der Struktur hing in der Regel vom Rang des Kommandanten, des Adjutanten und anderer Stabsmitglieder ab. Generell gab es mehrere Schutzhaftlagerführer und mehrere Rapportführer, die sich im Dienst abwechselten, in der Regel nach 24 Stunden. Die Planung und Leitung der Häftlingsarbeit lag in den Händen des Arbeitsdienstführers. Im Verlauf des Krieges wurde der Arbeitsdienstführer einem Arbeitseinsatzführer untergeordnet.

Eines der Organe der Lagerverwaltung, dessen Aufgaben am wenigsten explizit definiert waren, war die Politische Abteilung, die Vertretung der Gestapo in den Lagern. Kogon wies darauf hin, dass diese Abteilung einige Tätigkeiten in relativer Unabhängigkeit zur Lagerleitung ausübte. Er schreibt: *„Zwischen beiden [der Politischen Abteilung und der Lagerführung – Anm. d. Ü.] bestand vielfach ein gespanntes Verhältnis, dessen Hauptursa-*

70 Anm. d. Hg.: Gemeint sind die sogenannten „Schutzhaftlagerführer", die der Abteilung III der Konzentrationslagerverwaltung vorstanden – vgl. zum Beispiel Orth: System, S. 39–46, besonders S. 40.

71 Anm. d. Ü.: In der SS entsprach der Dienstgrad des SS-Obersturmbannführers dem Rang eines Oberstleutnants. Der Kommandant des KZ Mauthausen, Franz Ziereis, hatte den höheren Rang eines SS-Standartenführers. Vgl. Holzinger (Hg.): Die zweite Reihe, S. 308 und S. 189.

72 Anm. d. Ü.: In der SS entsprach der Dienstgrad des SS-Hauptsturmführers dem Rang eines Hauptmannes. Vgl. ebd.

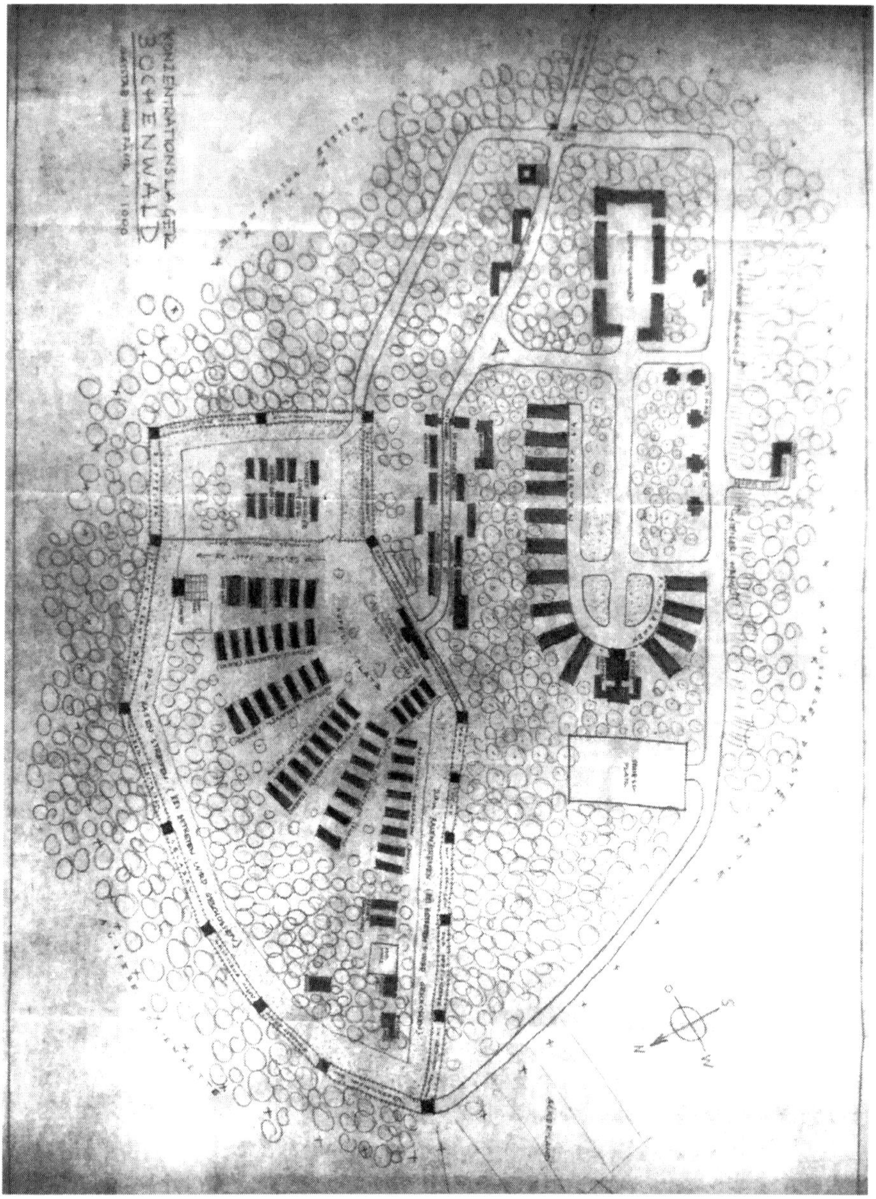

Der Wiener Architekt Heinrich Glass, geboren am 24. September 1911, wird am 3. Juni 1938 ins KZ Dachau deportiert und von dort im September ins KZ Buchenwald überstellt, aus dem er am 23. Jänner 1939 entlassen wird (ITS Arolsen 1.1.5.3/5953972) – mit der Auflage, das Land zu verlassen. Unmittelbar nach seiner Entlassung zeichnet er aus dem Gedächtnis einen Plan des KZ Buchenwald, den er 1943 dem *Emergency Committee to Save the Jewish People in Europe* (DÖW 03200). Unter den von Luchterhand Interviewten sind mehrere Personen, die bereits vor 1945 den Alliierten maßgebliches Wissen über die Konzentrationslager vermitteln konnten.

che darin lag, daß sich die Lagerführung als völlig exterritorial fühlte und auch rein formal kein wie immer geartetes Hineinregieren dulden wollte, um der alleinige Nutznießer des Lagers zu sein und jede Gefahr einer aus Konkurrenzmotiven möglichen Kontrolle der ständigen, ungeheuerlichen Korruption zu verhindern. Einlieferung und Entlassung von Häftlingen, sowie der gesamte Aktenverkehr von und zu der Gestapo wickelte sich über die Politische Abteilung ab."[73]

Jedes Erscheinen eines Häftlings vor der Politischen Abteilung war von extremer Angst begleitet. In jedem Lager kannten die Häftlinge Fälle, in denen Personen, die vor die Politische Abteilung befohlen worden waren, einfach verschwanden, oder Berichten zufolge anschließend erst wieder in einem Sonderkommando im Krematorium oder an einer Grabgrube gesehen wurden. Andere Häftlinge kehrten von so einem Befehl zurück und zeigten wenig Interesse über ihre Begegnung mit den Vertretern der Gestapo zu reden.

Während des Krieges waren die Wachbataillons Einheiten der *Waffen-SS* [Deutsch im Original]. Sie übten ihre Tätigkeit in relativer Unabhängigkeit zum Rest der Struktur aus. Sie stellten die bewaffneten Wachmannschaften der Wachtürme und aller Arbeitskommandos. Gegen Ende des Krieges war es nicht unüblich, dass diese Einheiten der *Waffen-SS* auch Nicht-Deutsche, insbesondere aus Ost- und Südosteuropa, umfassten. In einigen Lagern waren den Wachbataillons von Militärpersonal trainierte Hundestaffeln zugeteilt. Sie wurden meistens zur Bewachung von Häftlingen außerhalb der äußersten Postenkette eingesetzt, die das Lager umgab, und bei Bauprojekten in gewisser Entfernung zum Lager, wo das Terrain zu Fluchtversuchen einlud.

An der Spitze der Häftlingshierarchie war der Lagerälteste, der von der SS ernannt wurde und der unmittelbare Vertreter der Häftlinge auf der obersten Kontaktebene mit der SS war. Kogon schreibt über den Lagerältesten: „*Die Aufgabe war äußerst heikel und gefährlich, sie zu übernehmen erforderte Mut und Verantwortungsbewußtsein. Ein falscher Mann an dieser Stelle bedeutete für das Lager eine Katastrophe. Die SS legte besonders im Anfang größtes Gewicht darauf, als Lagerältesten jemanden zu haben, der ihr gefügig war und sich gegen das Lager verwenden ließ.*"[74]

Der Lagerälteste ernannte für jede Baracke einen Blockältesten. Die Ernennungen mussten von der Lagerführung bestätigt werden. Für jeden Flügel einer Baracke wählte der Blockälteste Untergebene aus, die als seine Stellvertreter, oder häufiger als Stubendienste, bekannt waren. Die SS-Kommandoführer ernannten durch den Arbeitsdienstführer Häftlinge auf die Positionen von Vorarbeitern und Hilfs-Vorarbeitern. Die in dieser Untersuchung verwendete Terminologie entspricht den Begrifflichkeiten der meisten Häftlingsberichte, und der Begriff *Kapo* [Deutsch im Original] wird für den eigentlichen Vorarbeiter verwendet, seine Untergebenen werden als Vorarbeiter bezeichnet. Die Kapos organisierten und überwachten die Arbeit ihrer Arbeitskommandos, arbeiteten

73 Kogon: Der SS-Staat, S. 29f.
74 Ebd., S. 32.

selbst aber nicht. Vorarbeiter, entsprechend der in dieser Untersuchung und anderswo verwendeten Terminologie, übten Aufsichtsfunktionen aus, arbeiteten selbst aber auch.

Der Lagerälteste, die Blockältesten, die Kapos und manchmal auch die Vorarbeiter, entsprechend der hier verwendeten Bezeichnung, trugen charakteristische Binden am linken Arm. Die Schreibstube war das Häftlingsäquivalent der Schreibstube der Rapportführer. Das Häftlingspersonal, das dort arbeitete, erledigte Verwaltungsaufgaben wie Karteiführung und Blockeinteilung. Es erledigte auch die Zuteilung der Häftlingsrationen und bereitete die Zählappelle vor.

Häftlinge wurden auch in der Arbeitsstatistik eingesetzt. Sie führten eine Kartei mit den beruflichen Fertigkeiten der Häftlinge, erledigten generell Arbeitsaufzeichnungen und hielten den notwendigen Kontakt mit den SS-Arbeitsdienstführern und dem SS-Arbeitseinsatzführer.

Kogon merkt an, dass die politischen Häftlinge im Verlauf der zunehmenden Routinisierung der Lagerorganisation und -verwaltung in den meisten Orten einen gewissen Erfolg in ihren allgemeinen Anstrengungen verzeichneten, mehr und mehr der tatsächlichen alltäglichen Verwaltungsarbeit zu übernehmen. In diesem Zusammenhang ist Kogons Verweis auf die Entstehung einer Lagerpolizei in Buchenwald interessant. Unter Bezugnahme auf die allgemeinen Anstrengungen der Politischen die Macht über die Verwaltung zu übernehmen, schreibt er: „*[U]mso notwendiger erwies es sich, eine eigene, aus Häftlingen bestehende Ordnungsgruppe zu haben, die so etwas wie der verlängerte Arm der SS im Lager sein sollte, in Wahrheit aber den wohlverstandenen Zielen der Gefangenen diente. Die Gefahr, daß die Organisation von der SS wirksam gegen die Häftlinge mißbraucht werden konnte, war in dem Zeitpunkt, als der* Lagerschutz *ins Leben gerufen wurde (Juni 1942), nicht mehr allzu groß. Die Spekulation erwies sich in der Tat als richtig. Die Genehmigung wurde der SS buchstäblich abgelistet und nach einigem Hin und Her erteilt.*“[75]

Die tatsächliche Funktionsweise des ausgedehnten Systems der „Häftlingsselbstverwaltung“ hatte im Zeitverlauf und von Lager zu Lager unterschiedliche Folgen. Die Frage, aus welchen Häftlingskategorien die verschiedenen, von Häftlingen besetzten Organe der Verwaltung zusammengesetzt waren, ist nicht leicht zu beantworten. Über die Schreibstube bemerkt Kogon, offenbar in Bezug auf Buchenwald: „*Ihre Bedeutung für das Lager war enorm, ihre Leistung absolut positiv. Es ist nicht übertrieben, wenn man feststellt, daß buchstäblich Tausende von Kameraden im Laufe der Jahre mit Hilfe der Schreibstuben in den Lagern vor dem Tod gerettet, vor schweren Gesundheitsschädigungen bewahrt und in Positionen gebracht worden sind, wo sie wirklich zum Vorteil der Häftlinge wirken konnten.*“[76]

Über die Arbeitsstatistik schreibt Kogon: „*Wieder ist hier über eine zentrale Machtposition im Lager viel positiver und negativer Einfluß der Häftlinge ausgeübt worden. Hunderte wertvoller Menschen konnten nur mit Hilfe der Arbeitsstatistik gerettet werden, teils indem*

75 Ebd., S. 37.
76 Ebd., S. 33.

sie von Todestransportlisten heimlich gestrichen, teils indem sie wegen Lebensgefährdung im Stammlager in Außenkommandos geschmuggelt wurden. Viele Kameraden sind aber auch durch dunkle Machinationen und Intrigen an Orte inner- und außerhalb der Lager gebracht worden, wo sie entweder schweren Schaden nahmen oder zugrundegingen. Die Aufgabe, die von der Arbeitsstatistik bewältigt werden mußte – es kam vor, daß sie binnen zwei Stunden Tausende von Häftlingen bereitzustellen hatte –, war schwer und undankbar. Manche Kameraden in ihr haben sich außerordentliche Verdienste erworben.“[77]

Die Nazis wiesen den Häftlingen klassifikatorische Status zu, die im Wesentlichen durch unterschiedliche farbige Winkel mit in vielen Fällen aufgenähten Anfangsbuchstaben des Heimatlandes des Häftlings symbolisiert wurden. Die Politischen trugen rote Winkel, die Kriminellen grüne. Jüdinnen und Juden aller Herkunft trugen einen gelben Winkel und einen anderen darüberliegenden klassifikatorischen Winkel (z.B. rot oder grün), die gemeinsam einen Davidstern bildeten. Andere Symbole waren schwarz für „Asoziale“, lila für Zeugen Jehovah, rosa für Homosexuelle, usw. Tatsächlich war die aufoktroyierte Statusordnung der Klassifizierungen höchst willkürlich und äußerst ungenau, insbesondere im Hinblick auf „Rote“ und „Grüne“.

Die Häftlingspopulation kann als hierarchische Ordnung in Bezug auf einen unterschiedlichen Zugriff auf die Mittel zur Befriedigung der Lebensbedürfnisse verstanden werden. An der Spitze waren die Funktionshäftlinge. Am unteren Ende war eine Schicht von *Muselmännern* – die apathischsten Mitglieder der Lagergesellschaft. Die Jüdinnen und Juden waren gemeinhin Ziel der sadistischsten Ausbrüche und routinisierter Strafmaßnahmen, darunter die oft *massenhafte* zeremonielle Selbsterniedrigung und Schändung jüdischer Traditionen.

Es besteht keine Notwendigkeit, die in den Lagern eingesetzten Techniken der Gewalt zu beschreiben. Welche Versäumnisse journalistische Berichte in der Vermittlung einiger Aspekte des Alltagslebens in den Lagern auch immer haben mögen, haben solche Berichte die Härte der Verhältnisse im absoluten Sinn nicht übertrieben. Die Fakten überlassen nur wenig der Phantasie. Es gibt wahrscheinlich nur wenige Foltermethoden, die man sich vorstellen kann und die in diesem Universum nicht annähernd verwirklicht worden wären.

Aufgrund ihrer psychologischen Bedeutung muss eine allgemeine Beobachtung in Hinblick auf die Verhältnisse im Lager angestellt werden. Neben der Deprivation in Hinblick auf Essen, Unterkunft, Schlafmöglichkeiten und Sex, waren die Häftlinge auch der Möglichkeiten für bestimmte Arten von Rückzugsverhalten beraubt. Insbesondere konnte man sich in sehr vielen Lagern, zu unterschiedlichen Zeitpunkten und an unterschiedlichen Orten, selbst bei schweren Verletzungen oder Krankheiten nicht durch einen Aufenthalt im Krankenrevier „zurückziehen“, da die Aufnahme im Krankenrevier den Tod bedeutete. Zudem konnte man sich im Allgemeinen aufgrund der Lebensgefahr durch Handlungen der Lagerverwaltung oder der Häftlinge nicht in bestimmte psychi-

77 Ebd., S. 33f.

sche oder psychiatrische Zustände zurückziehen. Selbst die Möglichkeit des freiwilligen Rückzugs aus der Lagergesellschaft durch Selbstmord war insofern durch die Lagerverwaltung eingeschränkt, als dass Häftlinge, die sich dem elektrischen Zaun näherten, in der Regel erschossen wurden, sobald sie eine bestimmte Linie überschritten hatten.

Diskussionen über das Lagersystem müssen drei Spezifika und ihre Wechselbeziehungen berücksichtigen: *Art*, *Zeitpunkt* und *Ort* des Lagers. Es genügt beispielsweise nicht, sich lediglich auf ein bestimmtes Zwangsarbeitslager zu beziehen. Es macht einen Unterschied, ob das Lager zu einem kurzfristigen militärischen Bauprojekt in den frühen Kriegsjahren oder beispielsweise zum Bau einer unterirdischen Fabrik nach der alliierten Invasion in Frankreich eingesetzt wurde. Im zweiten Fall bedeutete die Zwangsarbeit meistens die schnelle und totale Vernutzung der Arbeitskräfte und deren Ersatz durch die unbegrenzten Häftlingsreserven. Unter solchen Bedingungen konnte ein Zwangsarbeitslager zu einem weitaus schlimmeren Ort werden als viele der bekannten Konzentrationslager.

Die Berücksichtigung der Zeitlichkeit ist für die Untersuchung des Häftlingsverhaltens, beispielsweise in Buchenwald, von Bedeutung. Im Verlauf der Kriegsjahre wandelte sich dieses Lager von einem Lager, in dem sich Funktionshäftlinge fast ausschließlich aus Kriminellen rekrutierten, bis es 1942 in den Worten von Kogon unter *„die eindeutige Vorherrschaft der Politischen“*[78] kam. Laut Kogon und allen Informanten dieser Untersuchung war Buchenwald während dieser Phase durch deutliche Verbesserungen der Moral und des allgemeinen Verhaltens der Häftlinge und einer drastischen Verbesserung der Verhältnisse gekennzeichnet.

In Hinblick auf die Örtlichkeit macht es einen entscheidenden Unterschied, ob sich das Lager in Norwegen (allgemein gesprochen unter milderen Umständen) oder, beispielsweise, in Polen, dem Standort der großen Mehrheit der Vernichtungslager, befand. Der Standort eines Lagers in Polen hatte bestimmte Auswirkungen auf konspiratives Verhalten und zahlreiche Fälle von aufständischem Verhalten.[79]

Die wenigen Artikel, die in amerikanischen Fachzeitschriften erschienen sind, nehmen wenig oder keine Rücksicht auf diese wesentlichen Spezifika.

78 Kogon: Der SS-Staat, S. 258.

79 Vgl. Joseph Tenenbaum: In Search of a Lost People. The Old and New Poland (New York 1948), S. 279–296; Eugene Weinstock: Beyond the Last Path (New York 1947), S. 171f., S. 255f. und S. 271; Olga Lengyel: Five Chimneys. The Story of Auschwitz (Chicago/New York 1947), S. 124f.

Kapitel 3
Kategorisierung von Fallbeispielen

Kategorisierung von Fallbeispielen

Wie im Kapitel „Das Problem und die Methode“ angemerkt, waren *aufwendige* Verfahren zur Sammlung von Daten und ihrer statistischen Auswertung, um umfassende Durchschnittswerte zu ermitteln, in dieser Untersuchung nicht möglich. Selbst wenn jedoch solche Querschnittsanalysen möglich gewesen wären, wäre es dennoch notwendig gewesen, diese in Methoden zu verankern, um die funktionalen Zusammenhänge der in dieser Studie untersuchten Verhaltensweisen zu beleuchten. Salter hat darauf hingewiesen, *„dass unsere Untersuchungsergebnisse in einer Analyse* verankert *sein müssen, die die Muster von Merkmalen [und von Verhalten – EL] innerhalb der Beobachtungseinheiten bewahrt, da es der Sozialforschung eigen ist, dass wir nach Schlussfolgerungen suchen, die für die funktionale Struktur dieser Einheiten relevant sind.“*[80]

Wie bereits ausgeführt waren die Beobachtungseinheiten 47 „Standardfälle“ und fünf „Sonderfälle“. In der Durchführung der Analyse entspricht die hier verwendete allgemeine Methode dem, was Salter als Kategorisierung von Fallbeispielen beschreibt.[81] Die Fallbeispiele wurden nach bestimmten Verhaltensweisen, die für die Hypothesen dieser Untersuchung von Bedeutung sind, kategorisiert.

Jedes analytische Verfahren wirft sehr viele Probleme auf. In Bezug auf die in dieser Untersuchung angewandte Methode stellt sich die Frage, wie homogen die Formen des Verhaltens der Fallbeispiele einer Gruppe sein sollten. Die Antwort auf diese Frage hängt von der Beurteilung und der Integrität des Forschers ab. Die angewandte Analysemethode gilt als die beste, die für diese Art der Forschung zur Verfügung steht. Allgemein kann man sagen, dass Fragen, die die Objektivität dieser Art der Untersuchung betreffen, zu Recht auch in Bezug auf andere Arten geäußert werden können. Objektivität ist keiner Methode inhärent.

Die Untersuchung begann damit, dass die Fallbeispiele nach ihrer Gemeinsamkeit, basierend auf einer allgemeinen Tabellierung von bestimmten Verhaltensweisen, klassifiziert wurden. Das Auftreten von Unterschiedlichkeiten deutete die Zugehörigkeit zu einer neuen Gruppe an. Durch diese Vorgehensweise wurden einige kleinere und größere Muster ergründet, die die Problemstellungen für die Untersuchung betreffen. In den weiteren Kapiteln werden Erklärungen für außergewöhnliche Fallbeispiele und für Merkmale, die in verschiedenen größeren und kleinen Gruppen vorkommen, aufgezeigt.

80 Leonard A. Salter, Jr.: Cross-Sectional and Case-Grouping Procedures in Research Analysis, in: Journal of Farm Economics, 24. Jahrgang (1942), S. 792–805, hier S. 797.
81 Vgl. ebd.

Bevor im nächsten Kapitel detaillierter darauf eingegangen wird, sei an dieser Stelle kurz ein Beispiel für die angewandte Methode skizziert. In der Klassifizierung unserer Fallbeispiele in Hinblick auf zwischenmenschliche Beziehungsmuster ergeben sich acht Gruppen. Die Gruppen 1, 2, 3, 4 umfassen jene Fallbeispiele, in denen keine Hinweise auf Zweckbündnisse festgestellt wurden; die Fallgruppen 1E, 2E, 3E, 4E umfassen jene Fälle, in denen solche Hinweise vorgefunden wurden. Beide Reihungen reichen von den kleineren und instabileren Mustern von zwischenmenschlichen Beziehungen an erster Stelle der Reihung zu den größeren und stabileren Mustern an vierter Stelle. Diese Unterschiede, gemeinsam mit den Größen der jeweiligen Gruppen, sind in Tabelle 2 zusammengefasst.

Gruppe	Anzahl der Fälle	Zwischenmenschliche Beziehungsmuster
1	2	Einsamer Wolf, instabile Paare
2	6	Instabile und stabile Paare
3	14	Stabile Paare, Kleingruppen
4	8	Stabile Paare, Klein- und Großgruppen
1E	2	Einsamer Wolf, instabile Paare, Zweckbündnisse
2E	4	Instabile und stabile Paare, Zweckbündnisse
3E	6	Einige instabile Paare, stabile Paare, Kleingruppen, Zweckbündnisse
4E	5	Stabile Paare, Klein- und Großgruppen, Zweckbündnisse
	47	

Tabelle 2: Fallgruppen nach zwischenmenschlichen Beziehungsmustern

Wie später im Detail gezeigt werden wird, wurde festgestellt, dass die durchschnittliche Haftzeit der jeweiligen Fälle in den unterschiedlichen Gruppen direkt proportional zu Größe und Stabilität der zwischenmenschlichen Beziehungsmuster der Gruppen steht. Folglich waren die durchschnittlichen Haftzeiten für die Gruppen 4 und 4E erheblich länger als die Durchschnittswerte für die Gruppen 1 und 1E.

Die sich aus der Kategorisierung der Fallbeispiele ergebenden Tabellen belegen weder Zusammenhänge zwischen Variablen, noch messen sie deren jeweiligen Einfluss. Die Tabellen dienen lediglich der Angabe und Präzisierung der Grundlagen für bestimmte Inferenzen.

Beispiel eines Interviewprotokolls

Es ist wichtig anzumerken, dass das nachfolgende Material nicht die Geschichte eines Lagerveteranen darstellt; es handelt sich nicht um eine Fallgeschichte. Der Zweck der Interviews lag nicht in der Sammlung zusätzlicher persönlicher Berichte von Überlebenden, sondern in erster Linie in der Sammlung von Material in Zusammenhang mit den Hypothesen der Untersuchung, d.h. Datenmaterial zum eigenen Verhalten der Informantinnen und Informanten und Beobachtungen betreffend das Verhalten anderer. Das

Hauptaugenmerk lag auf bestimmten Status von Häftlingen und bestimmten Lagersituationen.

Das folgende Protokoll dient als Beispiel für die Art der gesammelten Daten, aber *nicht für die* Typisierung irgendeiner Häftlingsgruppe oder -kategorie. Die abschließende Kommentierung des Falles wird hier weggelassen.[82]

Informant: Karl[83]
Interviewtyp: Standardinterview, zwei Sitzungen
Interviewlänge: 7 Stunden

Haftkalender

Ort	Zeitraum (von)	Zeitraum (bis)
Zbąszyń (Ghetto, polnisch)	Oktober 1938	Juli 1939
Hamburg (Gestapo-Gefängnis)	September 1939	Februar 1940
Sachsenhausen	Februar 1940	September 1940
Dachau	September 1940	Juli 1941
Buchenwald	Juli 1941	April 1945

Karl wurde 1914 in Wien geboren, lebte aber den Großteil seines Lebens in Hamburg, Deutschland. Sein Vater, ein kleiner Händler, war von Geburt polnischer Staatsbürger.

Karl studierte zweieinhalb Jahre Rechtswissenschaften. Nachdem er die Universität verlassen hatte, wurde er Verkäufer.

Er war, wie seine Familie, vor seiner Verhaftung ein liberaler Jude. Seine Religionsausübung beschränkte sich im Allgemeinen auf die hohen Feiertage.

82 Anm. d. Hg.: Luchterhand hatte die Interviews auf verschiedenfarbigen Fragebögen mitprotokolliert und danach in ausführlichen Memos zusammengefasst. Die folgende Fall-Darstellung entspricht dem Memo des Interviews mit „Karl“.

83 Anm. d. Hg.: „Karl“ ist das Pseudonym für Otto Feuer, geboren am 2. November 1914 in Wien, gestorben im Jänner 1982 in Long Beach, New York. Feuer hatte in Hamburg gelebt, wo er Rechtswissenschaften studierte, und war dort als polnischer Jude erfasst (vgl. „Zählkarte für die Ausländer-Kartei, Bezirksstelle Nordwestdeutschland der Reichsvereinigung der Juden in Deutschland, Verwaltungsstelle Hamburg“, ITS Bad Arolsen, 1.2.4.1/12653185) und im September 1939 verhaftet worden. Im Februar 1940 wurde er ins KZ Sachsenhausen deportiert, von dort im Juli 1941 ins KZ Dachau und im Juli 1941 ins KZ Buchenwald überstellt, wo er am 11. April 1945 befreit wurde (vgl. ITS Bad Arolsen, 6.3.3.2/89704319). Er wurde von der SS zuweilen als Student, zuweilen als Kaufmann erfasst (ITS Bad Arolsen, 1.1.5.3/5853060). Ab Oktober 1945 befand sich Feuer in Paris, wo er von dem Psychologen David P. Boder interviewt wurde, der im Jahr 1946 Interviews mit 70 Personen – insgesamt 120 Interviewstunden – auf Tonband aufzeichnete (vgl. David P. Boder: Die Toten habe ich nicht befragt. Hg. von Julia Faisst, Alan Rosen und Werner Solors (Heidelberg 2011), S. 11; zu Boder siehe auch Alan Rosen: The Wonder of their Voices. The 1946 Holocaust Interviews of David Boder (New York 2010)) – das Transkript von Boders Interview mit Feuer findet sich auf der Website des Projekts (David P. Boder Interviews Otto Feuer; August 22, 1946; Paris, France, http://voices.iit.edu/interview?doc=feuerO&display=feuerO_en, Aufruf am 29.11.2017). Im Jänner 1947 emigrierte Feuer in die USA.

In den USA hatte Karl Verbindungen zu einer Fürsorgeorganisation. Zum Zeitpunkt des zweiten Interviews war er Handelsreisender eines Geschäftshauses.

Er ist verheiratet und hat ein Kind.

Karl verfügt über genügend körperliche Merkmale des rassistischen Stereotyps eines Juden, um von den Rassisten als solcher erkennbar zu sein.

Haltung während des Interviews

Anfangs schien der Informant neugierig über den Interviewzweck zu sein, und besorgt über den Eindruck, den er machen könnte. Danach orientierte er sich schnell an den Aufgaben des Interviews, in einer, wie es schien, vollkommen gewissenhaften und freundlichen Art und Weise.

Besondere Fähigkeiten

Als Karl in den Lagern war, war er bereits ein hochqualifizierter Schachspieler.

Deportation

Im Oktober 1938 wurden Karl, sein Vater und zwei seiner drei Brüder, alle älter, nach der Anordnung zur Zwangsausweisung von Jüdinnen und Juden mit polnischer Staatsbürgerschaft im Zuge von Razzien aufgegriffen. Sie wurden mit anderen Jüdinnen und Juden, die im Zuge der Massenausweisungen im Oktober/November ergriffen worden waren, in Güterzüge gepfercht, zur Grenze gegenüber der polnischen Stadt Zbąszyń verschleppt, und ihnen wurde befohlen, die Grenze nach Polen zu übertreten. Auf der polnischen Seite waren Gendarmen positioniert, die scheinbar den Befehl hatten, ihre Einreise zu verhindern.[84]

(*Anmerkung*: Die Ereignisse der Zwangsausweisung wurden von mehreren Autoren unterschiedlich geschildert. Leonard G. Montefiore, ehemaliger Präsident der Anglo-Jewish Association, schreibt: *„Ende Oktober wurden viele tausende in Deutschland lebende Jüdinnen und Juden polnischer Staatsbürgerschaft, nur wenige Stunden nach der Ankündi-*

84 Anm. d. Hg.: Im Oktober 1938 wurden zwischen 12.000 und 17.000 polnische Jüdinnen und Juden zwangsausgewiesen, die meisten von ihnen wie Otto Feuer und seine Familie in den Grenzort Bentschen (Zbąszyń) gebracht, wo ihnen die Einreise nach Polen verweigert wurde (vgl. dazu allg. Bettina Goldberg: Die Zwangsausweisung der polnischen Juden aus dem Deutschen Reich im Oktober 1938 und die Folgen, in: Zeitschrift für Geschichtswissenschaft, 46. Jahrgang (1998), S. 971–984). In Reaktion auf diese Deportation erschoss Herszel Grynszpan in Paris den deutschen Botschaftsangestellten Ernst vom Rath, dessen Ermordung das NS-Regime wiederum zum Anlass für die sogenannten „Novemberpogrome" machte.

gung, ausgewiesen und zur Grenze gebracht. Nur sehr wenige durften nach Polen einreisen; der Rest wurde entweder zurück nach Deutschland gebracht, oder war gezwungen, im Niemandsland zu verweilen."[85] Montefiore merkt weiters an, dass die Ermordung von Ernst vom Rath, Legationssekretär der deutschen Botschaft in Paris, durch Grynszpan, die Folge der Verbitterung Grynszpans, einem polnischen Staatsbürger, über die Zwangsausweisungen war.

Eugene Kulischer berichtet, dass „*15.000 bis 16.000 in Deutschland lebende polnische Jüdinnen und Juden im November 1938 aufgegriffen, in Güterwägen gesteckt, und an die polnische Grenze gebracht wurden, viele von ihnen zur Grenzstadt Zbonszyn.*"[86]

Das Jewish Black Book Committee[87] wiederholt die Darstellung Kulischers, ohne wesentliche Ergänzungen, und mit Bezugnahme auf ihn.

In den letzten beiden Literaturhinweisen ist der Ortsname falsch geschrieben, der, wie von Karl richtig angegeben, Zbąszyń lauten sollte, und nicht Zbonszyn. In keinem Standardatlas existiert ein Ort namens Zbonszyn.

Die Übereinstimmung der Darstellungen von Montefiore und Karl, und die Tatsache, dass die Ermordung von vom Rath bereits am 8. November stattfand, weisen darauf hin, dass die Massenausweisungen, wie von Karl berichtet und von Montefiore bestätigt, im Oktober begannen, und nicht, wie Kulischer angibt, im November.

Die in dem Transport von Karl verschleppten Jüdinnen und Juden waren unter den „*sehr wenigen*", die laut Montefiore nach Polen einreisen durften. Es scheint keinen einzigen Grund zu geben, die restlichen Schilderungen von Karl über die Umstände dieser Einreise nach Polen anzuzweifeln.)

Karl erzählte, dass diese Pattsituation, in der die Jüdinnen und Juden zwischen ihren Feinden gefangen waren, aus seiner Sicht durch die persönliche Entscheidung einer der Männer aus diesem Deportationstransport aufgelöst wurde. Dieser Jude bot den Polen die Stirn, indem er die Grenze übertrat. Nachdem die Gendarmen das Feuer nicht eröffneten, marschierten auch die restlichen Personen des Transportes über die Grenze.

Karl berichtet, dass es nach der Verhaftung und Ausweisung während seines Lebens im Ghetto von Zbąszyń relativ wenige Schockerfahrungen gab. Die enormen Kosten für

85 Leonard G. Montefiore: Anti-Semitism, in: Encyclopaedia Britannica. Book of the Year 1939 (Chicago 1939), S. 49f.

86 Eugene Kulischer: The Displacement of Population in Europe (Montreal 1943), S. 97.

87 Vgl. Jewish Black Book Committee: The Black Book (New York 1946), S. 120. Anm. d. Hg.: Es handelt sich dabei um die amerikanische Ausgabe des Schwarzbuchs über die Massenvernichtung der sowjetischen Jüdinnen und Juden, das auf Anregung von Albert Einstein von einer sowjetischen literarischen Kommission um Ilja Ehrenburg und Wassili Grossman und dem „Jüdischen Antifaschistischen Komitee" erarbeitet wurde. Das Buch wurde in der Sowjetunion zunächst genehmigt, dann zensiert und schließlich kurz vor Drucklegung vernichtet – vgl. zur Geschichte dieses „Schwarzbuchs" Ilja Altmann: Das Schicksal des „Schwarzbuchs", in: Wassili Grossmann/Ilja Ehrenburg: Das Schwarzbuch. Der Genozid an den sowjetischen Juden. Hg. von Arno Lustiger (Reinbek bei Hamburg 1994), S. 1063–1084. Gerade die Herausgabe der amerikanischen Ausgabe, die nur eine Auswahl der gesammelten Texte enthielt, hatte fatale Folgen für die sowjetische Edition, die in der Sowjetunion nie veröffentlicht wurde, wie auch für viele Mitarbeiter, die in Verbindung mit der amerikanischen Ausgabe standen und von denen einige in einem Prozess 1952 zum Tod verurteilt wurden (vgl. ebd., S. 1080–1084).

Lebensmittel und Unterkunft hatten allgemeine Armut und manchmal echtes Elend zur Folge.

Im Juli 1939 kehrten Karl und seine anderen Familienmitglieder im Geheimen nach Hamburg zurück, wo er im September 1939 verhaftet wurde.

Im Gestapo-Gefängnis in Hamburg war er mit seinen zwei Brüdern und 50 weiteren Häftlingen in derselben Zelle. In diesem Zeitraum wurde er einmal mit dem Erschießen bedroht, fürchtete sich allerdings nicht, da er nicht glaubte, dass die Drohung wahrgemacht werden würde. Er gab an, dass es im Gefängnis keine große Gewalt gab. Nach dreimonatiger Haft wurde ein Bruder entlassen.

Im Februar 1940 wurde Karl mit Zug und Bus nach Sachsenhausen verschleppt, was er als *„eine ziemlich zivilisierte Angelegenheit“* beschrieb, wenngleich er hinzufügte, dass er, als er den Zug in der ersten Nacht in Berlin verließ, angekettet wurde, und auch, dass er im Berliner Gefängnis *„eine schlechte Nacht verbrachte“*.

Bei der Ankunft im Lager wurden die Häftlinge des Transportes gezwungen, bei sehr kaltem Wetter zwei oder drei Stunden vor dem Tor zu stehen und wurden Strafmaßnahmen unterworfen. Karl berichtet, dass er damals bemüht war, seinen Bruder ausfindig zu machen, von dem es hieß, er sei im Lager. Seine Reaktion auf diese Zeit war, dass sie *„nicht allzu schlimm“* war.

Am Tor wurden verschiedene Kategorien von Häftlingen aufgerufen, um aus der Formation herauszutreten. Zuerst wurden die „Rasseschänder“ aufgerufen, und Karl war von der Tatsache tief beeindruckt, dass einer, der bereits zuvor im Lager gewesen war, einfach nicht aus der Formation hervortrat, als sein Name von einem als Bugala bekannten SS-Mann aufgerufen wurde.[88] Das war eine lehrreiche Erfahrung für Karl, die andeutete, dass man mit Dingen durchkommen konnte, wenn man *„sich auskannte“*.

Die nächste aufgerufene Kategorie waren die Homosexuellen. Sie wurden getreten und geschlagen. Die Dritten waren die Zeugen Jehovas. Unter ihnen war ein Jude. Der befehlshabende SS-Mann war von dieser Verknüpfung von Jude und Zeuge Jehovas so empört, dass er seine Kumpane rief, und eine Gruppe von ihnen den Mann so schwer misshandelte, dass er zwei Tage später starb. Karl wurde mit einem Stock geschlagen, der einem anderen Häftling weggenommen worden war. Der Stock zerbrach an seinem Rücken. Karl erinnert sich, dass er zu sich selbst sagte: *„Das ist eine Erfahrung, die man sich merken sollte.“* Er erwartete auf jeden Fall seine baldige Entlassung.

88 Anm. d. Hg.: Es handelt sich dabei vermutlich um SS-Hauptscharführer Richard Bugdalle (1907–1982), Kommando- und Blockführer im KZ Sachsenhausen. Der Überlebende und ehemalige Lagerälteste des KZ Sachsenhausen, Harry Naujoks, schrieb über Bugdalle: *„Von allen SS-Führern ist Richard Bugdalle der hinterhältigste und gewalttätigste. Dieser Menschenschinder wurde heimlich nur ‚Brutalla‘ genannt.“* (Harry Naujoks: Mein Leben im KZ Sachsenhausen 1936–1942 (Berlin 1989), S. 179). Bugdalle wurde in einem Gerichtsverfahren in München 1960 zu lebenslanger Haft verurteilt (vgl. Stefanie Endlich/Andreas Weigelt: Drögen, in: Wolfgang Benz/Barbara Distel (Hg.): Der Ort des Terrors: Geschichte der nationalsozialistischen Konzentrationslager, Band 3: Sachsenhausen, Buchenwald (München 2006), S. 145–148, hier S. 147).

Am ersten Tag sah Karl mehrere Juden, die wie Pferde einem Fuhrwerk vorgespannt waren und sangen, während sei das Fuhrwerk hinter sich herzogen. Er *„hatte das Gefühl, dass sie nicht menschlich waren.“*

In Bezug auf Traumatisierungen relevantes Material

Im April 1941, als Karl im Kräutergarten[89] von Dachau arbeitete, ereignete sich ein Vorfall, der zur Konkretisierung seiner ersten und einzigen Selbstmordabsicht führte, wenngleich er schon zuvor mit Selbstmordgedanken gespielt hatte. Er erklärte, dass er *„die ganze Angelegenheit durchdacht hatte“*. 10 bis 15 Juden, unter ihnen auch einer seiner Freunde, wurden während der Arbeit im Kräutergarten zu Tode geprügelt. Karl erhielt 24 Stunden lang keine Rationen. Dann wurde Karl eines Tages von einem SS-Mann niedergeprügelt und mit Fußtritten misshandelt. Der SS-Mann trampelte auch auf ihm herum. Karl wurde ein Zahn ausgeschlagen und er war so schwer misshandelt worden, dass er in einer Schubkarre zurück ins Lager gebracht werden musste. Zurück in den Baracken, entschied er sich in dieser Nacht zum Selbstmord. Er aß das gesamte Brot der Abendration, das er ansonsten für den nächsten Morgen aufsparte. Karl fühlte sich mit seiner neuen Entscheidung *„auf jeden Fall glücklich“* und schlief so gut, wie seit *„langer, langer Zeit“* nicht mehr.

Er wollte Selbstmord begehen, indem er am nächsten Morgen die Marschordnung des Arbeitskommandos auf dem Weg in den Kräutergarten verlassen würde und daraufhin erschossen werden sollte. Karl erwähnte, dass sich sein Entschluss nicht geändert hatte, als er am nächsten Morgen aufwachte. Als er sich allerdings im Freien in die Marschordnung einreihen wollte, um zum Kräutergarten zu marschieren, konnte er *„einfach keinen Platz am Rand der Kolonne bekommen“*, und fand sich in einer der inneren Reihen wieder. Er dachte daran, dass es nun zu kompliziert werden könnte, wenn er während des Marsches die Marschordnung verlassen würde. Sollte er nicht deutlich aus der Kolonne heraustreten können, würde er für seinen Versuch lediglich geschlagen anstatt erschossen werden. Er entschied sich dazu, es erst zu tun, wenn die Kolonne am Ort des Arbeitseinsatzes angekommen war.

Es gab stets ausreichend Gelegenheit wegzulaufen, als die Spitze der Kolonne angehalten wurde und bevor das Ende der Kolonne ankam. Zu diesem Zeitpunkt war die

89 Anm. der Hg.: Der „Kräutergarten“ war einer der landwirtschaftlichen Betriebe des KZ Dachau, der der 1939 gegründeten SS-eigenen Deutschen Versuchsanstalt für Ernährung und Verpflegung GmbH unterstand (siehe dazu bereits Georg Enno: Die wirtschaftlichen Unternehmungen der SS. Schriftenreihe der Vierteljahreshefte für Zeitgeschichte, Band 7 (Stuttgart 1963), S. 64). Vor allem beim Bau des Kräutergartens starben zahlreiche Häftlinge des KZ Dachau – zur Geschichte und Nachnutzung des „Kräutergarten“ vgl. Gabriele Hammermann: Vergessen – verfallen – überbaut. Der Umgang mit dem ehemaligen „Kräutergarten“ des KZ Dachau und Überlegungen für eine Nutzung durch die KZ-Gedenkstätte, in: Dies. (Hg.): Sanierung, Rekonstruktion, Neugestaltung. Zum Umgang mit historischen Bauten in Gedenkstätten (Göttingen 2014), S. 19–31.

Selbstmordabsicht recht bewusst verdrängt worden. An diesem Tag gab es auch eine Unterbrechung der gewöhnlichen Routine. Es wurden 25 Freiwillige gesucht. Karl missachtete seine bisherige Gewohnheit und schloss sich der Gruppe an. Es gab für diesen Auftrag keine SS-Aufsicht, nur einen Kapo. Die Arbeit bestand darin, Schotter weit auf einen Hügel zu karren. Es war äußerst schwere körperliche Arbeit. Trotz seines misshandelten Zustandes sagte Karl, dass er die Arbeit bewältigen konnte und dass er den Tag mit nur einem Peitschenschlag des Kapos überstand. Er erinnert sich, dass er an diesem Tag ein gewisses Siegesgefühl hatte, da er die Stärke fand, die Arbeit zu verrichten.

Karl erwähnte, dass er im Laufe seiner Haft in Sachsenhausen durch Erfrierungen und eine sehr schwerwiegende Erkrankung der Beine, die als „Würmer“ diagnostiziert wurde, schwer behindert wurde. Außerdem hatte er sehr geschwollene Gelenke. Es gab zu dieser Zeit im Lager Tausende, die ebenso wie er Halbinvaliden waren. Karl beschrieb sich und die anderen als *Muselmänner*.

Karl erwähnte die folgende Situation, in der er furchtbar zornig war. Er versteckte sich am Dachgeschoss[90] der französischen Baracke und konnte beobachten, wie SS-Männer und Polizeihunde Jagd auf die Jüdinnen und Juden machten. Das war in den entscheidenden Tagen am Vorabend der amerikanischen Befreiung des Lagers. Unter der Führung der politischen Lagerhäftlinge leisteten die jüdischen Häftlinge Widerstand gegen den wiederholten SS-Befehl, sich zum Transport zu versammeln. Die einzig mögliche Interpretation dessen, an diesen Tagen auf einen Transport geschickt zu werden, war die Absicht der Vernichtung. Angesichts der Bilder und des Lärms der Menschenjagd im Freien hockte Karl mit einem Schlagstock beim Eingang zum Dachgeschoss und war dazu *„entschlossen, jeden einzelnen SS-Mann, der seinen Kopf ins Dachgeschoss stecken würde, zu töten“*.

Gefragt nach anderen Fällen von gewaltsamem Zorn antwortete Karl, *„dass nicht wirklich Zorn aufkam, wenn man nicht in der Lage war, irgendetwas zu tun“*.

Zwischenmenschliche Beziehungsmuster und Teilen

In Sachsenhausen arbeitete Karl für rund fünf Monate als Teil eines sehr großen Arbeitskommandos namens „Klinker“.[91] Karl zog einen Wagen und verlud Ziegel. Der Vor-

90 Anm. d. Hg.: Neben den herkömmlichen Holzbaracken des KZ Buchenwald, die (wie jene in allen anderen Konzentrationslagern) keine Ober- bzw. Dachgeschosse hatten, existierten hier auch mehrere gemauerte, zweistöckige Steinbaracken. Feuer könnte sich auf den Block 47 beziehen, in dem zeitweilig auch französische Häftlinge des KZ Buchenwald untergebracht waren (vgl. Gedenkstätte Buchenwald (Hg.): Konzentrationslager Buchenwald 1937–1945. Begleitband zur ständigen historischen Ausstellung (Göttingen 1999), S. 150; vgl. allg. auch Hackett (Hg.): Buchenwald-Report, S. 73). Die von Feuer geschilderten Vorgänge, die den passiven Widerstand der Verweigerung der sogenannten „Evakuierung“ betrafen, sind historisch mehrfach belegt.

91 Anm. d. Hg.: *„Das Kommando Klinkerwerk, in dem 1938 bis 1940 durchschnittlich ca. 1500 Häftlinge bei Rodungs-, Planierungs- und Ausschachtungsarbeiten, beim Bau des Kanalhafens und bei der Werkserrichtung eingesetzt wurden, war der Schrecken aller Häftlinge im KZ Sachsenhausen: es galt als eine einzige große Strafkompanie“* (Hermann Kaienburg: Sachsenhausen – Stammlager, in: Benz/Distel (Hg.): Ort

arbeiter war abwechselnd gewalttätig und sanftmütig.[92] Er war ein ehemaliger Kommunist, „*offensichtlich ein Verrückter*", der, Berichten zufolge, in seinen schlimmsten Launen mehrere Menschen mit den bloßen Händen erwürgte oder mit Faustschlägen totprügelte. Gelegentlich hörte er inmitten solcher Taten auf und sagte: „*Was tue ich nur – mit meinem Hintergrund, mit meiner Vergangenheit?*" Nach einem solchen Ausbruch der Reue behandelte er seine Männer für zwei bis drei Tage gut, nur damit dieser Kreislauf wieder von vorne begann.

Karl hatte mit diesem Mann nichts zu tun und vermied jede Situation, in der er mit ihm hätte sprechen müssen. Außerdem war die soziale Kluft zu groß: „*Ein Sklave konnte nicht mit einem König reden.*"

Karl hatte während dieser Arbeit einen echten Freund, der mit ihm Erde trug, und der auch in Karls Geburtsstadt geboren worden war. Sie diskutieren Gerüchte und redeten über die Arbeit, die Befreiung und insbesondere über Essen. Karl sprach vor allem gerne über eine Mahlzeit, die er drei Jahre zuvor zu sich genommen hatte.

Er sagte, er redete „*bei dieser Arbeit mit vielen Menschen*". Auf die Frage, wie viele Personen er mit ihrem Namen ansprach, antwortete er: „*wirklich sehr wenige*". Wenn überhaupt, wurden soziale Beziehungen nach der Arbeit kaum fortgesetzt.

Als Karl in Sachsenhausen ein *Muselmann* war, stand er mit anderen, die in derselben Verfassung waren, den ganzen Tag vor dem Block. Wenn ihnen befohlen wurde, in irgendeine Formation zu treten, gingen sie Arm in Arm und stützen sich so gegenseitig. (Karl sagte, dass es eineinhalb Stunden dauerte, bis eine solche Formation aus Invaliden einen Weg von nur etwa 150 Meter zurücklegte.)

Schließlich wurde Karl für einen „*Transport in ein Lager für Invalide*" selektiert, das sich als Dachau herausstellte. In Dachau arbeitete Karl für vier Monate mit mehreren hundert anderen im Kräutergarten. Es gab einige Gelegenheiten, sich mit anderen Häftlingen zu unterhalten, aber es gibt keinen Hinweis darauf, dass Karl dies in größerem Ausmaß tat.

Auf die Frage, ob es abends oder sonntags irgendeinen sozialen Kontakt zu Mitgliedern dieses Arbeitskommandos gab, antwortete Karl, dass solche Kontakte durch die überfüllten Baracken, die erforderten, dass die Häftlinge auf dem Boden schliefen, und die Tatsache, dass der Blockälteste besonders bösartig und davon angetan war, sich selbst als „*Zar der Juden*" zu beschreiben, sehr erschwert wurden. Es ist allerdings signifikant, dass Karl trotz dieser massiven Widrigkeiten während dieser Zeit von fünf guten Freunden umgeben war.

---

des Terrors, Band 3, S. 17–72, hier S. 56; vgl. allg. auch Christel Trouvé: Oranienburg (Klinkerwerk), in: Benz/Distel (Hg.): Der Ort der Terrors, Band 3, S. 248–254).

92 Anm. d. Hg.: Der Kapo des „Klinkerkommandos" wurde in der Lagersprache „Klinkerkapo" genannt – vgl. Nicole Warmbold: Lagersprache: zur Sprache der Opfer in den Konzentrationslagern Sachsenhausen, Dachau, Buchenwald (Bremen 2008), S. 154 und S. 170. Eine von vielen Charakterisierungen der „Klinkerkapos" des KZ Sachsenhausen findet sich bei Albert Christel: Apokalypse unserer Tage. Erinnerungen an das KZ Sachsenhausen. Hg. und eingeleitet von Manfred Ruppel und Lothar Wolfstetter (Frankfurt am Main 1987), S. 85–91.

Die Entwicklung einer „Versicherungsvereinbarung" zwischen sechs Häftlingen im Kräutergarten ist bezeichnend für seinen Hang, sich zu organisieren. Diese Vereinbarung war ein Schutz gegen eine standardisierte Strafmaßnahme, die darin bestand, Männern die Abendration vorzuenthalten. Kraft dieser Vereinbarung teilten die Mitglieder mit denjenigen, denen die Ration vorenthalten wurde. Diese Gruppe bestand von Jänner 1941 bis April 1941, bis mehrere ihrer Mitglieder nicht mehr in diesem Arbeitskommando waren.

Der Transport von Dachau nach Buchenwald war eine *„luxuriöse"* Angelegenheit in einem Güterwaggon mit nur rund 50 anderen Häftlingen. Man konnte sitzen und es gab mehrere Kübel für die Notdurft. Zudem gab es eine größere Ration an Brot, Käse und Wurst. Die Männer rauchten und sangen, und es existierte eine echte Kameradschaft in einer gemischten Gruppe unterschiedlicher Religionen und nationaler Herkunft. Karl nahm aktiv am Sozialleben auf dem Transport teil.

Zu einem Zeitpunkt während des Interviews sagte Karl, dass er den Eindruck hatte, von 1941 bis 1943 *„wirklich keine Freunde gehabt zu haben"*. Einen erheblichen Teil dieser Zeit verbrachte er im Häftlingskrankenbau. Die sechs Monate von August 1942 bis Jänner 1943 verbrachte er in der Abteilung des Häftlingskrankenbaus, in der Tuberkuloseversuche durchgeführt wurden. Anfangs wurde seine Erkrankung als Rippenfellentzündung diagnostiziert. Kurz nach seiner Entlassung aus dem Häftlingskrankenbau im Jänner 1943 kehrte er für einen weiteren Zeitraum von Februar bis Juli 1943 zurück und wurde aufgrund einer Rippenfellentzündung behandelt. Insgesamt verbrachte Karl fast ein gesamtes Jahr de facto ohne Freunde im Häftlingskrankenbau.

Karls erste enge Freundschaft nach dieser Periode begann im Jänner 1944, als er einen französischen Häftling kennenlernte, der mit ihm als Maurer in Buchenwald arbeitete. Karl half seinem Freund bei der Übersetzung von Briefen aus Paris, die obligatorisch auf Deutsch verfasst werden mussten. Es gab verschiedene gegenseitige Hilfestellungen und gelegentliche Geschenke, ohne dass einer von beiden Gegenleistungen erwartet hätte.

In dieser Freundschaft war Karl eindeutig derjenige, der die größere Lagererfahrung hatte. Als sein französischer Freund krank wurde, war Karl aufgrund seiner seit 1943 bestehenden Kontakte in der Lage, ihm teilweise besondere Behandlungen zu organisieren.

Obwohl Karls Freunde zu dieser Zeit vorwiegend Juden waren, hatte er auch zu einigen nicht-jüdischen französischen und deutschen politischen Häftlingen Kontakt. Er äußerte sich offen über seine Feindschaft gegenüber einer Person, die von anderen Informanten in einer führenden Rolle mit den Kommunisten in Buchenwald in Verbindung gebracht wurde. Von sich aus stellte Karl keinerlei Bezug zu solchen Verbindungen unter den Häftlingen her.

Während Karl in den ersten Jahren seiner Haft im Allgemeinen einsamer oder deprimierter war, wenn er nicht arbeitete, wurde seine Freizeit in den letzten zwei Jahren zu einer Zeit bereichernder Kontakte mit Freunden. Unter ihnen war ein deutscher Häftling, mit dem er Schach spielte. Der Deutsche wurde als ein *„sehr feiner Mann"* beschrieben, der 1940 verhaftet wurde und nach Haftzeiten in einem Gefängnis und einem anderen Lager nach Buchenwald kam. Zweimal wöchentlich gab er Karl ein Stück Brot, und an zwei anderen Tagen zusätzliches Essen. Diesem Häftling gelang es, Karl eine leichte Arbeit zu beschaffen. Allerdings umfasste dies das Risiko, für die regelmäßigen Transporte nach Auschwitz selektiert zu werden. Aber Karl wurde an solchen Tagen gewarnt und meldete sich im Häftlingskrankenbau.

Karls Verhältnis zu seinem Bruder ist von einiger Bedeutung. In Sachsenhausen gab er seinem Bruder Brot von seinen eigenen Rationen, da sein Bruder körperlich nie so stark wie er selbst war. Damit sein Bruder das Brot auch annahm, erfand Karl Geschichten, wonach er in der Lage gewesen sei, eine weitere Ration zu organisieren. Karls Bruder wurde, kurz bevor Karl im September 1940 nach Dachau kam, aus dem Lager entlassen.

Karl hat offenbar in Sachsenhausen damit begonnen, Schach zu spielen, und er spielte mit Unterbrechungen während des Großteils seiner gesamten Haft weiter. In Sachsenhausen spielte er mit dem Stubendienst in einem anderen Judenblock Schach. In Dachau spielte er mit einem Stubendienst im Krätzeblock[93] Schach. Dieser Stubendienst gab ihm Brot.

In Buchenwald begann er Anfang 1944 Schach zu spielen. Am Ostersonntag spielte er drei Partien Blindschach. Damit begann eine Zeit, in der er regelmäßig Schach spielte, und sich seine Perspektive allgemein verbesserte.

In Buchenwald war Karl Mitglied der Besetzung einer Häftlingsproduktion von Shakespeares *Was ihr wollt.* Das Stück wurde am 30. Juli 1944 in der Häftlingskantine vor mehreren hundert Häftlingen aufgeführt.[94]

93 Anm. d. Hg.: Laut Stanislav Zámecnik, der als Pfleger im Krankenrevier des KZ Dachau eingesetzt war und als Historiker in der Nachkriegszeit zahlreiche Arbeiten zur Geschichte des KZ Dachau verfasste, handelt es sich dabei um Block 9 des Krankenreviers, den „Isolierblock" – vgl. Stanislav Zámecnik: Das Krankenrevier, in: Wolfgang Benz/Barbara Distel (Hg.): Dachauer Hefte. Studien und Dokumente zur Geschichte der nationalsozialistischen Konzentrationslager, Heft 4: Medizin im NS-Staat (München 1988), S. 129–131.

94 Anm. d. Hg.: Shakespeares Stück *Was ihr wollt* wurde im KZ Buchenwald von Bruno Apitz inszeniert, dessen Roman *Nackt unter Wölfen* mit 200.000 verkauften Exemplaren zu DDR-Zeiten ein *„sozialistische[r] Beststeller"* war (Susanne Hantke: „Das Dschungelgesetz, unter dem wir alle standen". Der Erfolg von *Nackt unter Wölfen* und die unerzählten Geschichten der Buchenwalder Kommunisten, in: Bruno Apitz: Nackt unter Wölfen (Berlin 2012), S. 515–574, hier S. 515): *„Im Winter 1943/44 wurde dann auch die Veranstaltung der Konzerte in der Kinohalle neu organisiert. Ein Ausschuß mit Vertretern aller Nationen übernahm die Zusammenstellung der Programme und ihre Aufrichtung nach Grundlinien, deren Propagierung von den antifaschistischen Häftlingen als notwendig erkannt worden war. Man fand immer die richtige Sprache um den Häftlingen das verständlich zu machen, was gesagt werden mußte, und doch von der SS nicht belangt werden zu können. [...] Die größte Veranstaltung harmloserer Art war eine Aufführung von Shakespeares ‚Was ihr wollt'."* (Bruno Apitz: Kunst im KL Buchenwald, in: Hacket (Hg.): Der Buchenwald-Report, S. 301–303, hier S. 302). Der Historiker Claude Conter, der sich mit Apitz' Werk beschäftigt hat, schreibt zu dieser Inszenierung: *„Mit der Inszenierung des Shakespearestückes* Was ihr wollt *hat Bruno Apitz als Regisseur und Schauspieler seinen größten Erfolg im Kabarett gefeiert. Das Stück wurde auf den Treppen der Effektenkammer und auf der Latrine einstudiert. Mit dem ‚fast originaltreuen Text' wurde das Stück in der Häftlingskantine aufgeführt. In der Pause gab es tänzerische Einlagen und Lieder in altfranzösischer Sprache. Karl Schnog spielte den Malvolio, der ‚fanatische Shakespeare-Verehrer' Kurt Sitte den ‚Narr[en] oder Philosophen' und Bruno Apitz den Junker Bleichenwang. Für die Damenrollen ‚nahmen wir uns einige passable Homosexuelle, die passabel waren – menschlich passabel.' Wider Erwarten war Bruno Apitz sogar ‚von der diskreten Weise des Spiels' begeistert"* (Claude Conter: Bruno Apitz. Eine Werkgeschichte, unveröffentlichte Magisterarbeit (Bamberg 1997), S. 295f.).

Im selben Jahr war Karl Mitverfasser eines Sketches, der in dem Block, in dem er lebte, entstand. Der von langjährigen Häftlingen geschriebene und produzierte Sketch war ein selbstkritischer Kommentar auf das Verhalten von „alten" Häftlingen in ihrem Verhältnis zu neuen Häftlingen. Inhaltlich wurde ein wohlgenährter „alter" Häftling in einer Machtposition thematisiert, der beim Essen mit vollem Mund über Kameradschaft sprach.

Karl hat nach seiner Befreiung[95] mit einer Reihe von ehemaligen Häftlingen korrespondiert und auch mehrere frühere Häftlinge in den USA besucht. Außerdem half er in seinem gegenwärtigen Wohnort, zwei Befreiungsfeierlichkeiten zu organisieren. Rund 40 Überlebende nahmen an der ersten Feier teil.

Karl resümiert seine eigenen Gefühle und Probleme hinsichtlich sozialer Beziehungen folgendermaßen: *„Man kam in die Lager mit einigen Freunden, aber der Kontakt zu diesen Freunden brach durch die Transporte, die Zuteilung zu verschiedenen Arbeitskommandos, zu verschiedenen Blöcken, durch Todesfälle und so weiter bald ab."* Karl betonte, dass man in dieser Anfangsphase nur *„Feinde; Menschen, die in ständiger Konkurrenz um die Überlebenschance standen"* sah. Karl sagte, unter solchen Umständen ist es *„schwer, neue Freundschaften zu knüpfen"*.

Position in der Häftlingshierarchie

In Dachau wurde Karl die Arbeit als Stubendienst angeboten. Dies hätte es ihm ermöglicht, im Inneren des Blocks zu bleiben. Seine Hauptaufgabe hätte darin bestanden, andere zu bestimmten Tageszeiten von der Benutzung der Latrinen abzuhalten. Karl lehnte ab.

Sexualverhalten

Im Gestapo-Gefängnis war sich Karl seiner sexuellen Gefühle bewusst. In den Lagern verschwand jegliches Begehren, bis er 1942 in Buchenwald in den Häftlingskrankenbau verlegt wurde. In dieser Zeit nahm er rund 23 Kilo zu und hatte mehrere nächtliche Samenergüsse.

Nach der Befreiung suchte er nach zwei Wochen Möglichkeiten zu Sexualkontakten. Zu dieser Zeit begegnete er einem Mädchen in einer nahegelegenen Stadt, dem er schließlich sagte, dass *„die Empfängerin seiner Gunst nach sechs Jahren der Enthaltsamkeit auf jeden Fall ein sehr würdiges Mädchen sein müsste. Hier gibt es aber keine solchen Mädchen."*

95 Anm. d. Ü.: Luchterhand verwendet den Begriff *„release"*; Feuer wurde aus dem KZ Buchenwald allerdings nicht entlassen, sondern befreit.

Im August 1945 hatte er nach regelmäßigen Besuchen einer Bäuerin und Ehefrau eines deutschen Kriegsgefangenen schließlich Sex. Er berichtete, dass diese Beziehung anfänglich weniger befriedigend war als die Erfahrungen vor seiner Verhaftung, da er weniger Kontrolle hatte. Allerdings war diese Anpassungsphase „kurz".

Diebstähle

Als Antwort auf Aussage I erklärte Karl, dass er sich in der Frühphase seines Lagerlebens meist wie der zitierte Häftling gefühlt und auch gehandelt hatte. Er gab keine Diebstähle zu. (Karl wurde interviewt, bevor die Aussage II konzipiert worden war.)

Karl sagte, dass das Stehlen abnahm, als er in Buchenwald war, und, dass „die Gründe hierfür in der Entwicklung einer moralischen Haltung, anderen Häftlingen etwas wegzunehmen, und der Furcht vor Bestrafungen durch andere Häftlinge lagen". Er äußerte sich nicht klar über das Gewicht dieser Abschreckungen zu verschiedenen Zeiten seines eigenen Lebens, außer, dass er ohne zu zögern antwortete, am Anfang seiner Haft weitestgehend wie die Autorin von Aussage I gewesen zu sein.

Sonstiges persönliches Material

Der eindeutigste Fall extremer Angst, an den er sich erinnerte, war im Jänner 1942, als die Nachricht die Runde machte, dass ein gesamter Häftlingskonvoi aus Buchenwald vergast werde.[96] Damals wandte die SS eine besonders zynische Methode an, um die Transporte für die Vergasungen zusammenzustellen. Während Häftlinge für gewöhnlich mittels Nummer aufgerufen wurden, wurden sie zum damaligen Zeitpunkt mittels Name und Geburtsdatum aufgerufen – die übliche Praxis für Entlassungen aus dem Lager. Karl hatte zu dieser Zeit ernsthafte Schwierigkeiten mit einem Blockältesten, da dieser verlangt hatte, dass Karl ihm eine Hose geben sollte, die er per Post erhalten hatte, ohne dafür im Gegenzug Essen anzubieten.

Karl lehnte ab und war sich sicher, dass er auf dem nächsten Transport befinden würde, der für Montag geplant war. Er sagte, dass er von Samstag an *„Frieden mit sich selbst"* geschlossen hätte. Da er überzeugt war, dass er am Montag sterben würde, gab er seine selbstauferlegte Essensdisziplin auf und *„aß alles, was [er] in die Hände bekam."*

Karl kam gelegentlich zu etwas zusätzlichem Brot, indem er Zigaretten mit Geld kaufte, das er irgendwie behalten hatte können, und die Zigaretten dann gegen Essen eintauschte. Ab und zu war er in der Lage, direkt etwas Margarine zu kaufen. Diese Geschäfte dauerten bis 1943 in Buchenwald an, fanden aber während seiner Zeit in Sachenhausen nicht statt.

96 Anm. d. Hg.: Es handelt sich vermutlich um einen Transport in die Tötungsanstalt Bernburg im Rahmen der Euthanasieaktion „14f13".

Nach einem längeren Aufenthalt im Häftlingskrankenbau im Jahr 1943 wurde Karl von einem Häftling gefragt: „*Willst Du gesund bleiben? Dann arbeite nicht und iss gut!*" Für Karl war dies der Beginn einer wohlüberlegten Neuausrichtung seiner Überlebensbemühungen. Er gab an, bis zu diesem Zeitpunkt immer starke Zweifel an seinem eigenen Überleben gehabt zu haben. In Gesprächen mit Häftlingen nahm er auf die eigenen Überlebenschancen bislang immer mithilfe einer Analogie Bezug. Wenn jemand auf einen Ameisenhaufen treten würde, so Karl, „*wird es immer einige Ameisen geben, die davonkrabbeln*". Der halbspöttische Rat des Häftlings im Häftlingskrankenbau führte zu dem Gedanken und der Überzeugung, dass er durch aktivere Anstrengungen sein eigenes Überleben bestimmen könnte, anstatt nur Objekt im Geschehen der Ereignisse zu sein. Karl schreibt diesem Moment „*eine Veränderung in [seiner] Persönlichkeit*" zu. Er begann zu lesen und dachte viel darüber nach, wie er weniger erschöpfende Arbeit verrichten und vielleicht zusätzliches Essen bekommen könnte. Er sagte, dass er nun klarer erkannte, dass Überleben weniger von individueller Härte abhing, als von jedweder Art gemeinsamer Anstrengungen mit anderen. Durch seine Verbindungen zu dieser Zeit lernte Karl mehrere Politische kennen, die in Verbindung mit den Untergrundorganisationen in Buchenwald standen.

In seiner Erinnerung an sein Leben in den Lagern merkte Karl mehrfach an, dass es „*Momente des Glücks, die jenen draußen entsprachen, Momente absoluter Erfüllung*" gab. Die spezifischen Situationen, an die er sich dabei erinnerte, beziehen sich alle auf die letzten Jahre in Buchenwald.

Seit der Befreiung hat Karl einen wiederkehrenden Traum „*verhaftet zu werden, und darauf zu warten und zu warten, irgendwohin in ein Konzentrationslager geschickt zu werden*".

Besondere Extremsituationen

Verlängerter Appell

Im Juni 1940 fand in Sachsenhausen, unmittelbar nach dem Essen, um circa 13 Uhr, ein Zählappell statt. Ein Häftling wurde als vermisst gemeldet. Es wurden Jagdmannschaften ausgesandt, während sich die SS dabei vergnügte, Gruppen von Häftlingen zum Strafexerzieren zu zwingen. Später stellte sich heraus, dass niemand fehlte, sondern falsch gezählt wurde.

Beim regulären Abendappell wurde aber erneut ein Häftling als vermisst gemeldet. Die Häftlinge standen bis circa 2 Uhr nachts in der üblichen Formation auf dem Appellplatz. Gegen Mitternacht wurde es unangenehm kalt. Die einzige „Störung" waren Laute des Wimmerns und der Verzweiflung. Es gab akutes Unbehagen, da die Erlaubnis, auf die Latrine zu gehen, verweigert wurde, und Häftlinge Urin ließen. Um 2 Uhr nachts wurden die Männer zurück in die Baracken geschickt, ohne dass der geflohene Häftling gefunden werden konnte.

Karl beobachtete, dass die Häftlinge glücklich waren, zurück zu sein; es wurde gelacht und es kam zu wütenden Äußerungen über den geflohenen Häftling. Es gab „*definitiv keine Sympathie für ihn*". Er fügte hinzu, dass ein erheblicher Teil der Häftlinge bei ihrer Rückkehr in die Baracken hysterisch lachte, sich gegenseitig auf die Schultern klopfte und schrie und unbändig gestikulierte. In Karls Fall dauerte dieser Glückszustand 10 oder 15 Minuten an. Er gab an, dass es eine ganze Reihe an Menschen gab, deren Reaktion ähnlich schien. Während des Appells selbst konnte Karl zu keiner Zeit Hinweise für Euphorie beobachteten. (Anmerkung: Ein verlängerter Appell im Winter mit etwas anderen Folgen wird im Kapitel „Häftlingsverhalten in speziellen Extremsituationen" untersucht.)

Öffentliche Hinrichtungen

Karl erklärte die Reaktionen auf „öffentliche" Hinrichtungen durch Erhängen zusammenfassend so, dass er nicht glaubte, sie hätten zu einer Massenangst geführt. Er sagte, viele Häftlinge fühlten furchtbaren Zorn gegenüber der SS.

Baumhängen von Gruppen

Einmal wurden 120 Namen aufgrund irgendwelcher Regelverstöße aufgeschrieben. Der Prozess[97] wurde angesetzt, allerdings kam es in der Durchführung zu erheblichen Verzögerungen. Schließlich sollten 90 von ihnen an den Handgelenken aufgehängt werden. In Karls Gruppe waren weitere 19 Personen. Karl erinnert sich ausdrücklich an das Baumhängen dieser Gruppe und die Tatsache, dass sich ein jüdischer Häftling weigerte, zu schreien. Die SS versuchte wiederholt, ihn zum Schreien zu bringen. Sie drehten ihn um die eigene Achse, hetzten einen Hund auf ihn, aber die einzige Reaktion des Mannes war die ständige Wiederholung eines hebräischen Gebets.

Als die Häftlinge schließlich, Karls Schätzung zufolge, nach einer Stunde heruntergelassen wurden, wurde jedem Häftling die Kette, die die Handgelenke hinter ihren Rücken fesselte, von einem der beiden Handgelenke abgenommen. Den Häftlingen wurde dann befohlen, sich zu beeilen und die Kette vom anderen Handgelenk zu entfernen, ebenso den Stofffetzen, der zum Schutz vor Verletzungen durch die Kette um beide Handgelenke gelegt worden war. Die Ausführung dieses Befehls wurde wegen der Versteifungen und Schmerzen allgemein als undurchführbar erachtet. Karl jedoch entfernte seine eigene Kette und den Stofffetzen und eilte dann von einem Häftling zum anderen, um die Ketten und Fetzen loszumachen. Zurück in den Baracken schien es, als wüssten die meis-

97 Anm. d. Hg.: Nach der sogenannten Dachauer Lagerordnung von 1933, die unter dem damaligen Dachauer Kommandanten Theodor Eicke eingeführt und später auch in allen anderen Konzentrationslagern übernommen wurde, mussten Lagerstrafen wie Prügelstrafen von der Inspektion der Konzentrationslager (IKL), dem späteren Wirtschaftsverwaltungshauptamt der SS, genehmigt werden. Otto Feuer bezieht sich hier vermutlich auf diesen formalen Ablauf, wenn er von einem „Prozess" („*trial*") spricht. Zur Lagerordnung, die in der Praxis durch von der Konzentrationslager-SS autonom verhängte, harte Lagerstrafen ergänzt wurde, sodass zentrale und lokale Strafordnung nicht in Widerspruch zueinander standen, siehe Pingel: Häftlinge unter SS-Herrschaft, S. 39–49; Wolfgang Sofsky: Die Ordnung des Terrors. Das Konzentrationslager (Frankfurt am Main 1993), S. 131–134; Orth: Das System nationalsozialistischer Konzentrationslager, S. 27f.; Wachsmann: KL, S. 104–108; Johannes Tuchel: Die Inspektion der Konzentrationslager 1938–1945: Das System des Terrors (Berlin 1994), S. 100.

ten der Häftlinge, die nicht Opfer dieser Misshandlung wurden, nicht, wie sie helfen könnten, während Karl in der Lage war, zu den meisten der 19 Häftlinge zu gehen und deren Arme und Handgelenke zu massieren.

Massenerniedrigung

Regelmäßig wurden den Juden nach dem Appell befohlen, am Appellplatz zu bleiben, während die Nicht-Juden zurück in ihre Baracken kehrten. Dann wurde häufig ein als *Das Judenlied*[98] bekanntes blasphemisches Lied gesungen, und ein zufällig ausgewählter Häftling musste als Dirigent fungieren. Ab und zu wurde Juden befohlen, in der Nacht aus den Baracken zu kommen und zu singen. Karl reagierte verärgert über die fehlende Erholung oder den verzögerten Empfang der Rationen.

Er berichtete, dass neue Häftlinge oft schockiert und gedemütigt waren. Nachdem sie aber wiederholt solchen Situationen ausgeliefert worden waren, wurden sie nicht mehr als demütigend empfunden.

Karl erklärte, dass die einzige Zeit, in der er sich durch die Beleidigungen wirklich gekränkt fühlte, jener war, als er sich vor seiner Überstellung nach Sachsenhausen noch im Gestapo-Gefängnis befand. Er konnte sich nicht darin *„erinnern, dass [ihn] irgendeine Beleidigung belastete“*, nachdem er in die Lager kam.[99]

Besondere Angaben

Selbstmorde und Psychosen

Die *einzigen* Selbstmorde, von denen Karl Kenntnis nahm, ereigneten sich in Dachau in einem Zeitraum von rund fünf Wochen im Frühjahr 1941. *„Es waren 50 bis 60“*, sagte er, und ergänzte, dass es an mehreren Tagen bis zu 5-10 Selbstmorden kam. Er bot folgende Erklärung: *„Während dieser Selbstmordwelle wurde fast jeder, der im Kräutergarten arbeitete, einmal oder mehrmals täglich geschlagen. Zur Bestrafung wurde den Häftlingen häufig auch das Essen vorenthalten. Im Lager waren der Blockälteste und der Stubendienst in dem*

98 Anm. d. Hg.: *„Das ‚Judenlied‘, das ausschließlich von jüdischen Häftlingen gesungen werden mußte, entstand etwa 1938 und wurde von einem Häftling verfaßt. Seit August 1939 gehörte es neben dem Esterwegener Lied und dem Buchenwald-Lied zu den drei von der SS offiziell zugelassenen Liedern. Es besteht aus fünf Strophen ununterbrochener Selbstbezichtigungen und antisemitischer Klischees“* (Gedenkstätte Buchenwald (Hg.): Konzentrationslager Buchenwald, S. 51).

99 Anm. d. Hg.: Zahlreiche Überlebende der Konzentrationslager berichten ähnlich, dass die Gefühle der Demütigung und Erschütterung in verdichteter Weise auf die Verhaftungssituation beschränkt blieb – sehr bekannt ist beispielsweise die Schilderung des österreichischen Überlebenden Jean Améry, der die ersten Gewalterfahrungen als Zerschmettern des „Weltvertrauens“ beschrieb: *„Der erste Schlag bringt dem Inhaftierten zu Bewußtsein, daß er hilflos ist – und damit enthält er alles Spätere schon im Keime. [...] Man darf mich mit der Faust ins Gesicht schlagen, fühlt in dumpfem Staunen das Opfer und schließt in ebenso dumpfer Gewißheit: Man wird mit mir anstellen, was man will. [...] Doch bin ich sicher, daß er schon mit dem ersten Schlag, der auf ihn niedergeht, etwas einbüßt, was wir vielleicht vorläufig das Weltvertrauen nennen wollen.“* (Jean Améry: Jenseits von Schuld und Sühne. Bewältigungsversuche eines Überwältigten (Stuttgart 1977), S. 55f.).

Block, in dem die meisten Häftlinge des Kräutergarten-Kommandos untergebracht waren, unglaublich bösartig. Einmal wurde eine Latrine nicht gespült. In der Nacht wurden die Häftlinge geweckt, zur Latrine getrieben und gezwungen, eine Stunde lang die Latrinen zu putzen. Es gab in der Zeit dieser Selbstmordwelle keine Erleichterungen, weder bei der Arbeit, noch nächtens in den Baracken. Die ärztliche Versorgung war unglaublich schlecht, und Häftlinge schliefen auf dem nackten Boden der Baracken. In solchen Phasen schien die Idee des Selbstmords ansteckend gewesen zu sein."

Karl hatte keine Kenntnis von Fällen von „Wahnsinn".

„Alte" Häftlinge

Karl war eng mit drei Männern bekannt, die seit 1933 in den Lagern waren. Einer war ein Kapo; ein anderer ein Blockältester; ein dritter hatte eine „leichte" Arbeit. Er betrachtete alle drei als vollkommen vertrauenswürdig. Der Kapo war eine *„wunderbare Person; ein Mann ohne Makel*". Die *„positiven Eigenschaften*" des Blockältesten „überwogen bei weitem seine negativen". Er war ein deutscher Jude. Manchmal deutete er Verachtung gegenüber osteuropäischen Juden und auch gegenüber *„Künstlern und Intellektuellen*" an.

Karl beobachtete in späteren Jahren bei sich selbst eine Neigung, verärgert oder ungeduldig gegenüber dem Verhalten von neuen Häftlingen zu sein. Neuankömmlinge würden anmerken: *„Es muss hier überfüllt sein*". Und die „alten" Häftlinge würden manchmal antworten: *„Keine Sorge. Es wird von Tag zu Tag besser.*" Die Angewohnheit *„Warum? Warum?*" zu fragen, schien „alte" Häftlinge durchwegs zu nerven, und sie würden beispielsweise antworten: *„Aufgrund des Salzmangels in Warschau.*" Neue Häftlinge waren von diesem Sarkasmus oftmals verbittert. Es ist von Bedeutung, dass Karl und zwei seiner Bekanntschaften, die „alte" Häftlinge waren, derart besorgt über ihr diesbezügliches Verhalten und die resultierende Belastung sozialer Beziehungen waren, dass sie einen Sketch aufführten, der die Behandlung neuer Häftlinge durch die „Alten" parodierte.

Neben Karl waren der andere Mitautor und einer der zwei Mitglieder der Besetzung „alte" Häftlinge mit politischen Verbindungen. Einer war seit elf Jahren in den Lagern, und Karl und der andere seit fünf Jahren. Das andere Mitglied der Besetzung war ein neuer Häftling, der erst kürzlich nach Buchenwald gekommen war.

Karl erzählte, dass der Intendant von Shakespeares *Was ihr wollt* ein Mann war, der seit fünf Jahren inhaftiert war, dass der Regisseur ein Dichter war, der auch seit fünf Jahren einsaß, und dass, mit einer Ausnahme, alle Mitglieder der Besetzung Häftlinge waren, die seit mindestens drei, vier oder mehr Jahren in den Lagern waren. Geprobt wurde rund zwei Monate lang, und die Kostüme wurden in der Häftlingsschneiderei hergestellt. All das geschah durch den Einsatz „alter" Häftlinge. Die Eröffnungsrede des Intendanten enthielt einen politischen Prolog über die Einschränkungen von Häftlingsfreiheiten.

Teilen in Gruppen

Als Antwort auf Aussage III sagte Karl, dass er solches Teilen unter russischen Kriegsgefangenen beobachtete, während er im Häftlingskrankenbau war, aber dass dieses Teilen auf ihre eigene Gruppe beschränkt schien. Er erzählte, dass er auch von ähnlichen Aktionen anderer Gruppen gehört, dies persönlich aber nicht beobachtet hatte.

Sonstiges allgemeines Material

Als sich Karl am Vorabend der Befreiung in den französischen Baracken befand, rannte er gemeinsam mit den französischen Häftlingen aus den Baracken, als das vereinbarte, vom Internationalen Lagerkomitee ausgegebene Notsignal ertönte. Dieses Signal war schlichtweg der Befehl „S-drei". Der Befehl hatte keine weitere Bedeutung, außer aus den Blöcken zu kommen und auf weitere Anordnungen zu warten. Karl erzählte, dass die Franzosen beim ersten Ertönen des Signals aus den Baracken strömten und damit begannen, die „Marseillaise" zu singen. Er bestand darauf, dass dieses Verhalten absolut keine rationale Grundlage hatte. Vielmehr hätte eine Massenevakuierung oder andere verdächtige Entwicklungen bevorstehen können. Aber trotz dieser Möglichkeiten reagierten die Franzosen auf einen plötzlichen Befehl vom Häftlingsführungsstab[100] mit uneingeschränkten Freudenausbrüchen.

100 Anm. d. Hg.: Gemeint ist das sogenannte Internationale Lagerkomitee Buchenwald.

Kapitel 4
Zwischenmenschliche Beziehungsmuster

Paarbeziehungen

Der Ansatz dieser Untersuchung ist insofern in erster Linie soziologisch, als das Hauptanliegen darin liegt, in sozialen Beziehungsmustern Faktoren für die Bestimmung von menschlichem Verhalten zu erkennen. In dieser Untersuchung bilden Gruppen mit drei bis acht Mitgliedern die Bandbreite an Kleingruppen, wobei Paare als eigenständige analytische Kategorie behandelt werden. Gruppen mit neun oder mehr Mitgliedern werden als Großgruppen bezeichnet.

33 der 47 Standardinformantinnen und -informanten waren regelmäßige und aktive Teilnehmerinnen und Teilnehmer in Kleingruppen; 13 in Großgruppen. Das auffälligste Faktum in den Beziehungsmustern der Probandinnen und Probanden war zweifelsohne die stabile Paarbildung. Von 47 Standardinformantinnen und -informanten lieferten 43 Belege für stabile Paarbeziehungen, 17 für instabile Paarbildung und 4 zeigten das Muster einsamer Wölfe. Von den Informantinnen und Informanten in dieser letzten Kategorie lieferten alle zugleich auch Hinweise auf instabile Paarbeziehungen. Im Bewusstsein um die Unmöglichkeit von Verallgemeinerungen auf Grundlage einer Reihe von Interviews, wie sie in dieser Untersuchung vorgelegt werden, ist es dennoch relativ offensichtlich, dass das Paar, und in der Regel das stabile Paar, die grundlegende Einheit für das Überleben war.

Steve machte von sich aus die Beobachtung, dass es zwei Arten von Häftlingen gab. *„Einer war der gute Kumpel. Es war äußerst wichtig, als guter Kumpel angesehen zu werden.“* Steve bezeichnete die andere Art von Häftling als *Speckjäger*[101] [Deutsch im Original] und charakterisierte eine solche Person als jemanden, der, *„wenn er ein Paket oder etwas zum Teilen hatte, niemandem irgendetwas gab. Er war egoistisch und hatte keine wirklichen Freunde.“* Diese Beschreibung ist eine Annäherung an unsere Verwendung

101 Anm. d. Hg.: Hans Maršálek zufolge war der Terminus „Speckjäger“ im sogenannten Lagerjargon ein gebräuchlicher *„SS- und Häftlingsausdruck für Gefangene, die sich entweder vor einer schweren Arbeit drückten oder bei irgendeinem Diebstahl erwischt wurden. Innerhalb des Häftlingskollektivs galt der ‚Speckjäger‘ als ein asoziales und unkameradschaftliches Element, die SS-Angehörigen und gewisse deutsch-österreichische Kriminelle sahen in ihm einen ums Leben rücksichtslos kämpfenden Gefangenen. Körperlich stärkere Häftlingsfunktionäre wurden manches Mal von SS-Offizieren scherzhalber ‚Speckjäger‘ genannt. Gewisse polnische und tschechische Häftlinge nannten jene SS-Angehörige der Poststelle, die die Lebensmittelpakete kontrollierten und dabei wertvollere Lebensmittel (darunter auch Speck) stahlen, ‚Speckjäger‘“* (Maršálek: Geschichte, S. 428). Danuta Wesełowska zufolge blieb die Verwendung des Ausdrucks den unausgesprochenen Regeln des KZ Auschwitz zufolge deutschen Häftlingen und SS-Angehörigen vorbehalten, die damit einen *„aufgrund des Hungers aufgeschwemmten, in zerfetzten Sachen steckenden Menschen mit den Ausdrücken: du dreckiger Speckjäger, du Krematoriumsexemplar beschimpfte[n].“* (Danuta Wesełowska: Wörter aus der Hölle. Die ‚lagerszpracha‘ der Häftlinge von Auschwitz (Krákow 1998), S. 50).

des Begriffes „einsamer Wolf“ in dieser Untersuchung. Steve erklärte: *„Speckjäger sterben früh. Sie sind tot. Man konnte im Lager nicht wirklich existieren, ohne irgendwie an einer Beziehung des Teilens teilzuhaben.“*

In nachfolgendem Material über die Entstehung eines Normensystems der Häftlinge wird die Frage des Teilens ausführlicher behandelt. Allerdings sei an dieser Stelle darauf verwiesen, dass der große Mangel an Gütern, die geteilt werden konnten, es notwendig machte, das Teilen strikt auf jemandes Partner in einem Freundschaftspaar zu beschränken oder weniger häufig auf zwei oder drei andere in einer Dreier- oder Vierergruppe, und seltener auf größere Gruppen.

Es gab neben der Frage des Teilens auch andere Faktoren, die die Größe der Häftlingsgruppen bestimmten. Das Paar, die Dreier- oder Vierergruppe und, in seltenen Fällen, größere Einheiten waren sicherere Organisationsformen. Verrat war weniger wahrscheinlich. Größere Gruppen waren in der Regel weniger erfolgreich im „Organisieren“. Es ist auch wichtig darauf hinzuweisen, dass kleinere Einheiten angesichts der wiederholten Transporte bessere Chancen hatten, bestehen zu bleiben. Es war für Großgruppen alltäglich, dass diese bei ihrem Eintritt ins Lagersystem infolge der Abläufe in der Organisation der Arbeitskommandos und der Transporte schnell zerfielen.

Diese Untersuchung liefert besondere Hinweise auf die Entstehung von neuen oder die Konsolidierung von alten Paaren und Kleingruppen in bestimmten Extremsituationen, denen große Gruppen von Häftlingen ausgesetzt waren. Es gab andere Situationen, in denen die Vermassung von Häftlingen unter Extremsituationen zu Handgemengen und der daraus folgenden Zerrüttung von Gruppen führte. In wieder anderen Situationen gab es Handgemenge, aber zugleich die Konsolidierung von Paaren, die sich gegenseitig schützten, und Kleingruppen. Diesem Thema widmet sich das Kapitel über „Häftlingsverhalten in speziellen Extremsituationen“.

Eines der gängigen Phänomene der Lager war die Schnelligkeit, mit der im Falle des Zerfalls eines Freundschaftspaares aufgrund von Transporten, der Zuteilung zu verschiedenen Arbeitskommandos oder Konflikten Ersatz gefunden wurde. Unter den interviewten Personen konnte eine Fülle an Informationen zu Paaren gesammelt werden, die stabil waren und stark auf der genuinen Verbundenheit innerhalb der Lager gründeten, aber nach der Befreiung faktisch verleugnet wurden, und die im Leben vor den Lagern auch unwahrscheinlich gewesen wären. Die Natur dieser „unvereinbaren“ Paare wurde in mehreren Interviews hervorgehoben.

Es ist auffallend, wie oft es unter den Informantinnen und Informanten dieser Untersuchung dazu kam, dass die Trennung einer solchen „unmöglichen“ Freundschaft durch Tod oder Transport nahezu unmittelbar durch eine ziemlich andere, aber gleichermaßen „unmögliche“ Freundschaft mit jemandem, der in gleicher Weise durch Tod oder Transport getrennt worden war, wettgemacht wurde.

In all unseren Fällen, in denen es zur Bildung von Paaren zwischen Familienmitgliedern kam, folgte auf den Tod eines Eltern- oder Geschwisterteils stets die rasche Entwicklung einer neuen Bindung durch den Überlebenden.

Die spezifische Schnelligkeit der erneuten Bildung von Paaren ist eindeutig das Ergebnis starker Notwendigkeiten seitens der beiden Einzelpersonen, die das neue Paar bildeten.

Trotz der unterschiedlichen Herkunft und dem Fehlen vieler gewöhnlich unverzichtbarer Voraussetzungen für jegliche Art echter Gegenseitigkeit in den Freundschaftsbeziehungen taucht diese „unmögliche“ Gegenseitigkeit auf.

In dem Interview mit Trudy[102] wurden zwei stabile freundschaftliche Paarbeziehungen skizziert. Die erste dieser Freundschaften, jene mit Elizabeth, begann vor der Verhaftung und bestand im Gefängnis und im Lager auf nahezu idyllischem Niveau bis zu Elizabeths Tod fort. Diese Freundschaft war von solcher Tiefe, dass sie für Trudy noch immer eine hohe symbolische Bedeutung hat. Trudy erklärte, dass sie ihre Tochter Elizabeth nennen würde, wenn sie jemals eine Tochter bekäme. Als Elizabeth und Trudy durch Transporte getrennt wurden, freundete sich Trudy näher mit Carla, einer früheren Mitschülerin, an. Nach dem Tod von Elizabeth trat Carla an deren Stelle.

Carla wurde als eine Person beschrieben, die in fast jeder Hinsicht anders als Trudy war. Sie war die Tochter eines Restaurantbesitzers in einem *„rauen“* Teil Berlins. Trudy erwähnte, dass Carla keinen Beruf hatte, sondern ein *„hartes Mädel“* war. Sie *„malte Bilder zum Vergnügen“*, schien aber keine wirklichen künstlerischen Fähigkeiten zu besitzen. In der Paarbeziehung übernahm Trudy öfter Verantwortung und war auch die Optimistischere. Im Gespräch mit Trudy äußerten andere Häftlinge, Carla würde sie ausnutzen. Trudy beteuert entschlossen, dass das Teilen auf der Grundlage absoluter Gegenseitigkeit erfolgte und dass Carla in ihrer Freundschaft zutiefst loyal war. Trudy sagte: *„Sie war die Art Mensch, die jemanden als Freund haben musste und zugleich Schwierigkeiten hatte, mit anderen Menschen auszukommen.“* Einmal war Carla in der äußerst privilegierten Position, in der Küche zu arbeiten, aber die anderen Mädchen warfen sie hinaus. Carla war gut im „organisieren“, aber Trudy schien darin die Bessere der beiden gewesen zu sein.

Auf dem letzten Fußmarsch von Kroben im Jänner 1945, der sieben Tage dauerte, marschierten Trudy und Carla gemeinsam; oftmals Arm in Arm, um sich gegenseitig zu stützen. Trudy war zum damaligen Zeitpunkt wahrscheinlich in besserer körperlicher Verfassung, um zu Fuß zu marschieren, da sie zuvor alle zwei Tage rund 16 Kilometer zu

102 Anm. d. Hg.: „Trudy“ ist das Pseudonym von Ingeborg Berner, geborene Gerson, geboren am 27. April 1922 in Berlin, gestorben am 10. Juni 2012 in Portland, Oregon. Nach eigenen Angaben wurde Inge Berner aus politischen Gründen verhaftet und zu einer neunmonatigen Haft verurteilt, am 13. Jänner 1942 ins Ghetto Riga deportiert (vgl. ITS Arolsen 1.2.1.2/11231880), dann von 1943 bis 1944 im KZ Riga und von 1944 bis 1945 im KZ Kroben (Krobia), einem Außenlager des KZ Stutthof, inhaftiert (ITS Arolsen 3.2.1.1/78928284). Die Insassen des Außenlagers Kroben, in dem zusammen mit den Lagern Merzen und Leibitsch 3.600 Jüdinnen inhaftiert waren, wurden am 23. Jänner Richtung Chełmniża getrieben (vgl. Marek Orski: Kroben (Krobia), in: Wolfgang Benz/Barbara Distel (Hg.): Der Ort des Terrors. Geschichte der nationalsozialistischen Konzentrationslager, Band 6: Natzweiler, Groß-Rosen, Stutthof (München 2007), S. 677). Inge Berner konnte auf diesem Evakuierungsmarsch gemeinsam mit ihrer „Lager-Freundin“ fliehen (vgl. Interviewprotokoll „Trudy“, Elmer G. Luchterhand Papers, Brooklyn College Archives and Special Collections, Accession #2001-005, Sub-Group I, Series 1, Box 1). Nach dem Krieg kehrte Inge Berner nach Berlin zurück, von wo sie nach 1947 in die USA emigrierte.

Fuß gehen musste, um Post für die Lagerverwaltung zu holen. Es ist daher möglich, dass Carla auf diesem letzten Marsch diejenige war, die meistens gestützt wurde.

Trudy und Carla gelang während dieses Marschs die Flucht im Anschluss an eine wilde Schießerei, bei der Trudy eine Fleischwunde am Kopf erlitt und als tot oder sterbend zurückgelassen wurde. Carla verbarg sich unverletzt neben ihr.

Nach der Flucht lebten die beiden Mädchen für ein paar Wochen in einem verlassenen Haus. Dort verliebte sich Carla in einen polnischen Häftling, ging mit ihm weg und kehrte schließlich nach Berlin zurück. In Berlin verabsäumte sie es, an dem vereinbarten Ort, wo nach der Befreiung Nachrichten hätten hinterlegt werden sollen, eine Benachrichtigung für Trudy zu hinterlassen.

Trudy hat kürzlich von Carla gehört, sagt aber, dass *„die Freundschaft jetzt zu Ende ist"*. Am Ende des Interviews betonte Trudys Ehemann die extremen Persönlichkeitsunterschiede zwischen seiner Ehefrau und Carla und bestand darauf, dass es schlicht keine Gefühle echter Freundschaft zwischen den beiden gegeben haben konnte. Trudy war hartnäckig und sagte, dass Carla und sie alles geteilt hätten, im Lager gemeinsam gegessen und geschlafen und ihre Freizeit gemeinsam verbracht hätten, und dass Carla in jeder Hinsicht ihre aufopfernde und loyale Freundin gewesen war.

In einem anderen Interview unterbreitete der Ehepartner eines Informanten sehr ähnliche Argumente gegen die Natur eine Lagerfreundschaft, die bald nach der Befreiung endete. Wiederum argumentierte der Informant ähnlich emotional zugunsten der Aufrichtigkeit der Freundschaft im Lager.

Die vielleicht eindrucksvollsten Beispiele von „unvereinbaren Paaren" sind Freundschaften zwischen traditionell unversöhnlichen politischen Gegnerinnen und Gegnern. Zwei unserer Informanten veranschaulichen solche Beziehungen.

Als Steve nach seinem besten Freund gefragt wurde, antwortete er, dass ein Häftlingsarzt am ehesten dieser Beschreibung entsprach.[103] Er beschrieb den Mann als kommunistischen Sympathisanten. In der Beschreibung der Ähnlichkeiten und Unterschiede in ihrer Beziehung sagte Steve, dass der Arzt nicht so gut beim „Organisieren" war und bezeichnete seine eigene Position in der Paarbeziehung als jene *„des Administrators"*. Die beiden Männer lernten sich als Studienkollegen der Medizin bzw. der Rechtswissen-

103 Anm. d. Hg.: Mit diesem Häftlingsarzt ist der tschechische Chirurg und Universitätsprofessor Josef Podlaha gemeint, geboren am 13. Februar 1893 in Záhoří u Jindřicha Hradce, gestorben am 18. November 1975 in Brno. Podlaha war u.a. von 1931 bis 1938 außerordentlicher Professor für Chirurgie an der Medizinischen Fakultät der Karls Universität in Prag, ab 1939 Leiter der Chirurgischen Klinik und Dekan der Masaryk-Universität in Brünn. Er wurde am 3. Februar 1942 ins KZ Mauthausen deportiert und dort von der SS zunächst als Hilfsarbeiter im Steinbruch und beim „Siedlungsbau" eingesetzt; nachdem er einen SS-Angehörigen und die Frau des Kommandanten Ziereis erfolgreich operiert hatte, durfte er ab Sommer 1942 als „Häftlingsarzt" Operationen durchführen und wurde ein von den Gefangenen hochgeschätzter „Häftlingsarzt" im KZ Mauthausen (vgl. Maršálek: Geschichte, S. 201 und 212f.). Podlaha kehrte nach der Befreiung nach Brno zurück, leitete dort ein Krankenhaus und trat nach 1945 als wesentlicher Zeuge der medizinischen NS-Verbrechen im KZ Mauthausen (vgl. auch Pepi Klat: Josef Podlaha, in: Andreas Baumgartner/Isabella Girstmair/Verena Kaselitz (Hg.): Der Geist ist frei. 45 Biografien aus von KünstlerInnen und WissenschafterInnen im KZ Mauthausen und Beiträge zum Internationalen Symposium 2007 (Wien 2008), S. 133–134).

schaften kennen. In Bezug auf ihren eigenen Umgang im Lagerleben merkte Steve an, dass sie ihre Pakete und die Früchte ihres „Organisierens“ gleichermaßen teilten. Steve äußerte, dass diese Freundschaft am Ende der Haftzeit besser war als zu Beginn.

In derselben Interviewrunde sagte Steve, dass ihm ein deutscher kommunistischer männlicher Häftlingspfleger das Leben durch sorgsame Pflege und Fürsorge gerettet hatte.

Gegenwärtig ist die Natur von Steves beruflicher Arbeit ausdrücklich antikommunistisch und rückblickend beschreibt Steve, dass die Freundschaftsbeziehungen seines Lagerlebens, die *„Teilnahme an illegalen Aktivitäten im Lager“* bedeutet hatten. Diese förmliche Beschreibung steht in strengem Gegensatz zur emotionalen Wiedererinnerung, die dem Interviewer deutlich wurde, als sich Steve an die Qualität der Beziehung zu seinen Häftlingsfreunden erinnerte.

Es besteht kaum Zweifel daran, dass diese Beziehung durch Stabilität und emotionale Tiefe gekennzeichnet war. Unabhängig davon war Steves politische Einstellung seit jeher streng antikommunistisch.

Boris[104] ist ein weiterer Lagerveteran, der seine engsten Freunde in den Lagern unter jenen Häftlingen fand, deren Politik er unversöhnlich ablehnte. Zeit seines Erwachsenenlebens war Boris Sozialdemokrat. Im Gefängnis war sein bester Freund Simon, ein kommunistischer Bibliothekar gleichen Alters und mit demselben Bildungshintergrund. Simon wurde als jemand beschrieben, der *„gleichermaßen teilte“* und ein *„riesiges Wissen“* besaß. Boris ergänzte: *„Ich vertraute Simon zu hundert Prozent.“*

Die Person, die Boris vorbehaltlos als seinen besten Freund in den Konzentrationslagern beschrieb, war auch Kommunist, ebenso wie sein erster Zellengenosse im Gefängnis. Es scheint kaum Zweifel daran zu geben, dass sich die politischen Meinungsverschiedenheiten mit seinen verschiedenen kommunistischen Freunden über die gesamte Haftzeit fortgesetzt hatten, aber Freundschaft und Politik wurden irgendwie auseinandergehalten. Nach der Befreiung gab es in der Tschechoslowakei selbst nach der kommunistischen Machtübernahme gegenseitige Freundschaftsbekundungen. Boris floh jedoch aus dem Land, und seine gegenwärtigen beruflichen Aktivitäten sind ausdrücklich antikommunistisch.

104 Anm. d. Hg.: „Boris“ ist das Pseudonym von Mirko Sedlák, geboren am 15. April 1913 in Český Krumlov, gestorben am 12. Jänner 1981 in Marietta, Georgia (USA). Sedlák wurde am 1. September 1939 in Prag verhaftet und im berüchtigten Gefängnis Pankrác inhaftiert, von wo er am 17. Jänner 1940 ins KZ Sachsenhausen deportiert wurde. Am 1. Mai 1940 wurde er von dort in die Gefängnisse Hof/Saale, Bamberg, Ebrach und schließlich Amberg überstellt, wo er eine am 13. März 1941 vom Volksgerichtshof Berlin über ihn verhängte (insgesamt auf viereinhalb Jahre lautende) Freiheitsstrafe absaß (alle Angaben aus ITS Arolsen 6.3.3.2/89978967). Am 12. Oktober 1944 wurde Sedlák ins KZ Flossenbürg deportiert (vgl. ITS Arolsen 1.1.8.3/11000163), wo er befreit wurde. Von 1945 bis 1948 war Sedlák, von Beruf ursprünglich Beamter, Mitglied des Zentralen Exekutivkomitees der Sozialdemokratischen Partei (ČSSD) und von 1945 bis 1946 Mitglied der provisorischen Nationalversammlung, von 1946 bis März 1948 sozialdemokratischer Parlamentsabgeordneter (vgl. http://www.csds.cz/cs/g6/1209-DS.html, Aufruf am 29.12.2017). Nach den Ereignissen des Jahres 1948 flüchtete Sedlák im März über die deutsche Grenze (vgl. ITS Arolsen 3.2.1.6/81348784) nach London und von dort schließlich 1950 in die USA.

Obwohl die Auswertung der Interviewprotokolle sowohl von Steve als auch von Boris ergab, dass beide Zweckbündnisse eingegangen waren, war diese Beurteilung nicht auf den konkreten hier skizzierten Freundschaften begründet. Es gibt keine Veranlassung dazu, diese Beziehungen in irgendeiner Form als unaufrichtig zu bewerten. Das Lagerleben scheint es ermöglicht zu haben, dass politische Gegnerinnen und Gegner in den beschriebenen Fällen trotz bekannter politischer Meinungsverschiedenheiten Freundschaften von echter emotionaler Tiefe pflegten.

Verfügbare Belege deuten auf die weite Verbreitung von stabilen Paaren hin, und es dürfte klar sein, dass diese Paare die häufigste Art der Gruppenstruktur darstellten und somit die grundlegende soziale Einheit für das Überleben in nationalsozialistischen Konzentrationslagern ausmachten.

Es wurden keine Anstrengungen unternommen, sämtliche der diesbezüglichen originären Beobachtungen der Probandinnen und Probanden wiederzugeben. Es ist interessant, dass die Paarbeziehung so vorherrschend war, dass psychoanalytische Beobachtungen eilig ihre eigene *logificatio post eventum* in der Form von Spekulationen über allgemeine homosexuelle Neigungen der Häftlinge unterbreiteten. Sol[105], der inmitten von Diskussionen über psychoanalytische Theorie aufwuchs, bezog sich wiederholt auf Paarbeziehungen der Häftlinge. Er war insbesondere mit Intrigen in den Lagern beschäftigt und betrachtete homosexuelle Neigungen als deren tatsächlichen Grund. Die in dieser Untersuchung gesammelten Belege und Berichte von Häftlingen weisen darauf hin, dass die meisten Häftlinge absolut keine sexuellen Bedürfnisse verspürten. Die scherzhaften Bezugnahmen von Sol auf die *„Pärchen“* unter den Häftlingen kann somit durchaus darauf hinweisen, dass nicht homosexuelle Muster, sondern Paarfreundschaften echter Gegenseitigkeit vorherrschend waren.

Es ist von großer Bedeutung, dass die meisten Informantinnen und Informanten mit uneingeschränktem Lob über das Teilen und sogar über aufopferndes Verhalten von anderen in ihren Freundschaftspaaren oder größeren Gruppen sprachen. Die Seltenheit, mit der das Verhalten von Partnerinnen und Partnern kritisiert wurde, und die Tendenz, in annähernd gleichem Ausmaß, die eigene Rolle in diesen Freundschaften zu kritisieren, dürfte bezeichnend für die echte Gegenseitigkeit in den Beziehungen sein. Es scheint

105 Anm. d. Hg.: „Sol“ ist das Pseudonym des Psychoanalytikers Ernst Federn, geboren am 26. August 1914 in Wien, gestorben am 24. Juni 2007 in Wien. Federn wurde am Morgen des 14. März 1938, unmittelbar nach dem „Anschluss“ Österreichs an das Deutsche Reich, verhaftet (vgl. Kuschey: Ausnahme, S. 267) und am 23. Mai 1938 von der Gestapo Wien ins KZ Dachau deportiert, von wo er am 24. September 1938 ins KZ Buchenwald überstellt wurde (vgl. ITS Arolsen 1.1.5.3/5840154). Federn, der im KZ Buchenwald als Trotzkist bekannt war, kehrte nach der Befreiung Buchenwalds aus Furcht vor stalinistischen Repressionen nicht nach Wien zurück, sondern fuhr stattdessen am 30. April mit einem Repatriierungskonvoi belgischer Deportierter nach Brüssel (vgl. Kuschey: Ausnahme, S. 890) und emigrierte von dort im Jänner 1948 in die USA (vgl. ebd., S. 1006). Dass Federns Furcht vor stalinistischen Repressionen nicht unbegründet war, zeigt die Verschleppung seines Freundes und Buchenwald-Überlebenden Karl Fischer in die Sowjetunion (vgl. dazu Fritz Keller: In den Gulag von Ost und West. Karl Fischer, Arbeiter und Revolutionär (Frankfurt am Main 1980)). Zu Federn und seinen eigenen Arbeiten zu den nationalsozialistischen Konzentrationslagern siehe auch die Einleitung zu diesem Band sowie Fußnote 32.

plausibel, dass die tiefen Gefühle, die sich in einer solch eindrucksvollen Anzahl an Paarbeziehungen unserer Informantinnen und Informanten manifestierten, überwiegend der Lagersituationen geschuldet waren. In gewissem Maße wussten alle Häftlinge, dass *„die erdrückendste Form menschlicher Einsamkeit nicht die physische Isolation ist, sondern die Isolation des Geistes inmitten von Fremden, deren Gesichter nicht freundlich, nicht einmal feindselig, sondern lediglich indifferent sind.“*[106]

Eine alternative Interpretation, die man aus dem Kreis der psychoanalytischen Spekulation erwarten könnte, ist, dass diese Tiefe der Gefühle eine aus der *aktiven Feindseligkeit* gegenüber anderen Häftlingen erwachsene Reaktionsbildung darstellt. Um allerdings überzeugend zu sein, müsste eine solche Deutung zumindest mit einer ähnlichen Bandbreite an Häftlingsverhalten übereinstimmen, wie die hier dargelegte Interpretation.

Häftlingsgruppen und Zweckbündnisse

Eine der stabilsten großen Organisationen war jene von Bennet[107], der durch die Lager von Vichy-Frankreich ging, ehe er in das nationalsozialistische Lagersystem verbracht wurde. Bennet scheint eine große Fähigkeit zur Herstellung und Aufrechterhaltung von Freundschaften gehabt zu haben. In Kochanowitz arbeitete Bennet gemeinsam mit 350 Häftlingen in einem Arbeitskommando an der Reparatur einer deutschen Eisenbahntrasse. Auch diese Häftlinge wurden über Vichy-Frankreich in das Nazisystem deportiert und hatten folglich gemeinsame Traditionen, die ihren Gruppenzusammenhalt stärkten. Zusätzlich hatten sie das besondere Glück, einen Stubenältesten zu haben, der außerordentlich freundlich war und große organisatorische Fähigkeiten besaß. Dieser Mann organisierte eine Gruppe von 24 Personen mit dem Ziel, mehr Essen für diese

106 Adolph S. Tomars: Human Relations in a Changing Society (New York 1949), S. 19.

107 Anm. d. Hg.: „Bennet“ war das Pseudonym von Rodolphe (Rudy) Simons, geboren am 3. Mai 1907 in Düsseldorf, gestorben am 9. Dezember 1992 in New York. Simons, von Beruf Fabrikant, wurde am 10. Mai 1940 in Brüssel verhaftet und über Casseneuil, Agen, Le Fauga, St. Cyprien, Gurs und schließlich das Sammellager Drancy im Transport Nr. 30 mit insgesamt 1.000 Jüdinnen und Juden am 9. September 1942 ins KZ Auschwitz deportiert (vgl. ITS Arolsen 1.1.5.3/7116889 und 6.3.3.2/101649163, USHMM Holocaust Survivors and Victims Database). Auf manchen dieser Transporte aus Drancy fanden seit dem Transport Nr. 24 am 26. August 1942 *„noch vor der Ankunft in Auschwitz, in Kosel, Aussonderungen von arbeitsfähigen Männern statt. Sie wurden zum Arbeitseinsatz in Lagern wie Blechhammer, Johannisdorf, Kochanowitz, Oderberg, Gogolin und Ottmuth gebracht“* (Juliane Wetzel: Frankreich und Belgien, in: Wolfgang Benz (Hg.): Dimension des Völkermords. Die Zahl der jüdischen Opfer des Nationalsozialismus (München 1991), S. 105–135, hier S. 121). Simons war unter den 200 Menschen dieses Transports, die in Cosel (heute Koźle) zur Arbeit ausgewählt wurden und damit unter den wenigen Hundert Menschen, die die Transporte aus Drancy in dieser Zeit überlebt haben (E-Mail von Karen Taieb, Memorial de la Shoah, an Andreas Kranebitter, 11. Jänner 2018). Nach eigenen Angaben wurde Simons dann in den Lagern Johannisdorf, Kochanowitz, Borsigwerk, Beuthen und Blechhammer inhaftiert und von dort im Februar 1945 ins KZ Groß-Rosen und schließlich ins KZ Buchenwald deportiert, wo er im Außenlager Berga/Elster befreit wurde (vgl. Interviewprotokoll „Bennet“, Elmer G. Luchterhand Papers, Brooklyn College Archives and Special Collections, Accession #2001-005, Sub-Group I, Series 1, Box 1). Zu Simons Biografie vgl. auch Alexandre Doulut/Sandrine Labeau: Les 473 déportés juifs de Lot-et-Garonne. Histoires individuelles et archives (Paris 2010), S. 374.

Gruppe zu besorgen, einflussreiche Positionen in den Lagern zu erlangen und ein gewisses allgemeines soziales und intellektuelles Leben zu entwickeln. Diese Gruppe schaffte es in eindrucksvoller Weise, 26 Monate lang zusammenzubleiben, ohne ein einziges Mitglied zu verlieren. In ihrer Odyssee durch das Lagersystem bekleidete mehr als die Hälfte der Gruppenmitglieder Funktionen als Blockälteste, Stubenälteste, Vorarbeiter und Kapos. Diese Gruppe war allgemeiner Gesprächsgegenstand und mehrere andere dehnten ihren Freundeskreis über die Gruppe hinaus aus. In Borsigwerk[108], wo das Arbeitskommando auf einem Bahnhof arbeitete, lebte die Gruppe in einem Raum und hielt regelmäßige Vorträge und Diskussionen ab. Bennet sagte: *„Wir waren Ausnahmen. Wir lernten etwas. Wir hatten eine Methode, um weiterzumachen.“*

Ein Beispiel für die Art von Aktionen, die diese Gruppe setzte, sei an dieser Stelle erwähnt. Einmal beschuldigte Bennet einen bestimmten Häftlingsarzt, brutal zu sein und mehrere Häftlinge getötet zu haben. Der Arzt verfügte über großen Einfluss im Lager und bestellte Bennet zu sich. Es wurde die Frage vor die Gruppe gebracht, ob Bennet zu ihm gehen sollte oder nicht. Schließlich hatte der Arzt zwar keine formelle Autorität über Bennet, aber er hätte unschwer den Tod eines Mithäftlings erwirken können. Die Gruppe kam zu der Entscheidung, dass Bennet den Arzt aufsuchen sollte und eingestehen sollte, dass er ihn der Brutalität und des Tötens beschuldigt hatte. Die Gruppe ihrerseits versprach, Bennet zu beschützen. Ergebnis dieser mutigen Entscheidung war, dass der Arzt zusagte, sein Verhalten zu ändern.

Die chaotischen Bedingungen eines Fußmarsches von Blechhammer nach Buchenwald im Jänner/Februar 1945 ermöglichten, dass alle bis auf acht Mitglieder der Gruppe ins Umland fliehen konnten. In Buchenwald war der Rest der Gruppe aufgrund des Verlustes ihrer besten Anführer nicht in der Lage, sich neu zu organisieren. Da einige der acht, aber nicht alle, es schafften, Begünstigungen zu erlangen, entstanden Eifersüchteleien und Spannungen. Auch andere Beispiele von Großgruppen wurden erwähnt. Allerdings entstanden die großen Häftlingsgruppen in den Nazilagern in der Regel durch die Anstrengungen politischer Häftlinge. Beispiele für solche Organisationen sind jene, die von den politischen Buchenwald-Häftlingen aufgebaut wurden.

Häftlingsorganisationen

Leider waren unter den 47 Standardinformantinnen und -informanten nur drei, die politischen Organisationen in den Lagern angehörten. Einer gehörte der linken Fröhlich-Gruppe in Buchenwald an, ein anderer einer sozialdemokratischen Gruppe und ein Dritter den Kommunisten in verschiedenen Lagern während der Anfangszeit seiner Haft, wenngleich es scheint, dass er sich später von dieser Gruppe trennte.

108 Anm. d. Hg.: Hier ist höchstwahrscheinlich das „Zwangsarbeitslager für Juden Hindenburg-Nordost“ nahe Zabrze-Biskupice gemeint.

Eine Reihe an Informantinnen und Informanten hatte Kontakt zu Gruppen, die sich geheim organisierten. Häufig wusste das einzelne Mitglied de facto nichts über die innere Funktionsweise der Gruppe und die Mitgliedschaft in der Gruppe bestand, wie im Fall von Trudy, nur in der Ausführung von Aufträgen. Es wurde nur ein bestimmter Auftrag erwähnt: Das Schreiben an eine Tante mit der Bitte, dass eine bestimmte Person einen Kuchen backen und Trudy schicken möge. Als der Kuchen ankam, war darin eine kleine Kamera versteckt, die angeblich dazu verwendet wurde, um Berichte über das Ghetto von Riga für den jüdischen Widerstand zu dokumentieren.

Die Beteiligung von Sol an einer politischen Gruppe scheint in erster Linie aus Vorträgen und politischen Diskussionen bestanden zu haben.

Stella[109] gehörte zu einer Fünfergruppe in Brünnlitz, die Kontakte zum Direktor der Fabrik hatte, in der sie und die anderen der Gruppe arbeiteten. Dieser Mann scheint in der Tschechoslowakei vor der Besetzung des Landes als Nazispion tätig gewesen zu sein. Kurz vor der Niederlage Deutschlands konnte er die Berliner Machthaber davon überzeugen, ihm zu gestatten, etwa 1.000 jüdische Arbeiterinnen und Arbeiter für sein Werk zu behalten. Einmal versorgte er einen großen Häftlingstransport aus einem geräumten Lager im Osten mit Essen und Unterkünften. In den Monaten vor dem Sieg der Alliierten unterhielt dieser Fabrikdirektor Beziehungen zum tschechischen Untergrund und mit sozialdemokratischen polnischen Häftlingen und signalisierte den Mitgliedern der Untergrundgruppe, dass er alles tun würde, um den Lagerkommandanten davon abzuhalten, den Befehl zur Vernichtung zu geben.

Karls Betätigung im Untergrund scheint darauf geschränkt gewesen zu sein, allgemeine Anweisungen und Bitten zu erledigen. Er stand in jedem Fall in freundschaftlichem Verhältnis mit mehreren bedeutenden Anführern des politischen Untergrundes in Buchenwald. Es gibt keine Hinweise darauf, dass er dem führenden Kreis an Entscheidungsträgern angehörte.

109 Anm. d. Hg.: „Stella“ ist das Pseudonym für Hilde Berger (auch Jenny Olsen), geboren am 13. Juni 1914 in Berlin. Berger und ihre Familienangehörigen waren polnische Staatsbürger; ihre Eltern wurden 1938 aus dem Deutschen Reich abgeschoben, Berger selbst am 27. November 1937 vom Kammergericht Berlin gemeinsam mit anderen *„wegen Vorbereitung eines hochverräterischen Unternehmens unter erschwerenden Bedingungen“* (Urteil des 5. Strafsenats des Kammergerichts zu Berlin, Magdeburg, 27. November 1937, ITS Arolsen 1.2.2.1/12123362) zu zwei Jahren und sechs Monaten Zuchthaus verurteilt. Nach ihrer Freilassung wurde sie im September 1939 ebenfalls nach Polen abgeschoben und lebte bis zum Beginn des Krieges gegen die Sowjetunion im sowjetisch besetzten Teil Polens (vgl. Interviewprotokoll „Stella“, Elmer G. Luchterhand Papers, Brooklyn College Archives and Special Collections, Accession #2001-005, Sub-Group I, Series 1, Box 1). Über das Ghetto Boryslaw, in dem ihre Eltern und ihre ältere Schwester ermordet wurden (vgl. ebd.), wurde Hilde Berger im März 1944 ins KZ Plaszow deportiert, wo sie aufgrund ihrer Deutschkenntnisse als Schreiberin eingesetzt war. Bergers Name fand sich in weiterer Folge auf Schindlers Liste wieder (https://www.ushmm.org/online/hsv/person_view.php?PersonId=4472865, Aufruf am 27.12.2017), von der im Folgenden die Rede ist. Über Auschwitz-Birkenau wurde Berger am 10. November 1944 als eine von 300 „Schindler-Frauen“ in das Groß-Rosen-Außenlager Brünnlitz überstellt (vgl. ITS Arolsen 6.3.3.2/102448515), wo sie in der Fabrik Oskar Schindlers als Schreiberin arbeitete. Am 6. Mai verließen die SS, deutsche Zivilarbeiter und die Familie Schindler das Lager (vgl. dazu Aleksandra Kobielec: Brünnlitz (Brněnec), in: Benz/Distel (Hg.): Der Ort des Terrors, Band 6, S. 262–265; Johannes-Michael Noack: „Schindlers Liste“ – Authentizität und Fiktion in Spielbergs Film. Eine Analyse (Leipzig 1998), S. 25).

Minna[110] arbeitete mit einer Gruppe im Speziallager von Bergen-Belsen[111], die sich der Aufrechterhaltung der Ordnung unter den Häftlingen und der Ahndung von Verstößen gegen den Häftlingskodex widmete. Warren[112] stand in ähnlicher Weise mit konspirativen Organisationen in Verbindung. Er besetzte verschiedene von der Lagerverwaltung genehmigte Positionen, die zugleich auch eine zweite Funktion für den Häftlingsuntergrund hatten.

Richard[113] arbeitete über mehrere Jahre eng mit einer kommunistischen Organisation zusammen. In dieser Zeit nahm er an politischen Diskussionen teil und scheint auch eine gewisse Rolle in den Entscheidungsfindungen gespielt zu haben.

---

110 Anm. d. Hg.: „Minna" ist das Pseudonym von Karoline Landauer, geborene Kahn, geboren am 7. Mai 1893 in Gemmingen, gestorben am 1. Dezember 1977 in New York. Landauer floh mit ihrer Familie, d.h. ihrem Mann Karl Elias Landauer, einem bekannten Psychoanalytiker, und ihren Kindern Eva, Susanne und Paul 1933 in die Niederlande. Karoline, Karl und Eva Landauer, die Luchterhand unter dem Pseudonym „Ruth" ebenfalls interviewte, wurden am 20. Juni 1943 in Amsterdam verhaftet und in das „Durchgangslager" Westerbork gebracht. Von dort wurden sie am 16. Februar 1944 nach Bergen-Belsen deportiert (vgl. ITS Arolsen 6.3.3.2/99866671). Dort gehörten sie nach Auskunft der Gedenkstätte Bergen-Belsen *„zu den Häftlingen des sogenannten Austauschlagers. Das Austauschlager wiederum bestand aus vier Teillagern. Karl Landauer war mit seiner Familie im Sternlager untergebracht. Die Insassen dieses Lagerteils mussten den gelben Stern tragen. Daher stammt die Bezeichnung Sternlager. [...] Frau und Tochter überlebten. [...] Beide kamen am 10. April 1945 auf einen Räumungstransport mit dem angeblichen Ziel Theresienstadt. Tatsächlich erlebten sie nach tagelanger Irrfahrt die Befreiung in Tröbitz (etwa 35 km von Torgau entfernt). Mutter und Tochter kehrten schließlich in die Niederlande zurück und emigrierten später in die USA."* (E-Mail von Katja Seybold an Andreas Kranebitter, 8. März 2017). Karl Elias Landauer, geboren am 12. Oktober 1887 in München, starb am 27. Jänner 1945 in Bergen-Belsen (vgl. ITS Arolsen 6.3.3.2/99866671).

111 Anm. d. Hg.: Gemeint ist das sogenannte Austausch- bzw. Sternlager in Bergen-Belsen (siehe vorige Fußnote).

112 Anm. d. Hg.: „Warren" ist das Pseudonym von Morris (bzw. Moritz) Schweizer, geboren am 13. August 1900 in Euskirchen, gestorben am 16. November 1982 in Miami. Schweizer lebte in Essen und erwarb 1925 an der Universität Köln ein Doktorat in Ökonomie und arbeitete u.a. als Assistent des dortigen Professors für Statistik Jakob Breuer (Leo Baeck Institute [fortan LBI] New York, Moritz Schweizer Collection, Call number AR 11789, https://archive.org/details/moritzschweizerc1329unse, Aufruf am 11.1. 2018; vgl. auch Interviewprotokoll „Warren", Elmer G. Luchterhand Papers, Brooklyn College Archives and Special Collections, Accession #2001-005, Sub-Group I, Series 1, Box 1). Schweizer floh 1940 in die Niederlande, wo er am 20. Juni 1943 bei einer Razzia verhaftet und in das „Durchgangslager" Westerbork gebracht wurde. Von dort wurde er am 1. Februar 1944 nach Bergen-Belsen deportiert und dort mit der Haftnummer 2954 registriert. Am 10. April 1945 wurde Schweizer im Rahmen eines „Räumungstransportes" Richtung Theresienstadt getrieben und am 23. April 1945 von der Roten Armee in Tröbitz befreit (E-Mail von Bernd Horstmann an Andreas Kranebitter, 5. Jänner 2018). *„Moritz Schweizer emigrierte 1947 in die USA. Er heiratete in den USA die aus Deutschland stammende Inge Lind, ehemals Levy, die im Jahre 1937 mit ihren Eltern und Geschwistern nach Amerika ausgewandert war. Die Ehe blieb kinderlos. Moritz verstarb 1982, seine Ehefrau Inge 1998, beide in Miami Beach"* (Helene Kürten/Margarete Siebert (Hg.): Vergangenheit unvergessen. Schicksale jüdischer Familien in der Gemeinde Weilerswist während der Naziherrschaft (Bornheim 2008), S. 135).

113 Anm. d. Hg.: „Richard" ist das Pseudonym von August Cohn, geboren am 10. Mai 1910 in Fulda, gestorben am 22. Februar 1986 in Holtsville, New York. Cohn, von Beruf kaufmännischer Angestellter, wurde am 26. April 1933 verhaftet und war bis 12. Juli 1935 in Strafhaft in den Gefängnissen Kassel und Hameln inhaftiert (vgl. ITS Arolsen 1.1.5.3/5692984). Er wurde *„wegen Hochverrats angeklagt. Er wurde zwei Wochen im Gefängnis festgehalten und dann von der Polizei der SA übergeben. Die SA schlug ihn 12 Stunden lang und flößte ihm Rizinusöl ein, band ihn an einen Ochsen und schleppte ihn durch die Stadt (Richard zeigte dem Interviewer ein Bild dieser bizarren Folter, das in einer Schweizer Zeitung veröffentlicht wurde.) Ungeachtet der gewaltsamen und anhaltenden Prügel und den Strapazen der Tour durch die Straßen der Stadt, verlor August das Bewusstsein erst, als man ihn in seine Zelle zurückbrachte"*

Eva Landauer (von Luchterhand „Ruth“ genannt) überlebt gemeinsam mit ihrer Mutter Karoline, die Luchterhand unter dem Pseudonym „Minna“ interviewt, das KZ Bergen-Belsen. Ihr Vater, der Psychoanalytiker Karl Landauer, überlebt die KZ-Haft nicht. 2014 werden in der Savignystraße 76 in Frankfurt am Main, wo die Familie bis 1933 gelebt hat, Stolpersteine verlegt (Quelle: KZ-Gedenkstätte Bergen-Belsen).

Boris, der ein Anführer der sozialdemokratischen Partei in einer Provinz seines Landes gewesen war, war als Redner und Diskutant auf Versammlungen seiner politischen Mithäftlinge in mehreren Lagern aktiv. In einem Gefängnis, in dem er inhaftiert war, gingen alle Politischen jeden Sonntag in den Gottesdienst und Boris fungierte als offizieller Dolmetscher für den deutschsprachigen Geistlichen. In dieser Eigenschaft war er in der Lage über den Geistlichen an bestimmte Informationen, wenngleich in beschränktem Ausmaß, und manchmal sogar an Neuigkeiten zu gelangen.

Steve war ein versierter Untergrundaktivist in einem der Hauptlager, wo er die Position des Schreibers im Sanitätslager innehatte. Er nahm auf höchster Ebene an der Untergrundarbeit teil und war Anführer eines der bedeutenden nationalen Häftlingskomitees, auf die im Folgenden noch eingegangen werden wird. Sein Beitrag an der Untergrundarbeit bestand in der Teilnahme an den Entscheidungsfindungen und im Sammeln und Austauschen von Informationen. An anderer Stelle werden in dieser Untersuchung die komplexen Wechselbeziehungen zwischen den Häftlingsgruppen und den Häftlingskate-

(Interviewprotokoll „Richard“, Elmer G. Luchterhand Papers, Brooklyn College Archives and Special Collections, Accession #2001-005. Sub-Group I, Series 1, Box 1). Cohn wurde über das Lager Esterwegen und die KZ Sachsenhausen und Dachau am 23. September 1938 von der Gestapo Kassel als „politischer Jude“ ins KZ Buchenwald deportiert, wo er als sogenannter Blockältester eingesetzt wurde (vgl. ITS Arolsen 1.1.5.3/5692984). Cohns Name findet sich auf der „Liste der 46 Antifaschisten“ vom 6. April 1945, die sich erfolgreich verstecken konnten, um ihrer wahrscheinlichen Ermordung zu entkommen (vgl. Hackett (Hg.): Buchenwald-Report, S. 366), sowie in zahlreichen Erinnerungen anderer Überlebender. Emil Carlebach unterstellt Cohn, an Verbrechen bis hin zur Ermordung von Mithäftlingen beteiligt gewesen zu sein (vgl. Emil Carlebach: Bericht über das KL Buchenwald, in: Lutz Niethammer (Hg.): Der ‚gesäuberte‘ Antifaschismus. Die SED und die roten Kapos von Buchenwald. Dokumente (Berlin 1994), S. 466–471, hier S. 468); im Gegensatz dazu erinnerten sich andere, darunter Ernst Federn, an ihn als *„Beschützer und Mann mit ähnlichen politischen Überzeugungen“* (Kuschey: Ausnahme, S. 664), der *„vielen seiner Mithäftlinge das Leben erleichtert“* habe (ebd.). Zu Cohn vgl. auch ebd., S. 501–514; Kim Wünschmann: Before Auschwitz. Jewish Prisoners in the Prewar Concentration Camps (Cambridge/London 2015), S. 136 und 163; sowie die biografische Skizze seines Sohnes, Howard Cohn, die auch zahlreiche interessante Briefe von Paul Neurath und Ernst Federn an Cohn beinhält: August Cohn – Anti-Fascist. His Life under Nazi Tyranny and American Repression (o.O. 2012).

gorien erörtert. Die anschaulichste Beschreibung der Wechselbeziehung zwischen den Gruppen und den Kategorien liefert Steve.

Die Mitgliedschaft in einer Reihe von bestimmten Häftlingsorganisationen umfasste kein besonderes Risiko. Ein Beispiel für eine solche Gruppe war die „Versicherungsvereinigung", der Karl angehörte. Die Mitglieder vereinbarten, sich vor einer standardisierten Disziplinierungsmaßnahme eines SS-Mannes, der ihre Arbeit überwachte, zu schützen. Beim geringsten Vorwand entzog dieser Mann Einzelpersonen und Gruppen die Abendration. Die Mitglieder dieser „Versicherungsvereinigung" teilten mit allen ihren Mitgliedern, die auf diese Weise bestraft wurden.

Warren, dessen schwierigere organisatorische Verantwortung bereits skizziert wurde, war auch Mitglied einer Kleingruppe, die gemeinsam vereinbarte, Adressen und persönliche Informationen für den Fall auszutauschen, dass jemand aus der Gruppe getötet würde. Bei der Arbeit nahmen sie sich täglich einige Minuten Zeit, um sich die Adressen von allen anderen Mitgliedern einzuprägen. Diese Praxis des gemeinsamen Einprägens in der Gruppe dauerte rund sechs Monate an, bis Todesfälle und Transporte die Gruppe aufbrachen. Eine Zeit lang organisierte die Gruppe auch ein Rotationssystem, das es ihren Mitgliedern ermöglichte, während der Arbeit zu schlafen. Die Einzelperson, die an der Reihe war, wurde einfach unter einem Stapel alter Schuhe versteckt.

Die Beispiele zu diesen letztgenannten Arten von Häftlingsorganisationen stehen stellvertretend für viele andere, die hier nicht angeführt werden. Im Allgemeinen scheinen die Informantinnen und Informanten diese Art organisierter Aktivitäten als Normalität angesehen zu haben.

Unter anderen Arten von Organisationen gab es auch Fluchtgruppen. Julia[114] war Mitglied einer sechsköpfigen Gruppe, die während eines Evakuierungsmarsches erfolgreich die Flucht plante und durchführte. Sigmund[115] gehörte einer Gruppe von fünf Personen

114 Anm. d. Hg.: „Julia" ist das Pseudonym von Edith Libman, geborene Berliner, geboren am 9. Juni 1925 in Köln, gestorben am 13. Dezember 1990 in Illinois. Libman wurde am 16. Juni 1942 nach Theresienstadt und am 15. Mai 1944 von dort, getrennt von ihren Eltern, nach Auschwitz deportiert (vgl. http://www.holocaust.cz/en/database-of-victims/victim/5860-edith-berliner/, Aufruf am 30.12.2017). Am 20. Juli 1944 wurde sie von dort ins KZ Stutthof überstellt (Archiv der KZ-Gedenkstätte Stutthof [fortan AMS] I-III-26063, Häftlingspersonalkarte; vgl. auch AMS I-III-1188, Häftlingsfragebogen), wo sie gemeinsam mit anderen bald in Außenkommandos in Schlesien arbeitete und im Jänner 1945 fliehen konnte: *„Danach begleitete sie ein mobiles Arbeitskommando von Schanzenarbeiterinnen, das in Richtung Norden durch Schlesien marschierte und unterwegs in provisorischen Lagern anhielt, und das jedes alte Gebäude, an dem das Kommando gestoppt wurde, als Unterschlupf nutzte. Das ging etwa drei Monate so. Danach floh sie mit fünf anderen FreundInnen, die sie in Stutthof kennengelernt hatte und zu denen sie während der Arbeit an den Befestigungsanlagen Vertrauen entwickelt hatte."* (Interviewprotokoll „Julia", Elmer G. Luchterhand Papers, Brooklyn College Archives and Special Collections, Accession #2001-005, Sub-Group I, Series 1, Box 1).

115 Anm. d. Hg.: „Sigmund" ist das Pseudonym von Heinz Austerlitz (später Henry Astor), geboren am 14. Jänner 1921 in Breslau, gestorben am 22. März 1984 in Glenwood, Illinois. Astor, von Beruf Angestellter in einer Kleiderfabrik, wurde im Zuge einer „Aktion" mit seiner gesamten Familie verhaftet und ins KZ Auschwitz-Birkenau deportiert. Er überlebte die „Selektion" nach der Ankunft und wurde als Vorarbeiter im Auschwitz-Außenlager Monowitz („Buna") eingesetzt. Nach der Evakuierung des Lagers wurde Astor über Gleiwitz ins KZ Sachsenhausen transferiert, von dort am 6. Februar ins KZ Flossenbürg, das ihn am 16. März 1945 weiter ins Lager Leonberg („Reiher"), ein Außenlager des KZ Natzweiler über-

an, die die Flucht aus einem Lager plante. Die Fluchtpläne flogen auf und die vier anderen Gruppenmitglieder wurden aufgegriffen und exekutiert. Trudy und ihre Freundin Carla bildeten ein Fluchtpaar, das während eines Evakuierungsmarsches erfolgreich fliehen konnte. Die Informantinnen und Informanten erwähnten eine Reihe von Fluchtplänen mit der Beteiligung von Zivilarbeitern, die nicht realisiert wurden.

Es gab eine weitere Art von Organisation, die in den Lagern nicht unüblich war, und die in mancherlei Hinsicht auf Organisationen hindeuten, die in der soziologischen Literatur als „Banden" beschrieben wurden. Diese Organisationen entsprechen allerdings kaum Banden, wie sie in der Presse beschrieben werden. Harry[116] schilderte ein interessantes Beispiel dieser Art von Organisation. Er arbeitete mit einer Reihe von Häftlingen und einem wohlwollenden SS-Mann zusammen, um Mittel und Wege zu schaffen, dass Häftlinge postalisch persönliche Ersuchen um Geld an Verwandte und Freundinnen und Freunde außerhalb der Lager versenden konnten. Die Organisation wurde durch ein System an Bestechungen aufrechterhalten. Andere Arten an Organisationen wurden geschaffen, um mit Zivilarbeitern bei der Arbeit Waren zu tauschen und zum Zweck von *„Schwarzmarkthandel"*, wie Harry es nannte. Allerdings ist „Schwarzmarkthandel" wirklich ein unangebrachter Begriff, da es sich kaum um das moralische Pendant des Schwarzmarkthandels von Soldaten und Zivilisten zu Kriegszeiten handelte.

Zahlreiche persönliche Berichte verweisen auf Veränderungen im Verhalten von SS-Männern während des Bestehens des nationalsozialistischen Lagersystems. In seiner Betrachtung der SS unterstrich Kogon[117], wie sehr viele andere Autoren, die Prozesse der Korrumpierung. Es ist vollkommen klar, dass die Korrumpierung von SS-Männern häu-

---

stellte (alle Daten aus ITS Arolsen 0.1/103855056). Das Lager Leonberg wurde Mitte April 1945 aufgelöst, die verbliebenen 2.700 Gefangenen zu Fuß Richtung Bayern getrieben (vgl. Eberhard Röhm: Leonberg („Reiher"), in: Benz/Distel (Hg.): Der Ort des Terrors, Band 6, S. 121–125, hier S. 124). Astor wurde in Mühldorf am Inn, einem Außenkommando des KZ Dachau, befreit (vgl. Interviewprotokoll „Sigmund", Elmer G. Luchterhand Papers, Brooklyn College Archives and Special Collections, Accession #2001-005, Sub-Group I, Series 1, Box 1), und emigrierte am 19. Dezember 1946 in die USA (ITS Arolsen 0.1/103855050).

116 Anm. d. Hg.: „Harry" ist Luchterhands Notizen zufolge das Pseudonym von Fritz Fiedler (Interviewprotokoll „Harry", Elmer G. Luchterhand Papers, Brooklyn College Archives and Special Collections, Accession #2001-005, Sub-Group I, Series 1, Box 1), dessen Identität nicht geklärt werden konnte. Seinen eigenen Angaben zufolge (vgl. ebd.) wurde Fiedler 1919 in Westfalen in eine Stadt mit 100.000 EinwohnerInnen geboren und lebte in Dortmund. Er wurde im September 1939 als polnischer Staatsbürger verhaftet und in der Strafanstalt Hamburg-Fuhlsbüttel inhaftiert, von wo er im Februar 1940 ins KZ Sachsenhausen und von dort im Oktober 1942 ins Auschwitz-Außenlager Monowitz überstellt wurde. Am 25. Oktober 1942 kamen dort 454 jüdische Häftlinge aus dem KZ Sachsenhausen an (vgl. Danuta Czech: Kalendarium der Ereignisse im Konzentrationslager Auschwitz-Birkenau 1939–1945 (Reinbek bei Hamburg 2008), S. 235). Hintergrund dieser Überstellung war ein Befehl Himmlers vom 29. September 1944, *„sämtliche im Reich gelegenen Konzentrationslager judenfrei zu machen und daß sämtliche Juden in das KL Auschwitz und das Kriegsgefangenenarbeitslager Lublin zu überstellen"* seien (zitiert nach Forschungsstelle für Zeitgeschichte in Hamburg (Hg.): Der Dienstkalender Heinrich Himmlers 1941/42 (Hamburg 1999), S. 573). Nach der Evakuierung des Lagers wurde er in das Lager Kratzau, ein Außenlager des KZ Groß-Rosen, überstellt, wo er am 8. Mai 1945 von der Roten Armee befreit wurde (vgl. zu Kratzau Kateřina Lozoviuková-Kočová/Andrea Rudorff: Kratzau I (Chrastava-Bíly Kostel), in: Benz/Distel (Hg.): Der Ort des Terrors, Band 6, S. 364–367).

117 Vgl. Kogon: Der SS-Staat, S. 317ff.

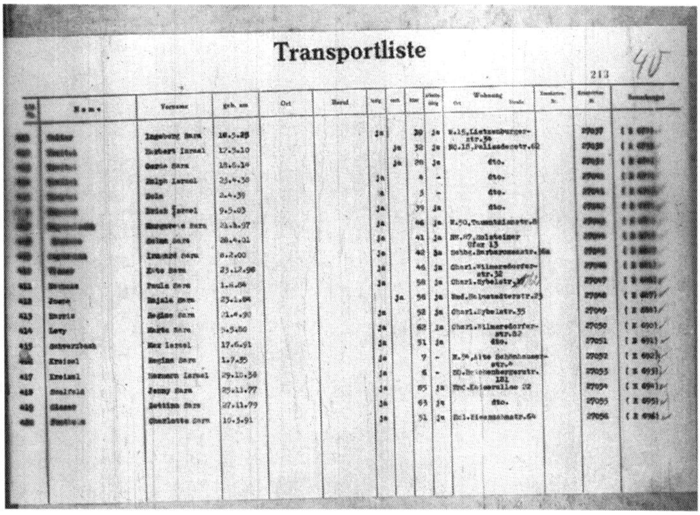
Transportliste

Der Elektro-Monteur Herbert Treitel („Philip") wird am 24. Dezember 1942 mit seiner Familie in Berlin verhaftet und am 12. Jänner 1943 mit dem „26. Osttransport" ins KZ Auschwitz deportiert. Seine Frau und seine beiden Kinder werden unmittelbar nach der Ankunft in Auschwitz ermordet (Quelle: National Archives and Records Administration [NARA], A3355, http://www.statistik-des-holocaust.de/OT26-21.jpg).

fig eine bewusste Methode der Politischen in ihrem Kampf um die Vorherrschaft in der Hierarchie der Häftlingsverwaltung war. Teilweise war diese Korrumpierung auch das Ergebnis individueller Zweckbündnisse.

Steve beschrieb seine eigene Beziehung zu einem SS-Mann mit dem ungefähren Rang eines Feldwebels. Dieser SS-Mann war ein Säufer mit Vorliebe für Sliwowitz, und einmal befahl er Steve, drei Liter für ihn zu besorgen. Harry berichtete auch von gestohlenem Benzin, mit dem er und seine Freunde SS-Männer versorgten. Auch andere Güter, an denen es in Kriegszeiten mangelte und zu denen Häftlinge manchmal Zugang hatten, wurden von SS-Männern oft verlangt. Diese Art von Beziehung scheint unter unseren Informantinnen und Informanten, die neben anderen Beziehungsmustern auch Zweckbündnisse aufwiesen, gängig gewesen zu sein.

Gelegentlich setzten Häftlinge der SS sogar Widerworte entgegen, und zwar ohne tödliche Folgen. Einmal beobachtete die berüchtigte SS-Frau Irma Grese[118], dass eine

118 Anm. d. Hg.: Irma Grese, geboren am 7. Oktober 1923 in Wrechen, gestorben am 12. Dezember 1945, meldete sich freiwillig zur SS und wurde als 18-Jährige zur Aufseherin im KZ Ravensbrück ausgebildet. Sie war ab März 1943 in verschiedenen Funktionen im KZ Auschwitz-Birkenau eingesetzt, zuletzt als Rapportführerin im Frauenlager. Nach der Evakuierung von Auschwitz-Birkenau begleitete sie einen Transport von Ravensbrück nach Bergen-Belsen, wo sie am 17. April 1945 von der britischen Armee verhaftet wurde. Sie wurde am 17. November 1945 von einem britischen Militärgericht zum Tod durch den Strang verurteilt und am 12. Dezember 1945 hingerichtet (vgl. dazu Kathrin Kompisch: Täterinnen. Frauen im Nationalsozialismus (Köln/Weimar/Wien 2008), S. 198; Constanze Jaiser: Irma Grese. Zur Rezeption einer KZ-Aufseherin, in: Simone Erpel (Hg.): Im Gefolge der SS: Aufseherinnen des Frauen-KZ Ravensbrück. Begleitband zur Ausstellung (Berlin 2007), S. 338–346). Grese wird in eini-

bestimmte Gruppe an Häftlingen das Tempo drosselte. Warren hörte sie eine Wache fragen: *„Warum machen die nicht weiter?"* Noch bevor die Wache den Mund aufmachen konnte, antwortete ihr Warren: *„Sie machen nicht weiter, weil sie Menschen sind und einfach nicht mehr weitermachen können."* Dieses kühne Verhalten seitens eines Häftlings überraschte Grese derart, dass sie keine Maßnahmen gegen ihn ergriff.

Es ist von Bedeutung, dass das Verhalten nationalsozialistischer Soldaten und SS-Angehörigen manchmal vereinzelte Akte des Mitgefühls umfasste. So erhielt Leila[119] während eines beschwerlichen Evakuierungsmarsches Geschenke an Essen und Arzneien. Jennie[120] bekam Brot von einem Soldaten, der sich selbst als ehemaligen Sozialdemokraten beschrieb, und sie dafür lobte, dass sie das Brot mit ihrer Freundin teilte. Amy[121] be-

gen Erinnerungsberichten als äußerst brutal beschrieben – vgl. z.B. Hermann Langbein: Menschen in Auschwitz (Wien/München 1995), S. 586–588).

119 Anm. d. Hg.: „Leila" ist das Pseudonym von Mary Simons, geborene Friedmann, geboren am 22. November 1909 in Düsseldorf, gestorben am 3. September 2002 in New York. Simons, damals verheiratete Goldberger, floh im November 1938 aus Deutschland in die Niederlande (vgl. Interviewprotokoll „Leila", Elmer G. Luchterhand Papers, Brooklyn College Archives and Special Collections, Accession #2001-005, Sub-Group I, Series 1, Box 1) und arbeitete in Amsterdam für den „Judenrat". Am 24. Juli 1943 wurde sie im Durchgangslager Westerbork inhaftiert. Von dort wurde sie am 9. September 1943 entlassen, am 29. September 1943 aber erneut verhaftet und wieder nach Westerbork gebracht (vgl. ITS Arolsen 6.3.3.2/99599628). Am 5. April 1944 wurde sie von dort nach Theresienstadt deportiert, von wo sie am 23. Mai 1944 ins KZ Auschwitz und schließlich am 6. Juli 1944 nach Christianstadt, ein Außenlager des KZ Groß-Rosen, verbracht wurde, das am 2. Februar 1945 aufgelöst wurde. Die Häftlinge wurden in einem Todesmarsch nach Bergen-Belsen getrieben, wo sie erst am 5. März 1945 ankamen (vgl. ITS Arolsen 6.3.3.2/99599628; vgl. dazu auch eindrücklich Ruth Klüger: weiter leben. Eine Jugend (München 1992), S. 140–169). Mary Simons wurde in Bergen-Belsen befreit, kehrte im Juni 1945 nach Holland zurück und emigrierte dann in die USA.

120 Anm. d. Hg.: „Jennie" ist das Pseudonym von Gusta Allerhand, geborene Kreisler, geboren am 10. Jänner 1904 in Kraków. Allerhand lebte einem „Fragebogen zur Erfassung der jüdischen Bevölkerung der Stadt Krakau" zufolge (USHMM, Accession Number: ID 25031) mit ihren Kindern Salo (geboren 1928), Anna und Róza (beide geboren 1930) im Krakówer Stadtteil Czyżyny, bevor sie ins Ghetto Krakau übersiedeln mussten; ihr Ehemann war als polnischer Offizier in deutscher Kriegsgefangenschaft im Offizierslager (Oflag) II e (vgl. ebd.). Allerhand wurde ihren Angaben nach im April 1944 (ein Jahr nach der Auflösung des Ghettos Krakau) wegen der Verwendung falscher Papiere verhaftet und im Mai 1944 ins KZ Plaszow, im Oktober 1944 ins KZ Auschwitz und im Jänner 1945 ins KZ Ravensbruck und dessen Außenlager Rechlin-Retzow deportiert (vgl. Interviewprotokoll „Jennie", Elmer G. Luchterhand Papers, Brooklyn College Archives and Special Collections, Accession #2001-005, Sub-Group I, Series 1, Box 1). Das Außenlager Rechlin-Retzow fungierte als „Auffanglager" (Angelika Meyer: Rechlin-Retzow, in: Wolfgang Benz/Barbara Distel (Hg.): Der Ort des Terrors. Geschichte der nationalsozialistischen Konzentrationslager, Band 4: Flossenbürg, Mauthausen, Ravensbrück (München 2006), S. 592–594). Luchterhand zufolge sei sie *„scheinbar in Plaszow und dann wieder in Rechlin kurz vor der Befreiung von Selbstmordgedanken besessen gewesen. In Ravensbrück war sie war ein Muselmann. Sie hatte gänzlich damit aufgehört, sich zu waschen, doch Alice [Pseudonym – Anm. d. Hg.] schleppte sie gelegentlich aus der Baracke und wusch sie mit Schnee"* (Interviewprotokoll „Jennie"). Allerhand wurde im Zuge der „Weiße Busse" genannten Rettungsaktion des Dänischen und Schwedischen Roten Kreuzes mit 7.000 anderen Frauen aus dem KZ Ravensbrück im April 1945 nach Dänemark und schließlich Malmö gebracht (vgl. dazu ausführlich KZ-Gedenkstätte Neuengamme/Oliver von Wrochem (Hg.): Skandinavien im Zweiten Weltkrieg und die Rettungsaktion Weiße Busse. Ereignisse und Erinnerung (Berlin 2012)). Über Allerhands weiteres Schicksal wie auch über das Schicksal ihrer Zwillingstöchter, die sie in ihrem Interview nicht erwähnt, ist nichts bekannt. Der Name ihres Sohnes Salo Allerhand findet sich auf „Schindlers Liste" (vgl. https://www.ushmm.org/online/hsv/person_view.php?PersonId=4473358, Aufruf am 18.1.2018).

121 Anm. d. Hg.: „Amy" ist das Pseudonym von Haydee Wantuch, geborene Herta Lippmann, geboren am 1. Oktober 1898 in Breslau, gestorben am 28. Oktober 1994 in Brooklyn, New York. Wantuch, von Beruf Schneiderin bzw. Näherin, wurde am 29. März 1943 gemeinsam mit ihrem Vater und ihrem Ehemann

richtet, dass sie von einem SS-Wachmann Essen bekam, der, wie sie erfuhr, aus ihrer Heimatstadt stammte. Diese Art von Verhalten war in der Zeit vor der Befreiung verbreitet.

Es ist nicht unbedeutend, dass Musikgruppen eine Rolle im Leben der Lagerhäftlinge spielten. So brachte Leilas Gesangsausbildung sie dazu, sich am Chor in Theresienstadt und am Gruppensingen in den Baracken von Christianstadt zu beteiligen. Greta[122], Edna[123], Louise, Lottie[124] und Elsie[125] waren wie auch andere zu irgendeinem Zeitpunkt

(nicht aber ihrer katholischen Mutter; vgl. Interviewprotokoll „Amy", Elmer G. Luchterhand Papers, Brooklyn College Archives and Special Collections, Accession #2001-005, Sub-Group I, Series 1, Box 1) nach Theresienstadt und von dort am 1. Oktober 1944 ins KZ Auschwitz deportiert, wo ihr Ehemann ermordet wurde (vgl. Interviewprotokoll „Amy"). Von dort wurde sie am 12. Oktober 1944 nach Freiberg, ein Außenlager des KZ Flossenbürg, überstellt und als „Jüdin" mit der Häftlingsnummer 54190 registriert (ITS Arolsen 6.3.3.2/99211182). Wantuch wurde mit knapp 1.000 Frauen des Lagers Freiberg im April 1945 ins KZ Mauthausen „evakuiert" (vgl. Pascal Cziborra: KZ Freiberg. Geheime Schwangerschaft (Bielefeld 2008), S. 96; Kranebitter: Zahlen als Zeugen, S. 166), wo sie am 5. Mai 1945 befreit wurden.

122 Anm. d. Hg.: „Greta" ist das Pseudonym von Frieda bzw. Friedl Treitel, geborene Strykowski, geboren am 14. Mai 1922 in Essen. Treitel ging in Essen als kaufmännische Angestellte in die Lehre (ITS Arolsen 6.3.3.2/98252168) und floh mit ihrer Mutter 1938 nach Amsterdam, wohin ihr Vater bereits geflohen war (USHMM, Accession Number: 1992.A.0127.27 | RG Number: RG-50.154*0027, Interview mit Friedel Treitel, 16. Mai 1986, Sarasota (Florida), Interviewerin unbekannt (https://collections.ushmm.org/search/catalog/irn510734, Aufruf am 18.1.2018), S. 11). Sie wurde am 20. März 1940 in Amsterdam verhaftet und ins Lager Westerbork verbracht; am 21. Jänner 1944 wurde sie nach Theresienstadt, am 1. Oktober 1944 ins KZ Auschwitz deportiert. Wie Haydee Wantuch (siehe Fußnote 121) wurde sie am 12. Oktober 1944 in das Flossenbürg-Außenlager Freiberg, wo sie unter der Häftlingsnummer 54366 registriert wurde, und schließlich im April 1945 ins KZ Mauthausen überstellt, wo sie am 5. Mai 1945 befreit wurde. Treitel kam am 2. Juli 1949 in New York an.

123 Anm. d. Hg.: „Edna" ist das Pseudonym von Rose Monschein bzw. Mondschein, geboren am 24. Juni 1901 in St. Pölten, gestorben im September 1979 in New York. Monschein hatte in St. Pölten, Gloggnitz, Leipzig und Berlin gewohnt (vgl. Interviewprotokoll „Edna", Elmer G. Luchterhand Papers, Brooklyn College Archives and Special Collections, Accession #2001-005, Sub-Group I, Series 1, Box 1). Monschein, von Beruf Schneiderin, lebte als Jüdin in Berlin mehrere Jahre im Untergrund und wurde am 1. Juli 1944 verhaftet. Mit dem sogenannten 55. Osttransport wurde sie am 12. Juli 1944 ins KZ Auschwitz deportiert (vgl. http://www.statistik-des-holocaust.de/OT55-1.jpg, Aufruf am 18.1.2018) und unter der Nummer A-9790 registriert. Während der „Evakuierung" des Lagers blieb Monschein im Krankenbau des Lagers und erlebte dort die Befreiung durch die Rote Armee; die Kranken wurden von der SS sich selbst überlassen – vgl. die eindrückliche Schilderung bei Primo Levi: Ist das ein Mensch? Ein autobiografischer Bericht (München 2009 [1947]), S. 180–207.

124 Anm. d. Hg.: „Lottie" ist das Pseudonym von Ernestine bzw. Edith Fiedler, geboren am 4. August 1899 in Czernowitz (einigen Quellen zufolge auch am 4. August 1906 in Berlin), gestorben am 4. Juli 1982 in Lehigh Acres, Florida. Fiedler, von Beruf Konzertpianistin, wurde am 6. September 1944 gemeinsam mit ihrer jüngeren Schwester Regina Fiedler und ihrer älteren Schwester Herta Stern (siehe nächste Fußnote) mit dem sogenannten 57. Osttransport ins KZ Auschwitz deportiert (vgl. http://www.statistik-des-holocaust.de/OT57-1.jpg, Aufruf am 18.1.2018) und als „Jüdin" mit der Häftlingsnummer 25349 registriert (ITS Arolsen 6.3.3.2/93674855). Sie wurde von dort in die KZ Bergen-Belsen und schließlich Flossenbürg überstellt, über dessen Außenlager Venusberg sie im April 1945 nach Mauthausen verbracht wurde, wo sie am 5. Mai 1945 befreit wurde und bis Juni 1945 im Evacuation Hospital der U.S. Army betreut wurde (ITS Arolsen 6.3.3.2/93674855).

125 Anm. d. Hg.: „Elsie" ist das Pseudonym von Herta Stern, geborene Lindemann, geboren am 16. Juni 1901 in Berlin, gestorben am 31. März 1972 in Lehigh Acres, Florida. Luchterhand interviewte Herta Stern gemeinsam mit ihrer Schwester Edith Fiedler (siehe vorige Fußnote). Stern, von Beruf Journalistin und Schriftstellerin, hatte in Berlin ein Doktorat in Naturwissenschaften erworben (vgl. Interviewprotokoll „Lottie & Elsie", Elmer G. Luchterhand Papers, Brooklyn College Archives and Special Collections, Accession #2001-005, Sub-Group I, Series 1, Box 1). Sie wurde wie Fiedler über das KZ Auschwitz in die KZ Bergen-Belsen, Flossenbürg und Mauthausen deportiert. Den „Evakuierungstransport" ins KZ Mauthausen erinnern beide als besonders traumatische Tortur: *„Am Transport von Gehlenau [gemeint*

an Musikgruppen beteiligt. In den ersten Monaten in Auschwitz-Birkenau, bevor sie einem Arbeitskommando zugeteilt worden waren, versammelten sich fünf oder sechs Frauen rund um Lottie und Frau Waldo in den oberen Pritschen und sangen leise zusammen, nachdem um 20 Uhr die Lichter ausgemacht wurden. Von Zeit zu Zeit sangen sie auch an Sonntagen, bis die Freundinnen 1944 – die letzten verließen Auschwitz-Birkenau im Oktober – getrennt wurden. Singen als Form sozialer Aktivität war unter den weiblichen Informantinnen viel verbreiteter als unter den männlichen Informanten. Keiner der 30 männlichen Standardinformanten erwähnte Singen in den Lagern, während sechs der 17 weiblichen Informantinnen diese Aktivität als bedeutend anführten.

Freizeitaktivitäten, die unter anderem als Grundlage für soziale Bindungen wichtig waren, waren Spiele wie beispielsweise Schach. Neun der 30 männlichen Standardinformanten spielten Schach; ein Spiel, das sich vortrefflich dazu eignet, dass sich Personen unterschiedlicher nationaler Herkunft daran beteiligen.

Boris spielte für einen Zeitraum von sechs Monaten in Flossenbürg jeden Sonntagnachmittag Schach und wurde zum internationalen Schachmeister des Lagers. Schach bestimmte den Großteil seines Denkens und bot auch eine Möglichkeit, Freundschaften und Zweckbündnisse zu knüpfen. Mit der Hilfe von Schachpartnern gelang ihm die Versetzung von einem Arbeitskommando in einer Fabrik in die Effektenkammer im Lager, wo er als Schreiber arbeitete.

Karl begann relativ früh nach seiner Ankunft im Lager mit dem Schachspielen, und im Jahr vor der Befreiung spielet er wesentlich häufiger. In Buchenwald begann er Anfang 1944 Schach zu spielen. Karl erinnert sich, dass er am Ostersonntag drei Partien Blindschach spielte. Diese Freizeitaktivität führte zu neuen Freundschaften, Essensgeschenken und einer allgemein verbesserten Perspektive. Es ist möglich, dass Schach die Grundlage für das Knüpfen von Freundschaften bildete, die Karls Überleben entschieden. Andere Schachspieler unter den Informanten betonten die wichtige Funktion des Spiels.

Jede Fähigkeit, die unter einem Teil oder unter den meisten der Häftlinge gefragt war, scheint die Überlebenschancen erhöht zu haben, indem diese den Weg zu weiterer sozialer Teilhabe ebnete. Im Fall von Karl führte das Schachspielen dazu, dass er sehr viele politische Häftlinge kennenlernte. Unter ihnen war ein weiterer Informant, der bei der einzig bekannten Vorstellung eines Stücks von Shakespeare in einem nationalsozialistischen Lager Regie führte. Karl wurde in weiterer Folge Mitglied der Besetzung einer Häftlingsproduktion von *Was ihr wollt.*[126]

ist Gelenau, ein Ort in der Nähe des Flossenbürg-Außenlagers Venusberg – Anm. d. Hg.] nach Mauthausen waren Lottie und Elsie beide dem Tode nahe und hatten kurz *vor dem Transport ihre Schwester verloren. Alle drei Schwestern waren krank geworden [...], die jüngste starb an Typhus. Sie waren zu der Zeit so abgemagert, dass sie alle nur 32 Kilo wogen (geschätzt auf Basis ihres Gewichts von 32 Kilo bei der Befreiung), sodass jede kleine Rempelei gleich schmerzhafte Empfindungen auslösen konnte. [...] In dieser Zeit verrückt machenden Durstes, Hungers und Schmerzes waren sie so stark zusammengepfercht, dass sie sich oft gegenseitig anrempelten. Dann würde die eine die andere im Zorn schlagen. [...] Nach einem Schlagabtausch würden sie weinen. Periodisch würde sich dieser Kreislauf wiederholen.*“ (ebd.).

126 Anm. d. Hg.: Bei dem von Luchterhand erwähnten anderen Informanten handelt es sich mit großer Wahrscheinlichkeit um Kurt Sitte – vgl. zum Stück Fußnote 94.

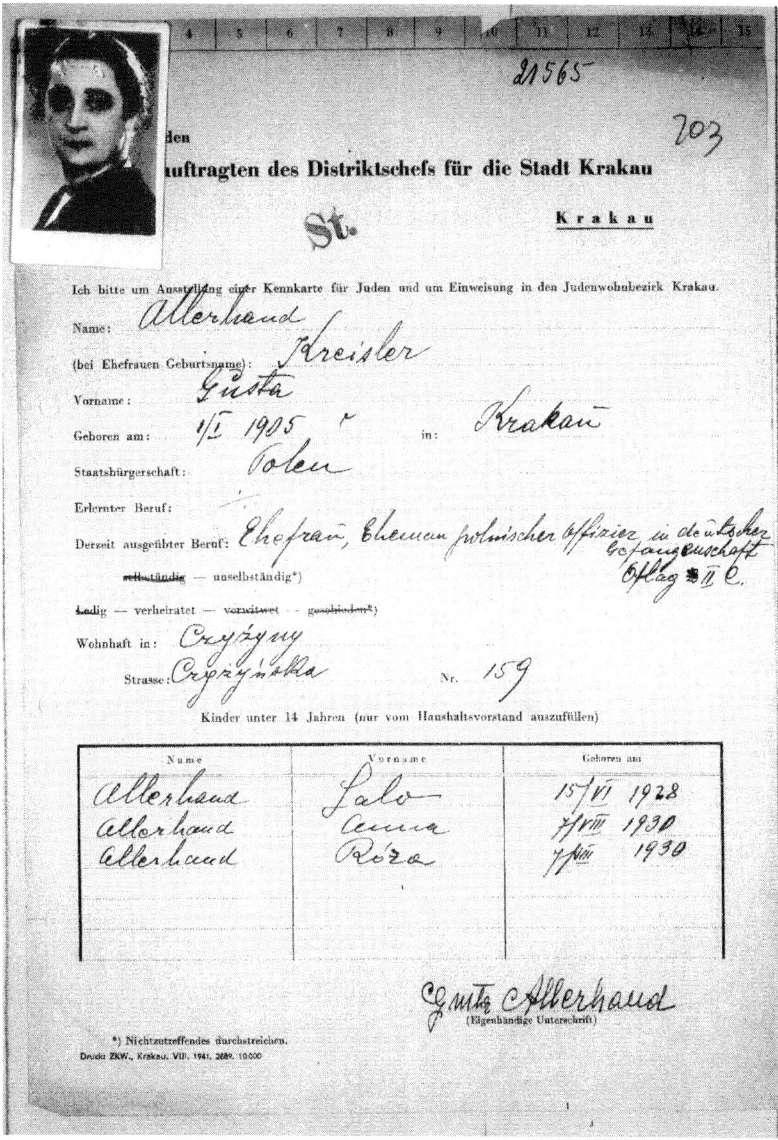

21565

203

…den
…uftragten des Distriktschefs für die Stadt Krakau

St.

Krakau

Ich bitte um Ausstellung einer Kennkarte für Juden und um Einweisung in den Judenwohnbezirk Krakau.

Name: Allerhand

(bei Ehefrauen Geburtsname): Kreisler

Vorname: Gusta

Geboren am: 1/I 1905 in: Krakau

Staatsbürgerschaft: Polen

Erlernter Beruf:

Derzeit ausgeübter Beruf: Ehefrau, Ehemann polnischer Offizier in deutscher Gefangenschaft Oflag II C.

~~selbständig~~ — unselbständig*)

~~Ledig~~ — verheiratet — ~~verwitwet~~ — ~~geschieden~~*)

Wohnhaft in: Czyżyny

Strasse: Czyżyńska Nr. 159

Kinder unter 14 Jahren (nur vom Haushaltsvorstand auszufüllen)

Name	Vorname	Geboren am
Allerhand	Salo	15/VI 1928
Allerhand	Anna	7/VIII 1930
Allerhand	Róża	7/VIII 1930

Gusta Allerhand
(Eigenhändige Unterschrift)

*) Nichtzutreffendes durchstreichen.
Druck ZKW., Krakau. VII. 1941. 2889. 10.000

Ansuchen um *„Ausstellung einer Kennkarte für Juden und um Einweisung in den Judenwohnbezirk Krakau“* vom Dezember 1940 für Gusta Allerhand, von Luchterhand unter dem Pseudonym „Jennie“ interviewt. Ihre Zwillingstöchter Roza und Anna, geboren am 7. August 1930, erwähnt sie im Interview nicht; ihr Schicksal ist unbekannt. Der Name ihres Sohnes Salo Allerhand, geboren am 15. Juni 1928, findet sich auf „Schindlers Liste“ wieder (Quelle: USHMM, https://www.ushmm.org/online/hsv/person_view.php?PersonId=6013736).

Ein anderes Mal war Karl Mitverfasser eines Sketches, der in dem Block, in dem er lebte, produziert wurde. Der von Langzeithäftlingen geschriebene und produzierte Sketch war ein selbstkritischer Kommentar zum Verhalten von „alten“ Häftlingen in ihrem Verhältnis zu neuen Häftlingen. Inhaltlich wurde ein wohlgenährter „alter“ Häftling in einer Machtposition thematisiert, der beim Essen mit vollem Mund mit einem neuen abgemagerten Häftling über Kameradschaft sprach.

Leilas Singen, wenngleich es offenbar nur gelegentlich stattfand, war Teil des Musters ihrer sozialen Aktivität und war weitestgehend der Grund dafür, dass mehrere Freundesgruppen entstanden. Sie verdankt ihr Leben einer solchen Freundesgruppe, die ihr während eines extrem harten fünfwöchigen Fußmarsches von Christianstadt nach Eger (Tschechoslowakei) halfen.

Andere Fähigkeiten, die in ähnlicher Weise die soziale Teilhabe der Informantinnen und Informanten erweiterten, waren, wie im Fall von Edna, das Geschichten erzählen und Gedichte vortragen; im Fall von Sol und Boris das Halten von Vorträgen; im Fall von Milton[127] die Diskussion von Talmudstellen; Portraitmalerei, wie im Fall von Felix[128]; oder Karten spielen, wie bei Harry.

Warren, dessen Gespräche mit und Hilfsbereitschaft gegenüber anderen Häftlingen von mehreren Personen erwähnt wurden, die mit ihm im Speziallager[129] von Bergen-Belsen waren, erwähnte die Kameradschaft unter Häftlingen in den Pritschen in der Nähe seines eigenen Bettes. Es gab Standardäußerungen, die von einiger Bedeutung für den Zusammenhalt der Gruppe waren. So würde Warren zu dem Mann in dem Bett über

127 Anm. d. Hg.: „Milton“ ist das Pseudonym von Chaim (später Hyman) Unger, geboren 1920 in Działoszyce, gestorben am 10. Mai 1994 in den USA. (Interviewprotokoll „Milton“, Elmer G. Luchterhand Papers, Brooklyn College Archives and Special Collections, Accession #2001-005, Sub-Group I, Series 1, Box 1). Seinen Angaben zufolge wurde er 1941 in Działoszyce Zeuge der Massenerschießungen der jüdischen Bevölkerung im Ort, bevor er selbst in einer „Aktion“ verhaftet wurde und in die Zwangsarbeitslager Prokocim (bei Krakau), Bieżanów, Skarżysko-Kamienna und Częstochowa eingewiesen, bevor er im Februar 1945 ins KZ Buchenwald deportiert wurde und von dessen Außenlager Flößberg in den letzten Kriegstagen ins KZ Mauthausen überstellt wurde.

128 Anm. d. Hg.: „Felix“ ist das Pseudonym von Jerzy Zielezinski (später George Ziel), geboren am 28. März 1914 in Łowicz, gestorben am 28. Februar 1982 in New Preston, Connecticut. Zielezinski, von Beruf Kunstmaler, wurde am 18. März 1943 wegen seiner Verbindung zum Widerstand verhaftet: *„Felix war im März 1943 in Warschau, als in seinem Haus zwei Untergrund-Zeitungen gefunden wurden. Er und seine Frau beherbergten zeitweise jüdische Flüchtlinge. Felix war etwa einen Monat lang im Gefängnis inhaftiert und wurde mehrmals mit einem Schlauch geschlagen, allerdings nie bis zur Bewusstlosigkeit“* (Interviewprotokoll „Felix“, Elmer G. Luchterhand Papers, Brooklyn College Archives and Special Collections, Accession #2001-005, Sub-Group I, Series 1, Box 1). Er wurde im April 1943 ins KZ Auschwitz deportiert, wo er mit einem „Fluchtpunkt“ in die Strafkompanie kam (ebd.) und als „Schutzhäftling“ unter der Nummer 119517 registriert wurde; im Jänner 1944 wurde er ins KZ Flossenbürg überstellt und mit der Nummer 4817 registriert (ITS Arolsen 6.3.3.2/84641226 und 1.1.8.3/11052259). Zielezinski wurde im April 1945 auf einem „Evakuierungstransport“ nahe Schwandorf von der U.S. Army befreit (vgl. dazu Peter Heigl: Konzentrationslager Flossenbürg in Geschichte und Gegenwart. Bilder und Dokumente (Regensburg 1989), S. 34), und blieb bis Dezember 1945 Jahre im DP-Camp Schwandorf (ebd.). Am 26. März 1949 emigrierte er aus Hamburg in die USA. Er wurde nach 1945 als Illustrator bekannt und setzte sich in seinen Zeichnungen u.a. mit dem Holocaust auseinander. Einige seiner unmittelbar nach der Befreiung angefertigten Zeichnungen wurden bereits 1946 in München veröffentlicht – vgl. George Zielezinski: 24 Drawings from the Concentration Camps in Germany (München 1946).

129 Anm. d. Hg.: Gemeint ist das sogenannte „Sternlager“ im KZ Bergen-Belsen (siehe Fußnote 110f.).

ihm sagen: *„Herbert, Dir eine gute Nacht! Aber sag' mir doch, was es Neues in Düsseldorf gibt, bevor du schlafen gehst."* In den Worten von Warren stellten diese Beziehungen zu seinen Bettnachbarn eine *Zwangsgemeinschaft* [Deutsch im Original] dar, d.h. eine Beziehung, die man sich nicht aussuchen konnte.

Warren scheint eine Schlüsselfigur für Vorträge zur Essenzeit und Diskussionsrunden gewesen zu sein. In dieser bestimmten Gruppe gab es Versammlungen, für die Vorträge vorab vorbereitet wurden, und Fälle, in denen Vorträge spontan gehalten wurden. In dieser Gruppe gab es in der Bestimmung der Gruppenmitgliedschaft eine gewisse Auswahl, sodass diejenigen, die nicht dazu passten, irgendwie ausgeschlossen blieben. So konnte beispielsweise niemand in diesem Kreis verbleiben, der über das Essen im Leben vor den Lagern redete. Warrens Wahrnehmungsfähigkeit hinsichtlich Intergruppenbeziehungen innerhalb des Blocks und anderswo im Lager scheint teilweise auf seinen Erfahrungen als Fürsorgearbeiter vor den Lagern und einer gewissen soziologischen Ausbildung, einschließlich der Teilnahme an einem von Leopold von Wiese[130] geleiteten Seminar, beruht zu haben.

Sportliche Fähigkeiten hatten ebenso Bedeutung für die Entstehung von Gruppen in den Lagern. Eine Sportart, die unter den Probanden dieser Untersuchung scheinbar verbreitet war, war Fußball. Jim[131] wurde aufgrund seines Rufes und seiner Fähigkeiten als Fußballspieler zur Schlüsselperson in einer sechsköpfigen Gruppe, die untereinander teilte. Während eines fünfwöchigen Transportes in verschlossenen Viehwaggons, der zeitweise früheres tschechoslowakisches Territorium passierte, warf die Zivilbevölkerung Brot von Brücken hinunter zu den Fenstern der angehaltenen Güterzüge, nachdem die Häftlinge *„Brot!"* gerufen hatten. Jim und seine Freunde erlangten einen Platz bei den

130 Anm. d. Hg.: Leopold von Wiese lehrte ab 1919 an der Universität Köln Soziologie und trat mit einer eigenständigen Weiterentwicklung der formalen Soziologie Georg Simmels hervor, der er unter dem Namen „Beziehungslehre" im Unterricht und in seiner Rolle als Herausgeber in den Kölner Vierteljahresheften für Soziologie breiten Raum gab. Luchterhands Dissertationsbetreuer Howard Becker studierte vor 1933 bei von Wiese und übersetzte dessen Allgemeine Soziologie.

131 Anm. d. Hg.: „Jim" ist das Pseudonym von Moniek Szlamowicz (später Michael Sanders), geboren am 1. Juli 1919 in Działoszyce, gestorben am 20. Jänner 2001 in Illinois. Sanders, von Beruf Schäftemacher, arbeitete im Ghetto Krakau als Schneider in einer Schuhfabrik und wurde im Rahmen einer „Aktion" im Juni 1941 verhaftet (vgl. Interviewprotokoll „Jim", Elmer G. Luchterhand Papers, Brooklyn College Archives and Special Collections, Accession #2001-005, Sub-Group I, Series 1, Box 1) und in das „Jüdische Zwangsarbeitslager" („Julag I") Krakau verschleppt (vgl. zur Geschichte dieser Lager allg. Angelina Awtuszewska-Ettrich: Płaszów – Stammlager, in: Wolfgang Benz/Barbara Distel (Hg.): Der Ort des Terrors. Geschichte der nationalsozialistischen Konzentrationslager, Band 7: Niederhagen/Wewelsburg, Lublin-Majdanek, Arbeitsdorf, Herzogenbusch (Vught), Bergen-Belsen, Mittelbau-Dora (München 2008), S. 235–287). Über das Lager Plaszow wurde er im Juli 1942 in das Lager Skarzysko-Kamienna überstellt, wo er bis Jänner 1944 inhaftiert war. Am 6. Februar 1944 wurde Szalamowicz ins KZ Buchenwald überstellt und mit der Häftlingsnummer 67588 registriert; über dessen Außenlager Schlieben und Flößberg wurde er mit einem von dort losgehenden „Evakuierungstransport" im April 1945 schließlich ins KZ Mauthausen verschleppt (ITS Arolsen 6.3.3.2/84725440; zu diesem Transport vgl. Pascal Cziborra: KZ Venusberg. Der verschleppte Tod (Bielefeld 2008), S. 99), wo er am 5. Mai 1945 befreit wurde. Sanders emigrierte mit seiner Frau Eta Sanders, die unter dem Pseudonym „Leah" ebenfalls Luchterhands Interviewpartnerin wurde, am 2. Oktober 1949 von Bremerhaven in die USA (ITS Arolsen 6.3.3.2/84725440).

Der Fotograf und Professor of Photography Jeffrey Wolin porträtiert in den 1990er-Jahren zahlreiche Holocaust-Überlebende in den USA. Ihre Erinnerungen schreibt er in die Porträts ein. Einer der Porträtierten seines Projekts *Written in Memory: Portraits of the Holocaust* ist John Fink, den Luchterhand unter dem Pseudonym „Joe" interviewt hat. In seinem Gespräch mit Wolin betont Fink die Bedeutung seiner Fertigkeiten als gelernter Elektriker, die ihn im KZ Bergen-Belsen gerettet hätten (Quelle: Jeffrey Wolin).

Hans Finke, born 1920, Berlin, Germany

"I was in Bergen-Belsen a few days and we could see there was no way to survive that camp. There was no work anymore. They wouldn't actually gas you but they let you die. There was typhoid- we had lice. As it was I run into one German criminal who was in charge of one of the tents in my camp in Auschwitz III-Buna. And since he knew I was an electrician- I had to make him a heating plate one day so he could cook his own soup- he said, 'What are you doing here? You are an electrician.'

The next morning during roll call I was called out with another fellow, a Polish Jew, and we are told we should go to the place where you get rid of your lice with DDT and we were washed and told we should go to the barracks where there are tradesmen. There was a wooden cot, no straw, no nothing to sleep for us but we thought we were in a Hilton, because that was at least clean. We came to the electrician's workshop in the morning ...

We had to go every morning and check the whole camp and electrical work we had to do. We had to go to the dog kennel- the SS women had the dogs. And when they didn't look I would steal the food from the dogs. The dogs had meat. One SS woman would come back and say, 'Did you eat the meat?' 'No, I would never eat meat from the dog,' I would say.

And we would go to the different watchtowers. In those days they were already short on young soldiers so we had an old soldier, 60 years old, Wehrmacht, not an SS man. He would go with his gun behind us as we went from watchtower to watchtower that surrounded the camp. In some of the watchtowers again there were old German soldiers and since I tell you only the truth I have to tell you that in some of the watchtowers those fellows who were way up there alone would say, 'Sit down and here you got some jam and here you got some bread.' There were decent people left, there's no doubt about it. And that German soldier who went around with us, he knew about that too. He saw it. So God bless him, I hope he survived ...

Even after liberation 13,000 people died in that camp. We were asked by the British Army engineer to help him because we knew the wiring. So they sat me in a jeep- by that time I was down to around 80 lbs., my bones were sticking out and I could hardly sit in the jeep- just to show them where electrical power was and what had to be done. So that was my first job then and I had the satisfaction to see the camp burned down completely."

Fenstern. Aufgrund seines lokalen Rufes in Krakau als Fußballspieler wurde Jim beauftragt Essen für die Gruppe zu fangen. Es gelang ihm mehrere Stücke Brot und einige Kartoffeln in den Waggon zu bringen. Dieses Essen wurde jeweils zwischen Jim, seinen drei Freunden und zwei weiteren Personen, die sich der Gruppe angeschlossen hatten, geteilt.

Es wird an dieser Stelle von detaillierten Nachweisen für die allgemeine Bedeutung von Arbeitssituationen für die Entstehung von Gruppen abgesehen. Allerdings haben die Informantinnen und Informanten zahlreiche Situationen beschrieben, die dabei helfen, den Umfang dieser Bedeutung aufzuzeigen.

Während Jim in Skarżysko war, verrichtete er extrem schwere Arbeit und verlud großkalibrige Artilleriegeschosse. Trotz der strapaziösen Arbeit, strenger Überwachung und einer Produktionsquote entwickelte sich bei der Arbeit ein beachtliches Zusammengehörigkeitsgefühl. Jim beschrieb die Männer als einen *„guten Haufen"*. Er ergänzte, dass *„die jüngeren Männer den Älteren halfen"*. Er arbeitete dort mit seinem Bruder und zwei *„guten Freunden"* zusammen. Es gilt zu beachten, dass der Kapo sehr bösartig war und eigens als jemand ausgesucht worden war, der die Männer zur Arbeit trieb.

Bei seiner anschließenden Arbeit in Skarżysko war Jim gemeinsam mit seinem Bruder, den selben beiden „guten Freunden" und einigen Bekannten. Er erklärte, dass er in einem Arbeitskommando von insgesamt 20 Männern mit Pikrinsäure arbeitete. Er fügte hinzu, dass dies die schlimmste Abteilung war und dass *„die Menschen hassten, dort zu arbeiten, da das für gewöhnlich den Tod durch Unfälle oder Vergiftungen bedeutete"*. Allerdings meinte er, dass *„[ihm] der Ort gar nicht so viel ausmachte. Die Arbeit war einfacher und [sie] kamen sehr gut miteinander aus"*. Eines der Haupterzeugnisse der Abteilung waren Seeminen. In der Regel kam es in Jims Abteilung täglich zu drei bis vier kleineren Explosionen. In Anbetracht der eher ungewöhnlichen Gefahren und der Härte der Lagerbedingungen im Allgemeinen stechen der Zusammenhalt der Arbeiter, das offensichtliche Fehlen von echten Konflikten zwischen den Männern und das Fortbestehen der kleinen Freundesgruppen besonders hervor.

In Arbeitssituationen war es nicht ungewöhnlich, dass Muster der Zusammenarbeit entstehen, die kurz vor der Ausbildung dessen endeten, was in dieser Untersuchung als Klein- oder Großgruppen definiert wird. In Auschwitz-Buna war Joe[132] Vorarbeiter eines

132 Anm. d. Hg.: „Joe" ist das Pseudonym von Hans Bodo Finke (später John Fink), geboren am 12. August 1920 in Berlin, gestorben am 20. Dezember 2000 in Chicago. Fink arbeitete bis 1943 als Elektriker in Berlin, von 1941 bis 1943 als Zwangsarbeiter für Siemens (siehe dazu die Interviews mit John Fink: USC Shoah Foundation, Interview with John Fink, Chicago, 16. Jänner 1996, Interviewerin: Phyllis Dreazen; Imperial War Museum [IWM], Interview mit John Fink, 4. März 1996, Interviewerin: Lyn E. Smith, http://www.iwm.org.uk/collections/item/object/80016062, Aufruf am 12.1.2018). Am 3. März 1943 wurde er verhaftet, während er in einem Krankenhaus von einer Operation genas, und mit dem „36. Osttransport" nach Auschwitz deportiert. Er überlebte die Selektion, von der eine historisch überlieferte Meldung der Kommandantur des KZ Auschwitz an das SS-WVHA vom 15. März 1943 zeugt: *„K.L.-Auschwitz meldet Judentransport aus Berlin. Eingang am 13.3.43. Gesamtstärke 964 Juden. Zum Arbeitseinsatz kamen 218 Männer u. 147 Frauen. Die Männer wurden nach Buna überstellt. Gesondert wurden 126 Männer u. 473 Frauen u. Kinder untergebracht."* (zitiert nach Raphael Gross/Werner Renz (Hg.): Der Frankfur-

Arbeitskommandos, das vier bis sechs Männer umfasste. Sie wohnten in derselben Baracke. In demselben Arbeitskommando, aber nicht direkt unter Joe, waren 17 weitere Männer, die alle ungelernt waren. Joe und die anderen erfahrenen Männer mussten viel von deren Arbeit erledigen und die Ungelernten decken, die sich als Facharbeiter ausgegeben hatten, um in dem Arbeitskommando bleiben zu können. Zu einem späteren Zeitpunkt des Interviews erwähnte Joe, dass ihn nach der Befreiung mehrere Mitglieder dieses Arbeitskommandos nach Italien einluden, um dort gemeinsam mit ihnen zu leben.

Gus[133] beschreibt eine Arbeitssituation in Auschwitz-Buna mit seinem Freund Monty, der es schaffte, dass Gus an einer Graviermaschine arbeiten konnte. Die beiden fertigten während dieser Arbeit kleine Schmuckgegenstände an, die sie mit englischen Kriegsgefangenen und mit Zivilistinnen und Zivilisten tauschten. Gus erklärte in Bezug auf dieses Arbeitskommando, dass *„es dort eine engere soziale Beziehung zwischen den Häftlingen gab, als zwischen den Fabrikarbeitern in dem Betrieb in dem Land, wo ich heute beschäftigt bin.“*

Einsame Wölfe

Wo auch immer Gruppen entstanden und für einige Zeit fortbestanden, erwartet man eine Reihe an gemeinsamen Werten oder Verhaltenskodizes, die sich im Laufe der Integration der Gruppen entwickelt haben, zu finden. Bloch betrachtet Häftlingsgruppen in den

ter Auschwitz-Prozess (1963–1965). Kommentierte Quellenedition. Band 1 (Frankfurt am Main 2013), S. 252). Aus Auschwitz-Monowitz („Buna“), wo er unter der Häftlingsnummer 107821 registriert war, wurde Fink im Zuge der „Evakuierung“ des Lagers ins KZ Sachsenhausen, von dort am 6. Februar 1945 ins KZ Flossenbürg und von dort am 8. März 1945 ins KZ Bergen-Belsen überstellt, wo er am 10. März ankam und am 15. April befreit wurde (ITS Arolsen 1.1.8.3/10862285 und 6.3.3.2/98201768). *„Nach der Befreiung blieb er im Displaced Persons Camp Bergen-Belsen und war zunächst für das British Red Cross, dann für die UNRRA [United Nations Relief and Rehabilitation Administration] und schließlich für den AJDC [American Jewish Joint Distribution Committee] tätig. Während dieser Beschäftigung lernte er auch seine spätere Ehefrau Alice (geb. Redlich) kennen, die für die britische Jewish Relief Unit (JRU) in Bergen-Belsen tätig war und auch aus Berlin stammte.“* (E-Mail von Katja Seybold, Gedenkstätte Bergen-Belsen, an Andreas Kranebitter, 8. März 2017). Sie heirateten 1948 in Bergen-Belsen und wanderten im August 1949 über Bremen in die USA aus (vgl. IWM, Interview mit John Fink, 4. März 1996).

133 Anm. d. Hg.: „Gus“ ist das Pseudonym von Heinz (Henry) Mamlok, geboren am 3. Juli 1921 in Berlin, gestorben am 3. Mai 2016 in Skokie, Illinois. Mamlok, von Beruf Werkzeugschlosser bzw. Mechaniker, wurde am 26. Februar 1943 im „30. Osttransport“ von Berlin nach Auschwitz deportiert und dort als „Schutzhaft Jude“ unter der Häftlingsnummer 104479 registriert (ITS Arolsen 6.3.3.2/97677216). Seine Eltern und sein jüngerer Bruder wurden mit ihm deportiert und unmittelbar nach der Ankunft in Auschwitz ermordet (vgl. Interviewprotokoll „Gus“, Elmer G. Luchterhand Papers, Brooklyn College Archives and Special Collections, Accession #2001-005, Sub-Group I, Series 1, Box 1). Mamlok wurde im Jänner 1945 in einem Fußmarsch über Gleiwitz ins KZ Mittelbau-Dora, von dort am 1. Februar 1945 in das Außenlager Osterode-Petershütte („Dachs IV“) und schließlich am 28. März 1945 (dieses Datum findet sich in den Unterlagen des ITS ohne Angabe des Orts der Überstellung, vgl. ITS Arolsen 6.3.3.2/97677216) aus dem KZ-Komplex Ravensbrück nach eigenen Angaben ins KZ Ravensbrück und dessen Außenlager Malchow überstellt, in dem tausende „evakuierte“ Häftlinge des KZ Auschwitz untergebracht wurden (vgl. dazu Interviewprotokoll „Gus“; Angelika Meyer: Malchow, in: Benz/Distel (Hg.): Der Ort des Terrors, Band 4, S. 569–571).

Hochzeit von Alice und John Fink (Mitte) im DP-Camp Bergen-Belsen am 20. Juni 1948. Alice kam im September 1946 mit dem Team 110 der *Jewish Relief Unit* als Krankenpflegerin ins DP-Camp Bergen-Belsen, wo sie den Auschwitz-Überlebenden Hans Finke (später John Fink) kennenlernte – ein Jahr nach ihrer Hochzeit emigrierten sie in die USA, wo sie sich in Chicago niederließen. Auf dem Bild sind zudem Herbert (dritter von rechts) und Frieda Treitel (vierte von rechts) zu sehen, die Luchterhand unter den Pseudonymen „Greta" und „Philip" ebenfalls interviewt hat (Quelle: Gedenkstätte Bergen-Belsen).

nationalsozialistischen Konzentrationslagern als gänzlich einzigartig. Er stellt fest: *„Es muss zwischen den sozialen Eigenschaften und der Sozialstruktur dieser Gruppen und den Gruppen gewöhnlicher Gefängnisse, Besserungsanstalten und Haftanstalten unterschieden werden. Die von Donald Clemmer in* The Prison Community *(Boston 1946) beschriebenen Prozesse gemeinschaftlicher Strukturierung und Organisierung fehlten in den Häftlingskolonien des Dritten Reiches. […] Es gab nichts dergleichen, wie einen ‚Verbrecherkodex' und die unter unseren Häftlingen angetroffenen zentripetalen Integrationsprozesse standen vielmehr in starkem Gegensatz zu den in den Konzentrationslagern wirkenden Zentrifugalkräften."*[134]

Diese Beurteilung der Verhältnisse zwischen Lagerhäftlingen zeigt sich auch durch Blochs Bezugnahmen auf *„moderne wilde Gemeinschaften"*[135] und *„einen Tierstaat"*[136], mit denen er eindeutig eine Hobbessche Perspektive auf nicht-menschliches Leben einnimmt.

So wie Bloch Verhältnisse zwischen Häftlingen nationalsozialistischer Lager und

134 Bloch: The Personality of Inmates of Concentration Camps, S. 336.
135 Ebd., S. 335.
136 Ebd.

Häftlingen unserer Gefängnisse und Besserungsanstalten vergleicht, vergleicht Kohn-Bramstedt[137] die Verhältnisse zwischen Häftlingen nationalsozialistischer Lager und Häftlingen des deutschen Polizeigefängnisses von Moabit. Er kommt jedoch zu gänzlich anderen Schlussfolgerungen als Bloch. Er konstatiert: *„Es spricht für sich, dass im Polizeigefängnis von Moabit, wo Häftlinge weniger grausam behandelt wurden als in einem Konzentrationslager, es kaum zu Kameradschaft zwischen den Häftlingen kam. Es zählte nur die Selbsterhaltung; ‚jeder versuchte nur seine eigene Situation zu verbessern'*[138]*. Dies war insbesondere für ehemalige Nazis der Fall, die aus dem ein oder anderen Grund in Ungnade gefallen waren und nun hofften, die Gunst wiederzuerlangen, indem sie die Machthaber über ihre Mithäftlinge informierten. Sie ergriffen jede Möglichkeit Mithäftlinge zu denunzieren.“*[139]

In der Fortsetzung derselben Passage verweist Kohn-Bramstedt auf den hohen Standard gruppeninterner Kameradschaft zwischen den Politischen[140], die gegenseitige *„selbstlose Hilfe“*[141], und den Beistand gegenüber Katholiken ungeachtet traditioneller Meinungsverschiedenheiten. Die Textstelle wird wie folgt fortgeführt: *„Neben solchen politischen Gruppen, die den Kern praktischer Kameradschaft bildeten, gab es in den meisten Lagern engere Beziehungen zwischen den Häftlingen einer Baracke, die sich so weit wie möglich verstanden und gegenseitig unterstützten. [...] Gegenseitige Hilfe materialisierte sich leichter zwischen Paaren, die ‚aufopfernde Freundschaften [bildeten], die ihnen durch den Terror des Tages halfen'*[142]*. [...] Daraus entsprang eine Art stillschweigende Vereinbarung, dass wenn der eine litt, der andere ihm helfen und ihn trösten würde, und vice versa.“*[143]

In Bezug auf Beziehungsmuster der Lager erklärt Bettelheim: *„Freundschaften entstanden so rasch wie sie sich auflösten. Die Gefangenen gingen aufeinander los wie nur Halbstarke es tun, [...] [nur] um dann – innerhalb kürzester Zeit – wieder die dicksten Freunde zu sein.“*[144] Obwohl diese Formulierung weniger drastisch ist als die von Bloch, scheint sie doch im Wesentlichen mit dieser übereinzustimmen.

Für Sozialkontakte hinderliche Faktoren tragen eindeutig zur Isolation bei; und in den Lagern waren diese Faktoren zweifellos zahlreich und manchmal unglaublich brutal und zwingend. Wie sich später noch zeigen wird, scheinen einige Arten von Extremsituationen soziale Kontakte in mancher Hinsicht gestärkt zu haben, während andere Situationen Sozialkontakte eindeutig beeinträchtigt haben. Auf diesem Gebiet neigen ungesi-

137 Vgl. Ernest Kohn-Bramstedt: Dictatorship and Political Police. The Techniques of Control by Fear (London 1945).
138 Leo Stein: I was in Hell with Niemoeller (New York 1942), S. 51. Anm. d. Ü.: Luchterhand weist dieses Sekundärzitat nicht aus.
139 Kohn-Bramstedt: Dictatorship and Political Police, S. 134.
140 Anm. d. Ü.: Kohn-Bramstedt bezieht sich explizit auf Kommunisten. Vgl. ebd., S. 134.
141 Georg M. Karst: Beasts of the Earth (New York 1942), S. 89, zitiert nach Kohn-Bramstedt: Dictatorship and Political Police, S. 134. Anm. d. Ü.: Luchterhand weist dieses Zitat nicht aus.
142 Peter Wallner: By Order of the Gestapo. A Record of Life in Dachau and Buchenwald Concentration Camp (London 1941), S. 84, zitiert nach Kohn-Bramstedt: Dictatorship and Political Police, S. 134f. Anm. d. Ü.: Luchterhand weist dieses Sekundärzitat nicht aus.
143 Kohn-Bramstedt: Dictatorship and Political Police, S. 134f.
144 Bettelheim: Individuelles und Massenverhalten in Extremsituationen, S. 87.

cherte Mutmaßungen tendenziell falsch zu sein. Die Sorgfalt erfordert die Berücksichtigung jeder Situation hinsichtlich ihrer Sachlage.

Bloch stellte fest, dass von 547 weiblichen jüdischen Lagerüberlebenden unterschiedlicher nationaler Herkunft – nicht unähnlich den Informantinnen in dieser Untersuchung – *„ungefähr 8 Prozent [...] in stärkerem oder geringerem Ausmaß Isolierte waren."*[145] In der vorliegenden Untersuchung fanden sich vier Personen, deren zwischenmenschliche Beziehungsmuster als einsame Wölfe oder instabile Paare klassifiziert wurden, d.h. 8,5 Prozent. Diese vier Personen waren jeweils 13, 26, 27 und 21 Monate, oder durchschnittlich 21,7 Monate, in den Lagern, im Vergleich zu 37,7 Monaten für die 47 Standardinformantinnen und -informanten.

Jennie, eine der vier, wies zu Beginn ihrer Haft stabile Paarbeziehungen auf. Sie scheint unter den vier Personen diejenige gewesen zu sein, die die größte Fähigkeit zu Freundschaften besaß. Sie wurde in 13 Monaten sechsmal von Lager zu Lager verlegt, jeweils für immer kürzere Intervalle. Zum Schluss scheint sie fast keine stabilen Freundschaften gehabt zu haben. Sie erwähnte, dass sie sich häufig mit Alma, die sie als ihre *„beste Freundin"* beschrieb, stritt und wieder versöhnte. Es ist allerdings erwähnenswert, dass Jennie ihren kostbaren Vorrat an Zucker mit Alma und einer anderen Bekanntschaft auf dem harten Evakuierungsmarsch von Auschwitz im Jänner 1945 teilte. Zudem verwies sie mit gewissen Schuldgefühlen auf ihre Beziehung mit Alma und sagte, dass *„[sie] in Ravensbrück am wenigsten kooperativ war"*.

Dan[146] hatte ein gutes Gedächtnis für die Namen der Personen, mit denen er arbeitete, deutete allerdings an, dass er keine engen Freunde, *„eigentlich gar keine Freunde"*, hatte. Auf dem letzten Transport vor der Befreiung lernte er Ambrose, eine Person, *„der es an Bildung fehlte, und die primitiv war"*, kennen. Als Dan gefragt wurde, was Ambrose jemals für ihn getan hat, antwortete er *„nichts"* und verwies darauf, dass auch er nie etwas für Ambrose getan hatte. Dan erklärte, dass er nie Essen von anderen Häftlingen erhalten hatte. Obwohl die Frage nicht mit Nachdruck gestellt wurde, scheint es ziemlich evident, dass Dan ebenso wenig mit irgendjemandem geteilt hatte.

145 Bloch: The Personality of Inmates of Concentration Camps, S. 340.

146 Anm. d. Hg.: „Dan" ist das Pseudonym von Rolf Salomon, geboren am 22. September 1912 in Berlin, gestorben im Juli 1964 in Illinois. Salomon, von Beruf Krankenpfleger, wurde am 4. März 1943 von der Gestapo Berlin im „34. Osttransport" ins KZ Auschwitz deportiert (ITS Arolsen 6.3.3.2/90574630) und überlebte die Selektion, von der auch eine Meldung des SS-Obersturmführers Schwarz an das SS-WVHA vom 8. März 1943 zeugt: *„Transport aus Berlin, Eingang 5. März 43, Gesamtstärke 1128 Juden. Zum Arbeitseinsatz gelangten 389 Männer (Buna) und 96 Frauen. Sonderbehandelt wurden 151 Männer und 492 Frauen und Kinder"* (zitiert nach Stiftung Topographie des Terrors (Hg.): Topographie des Terrors. Gestapo, SS und Reichssicherheitshauptamt in der Wilhelm- und Prinz-Albrecht-Straße. Eine Dokumentation (Berlin 2008), S. 134). Seine Frau wurde in dieser Selektion ermordet (vgl. Interviewprotokoll „Dan", Elmer G. Luchterhand Papers, Brooklyn College Archives and Special Collections, Accession #2001-005, Sub-Group I, Series 1, Box 1). Salomon wurde nach der „Evakuierung" des KZ Auschwitz am 26. Jänner 1945 ins KZ Buchenwald überstellt, von dort am 9. März 1945 in das KZ Bisingen, ein Außenlager des KZ Natzweiler, am 14. April 1945 ins KZ Dachau und schließlich am 17. April in dessen Außenlager Allach. Nach der Befreiung lebte er in Frankfurt am Main und emigrierte am 8. Jänner 1947 von Bremen in die USA (alle Daten aus ITS Arolsen 6.3.3.2/90574630 und ITS Arolsen 1.1.5.3/6998355).

In einer bestimmten weiteren Frage ist das Einvernehmen relativ hoch. Bloch stellt fest, dass unter den Isolierten in der untersuchten Gruppe *„viele scheinbar aus einer höheren soziokulturellen Schicht kamen“*[147]. Die vier Fälle in Gruppe 1 und 1E umfassten den einzigen Informanten, der vormals aus der Oberschicht kam, zwei Personen, die eindeutig aus der oberen Mittelschicht kamen und der vierte, der wahrscheinlich aus der oberen Mittelschicht stammte.

Der Häftling aus der Oberschicht, der einsame Wolf, scheint in Simmels Worten häufig ein *„Fremder“*[148] geblieben zu sein. Er war in der Lagergesellschaft, aber nicht Teil dieser. Der „Häftlings-Fremde“ neigte dazu, herablassend und unempfindlich für soziale Kontakten gegenüber anderen Häftlingen zu sein.

Alle diese Personen wiesen negative Veränderungen in den zwischenmenschlichen Beziehungsmustern und im Verhalten in Bezug auf Teilen auf, aber keine Diebstähle. Eine Person dachte zunehmend über Diebstahl nach und ihr diesbezügliches Verhalten wurde deshalb als sich negativ verändernd kategorisiert.

Bloch vertritt den Standpunkt, dass acht *„ein relativ hoher Prozentsatz von ‚Isolierten‘“*[149] ist. Wenn Bloch, wie aus den oben zitierten Aussagen ersichtlich sein dürfte, diesen Prozentsatz für *„Gefängnisse, Besserungsanstalten und andere Haftanstalten“* als relativ hoch erachtet, bewegt er sich auf ungesichertem Boden. Beispielsweise eruierte Clemmer[150] in der Darstellung eines amerikanischen Gefängnisses, das hinsichtlich Größe, Disziplin, Arbeit und Häftlingspraktiken relativ charakteristisch sein dürfte, dass 32,9 Prozent der männlichen Kurzzeithäftlinge und 50,6 Prozent der männlichen Langzeithäftlinge *„nicht in Gruppen organisiert“* waren – sein Begriff für Isolierte, der offenbar ungefähr unserem Begriff der einsamen Wölfe entspricht. In seiner Stichprobe von 177 Fällen hatten 17,4 Prozent primäre Gruppenbeziehungen, 40,7 Prozent hatten semi-primäre Beziehungen und 41,9 Prozent waren nicht in Gruppen organisiert.

Veränderungen in zwischenmenschlichen Beziehungsmustern

Wie in den Tabellen 3, 4 und 5 dargestellt, änderten sich die zwischenmenschlichen Beziehungsmuster der meisten unserer Informantinnen und Informanten im Verlauf der Zeit positiv. Es ist hinsichtlich des tabellarisch dargestellten Material wichtig zu beachten, dass unter unseren Informantinnen und Informanten keine eindeutig kriminellen Personen waren.

147 Bloch: The Personality of Inmates of Concentration Camps, S. 341.

148 Anm. d. Hg.: Georg Simmel, Exkurs über den Fremden, in: Ders.: Soziologie. Untersuchungen über die Formen der Vergesellschaftung. Gesamtausgabe, Band 11 (Frankfurt am Main 1992 [1908]), S. 764–771. Eine englische Übersetzung erschien in dem weit verbreiteten Lehrbuch Robert E. Park/Ernest W. Burgess: Introduction to the science of sociology (Chicago 1921), S. 322–327.

149 Bloch: The Personality of Inmates of Concentration Camps, S. 340.

150 Vgl. Donald Clemmer: The Prison Community (Boston 1940), S. 117.

Clemmer kam hinsichtlich der Population des von ihm untersuchten amerikanischen Gefängnisses zu dem Schluss, dass *„die Wahrscheinlichkeit primärer Gruppenzugehörigkeit mit zunehmendem Aufenthalt abnahm*"[151], oder in unseren Begrifflichkeiten, dass es zu negativen Veränderungen in zwischenmenschlichen Beziehungsmustern kam. Es kann durchaus sein, dass der oftmals widersprüchliche Eindruck der Muster von Konzentrationslagern darauf zurückzuführen ist, dass die Nazis eine große Anzahl an Kriminellen jeder Art gemeinsam mit den nicht-kriminellen Häftlingen in den Lagern inhaftiert hatten.

Gruppe	Anzahl an Fällen	Durchschnittliche Haftzeit (in Monaten)	Zwischenmenschliche Beziehungsmuster		
			positive Veränderung	keine Veränderung	negative Veränderung
1	2	20,0	0	0	2
2	6	31,8	1	3	2
3	14	32,0	4	10	0
4	8	39,0	3	5	0
Summe	**30**		**8**	**18**	**4**

Tabelle 3: Durchschnittliche Haftzeit und Veränderungen in zwischenmenschlichen Beziehungsmustern für Fallgruppen, die keine Hinweise auf Zweckbündnisse aufwiesen. Die Fallgruppen werden in Tabelle 2 näher beschrieben.

Gruppe	Anzahl an Fällen	Durchschnittliche Haftzeit (in Monaten)	Zwischenmenschliche Beziehungsmuster		
			positive Veränderung	keine Veränderung	negative Veränderung
1E	2	23,5	0	0	2
2E	4	30,5	0	1	3
3E	6	46,0	0	6	0
4E	5	47,0	0	3	1
Summe	**17**		**1**	**10**	**6**

Tabelle 4: Durchschnittliche Haftzeit und Veränderungen in zwischenmenschlichen Beziehungsmustern für Fallgruppen, die Hinweise auf Zweckbündnisse aufwiesen. Für die Beschreibung der Fallgruppen siehe Tabelle 2. Die durchschnittliche Haftzeit der Gruppe 4E wurde ohne den Extremwert von 144 Monaten berechnet.

Es ist anzumerken, dass das Muster der Zweckbündnisse Personen zugerechnet wurde, die im amerikanischen Jargon „gerissene Kerle" wären, Personen, die „nichts unversucht ließen". Zweckbeziehungen umfassten oftmals Geschäfte nach dem Grundsatz *„quid pro quo*" mit SS-Männern und häufiger mit einflussreichen Häftlingen.

151 Clemmer: The Prison Community, S. 119.

Zwischenmenschliche Beziehungsmuster	Anzahl der Fälle	Durchschnittliche Haftzeit (in Monaten)
negative Veränderung	10	26,1
keine Veränderung	28	36,4
positive Veränderung	9	37,1
Summe	**47**	

Tabelle 5: Durchschnittliche Haftzeit von 47 Personen, die nach Veränderungen in zwischenmenschlichen Beziehungsmustern klassifiziert wurden. Der Durchschnittswert für negative Fälle wurde ohne den Extremwert von 144 Monaten, der Durchschnittswert für positive Fälle ohne den Extremwert von 78 Monaten berechnet.

Es konnte kein Zusammenhang zwischen sozialen Mustern, oder Veränderungen dieser Muster, und dem Alter festgestellt werden.

Die Anzahl der Lager, in denen die Informantinnen und Informanten festgehalten wurden, steht in schwachem Zusammenhang mit dem Umfang und der Stabilität zwischenmenschlicher Beziehungsmuster. Gleichermaßen hingen negative Veränderungen der Beziehungsmuster in geringem Ausmaß direkt mit der Anzahl an Lagern, in denen die Häftlinge inhaftiert waren, zusammen.

Es hätte angenommen werden können, dass diese beiden letzten Zusammenhänge größer gewesen wären. Die Auswertung dieses Teils des Datenmaterials wird durch die Natur des Lagersystems äußerst erschwert, weshalb Versuche weitergehender Interpretation unzulässig sind.

Es besteht kaum Zweifel daran, dass die psychischen[152] Strapazen des Lagerlebens in vielen Fällen zu einer Affektunterdrückung in persönlichen Beziehungen und einer allgemeinen Abnahme dieser Beziehungen führten. In unseren Fällen gab es 10 Beispiele, in denen negative Veränderungen, im Vergleich zu 9 Beispielen, in denen positive Veränderungen beobachtet werden konnten.

Andererseits war es unter Häftlingen üblich, dass sie die Unterstützung anderer suchten. Diese anderen wurden zur lebenswichtigen Unterstützung um – in den Bemühungen der Einzelpersonen sich dem Lagerleben anzupassen – Stress abzubauen wodurch es zu Kathexis[153] kam. Es war eine der charakteristischen Eigenschaften der Interviewsituationen, dass sich die affektive Bedeutung der persönlichen Beziehungen häufig in Momenten tiefer emotionaler Wiedererinnerung äußerten, die von Bekundungen höchsten Lobes für Mithäftlinge begleitet waren.

Ein letzter wichtiger Aspekt in Häftlingsbeziehungen ist die Tatsache, dass die wechselseitige Auswahl der involvierten Persönlichkeiten häufig eher zufälligen Charakter hatte. Sehr oft dürften insofern situative Faktoren entscheidend gewesen sein, als die be-

152 Anm. d. Ü.: Luchterhand schreibt von „*psychological stresses*“.

153 Anm. d. Hg.: Hier nicht im Sinne Freuds als Besetzung eines libidinösen Objekts gemeint, sondern im Anschluss an Talcott Parsons, der in *The Social System* 1951 sehr frei nach Freud als kathektisch jene Orientierung auf ein Objekt bezeichnet, die Egos Belohnung-Enttäuschungs-Balance beeinflusst.

troffenen Personen gleichzeitig von anderen Beziehungen depriviert waren. Wenngleich die neuen Beziehungen in ihrer Entstehung zufällige Elemente hatten, dürften sie in den meisten Fällen dennoch große emotionale Tiefe gehabt haben. Wenn die neue Beziehung durch einen Todesfall zerrissen wurde, war die Trauerphase meist täuschend kurz, und schnell manifestierten sich neue Tendenzen der Objektbesetzung mit einer in ähnlicher Weise hinterlassenen anderen Person. Die Schnelligkeit mit der solche Bindungswechsel, dürfte auf die übermächtige Gewalt von Situationen im Konzentrationslager zurückzuführen gewesen sein.

Wie man – abgesehen von extremen Interpretationen einiger – erwarten hätte können, führten die schweren Misshandlungen von Häftlingen in Lagersituationen zu deutlichen Unterschieden in Beziehungsmustern, mit Ausnahme der allgegenwärtigen Paarbildung mit unterschiedlicher Stabilität. Die Variationen in Beziehungen wird von Kohn-Bramstedt angeführt: „*Wenn es auf der einen Seite erhebliche Feindschaften, Missverständnisse und Irritationen gab, so gab es auf der anderen Seite ein erstaunliches Ausmaß an stiller Kameradschaft und gegenseitiger Hilfe.*“[154]

Die Bedeutung menschlicher Beziehungen für das Überleben wurde von einem deutschen Sozialdemokraten, der elfeinhalb Jahre in Lagern und Gefängnissen verbracht hatte, und dem Band von Derrick Sington einen persönlichen Bericht beisteuerte, in einfacher Weise dargelegt: „*So schlimm es sein mochte, wie Vieh zusammengetrieben zu werden, so war es doch immerhin gut, unter Mitmenschen zu sein. Es wäre unmöglich gewesen, ein solches Leben allein auszuhalten. Die Tatsache, daß wir in einer Gemeinschaft lebten, die für uns alle das gleiche Elend bedeutete, wappnete uns gegen Verzweiflung und Selbstmordgedanken.*“[155] Womöglich ist es von einigem Interesse, dass von 21 Ehegemeinschaften, die Standardinformantinnen und -informanten seit ihrer Befreiung eingegangen sind, in 13 Fällen beide Ehepartner Überlebende sind. Es ist nur eine Ehe bekannt, die scheiterte und in dieser Ehe war nur ein Ehepartner ein Überlebender. Während keine dieser Liebesbeziehungen in den Lagern begann, begannen die meisten einige Wochen oder Monate danach. Die durchschnittliche Haftzeit der 25 interviewten Ehepartnerinnen und -partner war 37,1 Monate. Der einzige Informant, dessen nach den Lagern eingegangene Ehe geschieden wurde, verbrachte 13 Monate in den Lagern und dürfte schwer traumatisiert gewesen sein. Obwohl eine niedrige Scheidungsrate unter Einwanderern üblich ist, dürfte es dennoch gerechtfertigt sein, darauf hinzuweisen, dass die Stabilität dieser Ehen von echten Fähigkeiten zur Begründung und Aufrechterhaltung sozialer Beziehungen zeugt. Die eindeutige Präferenz von Überlebenden als Partnerinnen und Partner steht in Einklang mit der Deutung, dass die Mitgliedschaft in einer Häftlingsgruppe auch als Referenzgruppe diente, und nicht irgendeine

154 Kohn-Bramstedt: Dictatorship and Political Police, S. 133.

155 Rudolf Küstermeier: Wie wir in Belsen lebten. Ein Rückblick von Rudolf Küstermeier, in: Derrick Sington: Die Tore öffnen sich. Authentischer Bericht über das englische Hilfswerk für Belsen mit amtlichen Photos und einem Rückblick von Rudolf Küstermeier. Kulturpolitische Dokumente IV (Hamburg 1948), S. 87–124, hier S. 91.

Gruppe an Nicht-Häftlingen, wie dies logischerweise aufgrund einiger gewagter Interpretationen des Verhaltens von Lagerhäftlingen angenommen werden könnte.

Kapitel 5 Normensystem und Sozialordnung von Lagerhäftlingen

Hindernisse für das Entstehen einer Häftlingsgesellschaft

Ein Hauptgrund für Fehlinterpretationen des Häftlingsverhaltens liegt in Versuchen, sich mit dem Normensystem der Häftlinge losgelöst von der Häftlingsgesellschaft zu beschäftigen. Solche Bemühungen verschleiern die integrale Natur sozialer Systeme. Aus Gründen der Klarheit werden in diesem Abschnitt das Teilen, Diebstahl und religiöses und anderes Verhalten thematisch geordnet dargestellt. Es wäre allerdings ein Fehler, diese Aspekte ohne Weiteres als von der Häftlingsgesellschaft losgelöste Phänomene zu betrachten.

Loomis[156] und Beegle haben auf bestimmte Komponenten sozialer Systemen hingewiesen. Ihre Liste umfasst folgende Aspekte: *„(1) Rollen bzw. die Frage, was in bestimmten Situationen von Individuen erwartet wird. (2) Status bzw. der Rang bestimmter Individuen, beruhend auf dem Konsens von Mitgliedern, welche Eigenschaften und Fähigkeiten als hoch und niedrig einzustufen sind. (3) Macht bzw. das Recht und die Möglichkeit von Individuen, andere zu beeinflussen (eine Vorstellung, die auch gewisse Pflichten umfasst). (4) Rechte bzw. der Schutz vor Autorität, und Pflichten bzw. der gebotene Gehorsam gegenüber Autorität und die Anforderungen an die Rolle des Individuums. (5) Ziele und Zwecke bzw. die Veränderungen [...], die Mitglieder des Systems durch das Funktionieren des Systems zu erreichen hoffen. (6) Normen bzw. jene Regeln, die den Einsatz von Mitteln in der Erreichung der Ziele und Zwecke bestimmen. (7) Territorialität bzw. die örtlichen und räumlichen Erfordernisse eines sozialen Systems.“*[157]

In der Sammlung und Auswertung von Daten und der Darstellung der Ergebnisse wurde das Augenmerk auf die integrale Natur dieser Elemente sozialer Systeme gerichtet; darauf, ob solche Systeme auf der konkreten Ebene einer sozialen Gruppe oder der abstrakten Ebene eines Beziehungsmusters betrachtet werden. Die Untersuchung der Lager bietet einzigartige Möglichkeiten, die Ablösung zerstörter sozialer Organisation durch eine Häftlingsgesellschaft im Angesicht mächtiger entgegenwirkender Faktoren zu betrachten.

156 Anm. d. Hg.: Charles P. Loomis (1905–1995) war ein US-Soziologe, der sich insbesondere mit Fragen des ländlichen Raums und der bäuerlichen Bevölkerung befasste. Er promovierte 1933 bei Pitirim A. Sorokin in Harvard, besuchte danach als Stipendiat zwei Jahre lang Deutschland, übersetzte 1957 Ferdinand Tönnies *Gemeinschaft und Gesellschaft* und war 1967 Präsident der American Sociological Association. Luchterhand zitierte dieses Lehrbuch wohl auch, weil es eine prägnante Zusammenfassung der damals noch recht neuen Rollentheorie enthielt.

157 Charles P. Loomis/Allan J. Beegle: Rural Social Systems. A Textbook in Rural Sociology and Anthropology (New York 1950), S. 5.

Die detaillierte Behandlung der Entstehung einer Häftlingsgesellschaft würde den Rahmen der vorliegenden Untersuchung sprengen. Deshalb konnten bestimmten Aspekten sozialer Systeme – wie den Rollen von Häftlingen, den Status, die Machtstruktur und der Territorialität – nur begrenzt Beachtung geschenkt werden. Die strukturellen und funktionalen Aspekte des nationalsozialistischen Lagersystems in ihrem Verhältnis zur Häftlingsgesellschaft wurden bereits knapp umrissen. Schwerpunktaspekte wie Genese, Natur und Wechselbeziehungen von Häftlingsgruppen und ihren Anführerinnen und Anführern, sowie die desintegrierenden Tendenzen innerhalb der SS-Bewachung wurden bereits in unserer frühen Untersuchung[158], insbesondere in Kapitel 3 „Der nationalsozialistische Typus des Konzentrationslagers", Kapitel 4 „Die Gruppe: Auswirkungen und Genese" und in Teilen von Kapitel 5 namens „Die Bedeutung des Überlebens" und „Rebellion", behandelt.

Folgende Aspekte behinderten die Herausbildung einer Häftlingsgesellschaft:

1. Das nationalsozialistische Lagersystem bestand für zwölf Jahre, eine verhältnismäßig kurze Zeit für die Entwicklung eines sozialen Systems. Faktisch wurde dieser Zeitraum durch die Auflassung der meisten ursprünglichen SA-Lager und ihre Ersetzung durch ein sorgfältiger geplantes Lagersystem, das letztendlich unter die fast ausschließliche Kontrolle durch die SS kam, um mehr als ein Jahr verkürzt.
2. Die starke Fluktuation der Population bestimmter Lager aufgrund von Todesfällen und Transporten.
3. Unterschiede in der Funktion von Lagern innerhalb des Lagersystems im Rahmen der ständigen Veränderungen im Leben des Dritten Reichs.
4. Die extreme Natur der Deprivation und des Terrors, und die Umsetzung der Vernichtungspolitik hemmten die Entwicklung und Integration einer Häftlingsgesellschaft. Außergewöhnliche Einwirkungen in Richtung solidarischen Handelns werden im Kapitel „Häftlingsverhalten in speziellen Extremsituationen" thematisiert.
5. Die Eingliederung von Personen in die Häftlingspopulation, die nicht zur verantwortungsvollen Teilnahme in jedweder gewöhnlichen sozialen Gruppe imstande waren. In Ermangelung eines präziseren Begriffes werden diese Personen als kriminell bezeichnet. Diese Bezeichnung bezieht sich nicht nur auf Gesetzesbrecher – und schon gar nicht auf Personen, die gegen die neue Art nationalsozialistischer Anordnungen verstoßen hatten. Allerdings umfasst die Bezeichnung Gesetzesverstöße, und der Großteil der kriminellen Personen in den Lagern war als breite Kategorie dadurch gekennzeichnet, dass sie verpflichtet waren, ein grünes Dreieck an ihrer Kleidung zu tragen. Die Tatsache, dass einige Personen fälschlicherweise als „Grüne" kategorisiert wurden, spielt hier eine untergeordnete Rolle.[159]

158 Vgl. Luchterhand: The Nazi Concentration Camps.

159 Anm. d. Hg.: Die folgenden, von Luchterhand zitierten Passagen aus Kogons Werk wurden von Kogon in den verschiedenen Auflagen seines Buches im Detail immer wieder verändert. Für die deutsche Übersetzung wurde hier auf die Erstauflage des Jahres 1946 zurückgegriffen, die sich leicht von der 1950 erschienenen englischen Übersetzung unterschied – vgl. Kogon: The Theory and Practice of Hell.

„Sie [die Gestapo – EL] unterschied zwischen BV-Häftlingen, *die wegen krimineller Taten mehrere Strafen verbüßt hatten, und* SV-Häftlingen, *die sich noch in Strafhaft befanden (und die eigentlich in die Justizlager gehört hätten). Die ersten nannte sie ‚Befristete Vorbeugungshäftlinge' (BV)*[160]*, woraus, unter Verwendung der gleichen Anfangsbuchstaben, die Bezeichnung ‚Berufsverbrecher' geworden ist. Die zweiten hießen ‚Sicherheitsverwahrte' (SV).*

Beide wurden vom RKPA [Reichskriminalpolizeiamt – Anm. d. Hg.] und seinen Leitstellen in ganz Deutschland der Gestapo überantwortet. [...] Der überwiegende Teil der BV- und SV-Häftlinge bestand aus übelsten Elementen[161]*, die in manchen Lagern zeitweise, in anderen Lagern stets eine beherrschende Position innehatten und sie gegen die übrigen Gefangenen schwer mißbraucht haben. Zwischen ihnen und den Politischen hat sich ein beständiger, teils offener, teils unterirdischer Machtkampf abgespielt, der je nach Zeit und Umständen zu sehr verschiedenen Ergebnissen geführt hat. Es gab SS-Führer, die entweder ausschließlich oder mit Vorliebe die Kriminellen zur Mitarbeit heranzogen – übrigens immer nur die BVer, nie die SVer – und ihnen die wichtigsten Lagerfunktionen übertrugen. Auch an Spitzeln haben die Kriminellen die größte Anzahl gestellt. Schließlich sind sie, als nach Stalingrad in der deutschen Armee Not am Mann war, der Auszeichnung teilhaftig geworden, haufenweise in die SS-Verbände eingegliedert zu werden! Vom Rest haben nicht allzu viele die Lager lebend verlassen.*

Verwandt mit den Kriminellen, wenn auch weit harmloser, waren die sogenannten Asozialen. Darunter verstand die Gestapo alles mögliche. Neben wirklichen Landstreichern, Speckjägern, kleinen Taschendieben und Jahrmarktgaunern, notorischen Säufern, Zuhältern und Alimentendrückebergern gab es unter den als asozial Verhafteten auch genug Leute, denen nichts anderes vorzuwerfen war, als daß sie etwa zweimal zur Arbeit zu spät gekommen waren oder unberechtigt Urlaub genommen, ohne Genehmigung des Arbeitsamtes den Arbeitsplatz gewechselt, ihr nationalsozialistisches Dienstmädchen ‚schlecht behandelt', als Eintänzer ihr Brot verdient hatten [...].

---

160 Anm. d. Hg.: Kogons die gesamte KZ-Forschung nach 1945 beeinflussende Behauptung, die Abkürzung „BV" habe für „Befristete Vorbeugehaft" gestanden, ist mit größter Wahrscheinlichkeit falsch – sie fand sich bisher in keiner überlieferten Quelle, die Vorbeugungshaft selbst wurde von der Kriminalpolizei wie die Schutzhaft grundsätzlich unbefristet verhängt (vgl. dazu Wolfgang Ayaß: „Asoziale" im Nationalsozialismus (Stuttgart 1995), S. 170). Tatsächlich stand die Abkürzung „BV" stets für „Berufsverbrecher".

161 Anm. d. Hg.: Der von Luchterhand zitierte Satz der amerikanischen Ausgabe lautet: *„Nearly all the BV's and SV's were the dregs of society"* (Kogon: The Theory and Practice of Hell, S. 40). Kogon verwendete in der Erstausgabe seines Buches die deutsche Formulierung *„übelste Elemente"* (Kogon: Der SS-Staat, S. 15), die er späteren Auflagen bereits zur Formulierung *„üble, zum Teil übelste Elemente"* abschwächte (vgl. Kogon: Der SS-Staat (1947), S. 47). In dem von Kogon maßgeblich mitverfassten „Buchenwald-Report" selbst lautete die ähnliche Passage noch: *„Im Gegensatz zu den grünbewinkelten BV-Häftlingen (‚Befristete Vorbeugungshaft', woraus die allgemeine Titulatur ‚Berufsverbrecher' wurde), die wegen krimineller Taten Strafen verbüßt hatten und vorbeugungsweise vom Reichskriminalpolizeiamt über die Gestapo in die KL eingeliefert waren, wurden ab 1943 noch in Strafhaft befindliche Kriminelle, darunter zahlreiche lebenslänglich Verurteilte, in die KL verbracht; sie erhielten zur Unterscheidung auf dem grünen Winkel ein ‚S' (Abkürzung für ‚Sicherungsverwahrte')"* (Hackett (Hg.): Buchenwald-Report, S. 57). Zwar finden sich hier ähnliche Fehleinschätzungen – die KZ-Einweisung der Vorbeugungshäftlinge wurde etwa nicht von der Gestapo, sondern der Kriminalpolizei vollzogen – doch fehlt die spätere abwertende Charakterisierung der „kriminellen" Häftlinge gänzlich.

Entsprechend dieser sehr gemischten Zusammensetzung gaben die ‚Asozialen' den Lagern kein besonderes Gepräge. Vom Häftlingsstandpunkt aus betrachtet, galten sie als unzuverlässig, haltlos und wegen mancher Praktiken, die sie aus ihrem früheren Leben in die Lager mitübernommen hatten, als wenig erwünscht. Viele von ihnen überstanden den harten Daseinskampf im KL nicht. Bei Entlassungen stellten sie den höchsten Prozentsatz, ebenso bei den während des Krieges erfolgten Einziehungen von Schutzhäftlingen zur deutschen Wehrmacht."[162]

Die äußerst wichtige Vorgehensweise in der Errichtung neuer Lager ist in Hinblick auf den fünften Punkt der vorherigen Liste von Hindernissen in der Entstehung einer Häftlingsgesellschaft von Bedeutung. Die Methode war, zumindest ihrer Form nach, eindeutig militärisch. Genauso wie einer Militäreinheit befohlen wird, den Unteroffiziers- und Offiziersstab einer neuen Division zu versorgen, wurde ein Konzentrationslager herangezogen, um den Kader für eine neue Lagerstruktur zu beschicken. Der Häftlingsteil dieses Kaders bestand fast ausschließlich von als „Grünen" bekannten Berufsverbrechern. Das erste Auschwitz-Lager kann als ein Beispiel[163] für diesen Ablauf in der Errichtung von Lagern herangezogen werden: Im Juni 1940 kamen 30 Berufsverbrecher, die zuvor viele Jahre in anderen Lagern verbüßt hatten, am unbebauten Standort für das neue Lager an.[164] Sie sollten als Ausbildner für die Vorschriften der Lagerordnung für die ankommenden Häftlinge fungieren. Es versteht sich von selbst, dass sie in der Behandlung der Häftlinge, genauer gesagt von jüdischen, russischen und polnischen Häftlingen, gründlich „geschult" wurden. Sie schlugen und folterten ohne irgendjemandem verantwortlich gewesen zu sein. Aus den Reihen dieser 30 „Grünen" wurden die folgenden Funktionen im Lager besetzt: Der *Lagerälteste, Blockälteste, Stubendienste, Kapos* und *Vorarbeiter*. Um die Struktur nach Notwendigkeit zu vergrößern, übte dieser Kader von „Grünen" die Befugnis für die Auswahl verschiedener Untergebener aus. In fast allen Fällen kamen auch diese Untergebenen aus den Reihen der „Grünen".

Die Veränderungen in der Art und der Verwendung, der die Lager zugeführt wurden, hatten erhebliche Auswirkungen auf die entstehende Häftlingsgesellschaft. Diese Verän-

162 Kogon: Der SS-Staat, S. 15f.

163 Central Commission for the Investigation of German Crimes in Poland: German Crimes in Poland, Volume 1 (Warschau 1946), S. 38f.

164 Anm. d. Hg.: Die Einrichtung des KZ Auschwitz wird in der Forschung auf die Deportation von 728 Polen am 14. Juni 1940 datiert; zuvor, am 20. Mai 1940, waren bereits 30 „kriminelle" Häftlinge des KZ Sachsenhausen ins KZ Auschwitz überstellt worden, die die ersten „Funktionshäftlinge" stellten (vgl. Angelika Königseder: Die Entstehung des Lagers und das „Interessensgebiet" Auschwitz, in: Wolfgang Benz/Barbara Distel (Hg.): Der Ort des Terrors. Geschichte der nationalsozialistischen Konzentrationslager, Band 5: Hinzert, Auschwitz, Neuengamme (München 2007), S. 80–87, hier S. 81; vgl. auch Danuta Czech: Kalendarium der Ereignisse im Konzentrationslager Auschwitz-Birkenau 1939–1945 (Reinbek bei Hamburg 2008), S. 32–36; Irena Strzelecka/Piotr Setkiewicz: Bau, Ausbau und Entwicklung des KL Auschwitz und seiner Nebenlager, in: Wacław Długoborski/Franciszek Piper (Hg.): Auschwitz 1940–1945. Studien zur Geschichte des Konzentrations- und Vernichtungslagers Auschwitz, Band 1: Aufbau und Struktur des Lagers (Oświęcim 1999), S. 73–156, hier S. 73–81. Eine differenzierte Charakterisierung einiger Funktionshäftlinge dieser Gruppen vgl. Langbein: Menschen in Auschwitz, z.B. S. 37 und S. 323–331.

derungen leiteten sich aus den Erfordernissen des Krieges ab. Die wesentlichen ursprünglichen Strukturen des Lagersystems umfassten das Konzentrationslager im eigentlichen Sinn und das Arbeitslager. Im Verlauf der Entwicklung des nationalsozialistischen Regimes verschwamm diese Abgrenzung zunehmend.

Es gab eine allgemeine anhaltende Tendenz zur Intensivierung der Arbeit in den Arbeitslagern.[165] Das Programm des Terrors des Dritten Reiches gewährleistete einen kontinuierlichen Nachschub an Arbeitskräften. In einer erheblichen Anzahl dieser Arbeitslager gründete die Arbeitspolitik ganz offensichtlich auf der schnellstmöglichen völligen Ausnutzung von Menschen im Arbeitsprozess und dem Ersatz der Toten durch Neuanforderungen aus den Haupt- oder Stammlagern.

Zusammenfassend kann gesagt werden, dass – in Übereinstimmung mit der Grundtendenz der relativ kontinuierlichen und im Allgemeinen zunehmenden Gewalt im Dritten Reich – die Tendenz bestand, dass sich die Zustände in den Lagern in Richtung eines größeren Rückgriffs der SS auf Gewalt und Vernichtung verschlechterten. Allerdings variierte diese Tendenz erheblich. Die unbegreiflich grausamen Zustände im Hauptlager von Bergen-Belsen in den letzten Monaten seiner kurzen Geschichte verkörperten ein äußerstes Extrem. Ein anderes Extrem waren die Verhältnisse im Hauptlager von Buchenwald, nachdem es den nicht-kriminellen Politischen im Jahr 1942 gelungen war, die „Grünen“ auszumanövrieren und aus den einflussreichen Positionen in der Häftlingshierarchie zu verdrängen. So entsetzlich die Umstände in Buchenwald für Beobachter von außerhalb der Lager auch gewirkt haben müssen, waren sie doch ungleich besser als im Hauptlager von Bergen-Belsen und den meisten anderen Lagern.

Deshalb sei an dieser Stelle auch auf eine zweite Tendenz verwiesen, wenngleich Ausmaß und Unterschiede an dieser Stelle nicht ausgeführt werden können: Die Tendenz, dass nicht-kriminelle Häftlingsgruppen eine Milderung der Zustände bewirken konnten. Dies traf insbesondere auf Hauptlager mit einer relativ stabilen Kerngruppe an Häftlingen zu.

Diebstahlsverhalten

Die Reihe von vier Tabellen in diesem Abschnitt befasst sich ausschließlich mit Diebstahlsverhalten, wie dieses in der vorliegenden Untersuchung definiert wird; d.h. ausschließlich als Wegnahme oder Erwägung der Wegnahme von Habseligkeiten eines anderen *Häftlings* zur eigenen Verwendung. Der in dieser Untersuchung verwendete Begriff der Veränderung bezieht sich auf Veränderungen im Diebstahlsverhalten eines Häftlings im Vergleich der ersten Hälfte seiner Haftzeit mit der zweiten Hälfte. Personen, die während der zweiten Hälfte ihrer Haftzeit weniger Diebstähle oder weniger Erwägungen von Diebstählen gestanden, wurden positiver Veränderung zugeordnet; Personen, die der

165 Vgl. Luchterhand: The Nazi Concentration Camps, S. 67–70.

entgegengesetzten Entwicklung folgten, wurden als negative Veränderung kategorisiert.

Wie bereits in Kapitel 1 angedeutet, sei darauf hingewiesen, dass es aufgrund der nachträglichen Entwicklung einer speziellen Interviewtechnik zur Erschließung von Diebstahlsverhalten *möglich* ist, dass Fälle von *Diebstahl* in dem einen oder anderen der ersten 15 Standardinterviews fehlen. Die Annahme, dass dieser Fehler, wenn überhaupt, allerdings wahrscheinlich von geringer Bedeutung ist, wird durch die Tatsache gestützt, dass das Verhältnis von Fällen von Diebstahlsverhalten für die ersten 15 Standardinterviews dem Verhältnis der 32 folgenden Standardinterviews entspricht; mit der einzigen Ausnahme, dass es proportional weniger Eingeständnisse von tatsächlichem Diebstahl und proportional mehr Eingeständnisse von *Erwägungen* von Diebstahl gab. Diese Tatsache weist zufällig auf den Vorzug hin, die zunehmende und abnehmende Erwägung von Diebstahl als Diebstahlsverhalten zu betrachten, anstatt ausschließlich auf tatsächliche Fälle von Diebstahl zu fokussieren.

Die eher komplexe Interviewtechnik zur Sammlung von Datenmaterial über Diebstahlsverhalten wurde relativ ausführlich im Kapitel „Das Problem und die Methode" beschrieben. Es wurde auch bereits darauf verwiesen, dass Daten hinsichtlich der zunehmenden und abnehmenden *Erwägung* von Diebstahl gesammelt wurden, da die Möglichkeit bestand, dass Informantinnen und Informanten, die Fakten über tatsächliche Diebstähle verschweigen, womöglich eingestehen würden, dass sie darüber nachdachten, Diebstähle zu *begehen*. Die Tatsache, dass die Sammlung von Daten in diesem Bereich außergewöhnliche Zurückhaltung erforderte, weist auf einen wesentlichen Bestandteil des Normensystems der Häftlinge hin. In modernen säkularen Gesellschaften ist es keineswegs ungewöhnlich, dass kleine Diebstähle beiläufig und ungefragt eingestanden werden. Unter den Informantinnen und Informanten dieser Untersuchung gab es keine einzige Person, die Diebstähle, wie sie hier definiert werden, eingestand, ohne dass der Interviewer auf den vorsichtigen, im Kapitel „Das Problem und die Methode" beschriebenen, Zugang zurückgriff.

Dass die Durchsetzung des Häftlingskodex in Bezug auf Diebstahl, wie hier definiert, mit äußerster moralischer Verurteilung, sowie harten körperlichen Strafen erfolgte, wird durch die Natur der Bezugnahmen auf Diebstähle in den Interviews nahegelegt. Viele Informantinnen und Informanten, insbesondere jene, die aus Buchenwald befreit worden waren, verwendeten den Ausdruck „Brotdieb" in einem Ton, der zumindest so verurteilend war, als wäre in der Gesellschaft jenseits der Lager auf das Verbrechen der Vergewaltigung Bezug genommen worden. Diese Tatsache ist umso bezeichnender für die Macht des Häftlingskodex, da in der Gesellschaft jenseits der Lager der Diebstahl von Brot wohl eher Mitleid als Verachtung hervorrufen würde.

Von den 47 Standardinformantinnen und -informanten griffen neun auf die Praxis des Diebstahls zurück, wie er hier definiert wurde, und fünf andere räumten lediglich ein, darüber nachgedacht zu haben, anderen Häftlingen Dinge wegzunehmen. Kurze Auszüge aus dem Interviewmaterial über tatsächliche Diebstähle werden im Folgenden dargelegt.

Edward[166] stahl zum ersten Mal als er in seinem ersten Lager, Stutthof, inhaftiert war. Als er mit der Hilfe zweier weiterer Häftlingen die Baracken fegte, entdeckte er drei Stücke Brot in der Kleidung eines Häftlings. Er nahm das Brot und aß es später alleine. In seinem nächsten Lager, Auschwitz-Birkenau, fand Edward ein in Papier eingewickeltes Stück Brot auf dem Barackenboden und behielt auch dieses Brot und aß es alleine.

Er erklärte, dass er in Auschwitz-Buna, und auch in Sachsenhausen und Schloßberg[167], relativ oft die Möglichkeit hatte, Essen an sich zu nehmen, es aber nie tat. Als er darauf angesprochen wurde, warum er es nicht getan hatte, sagte er: *„Ich begann öfter an Gott zu denken. Wenn Er mich retten wollte, könnte Er das ohne ein weiteres Stück Brot tun."* In der unmittelbar darauffolgenden Äußerung erwähnte dieser Informant, dass Häftlinge in Buna im August 1944 einen Dieb mit Stricken schlugen, ihn an drei aufeinanderfolgenden Nächten mit kaltem Wasser abspritzten und der Häftling dann starb.

Selma[168] erklärte, dass sie nur in Litzmannstadt gestohlen hatte, und dass diese Diebstähle begannen, als sie, ihr Ehegatte und ihr Sohn bereits zwei Monate im Ghetto waren, und *„alles, was wir gehabt hatten, weg war. Der einzige Ort, an dem ich es getan habe, war Litzmannstadt. In Geislingen war ich ausgehungert und verrückt, aber ich war es gewohnt hungrig zu sein und tat nichts dagegen."*

Elsie sagte von sich aus, dass sie niemals gestohlen hatte, und erinnerte sich dann plötzlich daran, dass sie an ihrem allerersten Tag im Lager während eines Zählappells feststellen musste, dass einer ihrer Schuhe gestohlen worden war. Sie meldete den Diebstahl der Blockältesten, und ihr wurde umgehend gesagt, dass sie einen Schuh von jemand anderem nehmen sollte. Elsie tat das, erklärte aber: *„Ich habe so etwas nie wieder gemacht."*

166 Anm. d. Hg.: „Edward" ist das Pseudonym von Wolf Sikarewicz (später Walter Sachs), geboren am 15. Dezember 1927 in Białystok, gestorben am 9. März 2011 in Old Bethpage, New York. Sachs wurde als 14-Jähriger im Ghetto Bialystok zur Zwangsarbeit als Steinmetzlehrling eingesetzt, 1943 in einer „Aktion" verhaftet und über das KZ Stutthof nach Auschwitz und dessen Außenlager Monowitz deportiert, wo er im Jänner 1945 ins KZ Sachsenhausen überstellt und schließlich im April 1945 auf einem „Evakuierungsmarsch" aus dem KZ Sachsenhausen befreit wurde (vgl. Interviewprotokoll „Edward", Elmer G. Luchterhand Papers, Brooklyn College Archives and Special Collections, Accession #2001-005, Sub-Group I, Series 1, Box 1), Sachs emigrierte am 14. Februar 1949 in die USA (ITS Arolsen 0.1/64970624).

167 Anm. d. Hg.: Es ist unklar, welches Lager bzw. welcher Ort hier gemeint ist. In seinem Interviewprotokoll spricht Sachs von „Schlossenburg" (vgl. Interviewprotokoll „Edward", Elmer G. Luchterhand Papers, Brooklyn College Archives and Special Collections, Accession #2001-005, Sub-Group I, Series 1, Box 1). Vermutlich handelt es sich um Schloßberg bei Güstrow.

168 Anm. d. Hg.: „Selma" ist das Pseudonym von Margot Caspary (später Margot Irvin), geborene Golinsky, geboren am 3. September 1897 in Berlin, gestorben am 8. November 1995 in Los Angeles. Gaspary wohnte in Prag und wurde am 31. Oktober 1941 von dort in das Ghetto Litzmannstadt deportiert (ITS Arolsen 6.3.3.2/84987937). Im Zuge der Auflösung des Ghettos wurde sie im August 1944 nach Auschwitz-Birkenau und von dort nach Bergen-Belsen verbracht (vgl. Interviewprotokoll „Selma", Elmer G. Luchterhand Papers, Brooklyn College Archives and Special Collections, Accession #2001-005, Sub-Group I, Series 1, Box 1), von dort wiederum im Dezember 1944 in das Lager Geisenheim, ein Außenlager des KZ Natzweiler, und im Zuge der „Evakuierung" dieses Lagers schließlich am 11. April 1945 ins Lager Allach, ein Außenlager des KZ Dachau, überstellt (ITS Arolsen 6.3.3.2/84987937), wo sie befreit wurde. Gaspary lebte nach ihrer Emigration in die USA in Chicago.

Martin[169] erzählte, dass er im Sommer 1941 in Remu Essen von einem sterbenden Häftling nahm, der zu schwach zum Essen war und dass dies im November 1942 in Fürstengrube nochmals vorkam, unmittelbar, nachdem er Typhus hatte. Im November 1942 nahm er in Fürstengrube auch Schuhe an sich. Im selben Zeitraum sammelte er für zwei oder drei Tage auch die Rationen eines Verstorbenen ein (was in dieser Untersuchung nicht als Diebstahl definiert wird). Er berichtet, dass er das beschaffte Essen mit einem Freund, Albert, teilte. Es sei darauf verwiesen, dass dies in den beiden Phasen geschah, als Martin ein Muselmann war. Danach gab es keine weiteren Diebstähle. Die Gründe, die angeführt wurden, weshalb dieses Muster nicht fortgeführt wurde, waren offenbar moralischer Natur. Martin sagte: *„Später dachte ich darüber nach und fragte mich selbst: Warum von diesem Häftling nehmen? Ich entschied mich von anderswo zu nehmen.“*

Informant Alfred[170] erklärte, dass er nach seiner Verhaftung mit seinen Eltern und Freunden in das Ghetto Minsk gebracht wurde. Dort hatte er einmal etwas von einem an-

169 Anm. d. Hg.: „Martin“ ist das Pseudonym von Karl (später Karel, dann Charles) Holzer, geboren am 25. September 1920 in Frankfurt am Main, gestorben am 25. Dezember 2010 in New York. Holzer, der die meiste Zeit seines Vorkriegslebens in Wien gelebt hatte, wurde gemeinsam mit seiner Familie in Prag verhaftet und am 16. Oktober 1941 im ersten Transport aus Prag mit 1.000 Jüdinnen und Juden ins Ghetto Litzmannstadt deportiert (ITS Arolsen, 1.1.42.2/5049421; vgl. auch allg. Sascha Feuchert/Erwin Leibfried/Jörg Riecke (Hg.): Die Chronik des Gettos Lodz/Litzmannstadt (Göttingen 2007), S. 274). Holzer wurde dann zur Zwangsarbeit in den Arbeitslagern Remu (Remow) bei Posen und Posen-Malta eingesetzt und bereits im August 1942 nach Auschwitz und in dessen Außenlager Fürstengrube deportiert (ITS Arolsen 0.1 / 24916419; vgl. auch Interviewprotokoll „Martin“, Elmer G. Luchterhand Papers, Brooklyn College Archives and Special Collections, Accession #2001-005, Sub-Group I, Series 1, Box 1). Im Zuge der „Evakuierung“ des Lagers Fürstengrube am 19. Jänner 1945 wurde Holzer über Wien und Mauthausen in das KZ Mittelbau-Dora verbracht (vgl. Andrea Rudorff: Fürstengrube, in: Benz/Distel (Hg.): Ort des Terrors, Band 5, S. 221–225, hier S. 224) und in dessen Außenlager Osterrode, Günzerode und Ellrich-Bürgergarten überstellt. Mit der Hilfe eines anderen konnte er sich vor der erneuten „Evakuierung“ der jüdischen Häftlinge dieses Außenlagers verstecken (vgl. Jens-Christian Wagner: Ellrich-Bürgergarten (SS-Baubrigade IV), in: Wolfgang Benz/Barbara Distel (Hg.): Der Ort des Terrors, Band 7, S. 301) – anders als sein Lager-Kamerad Albert, der im Zuge dieser Evakuierung starb (vgl. Interviewprotokoll „Martin“). Holzer wurde im April 1945 in Ellrich befreit; nach seiner Emigration in die USA lebte er in New York.

170 Anm. d. Hg.: „Alfred“ ist das Pseudonym von Erich Floersheimer (später Eric Julius Floss), geboren am 9. Juni 1924 in Büdesheim (heute Schöneck), gestorben am 27. Jänner 1997 in Chicago. Floersheimer lebte mit seiner Familie in Frankfurt am Main und arbeitete als Angestellter in einer Polsterei; zwischen 1939 und 1941 arbeitete er auf Haschara-Farmen in Rüdnitz und Eichow in Brandenburg (vgl. Interviewprotokoll „Alfred“, Elmer G. Luchterhand Papers, Brooklyn College Archives and Special Collections, Accession #2001-005, Sub-Group I, Series 1, Box 1; vgl. auch USC Shoah Foundation, Visual History Archive (VHA) IC 16026, Interview mit Eric Floss, 6. Juni 1996, Interviewerin: Rosemarie Levin). Die Gestapo befahl ihm im November 1941, nach Frankfurt zurückzukehren, und deportierte ihn mit über 1.000 anderen am 12. November 1941 mit seinen Eltern nach Minsk (vgl. http://www.statistik-des-holocaust.de/list_ger_hhn_411112.html, Aufruf am 27.1.2017). Im Ghetto Minsk arbeitete Floersheimer im Spital, dann in den „Zwangsarbeitslagern für Juden“ Budzyń und Radom (Interviewprotokoll „Albert“, VHA IC 16026), die 1944 zu Außenlagern des KZ Lublin/Majdanek umfunktioniert wurden (vgl. Verena Walter: Radom, in: Benz/Distel (Hg.): Der Ort des Terrors, Band 7, S. 96–98; Wojciech Lenarczyk: Budzyń, in: Benz/Distel (Hg.): Der Ort des Terrors, Band 7, S. 89–92). Am 26. Juli 1944 wurden die Gefangenen über Tomaszów ins KZ Auschwitz „evakuiert“ und einer Selektion unterzogen; Floersheimer wurde mit über 2.000 anderen männlichen Gefangenen ins Lager Vaihingen, ein Außenlager des KZ Natzweiler, und am 14. Oktober 1944 in das Außenlager Hessental deportiert (ITS Arolsen 6.3.3.2/91799962). Von dort wurde er im April 1945 in einem Todesmarsch nach Allach getrieben, ein Außenlager des KZ Dachau, wo er schließlich befreit wurde. Nach seiner Emigration in die USA lebte Floersheimer in Chicago und änderte seinen Namen in Eric Floss.

deren Juden gestohlen und es später aufgrund einer allgemeinen Durchsuchung der persönlichen Habseligkeiten weggeworfen. Dann stahl er etwas Holz und wurde ertappt. Er wurde dafür von seinen Eltern heftig gescholten. Später, nachdem er eine Massenselektion und Massenexekution gesehen hatte, musste er bei den Massengräbern für die Opfer helfen. Alfred sagte, dass er viele Möglichkeiten hatte, Dinge von den Leichen zu nehmen und dass er einmal eine Uhr nahm. Er *„fühlte sich deswegen schlecht und gab die Uhr der Witwe zurück und verpetzte dann die anderen, die den Leichen Dinge genommen hatten.“* Alfred erzählte, dass er gemeinsam mit seinem Freund Hans im Konzentrationslager Budzyń einmal Schuhe gestohlen hatte. Er erklärte: *„Ich glaube, dass ich danach nichts mehr genommen habe. Ich hatte keine anderen Chancen, etwas zu nehmen.“* Einige Augenblicke später ergänzte der Informant, dass ihm etliche andere Male danach war, etwas an sich zu nehmen, er es aber dann *„irgendwie einfach nicht machte“*.

Olaf[171] gab an, dass er im Jänner 1945 auf dem Weg nach Dora in Gleiwitz Decken nahm. Dieser Diebstahl ereignete sich am Ende eines extrem beschwerlichen Fußmarsches als der Besitz von Decken buchstäblich zu einer Frage von Leben und Tod geworden war. Olaf war nach einer Blinddarmoperation vorzeitig aus dem Häftlingskrankenbau entlassen worden und stieß erst nach der Verteilung der für den gesamten Marsch erlaubten Ration zur Marschordnung. Er war bei der Ankunft in Gleiwitz *„fast tot“*. Auf dem Weg nach Dora durchsuchte er die Toten des Marsches. In Dora nahm er ein Paar Schuhe und etwas Kleidung (seine Kleidung schien nach dem Marsch zerschlissen gewesen zu sein), um zur Behandlung zum Lagerarzt gehen zu können. Es ist wichtig sich zu vergegenwärtigen, dass ein Häftling mit geringerer Wahrscheinlichkeit Medikamente bekam, wenn sein Erscheinungsbild darauf hindeutete, dass ihm nicht mehr zu helfen wäre und er, schlimmer noch, zur Vernichtung selektiert werden könnte.

Jerome[172] sagte, dass er weder in Dachau, dem ersten Lager, in dem er inhaftiert war,

171 Anm. d. Hg.: „Olaf“ ist das Pseudonym von Chaim Strykowski, später Henry Strick, geboren am 1. Dezember 1921 in Piotrków Trybunalski, gestorben im Juni 1978 in Chicago. Strykowski wohnte mit seinen Eltern und seiner jüngeren Schwester in Tomaszów Mazowiecki und nach dessen Gründung im Dezember 1940 im dort von der deutschen Besatzung eingerichteten Ghetto. Im Juli 1942 wurde er nach einem abgehörten Telefongespräch über verbotene Geschäfte verhaftet und musste für die „Organisation Todt“ Zwangsarbeit verrichten; nach einer kurzen Rückkehr ins Ghetto Tomaszów wurde er im November 1942 erneut verhaftet und im „Zwangsarbeiterlager für Juden“ in Pionki (bei Radom) inhaftiert (vgl. Interviewprotokoll „Olaf“, Elmer G. Luchterhand Papers, Brooklyn College Archives and Special Collections, Accession #2001-005, Sub-Group I, Series 1, Box 1). Im Juli 1944 wurde er von dort ins KZ Auschwitz und dessen Außenlager Monowitz deportiert, im Zuge der Auflösung des Lagers im Februar 1945 in das KZ Mittelbau-Dora und schließlich nach Bergen-Belsen überstellt, wo er am 15. April befreit wurde (ITS Arolsen 6.3.3.2/98420255). Strykowski emigrierte im Juni 1950 nach einem einjährigen Rekonvaleszenzaufenthalt in Stockholm und einer Ausbildung in Göteborg (ITS Arolsen 6.3.3.2/98420255) in die USA, änderte seinen Namen in Henry Strick und lebte mit seiner Familie in Chicago.

172 Anm. d. Hg.: „Jerome“ ist das Pseudonym von Max Ullmann (später Ullman), geboren am 9. Jänner 1911 in Haigerloch, gestorben am 3. November 1994 in New York. Ullmann, von Beruf Verkäufer, wurde im Zuge der Novemberpogrome am 12. November 1938 ins KZ Dachau deportiert und dort am 5. Jänner 1939 entlassen (vgl. ITS Arolsen 6.3.3.2/90078713 sowie Interviewprotokoll „Jerome“, Elmer G. Luchterhand Papers, Brooklyn College Archives and Special Collections, Accession #2001-005, Sub-Group I, Series 1, Box 1). Am 27. November 1941 wurde Ullmann erneut verhaftet, nach Riga deportiert und dort

noch während seiner späteren Gefangenschaft in Jungfernhof und im Ghetto von Riga stahl. In den letzten Lagern, in denen er von Oktober 1944 bis zu seiner Befreiung im März 1945 inhaftiert war, Kaiserwald und Burggraben, räumte er ein, gestohlen zu haben. Es gibt keine Hinweise auf den Umfang dieses Diebstahlsverhaltens, allerdings unternahm Jerome keine Anstrengungen die Diebstähle auf ein Minimum zu reduzieren. Vor seiner Haft in diesen letzten Lagern hatten Jerome und seine Mithäftlinge Zugang zu sehr vielen Gütern für den „Schwarzmarkthandel", sowie eine lokale bäuerliche Bevölkerung, von denen sie Güter kaufen konnten. Das verringerte den Druck, Diebstähle verüben zu müssen. Die Zustände in Kaiserwald und insbesondere in Burggraben waren sehr hart.

Conrads[173] erste Reaktion auf die Aussagen I und II war, dass er nie etwas von anderen Häftlingen genommen hatte, aber während den ersten Monaten in seinem ersten Lager, Auschwitz-Buna, viele Male darüber nachgedacht hatte. In den letzten Wochen seiner Haft war Conrad in Mannheim. In den vorangegangenen drei Monaten war er in drei verschiedenen Lagern und auf mehreren beschwerlichen Transporten. In Mannheim hatte er keine Büchse, um seine Suppenrationen abzuholen. Er sah eine, von der er glaubte, dass *„diese von niemandem beansprucht wurde"*. Er nahm die Büchse, verwendete sie, legte sie zurück und verwendete sie nach einer gewissen Zeit wieder. Aufgrund der Tat-

im neu eingerichteten Lager Jungfernhof inhaftiert (ebd.), in dem nach der Erschießung von tausenden Inhaftierten nur wenig hundert Menschen überlebten (vgl. Wolfgang Benz: Der Holocaust (München 1995), S. 76–78). Im August 1943 wurde Ullmann mit hunderten anderen in das neu errichtete KZ Riga-Kaiserwald überstellt (Franziska Jahn: Riga-Kaiserwald – Stammlager, in: Wolfgang Benz/Barbara Distel (Hg.): Der Ort des Terrors. Geschichte der nationalsozialistischen Konzentrationslager, Band 8: Riga-Kaiserwald, Warschau, Vaivara, Kauen (Kaunas), Płaszów, Kulmhof/Chełmno, Bełżec, Sobibór, Treblinka (München 2008), S. 17–63, hier S. 29f.). Im Zuge der Auflösung dieses Lagers wurde er ins KZ Stutthof „evakuiert" und in dessen Außenlager Burggraben (Danzig-Kokoschken) bei Werftarbeiten eingesetzt. Dort versteckte er sich vor der drohenden Evakuierung im März 1945: *„Von Mitte Jänner bis Mitte März blieben die meisten Häftlinge in ihren Baracken. Dann, am 19. März, wurden sie mitten in der Nacht aus ihren Betten gejagt, um wegen eines plötzlichen russischen Vormarsches evakuiert zu werden. Es ist interessant, dass Jerome dazu entschied, sich in der Küche zu verstecken, und dass er diese Entscheidung offenbar alleine traf, ohne sich mit seinem Cousin und seinen Freunden zu konsultieren. Am Morgen nach der Evakuierung des Lagers entdeckte er überrascht, dass auch etwa 20 andere zurückgeblieben waren."* (Interviewprotokoll „Jerome", vgl. dazu auch Marek Orski: Danzig Kokoschken (Gdańsk-Kokoszki), in: Benz/Distel (Hg.): Der Ort des Terrors, Band 6, S. 573–578). Ullmann emigrierte am 9. Mai 1946 in die USA (ITS Arolsen 0.1/47690485).

173 Anm. d. Hg.: „Conrad" ist das Pseudonym von Ludwig Libmann (später Lou Libman), geboren am 3. Jänner 1928, gestorben am 10. September 2007 in den USA. Libmann arbeitete seit 1940 in einer jüdischen Arbeiterkolonie in Neuendorf bei Berlin, die die Nationalsozialisten ab Winter 1940 als Sammel- und Zwangsarbeitslager nutzten. Am 19. April 1943 wurde er mit über 150 anderen aus Neuendorf im „37. Osttransport" ins KZ Auschwitz und dessen Außenlager Monowitz deportiert (ITS Arolsen 1.2.1.2/11245106; vgl. auch http://www.statistik-des-holocaust.de/list_ger_ber_ot37.html, Aufruf am 28.1.2018). Im Zuge der Auflösung des Lagers wurde Libmann im Jänner 1945 ins KZ Sachsenhausen überstellt, am 5. Februar 1945 weiter ins KZ Flossenbürg, wo er unter der Häftlingsnummer 46747 als lediger mosaischer Schlosser registriert wurde (ITS Arolsen 1.1.8.3/10934184). Von Flossenbürg aus überstellte man ihn weiter in das Lager Offenburg, ein Außenlager des KZ Natzweiler (ITS Arolsen 1.1.8.3/10934184; Interviewprotokoll „Conrad", Elmer G. Luchterhand Papers, Brooklyn College Archives and Special Collections, Accession #2001-005, Sub-Group I, Series 1, Box 1). Die Häftlinge dieses Lagers wurden Mitte April *„in einen Zug gesperrt, der sie in südöstliche Richtung in den Schwarzwald beförderte"* (vgl. Uwe Schellinger: Offenburg, in: Benz/Distel (Hg.): Der Ort des Terrors, Band 6, S. 157–161, hier S. 159); Libmann wurde in Immendingen befreit. Er emigrierte im Jänner 1947 in die USA, änderte seinen Namen in Lou Libman und lebte in Chicago (ITS Arolsen 6.3.3.2/84728573).

sache, dass sich der Informant wegen diesem Verhalten schuldig fühlte und aufgrund seiner frühen Erwägungen von Diebstählen wurde dieses Handeln als Diebstahl behandelt.

Fallnummer	Haftzeit (in Monaten)	Art des Diebstahlsverhaltens	
		abnehmende Diebstähle	abnehmende Erwägung von Diebstählen
10	21	1	
11	78		1
16	43	1	
17	26		1
28	32		1
32	33	1	
46	49	1	
48	42	1	
Summe	**324**	**5**	**3**

Tabelle 6: Haftzeit von 8 Personen, die positive Veränderungen hinsichtlich Diebstahlsverhalten aufweisen, nach Art des Diebstahlsverhaltens.

Ohne den Extremwert von 78 Monaten beträgt die durchschnittliche Haftzeit 35,1 Monate.

Fallnummer	Haftzeit (in Monaten)	Fallnummer	Haftzeit (in Monaten)
6	7	30	47
7	4	31	33
8	47	35	26
9	21	36	41
12	25	37	68
13	22	38	85
14	26	39	40
18	61	40	60
19	29	41	144
21	23	42	32
22	26	43	42
23	20	47	27
24	31	49	21
25	47	50	22
26	7	51	68
27	27	52	53
29	22	Summe	1.254

Tabelle 7: Haftzeit von 33 Personen, die kein Diebstahlsverhalten aufweisen.

Ohne die Extremwerte von 4 und 144 Monaten beträgt die durchschnittliche Haftzeit 35,7 Monate; unter Einberechnung der Extremwerte beträgt der Durchschnitt 38 Monate.

Fallnummer	Haftzeit (in Monaten)	Art des Diebstahlsverhaltens	
		zunehmende Diebstähle	zunehmende Erwägung von Diebstählen
15	13		1
33	26	1	
34	29	1	
44	42	1	
45	45		1
Summe	**155**	**3**	**2**

Tabelle 8: Haftzeit von 5 Personen, die negative Veränderungen hinsichtlich Diebstahlsverhalten aufweisen, nach Art des Diebstahlsverhaltens.

Durchschnittliche Haftzeit: 31 Monate.

Die Tabellen 6, 7 und 8 weisen erhebliche Schwankungen in der jeweiligen durchschnittlichen Haftzeit auf. Einer der Faktoren, der wahrscheinlich zu diesen Schwankungen beiträgt, ist die Häufigkeit, mit der Häftlinge zwischen den Lagern verschoben wurden. Unsere Informantinnen und Informanten waren im Durchschnitt jeweils in 5,5 Lagern und nationalsozialistischen Ghettos inhaftiert. Neuankünfte in einem Lager waren Personen, die entwurzelt waren; wenn sie nicht aus der Gesellschaft außerhalb der Lager gerissen wurden, dann aus den sozialen Beziehungen und Routinen in früheren Lagern. Wie wenig zufriedenstellend die sozialen Beziehungen in früheren Lagern auch immer gewesen sein mögen, sie hatten doch die Bedeutung, vertraut – d.h. in gewisser Weise berechenbar – gewesen zu sein. In dem Lager, in dem der Häftling gerade angekommen war, war es für ihn außergewöhnlich schwierig, irgendwelche sozialen Beziehungen zu knüpfen. Zudem waren die Härten der Transporte oft so massiv, dass die Häftlinge „eher tot als lebendig" ankamen. Von dem, was wir über soziale Desorganisation wissen, werden Verstöße gegen Wertesysteme am ehesten dann von Personen begangen, wenn diese faktisch nicht in irgendeiner Weise in einem sozialen System verankert sind, und wenn sie in großer Not sind.

Kürzlich angekommene Häftlinge erhöhten in der Regel die Gefahren im Leben der regulären Häftlinge des Lagers. Häftlingsorganisationen standen vor dem Risiko möglicher Überwachung durch Spitzel. Gewisse allgemeinere und unmittelbarere Auswirkungen waren von größerer Bedeutung für die unmittelbaren Beziehungen mit der Hauptmasse der Häftlinge. Die Zuteilung von einem Neuankömmling zu einer Baracke erhöhte die Belagsdichte. Da der Neuankömmling gerade von irgendeinem Transport kam, auf dem die Ansteckungsgefahr und der Lausbefall in der Regel hoch waren, erhöhte der Neuankömmling für gewöhnlich die Gefahr von Ungezieferbefall und Infektionskrankheiten im Lager. Dies war insbesondere in Lagern der Fall, in denen Entlausung und Quarantäne nicht Teil der Einlieferungsprozedur waren oder nur oberflächlich erfolgten.

Der Informant Felix erklärte, dass es die regulären Häftlinge einer Pritsche aufgrund der Infektions- und Infestationsgefahr übelnahmen, wenn Neuankömmlinge zugeteilt wurden und sie ihre Pritschen mit ihnen teilen mussten. Felix merkte an, dass in einem Lager, in

Der Kunstmaler Jerzy Zielezinski (George Ziel), den Luchterhand unter dem Pseudonym „Felix" interviewt, lebt nach der Befreiung stark geschwächt im DP-Camp Schwandorf. Er zeichnet Situationen der KZ-Haft und veröffentlicht sie bereits 1946 unter dem Titel *24 Drawings from the Concentration Camps in Germany* im Verlag *F. Bruckmann KG.* Im Vorwort heißt es zur hier abgebildeten Zeichnung *„If only..."* (deutsch: *Sehnsucht*): *„Da ist eine Gestalt, ein Mann, der mit dem Rücken zu uns steht und über den Stacheldraht in die Ferne blickt. Seine Hände sind in den Taschen, sein Gesicht versteckt. Die Zeichnung heißt Sehnsucht. Sie ist vollkommen einfach, nur ein Mann, der da steht. Und doch hat der Künstler auf gewisse Weise geschafft, die äußerste Verzweiflung zu vermitteln, die Besessenheit von der Freiheit, die Angst, die Resignation, das ganze Gefühlschaos in dieser einsamen Figur, wir fühlen die Hoffnungslosigkeit und den Kummer über diese bitteren, nicht enden wollenden Tage, eine Serie von Elend und Erniedrigung. Wir können ihm dabei zusehen, ein Jahr lang jeden Tag Kohl zu essen, Läuse zu bekommen, seine Kameraden ins Krematorium zu tragen, zu fliehen zu versuchen, mit Typhus im Spital zu liegen... all diese Bilder ziehen durch unseren Kopf, während wir ihn betrachten, dessen Gesicht wir nicht einmal sehen können, alleine im Morgengrauen – oder ist es die Abenddämmerung? Es ist egal. In dieser Existenz muss sogar die Zeit ihren vertrauten Wert und ihre Bedeutung verloren haben und einer tristen Struktur der Ewigkeit Platz gemacht haben."* (Quelle: 24 Drawings from the Concentration Camps in Germany (München 1946)).

dem es keine Entlausungs- und Quarantänemaßnahmen gab, alte Häftlinge neu ankommende Häftlinge zwangen, im Freien zu schlafen, bis sie entlaust werden konnten. Er erklärte, dass er zu mehreren solcher Anlässe Neuankömmlingen aus seiner Heimatstadt erlaubte, auf dem Boden unter seiner Pritsche zu schlafen. Aus dem Bericht von Felix geht klar hervor, dass diese Diskriminierungen von Neuankömmlingen von den Erfahrungen der Häftlinge mit den unkontrollierten Verheerungen durch Typhus, Ruhr und anderen Krankheiten herrührten; und dass die Diskriminierungen in allen Baracken üblich waren und kein Zusammenhang mit der Zeitdauer bestand, die die Häftlinge in den Lagern waren.

Art der Anpassung betreffend Diebstahlsverhalten	Anzahl an Fällen	Durchschnittliche Haftzeit
zunehmendes Diebstahlsverhalten (negative Veränderung)	5	31
kein Diebstahlsverhalten	33	34,7
abnehmendes Diebstahlsverhalten (positive Veränderung)	8	35,1

Tabelle 9: Durchschnittliche Haftzeiten von 46 Personen nach Art der Anpassung betreffend Diebstahlsverhalten. Unter den 47 Standardinformantinnen und -informanten gab es eine Person, die im Verlauf ihrer Haft gelegentlich Diebstähle beging. Da es scheinbar keine Veränderung in der Häufigkeit der Diebstähle gab, wurde diese Person in der Auflistung nicht berücksichtigt. Der Durchschnittswert bei „keinem Diebstahlsverhalten" wurde ohne den Extremwert von 144 Monaten berechnet. Wird der Extremwert eingerechnet, liegt der Durchschnitt bei 38 Monaten. Der Durchschnittswert bei „abnehmendem Diebstahlsverhalten" wurde ohne den Extremwert von 78 Monaten berechnet. Wird der Extremwert eingerechnet, liegt der Durchschnitt bei 40,5 Monaten.

Die beachtlichen Unterschiede der durchschnittlichen Haftzeiten in den Tabellen 6, 7 und 8, sowie die wenigen Fallbeispiele in Tabelle 6, und insbesondere in Tabelle 8, schränken die Gültigkeit dieser Datenreihen ein. Dennoch sind die Zusammenfassungen in Tabelle 9 von gewissem Interesse. Es besteht eine merkliche Ähnlichkeit zwischen den durchschnittlichen Haftzeiten der Fallbeispiele ohne Diebstahlsverhalten und der Fallbeispiele mit positiver Veränderung, und eine substanziell niedrigere durchschnittliche Haftzeit der Fälle mit negativer Veränderung. Unter Berücksichtigung der Einschränkungen der vorherigen Tabellenreihe ist es dennoch von Bedeutung anzumerken, dass – unabhängig davon, ob die Berechnungen die Extremwerte umfassen oder nicht – die durchschnittliche Haftzeit für die Fälle von zunehmendem Diebstahlsverhalten am niedrigsten und für die Fälle von abnehmendem Diebstahlsverhalten am höchsten ist und die durchschnittliche Haftzeit für Fallbeispiele ohne Diebstahlsverhalten dazwischenliegt.

Es gibt unterschiedliche Interpretationen für diesen Trend:

1. Während ein Geschick für Diebstähle für das Überleben temporärer Krisensituationen nützlich war, wurden die Überlebenschancen für die Masse der Häftlinge erhöht, wenn sie sich dem „Organisieren" – insbesondere mit einem oder mehreren Freundinnen oder Freunden – anschlossen und Diebstähle, wie in dieser Untersuchung defi-

niert, ablehnten. Eine der geläufigen Strafen, die Häftlingen für das Stehlen von Brot auferlegt wurde, waren heftige Prügel. Aufgrund der geschwächten Verfassung der meisten Häftlinge bedeuteten solche Prügel früher oder später oft den Tod. Auf lange Sicht hatten Personen, die eine negative Veränderung des Diebstahlsverhaltens aufwiesen, somit höchstwahrscheinlich geringere Überlebenschancen als Personen, die eine positive Veränderung des Diebstahlsverhaltens oder kein Diebstahlsverhalten aufwiesen.

2. Es ist möglich, den Unterschied der in Tabelle 9 dargestellten durchschnittlichen Haftzeiten als allgemeine Untermauerung der These zu interpretieren, dass man umso akkulturierter wurde, umso länger man unter Häftlingen lebte und umso mehr man die Normen der Masse der Häftlinge übernahm. Sofern diese Interpretation zutrifft, bewegt sie sich dennoch im Rahmen der häufigen Entwurzelung von Häftlingen durch Transporte und Überstellungen.
3. Letztlich wird vorgeschlagen, dass beide Interpretationen zutreffen könnten. Es versteht sich von selbst, dass diese Faktoren durch die Berücksichtigung der Art der Lager, situativer Veränderungen, die einzelne Lager zu bestimmten Zeiten beeinflussten, und auch durch weiterreichende situative Faktoren, kompliziert werden.

„Organisieren“

In dieser Untersuchung wird der Begriff „Organisieren“, entsprechend dem allgemeinen Häftlingsjargon verwendet, um die Beschaffung von Gütern von irgendjemandem durch Tausch und von irgendjemandem außer *einem anderen Häftling* durch unmittelbare Aneignung zu beschreiben. Es gibt eine gewisse Ähnlichkeit mit dem Begriff „liberating“, wie dieser von englischsprachigen Nationen im Zweiten Weltkrieg verwendet wurde, um die Beschaffung von Gütern von der Bevölkerung in besetzten Gebieten durch unmittelbare Aneignung zu beschreiben. Manchmal wurde der Begriff auch verwendet, um eben diese Beschaffung von Gütern durch ungleichen Handel zu beschreiben. Es gibt allerdings einige bedeutende Unterschiede zwischen den beiden Begriffen. „Organisieren“ war in der Regel in einer massiven Art der Deprivation begründet. Die gefragten Güter kamen oft von Menschen aus dem Heimatland der Häftlinge. Das „Organisieren“ erforderte im Allgemeinen komplexere Verhaltensweisen, die manchmal auch Produktion und Tausch umfassten, und wurde von den involvierten Personen häufig unter Lebensgefahr verrichtet.

Ein paar von unseren Informantinnen und Informanten angeführte Beispiele dienen der Veranschaulichung einiger dieser Unterschiede. Zusätzlich zu den augenscheinlich extremen Formen der Deprivation, die die Aktivitäten des „Organisierens“ begründeten, gab es auch extreme Deprivation hinsichtlich verschiedener, weniger offensichtlicher, kulturell definierter Bedürfnisse. Beispielsweise waren weibliche Häftlinge durch Routinen wie Kopfrasuren, Massenentkleidungen und die Behandlung durch SS-Männer und dem allgemeinen Fehlen von Kosmetika vieler Komponenten ihrer Selbstbilder von Weiblichkeit beraubt. Informantin Amy schildert ihre Reaktion auf die Kopfrasur und sagte, dass sie *„weinend mit ihren Locken im Schoß dort saß"*. Später fälschte sie eine ärztliche Bewilligung, um ein Tuch tragen zu können und damit ihren kahlgeschorenen Kopf zu verdecken. Sie scheute keine Mühen, um ein Stück Schnur für die Herstellung eines Büstenhalters und einen Bleistift für das Nachdunkeln ihrer Augenbrauen zu „organisieren". Sie „organisierte" einen roten Wachsstift und verwendete diesen und ihre Ration Margarine zur Herstellung von Lippenstift. Später verkaufte sie dieses Kosmetikum für Brot. Andere Informantinnen berichteten, dass Kalkfarbe und Rote-Beete-Saft „organisiert" wurden, um als Gesichtspuder bzw. als Rouge verwendet zu werden. Abgesehen von dem Bedürfnis feminin zu erscheinen, war es von größter Bedeutung, der SS gegenüber gesund zu wirken, um nicht für die Vernichtung selektiert zu werden.

Ein Beispiel für die eingegangenen Risiken für kulturell angeeignete Bedürfnisse: Informantin Edna unternahm große Anstrengungen, um sich Binden aus einer für die Ehefrauen der SS-Bewachung gedachten Lieferung anzueignen. Sie riskierte mit diesem Versuch sprichwörtlich ihr Leben.

Informantin Jennie erwähnt den folgenden genialen Fall von „Organisieren". In Auschwitz-Birkenau gab es eine Hauterkrankung, die allgemein als *Krätze* [Deutsch im Original] bezeichnet wurde. Während der anfänglichen Ausbreitung der Krankheit wollten Häftlinge angesteckt werden, da sie dann ins Krankenrevier gebracht wurden, neue Unterwäsche, einen Pullover und ein Bad mit Seife erhielten und sich zwei Tage ausruhen durften. Ein 16-jähriges Mädchen verkaufte die Krankheit an andere weibliche Häftlinge in ihrer Baracke um eine Tagesration Brot. Die Ansteckung erfolgte, indem man für eine Nacht bei ihr schlief.

In Auschwitz-Buna bot die Gegenwart von englischen Kriegsgefangenen, die einen weitaus höheren Lebensstil als die KZ-Häftlinge hatten, Möglichkeiten für verschiedene Formen des „Organisierens". Mehrere unserer Informanten „organisierten" Werkzeuge und Materialien und fertigten kleine Schmuckgegenstände an, die sie mit den englischen Kriegsgefangenen gegen Essen und Kleidungsstücke tauschten.

Informantin Louise und Informant Jerome konnten Gegenstände, die von zuvor ermordeten Häftlingen in einem Lager zurückgelassen worden waren, mit der lokalen lettischen Bauernbevölkerung tauschen.

Verschiedene Positionen in den Lagern waren dafür bekannt, dass sie lohnende Möglichkeiten für das „Organisieren" boten: Küchen, Effektenkammern und andere Magazine, Krankenreviere und Arbeitsstellen, in denen vom nationalsozialistischen Regime rationierte Güter verwendet wurden.

Teilen

Die nachfolgenden drei Tabellen beschäftigen sich mit – sofern vorhanden – langfristigen Veränderungen im Teilen und nicht mit kurzzeitigen Veränderungen. Das Verhalten in Bezug auf Teilen in der ersten Hälfte der Haftzeit einer Person wurde mit jenem der zweiten Hälfte verglichen. Wenn eine Person entweder mit derselben Person bzw. denselben Personen oder einer größeren Personenanzahl häufiger teilte, wurde dies als positive Veränderung klassifiziert; im umgekehrten Fall als negative Veränderung. Fallbeispiele, in denen keine Veränderung ausgemacht werden konnte, waren jene Fälle, in denen in der zweiten Phase im Vergleich zur ersten Phase mit ungefähr derselben Häufigkeit mit einer oder mehreren Personen geteilt wurde. Wie auch hinsichtlich der anderen Verhaltensbereiche ist die das Teilen betreffende Kategorie, in der es keine Veränderungen gab, insofern eine Fehlbezeichnung, als dass relativ kurzfristige Verhaltensänderungen unberücksichtigt bleiben.

Fallnummer	Haftzeit (in Monaten)
23	20
48	42
50	22

Tabelle 10: Haftzeit von 3 Personen, die eine positive Verhaltensänderung in Bezug auf Teilen aufweisen.

Fallnummer	Haftzeit (in Monaten)
6	7
7	4
8	47
9	21
10	21
11	78
13	22
14	26
16	43
17	26
18	61
20	40
24	31
25	47
26	7
27	27
28	32
29	22

Fallnummer	Haftzeit (in Monaten)
30	47
31	33
32	33
33	26
35	26
36	41
37	68
38	85
39	40
40	60
41	144
42	32
43	42
45	45
46	49
51	68
52	53
Summe	**1.454**

Tabelle 11: Haftzeit von 35 Personen, deren Verhalten in Bezug auf Teilen keine Veränderung aufweist.

Ohne die Extremwerte von 4 und 144 Monaten beträgt die durchschnittliche Haftzeit 39,6 Monate; unter Einberechnung der Extremwerte beträgt der Durchschnitt 41,5 Monate.

Fallnummer	Haftzeit (in Monaten)
12	25
15	13
19	29
21	23
22	26
34	29
44	42
47	27
49	21
Summe	**235**

Tabelle 12: Haftzeit von 9 Personen, die eine negative Verhaltensänderung in Bezug auf Teilen aufweisen.

Die durchschnittliche Haftzeit beträgt 26,1 Monate.

Es ist von Interesse festzuhalten, dass die Fallbeispiele in Tabelle 11, in denen keine Veränderung ausgemacht werden konnte, sowohl Personen mit den kürzesten Haftzeiten als auch Personen mit den längsten Haftzeiten umfassen. Zudem ist die Gleichmäßigkeit von Tabelle 12, die die Fallbeispiele mit negativer Veränderung darstellt, interessant. Tabelle 10 stellt die Personen mit positiver Veränderung dar und umfasst lediglich 3 Fälle – zu wenige und zu verschieden hinsichtlich der Haftzeiten, um eine Interpretation des Durchschnittes zuzulassen. Der Unterschied zwischen der durchschnittlichen Haftzeit der Tabellen 11 und 12 beträgt entweder 13,5 oder 15,4 Monate, je nachdem, ob der Durchschnitt für Tabelle 11 mit den beiden Extremwerten oder ohne diese berechnet wird. In jedem Fall dürfte dieser Unterschied groß genug sein, um eine Interpretation zu erfordern.

Die Verhaltensänderung in Bezug auf Teilen war zwangsläufig an bestimmte Umstände in den Leben der einzelnen Informantinnen und Informanten und an Veränderungen in der Lagersituation im Allgemeinen gebunden. Der Druck der anhaltenden Kriegsführung auf das nationalsozialistische Regime spiegelte sich im Lagersystem unmittelbar in der massiv verringerten Versorgung mit Essen, Kleidung, Medizingütern und anderen rationierten Gütern wider. Angesichts dieser Umstände ist der hohe Anteil von Fällen negativer Änderung im Verhältnis zu Fällen positiver Änderung leicht zu verstehen.

Die Fallbeispiele ohne Verhaltensänderung bezüglich Teilen umfassen eine Reihe an Personen, die eine positive Veränderung in zwischenmenschlichen Beziehungsmustern zeigten. Ob diese Personen unter den Bedingungen einer stabilen, aber mangelhaften Versorgung mit Essen und Kleidung eine positive Veränderung hinsichtlich des Teilens gezeigt hätten oder ob sie in der Kategorie, die keine Änderung aufweist, verblieben wären, kann nicht gesagt werden.

Im Fall anhaltender zwischenmenschlicher Beziehungen war Teilen in der Regel wechselseitig und auf längere Sicht nicht mit Opfern verbunden. Es darf nicht außer Acht gelassen werden, dass der allgemeine Zustand des Lagerlebens für die große Masse der Häftlinge ein Zustand des mehr oder weniger schnellen Hungertodes war und dass die meisten Akte des Teilens, in dem Augenblick, in dem sie stattfanden, als Opfer erschienen. Dies war umso mehr der Fall, wenn sich die Versorgung mit Essen und Trinken dem Nullpunkt näherte. Wie im Kapitel „Häftlingsverhalten in speziellen Extremsituationen" gezeigt werden wird, gab es gelegentlich Fälle des Teilens durch unsere Informantinnen und Informanten, die unter Bedingungen extremster Deprivation stattfanden, als nur eine kleine Minderheit überlebte und jeglicher Gedanke an ein *quid pro quo* restlos unrealistisch war. Es ist jedoch evident, dass der allgemeine Trend für unsere Fallbeispiele eine höhere Proportion von Fällen negativer Veränderung in Bezug auf Teilen zeigte, als in den beiden anderen untersuchten Bereichen – Diebstähle und zwischenmenschliche Beziehungsmuster. Es ist auch offenkundig, dass Informantinnen und Informanten, die eine negative Veränderung des Verhaltens in Bezug auf Teilen aufwiesen, durchschnittlich erheblich weniger Zeit in den Lagern verbrachten als jene, die keine Veränderung zeigten. Darüber hinaus soll auch auf die Tatsache verwiesen werden, dass sich unter den Fällen negativer Veränderung keine einzige Person findet, deren zwischenmenschliche Beziehungsmuster die Teilnahme an „Klein-" oder „Großgruppen" umfasste, d.h., alle zählen zu den Fallgruppen 1, 2, 1E oder 2E und nicht zu den Fallgruppen 3, 4, 3E und 4E.

Religion und konfligierende Normen

Die nachfolgende Reihe dreier Tabellen beschäftigt sich mit der Veränderung und „Nicht-Veränderung" des Ausmaßes von religiösem Verhalten der Informantinnen und Informanten. Religiöser Glaube und die Teilnahme an religiösen Gruppen nach der Befreiung wurde mit dem Glauben und der Teilnahme vor der Inhaftierung verglichen. Informantinnen und Informanten, die weder vor noch nach der Inhaftierung religiös waren, und jene, die zwar religiös waren, deren religiöses Verhalten aber nach der Befreiung mehr oder weniger dasselbe Ausmaß hatte wie vor der Inhaftierung, wurden in einer Kategorie ohne Veränderungen zusammengefasst. Wenn der religiöse Glauben und/oder die Teilnahme einer Person nach der Inhaftierung größer war als zuvor, wurde diese in der Kategorie positiver Veränderung klassifiziert; wenn religiöser Glauben und/oder die Teilnahme geringer war, wurde die Person in der Kategorie negativer Veränderung klassifiziert. Der Begriff „negativ" ist in diesem Kontext keinesfalls wertend, sondern bezieht sich lediglich auf einen Rückgang im Ausmaß des religiösen Verhaltens.

Fallnummer	Haftzeit (in Monaten)
37	68
43	42

Tabelle 13: Haftzeiten von 2 Personen, die eine positive Veränderung im religiösen Verhalten aufweisen.

Fallnummer	Haftzeit (in Monaten)	Fallnummer	Haftzeit (in Monaten)
6	7	30	47
7	4	34	29
9	21	38	85
12	25	39	40
13	22	40	60
16	43	41	144
18	61	44	42
20	40	46	49
22	26	50	22
24	31	51	68
28	32	52	53
29	22	**Summe**	**973**

Tabelle 14: Haftzeit von 23 Personen, deren religiöses Verhalten keine Veränderung aufweist.

Ohne die Extremwerte von 4 und 144 Monaten beträgt die durchschnittliche Haftzeit 39,3 Monate; unter Einberechnung der Extremwerte beträgt der Durchschnitt 42,3 Monate.

Fallnummer	Haftzeit (in Monaten)	Fallnummer	Haftzeit (in Monaten)
8	47	31	33
10	21	32	33
11	78	33	26
14	26	35	26
15	13	36	41
17	26	42	32
19	29	45	45
21	23	47	27
23	20	48	42
25	47	49	21
26	7	**Summe**	**690**
27	27		

Tabelle 15: Haftzeit von 22 Personen, die eine negative Veränderung im religiösen Verhalten aufweisen.

Die durchschnittliche Haftzeit beträgt 31,4 Monate.

Insgesamt wiesen 22 Personen (oder 47 Prozent) unserer Standardinformantinnen und -informanten eine negative Veränderung im religiösen Verhalten auf; 23 Personen (oder 49 Prozent) zeigten keine Veränderung; die verbleibenden 2 Personen (oder vier Prozent) zeigten eine positive Veränderung.

Die hohe Proportion von Fällen negativer Veränderung unter unseren Standardinformantinnen und -informanten könnte darauf hinweisen, dass Häftlinge Muster, die vor den Lagern bestanden hatten und im Grunde feindselig gegenüber der antireligiösen Ausrichtung vieler in der nationalsozialistischen Bewegung waren, aufgaben. Solch eine Interpretation, die auf den ersten Blick von Bettelheim hervorgehobene Tendenzen stützen könnte, muss allerdings auch die längere durchschnittliche Haftzeit bei den Fällen, die keine Veränderung aufwiesen, berücksichtigen; eine Tatsache, die nicht weniger gegen die systemische Theorie Bettelheims spricht.

Es wurden keine systematischen Anstrengungen angestellt, um Meinungen von Informantinnen und Informanten über das religiöse Verhalten anderer Häftlinge zu erfassen. Der Großteil der Beobachtungen von Informantinnen und Informanten und von persönlichen, veröffentlichten Berichten bekräftigen den Eindruck eines Rückganges in religiösem Verhalten und religiöser Teilnahme. Ein offenbar anderer Eindruck wird in einem bekannten Artikel vermittelt, der anonym von einem unserer fünf Sonderinformanten verfasst wurde: Mark[174], der 1938 und 1939 in Dachau und Buchenwald war.[175] Mark behauptet nicht ausdrücklich, dass eine größere Anzahl an Häftlingen eine positive Veränderung aufwies; der Schwerpunkt liegt lediglich auf der Rückkehr vieler Häftlinge zu Religion und „*wahrhafter Moralität*". Mark erklärt, dass „*sich die Überzeugung entwickelte, dass eben die Koinzidenz von unglaublichen wissenschaftlichen und technischen Fortschritten und dieser beispiellose kulturelle Verfall [der Verweis gilt dem nationalsozialistischen Regime und seinem Lagersystem – EL] nur durch die Missachtung wahrhafter Moralität erklärt werden konnte.*"[176]

Die beiden Personen unter unseren Standardinformantinnen und -informanten, die eine positive Veränderung in ihrem religiösen Verhalten aufwiesen, waren in ihren Leben vor den Lagern beide Atheisten. Eine Person wechselte zu einer Überzeugung, die als

174 Anm. d. Hg.: „Mark" ist das Pseudonym von Armand Eisler, geboren am 6. Mai 1880 in Paris, gestorben am 16. September 1957 in Miami Beach, Florida. Eisler, der als bekannter sozialdemokratischer Rechtsanwalt in Wien lebte, war einer der 150 Österreicher, die mit dem ersten Transport, dem sogenannten „Prominententransport", am 1. April 1938 ins KZ Dachau deportiert wurden, und wurde dort am 2. April als „Schutzhaft Jude" registriert (vgl. dazu allgemein Wolfgang Neugebauer/Peter Schwarz: „Stacheldraht, mit Tod geladen ..." Der erste Österreichertransport in das KZ Dachau 1938. Hg. von der Arbeitsgemeinschaft der KZ-Verbände und Widerstandskämpfer Österreichs (Wien 2008), sowie die Biografien auf der Website des DÖW, http://www.doew.at/erinnern/fotos-und-dokumente/1938-1945/der-erste-dachau-transport-aus-wien-1-april-1938, Aufruf am 3.3.2018). Eisler wurde am 24. September 1938 ins KZ Buchenwald überstellt und dort am 22. Mai 1939 entlassen (vgl. ITS Bad Arolsen 1.1.5.3/5814861). Er emigrierte mit seiner Frau Emilie Eisler im September 1939 in die USA, wo er Vorsitzender der „K. Z. American Association of Former Inmates of Concentration Camps" wurde und als solcher für Luchterhand offenbar eine Schlüsselrolle bei der Suche nach Interviewpartnerinnen und -partnern einnahm. Zu Eisler vgl. auch Christian Fleck: Etablierung in der Fremde. Vertriebene Wissenschaftler in den USA nach 1933 (Frankfurt am Main 2015), S. 398.

175 Vgl. Ohne Autor [Armand Eisler]: God and the Gestapo, in: Redbook, 74. Jahrgang (1940), Heft 5, S. 20–23 und S. 99–101.

176 Ebd., S. 100.

Deismus bezeichnet werden kann; die andere zum Reformjudentum. Sie waren 68 bzw. 43 Monate in den Lagern.

Tabelle 14, die sich mit den 23 Fallbeispielen ohne Veränderung beschäftigt, weist erhebliche Abweichungen in den jeweiligen durchschnittlichen Haftzeiten auf. Tabelle 15, die die 22 Fallbeispiele negativer Veränderung umfasst, zeichnet in dieser Hinsicht ein deutlich einheitlicheres Bild. Die durchschnittliche Haftzeit der Fallbeispiele ohne Veränderung lag ohne die beiden Extremwerte bei 39,3 Monaten und bei 42,3 Monaten unter Einberechnung dieser Werte. Die durchschnittliche Haftzeit für die Fallbeispiele negativer Veränderung lag bei 31,4 Monaten, d.h. 8,9 bzw. 11,9 Monate unter dem Wert der Fallbeispiele ohne Veränderung.

Aus dem bisher Dargelegten ist bereits ersichtlich, dass das allgemeine Wertesystem der Häftlinge, im Einklang mit der entstehenden Häftlingsgesellschaft, in Konflikt mit einer Reihe an Aspekten jüdisch-christlicher Ethik stand. Es scheint plausibel, dass die schwersten emotionalen Konflikte von Häftlingen in der Frühphase der Haft auftraten. In dieser Phase bedeutete „organisieren" für viele Häftlinge stehlen, allerdings war es allerorts offenkundig, dass man zum Überleben „organisieren" musste. Es sei an dieser Stelle auf das Beispiel unseres Informanten Milton verwiesen, der gemeinsam mit seinen zwei älteren Brüdern in den Lagern war. Alle waren orthodoxe Juden. Kurz nach seiner Ankunft hatte Milton einen heftigen Streit mit einem seiner Brüder. Dieser hatte begonnen, Essen zu „organisieren", und bot Milton etwas Brot an, das er beschafft hatte. Obwohl Milton später auch „organisierte", blieb die Bitterkeit über diesen Streit bestehen. Selbst der Tod des dritten Bruders scheint den Antagonismus zwischen den beiden Überlebenden nicht abgeschwächt zu haben. Sie lebten weiterhin in denselben Lagern, doch in der Regel in verschiedenen Baracken und arbeiteten meist in unterschiedlichen Arbeitskommandos. Jeder der beiden knüpfte seine eigenen festen Freundschaften mit anderen.

Mit Merton könnte behauptet werden, dass ein erheblicher Teil der Menschen, die in unserer Gesellschaft gewöhnliche Leben führen, auf Werbung und Propaganda derart reagieren, dass *„Gesellschaft als eine Arena konkurrierenden Betruges erlebt wird"*[177]. Um wieviel schlimmer muss daher der gewöhnliche Häftling in einem Lager das Lagersystem und die Vorherrschaft krimineller Häftlinge erlebt haben? Merton fährt fort, indem er schreibt, dass *„die selbe Gesellschaft, die dieses Gefühl der Ver- und Entfremdung hervorbringt, in vielen ein Verlangen nach Vertrauen, ein akutes Bedürfnis zu glauben, eine Flucht in den Glauben verursacht."*[178] Die meisten der Informantinnen und Informanten dieser Untersuchung suchten, wie im Kapitel über „Zwischenmenschliche Beziehungsmuster" dargelegt, Vertrauen in Menschen aus Fleisch und Blut, anstatt die Flucht in den Glauben anzutreten. Für viele galt: Gott hatte sie verlassen.

177 Robert K. Merton: Mass Persuasion. The Social Psychology of a War Bond Drive (New York 1946), S. 143.
178 Ebd., S. 143.

Häftlingsaktionen gegen die SS

Handlungen offener Insubordination individueller Häftlinge gegenüber der SS waren, mit Ausnahme der Zeit unmittelbar vor der Befreiung, zweifelsohne selten. Ohne Berücksichtigung von Vorkommnissen in letzter Minute erwähnten lediglich zwei unserer Informantinnen und Informanten, solche Handlungen gesetzt zu haben. Die aufsässige Äußerung von Warren gegenüber der berüchtigten SS-Frau Irma Grese wurde bereits anderswo in dieser Untersuchung angeführt.

Als Milton im Mai 1944 in einem Magazin in Skarżysko arbeitete und an Artilleriegeschossen hantierte, hörte er gegen Tagesende auf zu arbeiten, da er extrem erschöpft war. Als ihm der SS-Aufseher befahl, wieder an die Arbeit zu gehen, erwiderte Milton, dass er nicht mehr arbeiten könnte. Der SS-Mann meldete den Vorfall Miltons Vorgesetztem, der Milton als seinen besten Arbeiter verteidigte. Der SS-Aufseher drohte Milton, ihn zu töten, wenn er nicht an die Arbeit gehen würde. Nachdem er mit der Drohung nichts erreichte, sagte der SS-Mann: *„Ich werde dich nicht erschießen. Das ist zu einfach. Du wirst hängen.“* Milton blieb sitzen und kehrte ohne weitere Zwischenfälle am Ende des Tages mit den übrigen Häftlingen des Arbeitskommandos ins Lager zurück.

Zwei Informanten erwähnten, dass sie individuelle Akte des Widerstandes von Häftlingen beobachteten, die tödlich endeten. Es zeigt sich für diese vier Fälle kein Zusammenhang hinsichtlich der Haftzeit. Warren war in seinem zweiten Haftjahr, Milton am Ende seines dritten Jahres, eine aus Auschwitz-Birkenau entflohene Frau, die wieder gefasst wurde und einem SS-Mann, der ihre Hinrichtung überwachte, einen herben Schlag versetzte, hatte *„eine sehr lange Zeit“* eingesessen,[179] ein weiblicher politischer Häftling namens Ilka, die eine anschließend kurz skizzierte Aktion anführte, war seit rund fünf Jahren in den Lagern.

Nur einer unserer Informantinnen und Informanten beschrieb, dass er direkte Sabotage verübt hatte. In Leonberg arbeitete Sigmund gegen Ende einer 26-monatigen Haft als Nieter an Tragflächen von Militärflugzeugen. Er erzählte, dass er die Nieten gelegentlich so vernietete, dass diese locker blieben. Er sagte, dass es in Auschwitz-Buna unter allen Mitgliedern eines für Lackierungen zuständigen Arbeitskommandos, dem auch er angehörte, gängige Praxis war, Lackverdünner zu verschwenden und entgegen von Befehlen gerostete Flächen zu lackieren. Nebenbei bemerkt befürwortete der Kapo diese Praktiken. Diese letzten Beispiele werden eher als indirekte Sabotage bezeichnet, da es zu keinen Schäden an Produktionsmaschinen oder Waffen kam. In Amberg war Boris

179 Anm. d. Hg.: Es handelt sich dabei um Mala Zimetbaum, eine belgische Jüdin polnischer Herkunft, die nach einer missglückten Flucht aus Auschwitz-Birkenau am 15. September 1944 hingerichtet werden sollte. Zimetbaum schnitt sich mit Rasierklingen die Pulsadern auf und schlug einen SS-Angehörigen vor den Augen des gesamten zum Appell angetretenen Frauenlagers von Birkenau ins Gesicht (vgl. dazu Langbein: Menschen in Auschwitz, S. 388). Zimetbaums Akt war Thema im Frankfurter Auschwitz-Prozess – vgl. Gross/Renz (Hg.): Der Frankfurter Auschwitz-Prozess (1963–1965), S. 278; Fritz Bauer Institut/Staatliches Museum Auschwitz-Birkenau (Hg.): Der Auschwitz-Prozess. Tonbandmitschnitte, Protokolle und Dokumente. DVD-ROM (Berlin 2004).

Teil eines Arbeitskommandos an einem Hochofen in einem Stahlwerk. Die Überwachung während dieser Arbeit war sehr lasch, und es wurde zur gängigen Praxis, gutes Eisen gemeinsam mit der Schlacke zu entsorgen, d.h. ebenfalls indirekte Sabotage zu verüben. Es wurde nicht behauptet, dass die Verschwendung große Ausmaße annahm. Boris scheint sich ab Mitte seines zweiten bis irgendwann in seinem vierten Haftjahr an dieser Praxis beteiligt zu haben.

Die gängigen Reaktionen der Informantinnen und Informanten auf Fragen über Sabotage lassen auf Zweifel schließen, dass ein maßgeblicher Teil der Häftlingspopulation Sabotageaktionen verübt hätte. Auf Grundlage der Gesamtauswertung der Interviews scheint es viel mehr der Fall gewesen zu sein, dass die meisten Häftlinge zufriedenstellende Arbeit leisteten. Ein Informant gab an, dass er nach Monaten sinnloser Beschäftigung in den Lagern bei der Arbeit mit einer Lackierspritzpistole viel Befriedigung empfand, obwohl er an Messerschmidt-Jagdflugzeugen arbeitete.

Julia ist die einzige Informantin, von der bekannt ist, dass sie an einer Arbeitsniederlegung teilnahm. Zum damaligen Zeitpunkt war sie Teil einer Gruppe von Personen, die Gräben aushoben, die hauptsächlich aus litauischen und polnischen jüdischen Frauen bestand. Die Gruppe bewegte sich zu Fuß fort, in erster Linie in Schlesien. Es war sehr kalt und Essen gab es oft nur, wenn es aus Häusern entlang des Weges genommen wurde. Die Erlaubnis, zu plündern, weist darauf hin, dass die Überwachung verhältnismäßig lasch gewesen sein dürfte. Die Arbeitsniederlegung erfolgte an einem Vormittag, als es besonders kalt war, und nachdem die Häftlinge nichts außer einen morgendlichen Ersatzkaffee erhalten hatten. Außerdem gab es zu diesem Zeitpunkt keine direkte Überwachung, die Gruppe wurde vielmehr nur aus der Ferne beobachtet. Als die Wachen am Nachmittag eintrafen, versammelten sie die 40 Frauen der Gruppe und zwangen sie, bis zum nächsten Morgen im Freien zu stehen. Danach mussten sie, einige mit erfrorenen Füßen, wieder zur Arbeit marschieren.

Leider ist es möglich, dass während der Interviewarbeit einiges Material über Sabotage nicht gesammelt wurde, da versäumt wurde, spezifische Fragen über unterschiedliche Formen indirekter Sabotage zu formulieren. Kogon betont, dass *„[d]irekte Sabotage […] nur in Einzelfällen möglich war. Im allgemeinen mußte man Formen anwenden, die nur schwer zu erkennen waren. Die erste Möglichkeit hierzu ergab die Steuerung der Arbeitskräfte. […] Die Sabotage-Arbeit beschränkte sich keineswegs auf die Rüstungswerke, sie durchsetzte das gesamte Gefüge der KL. Soweit sie nur aus mangelnder Arbeitsleistung bestand, kam sie der ohnehin begründeten Neigung der Häftlinge, so wenig wie möglich zu tun, entgegen, sodaß ganz erkleckliche Rekorde in Nichtstun und Trödelei erzielt wurden.“*[180]

Neben anderen erwähnt auch Neurath[181] eine Reihe an Beispielen von Arbeitsverlangsamungen und Trödelei.

180 Kogon: Der SS-Staat, S. 271ff.

181 Vgl. Paul Martin Neurath: Die Gesellschaft des Terrors. Innenansichten der Konzentrationslager Dachau und Buchenwald (Frankfurt am Main 2004), S. 59ff.

Niemand unserer Informantinnen und Informanten hat an Meutereien oder Aufständen teilgenommen. Eine der Informantinnen, Leah[182], die sieben Monate in den Lagern war, befand sich mit ihrer Schwester vor Ort, als eine solche Aktion stattfand, über die bisher scheinbar noch an keiner anderen Stelle berichtet wurde.

In Ravensbrück hatte Leah einen sehr intelligenten polnischen weiblichen Kapo namens Ilka. Dieser weibliche politische Häftling war seit rund fünf Jahren in Lagern und war unter den Häftlingen sehr beliebt. Weder schrie sie, noch schlug sie diejenigen, die unter ihr arbeiteten. Leah erklärte, dass am Tag der Aktion das Arbeitskommando, für das Ilka verantwortlich war auf dem Appellplatz Aufstellung nahm. Unweit befanden sich 350 polnische junge weibliche Häftlinge, die am Aufstand in Warschau teilgenommen hatten, und die offenbar vernichtet werden sollten. Während Ilka vorgab, die Häftlinge ihres Arbeitskommandos zu zählen, sagte sie ihnen, dass sie dorthin laufen sollten, wo die polnischen Mädchen versammelt wurden, sobald sie ihnen das Zeichen dazu gab. Einen Augenblick später zählte Ilka: *„Eins, zwei, drei. Schnell! Jetzt.“* [Deutsch im Original] Leah sagte, dass die meisten Mädchen die Anweisung befolgten, aber dass sie selbst und ihre Schwester zu den Baracken rannten und sich versteckten. Leah ergänzte, dass es so schien, als dass die Häftlinge rund 10 Minuten wild herumliefen und aus den Wachtürmen in der Nähe des Appellplatzes beschossen wurden. Dann wurde es still. Leah konnte diese lückenhafte Erzählung durch keine weiteren Details ergänzen. Sie erklärte, dass sie nie gehört hatte, dass irgendein Häftling im Lager über dieses Ereignis gesprochen hätte. Über andere Meutereien ist bekannt, dass diese umfassend unter Häftlingen besprochen wurden. Die Tatsache, dass Leah, ein neuer Häftling, nie von solchen Diskussionen hörte, ist ein weiterer Hinweis auf die gravierende mangelnde Kommunikation zwischen „alten“ und neuen Häftlingen und das Unvermögen letzterer, wirklich zu wissen, was in den Lagern vor sich ging.[183]

Wie wir in unserer früheren Untersuchung angemerkt haben, weisen die Quellen darauf hin, dass sich eine Reihe von Häftlingsmeutereien und -aufständen im Zeitraum von 1942 bis 1944 auf das Gebiet des Vorkriegspolen konzentrierte. Am 2. August 1943 wurde

182 Anm. d. Hg.: „Leah“ ist das Pseudonym von Ete Szlamowicz (später Eta Sanders), geborene Weisz, geboren am 9. Mai 1921 in Miskolc, gestorben am 22. Juli 2014 in Des Plaines, Illinois. Sanders, von Beruf Schneiderin, wurde am 23. Oktober 1944 in Budapest verhaftet und als Zwangsarbeiterin eingesetzt (vgl. Interviewprotokoll „Leah“, Elmer G. Luchterhand Papers, Brooklyn College Archives and Special Collections, Accession #2001-005, Sub-Group I, Series 1, Box 1). Im November 1944 wurde sie ins KZ Ravensbrück deportiert, am 5. März 1945 im Zuge eines „Evakuierungstransportes“ nach Burgau, ein Außenlager des KZ Dachau, überstellt (ITS Bad Arolsen 6.3.3.2/100065010), aus dem sie wiederum im April 1945 in einem Todesmarsch über Türkheim nach Allach getrieben wurde, wo sie befreit wurde. Nach der Befreiung lebte sie in den DP-Camps Fürth und Feldafing; sie wanderte im Oktober 1949 gemeinsam mit ihrem Mann Michael Sanders, der unter dem Pseudonym „Jim“ ebenfalls zu Luchterhands Interviewpartnern gehörte, in die USA aus und lebte bis zu ihrem Tod in Illinois.

183 Anm. d. Hg.: Die geschilderte Episode konnte nicht verifiziert werden. Zum Widerstand insbesondere polnischer Frauen im KZ Ravensbrück vgl. Gabriele Knapp: Widerstand und Resistenz, in: Insa Eschebach (Hg.): Das Frauen-Konzentrationslager Ravensbrück. Neue Beiträge zur Geschichte und Nachgeschichte (Berlin 2014), S. 219–234; Andrea Genest (Hg.): Damit die Welt es erfährt... Illegale Dokumente polnischer Häftlinge aus dem Konzentrationslager Ravensbrück (Berlin 2015).

der Großteil des Lagers Treblinka von den Häftlingen in Brand gesetzt. Dieser Umstand ist zweifellos einer der Hauptgründe, weshalb die Nazis das Lager im November 1943 auflösten. Nach Tenenbaum[184] erreichten 200 Juden tatsächlich das umliegende Waldgebiet, wo die meisten von ihnen durch die deutschen Wachen getötet wurden, wenngleich rund 20 scheinbar fliehen konnten. Während des Aufstandes selbst kam eine beträchtliche Anzahl an Granaten, automatischen Gewehren und Pistolen zum Einsatz und im nachfolgenden Gefecht wurden beinahe 100 Faschisten, im Vergleich zu rund 800 Juden, getötet.[185]

Am 17. Jänner 1945 fand auch in Kulmhof ein wenngleich „nicht so erfolgreicher" Aufstand stand.[186] In Auschwitz weigerten sich griechische Juden des Sonderkommandos [Deutsch im Original], ungarische Juden in die Gaskammern zu führen, und wurden selbst vor den Ungarn vergast.[187]

Dort hat mindestens ein weiterer Aufstand stattgefunden. Am 7. Oktober 1944 wurde ein Krematoriumsofen gesprengt und 50 Mitglieder des Krematoriumskommandos versuchten vergeblich in die Freiheit zu entkommen.[188]

In Sobibor fand am 14. Oktober 1943 ein Aufstand statt, in dem 150 Häftlinge in die Freiheit entkamen, von denen sich die meisten später Partisaneneinheiten anschlossen.[189]

Es ist äußerst wahrscheinlich, dass verschiedene andere Vorfälle offener Auseinandersetzungen stattgefunden haben, von denen keine Überlebendenberichte überliefert sind.

Am Vorabend der Befreiung kam es zu zahlreichen Akten der Befehlsverweigerung, und es gibt einige Hinweise auf kurze Scharmützel mit Wachmannschaften. Vieler dieser letzten Widerstandsaktionen waren das Ergebnis der Planung und Organisation durch die Internationalen Lagerkomitees, die zuweilen auch Internationale Häftlingskomitees genannt wurden. Diese Komitees, die wir auch bereits in unserer früheren Untersuchung[190] behandelt haben, entstanden in vielen Lagern in den Wochen und Monaten vor der Befreiung rund um das gemeinsame Vorhaben, ein finales Blutbad zu verhindern.

184 Vgl. Tenenbaum: In Search of a Lost People, S. 282f.

185 Anm. d. Hg.: Neueren Forschungen zufolge haben von den 700 nach dem Aufstand Geflüchteten nur etwa 60 überlebt – vgl. Wolfgang Benz: Treblinka, in: Benz/Distel (Hg.): Der Ort des Terrors, Band 8, S. 407–443, hier S. 428.

186 Vgl. Tenenbaum: In Search of a Lost People, S. 279. Anm. d. Hg.: Zu Kulmhof und zum Aufstand von etwa 25 Juden im Jänner 1945 vgl. Peter Klein: Kulmhof/Chełmno, in: Benz/Distel: Der Ort des Terrors, Band 8, S. 301–328, hier S. 318f.

187 Vgl. Tenenbaum: In Search of a Lost People, S. 295.

188 Vgl. ebd., S. 295f. Anm. d. Hg.: Zum Aufstand des „Sonderkommandos" von Auschwitz-Birkenau vgl. Gideon Greif: Wir weinten tränenlos... Augenzeugenberichte des jüdischen „Sonderkommandos" in Auschwitz (Köln 1995); Ders.: Aufstand in Auschwitz. Die Revolte des jüdischen „Sonderkommandos" am 7. Oktober 1944 (Wien/Köln 2014).

189 Vgl. Tenenbaum: In Search of a Lost People, S. 285f. Anm. d. Hg.: Nach heutigem Forschungsstand wird davon ausgegangen, dass 47 von 365 Gefangenen, denen die Flucht gelungen war, überlebt haben. Vgl. Barbara Distel: Sobibór, in: Benz/Distel (Hg.): Der Ort des Terrors, Band 8, S. 375–404, hier S. 397f. Zu Sobibór vgl. auch Jules Schelvis: Vernichtungslager Sobibor (Hamburg/Münster 2003); Thomas Toivi Blatt: Nur die Schatten bleiben. Der Aufstand im Vernichtungslager Sobibor (Berlin 2003).

190 Vgl. Luchterhand: The Nazi Concentration Camps.

Trotz eines Mindestmaßes an Kommunikation zwischen den Lagern, und selbst dort, wo gar keine Kommunikation bestand, ähnelten sich diese Komitees in eindrucksvoller Weise hinsichtlich ihrer Organisation und Zusammensetzung.[191] Sie bestanden in erster Linie aus vertrauenswürdigen und angesehenen Anführerinnen und Anführern der wesentlichen nationalen Gruppen. Es ist bezeichnend, dass diese Organisationen von den alliierten Armeen in der Regel ab dem Zeitpunkt der Befreiung für einen gewissen Zeitraum in Anspruch genommen und in Häftlingsorganisationen für die Verwaltung der unmittelbaren Genesung und Repatriierung umgewandelt wurden.

Die Standardinterviewprotokolle im Kapitel „Kategorisierung von Fallbeispielen" weisen mehrere Bezugnahmen auf die Internationalen Lagerkomitees auf. Zwei unserer Informanten hatten Funktionen in den nationalen Komitees der Tschechen von zwei der großen Hauptlager und waren dadurch mit Mitgliedern ihrer jeweiligen Internationalen Lagerkomitees vertraut. Mehrere andere Informantinnen und Informanten pflegten mehr oder weniger enge Bekanntschaften mit Mitgliedern verschiedener anderer Internationaler Lagerkomitees, darunter Flossenbürg und Dachau. Keine und keiner unserer Informantinnen und Informanten war Mitglied in einem Internationalen Lagerkomitee, weshalb sie auch nicht imstande waren, die Entwicklung dieser Komitees oder ihrer weniger eindrucksvollen Pendants in vielen der kleinen Lager eindeutig zu beschreiben. Es ist interessant, dass die Entwicklung dieser wichtigen Organisationen in der veröffentlichten Lagerliteratur offenkundig vernachlässigt wird, obwohl die persönlichen Berichte und Untersuchungen eine Fülle an Bezugnahmen auf die Komitees von Buchenwald, Flossenbürg, Dachau, Mauthausen und vielen andere aufweisen. Selbst Bergen-Belsen, das im nächsten Abschnitt ausführlicher behandelt wird, verfügte über ein Internationales Lagerkomitee, welches gegenüber der allgemeinen Korruption und blanken Inkompetenz der Lagerverwaltung scheinbar verhältnismäßig machtlos war.

Informant Steve erklärt in Hinblick auf das Internationale Lagerkomitee in Mauthausen, dass dieses im Lauf der Zeit einige Pistolen und Granaten beschaffen konnte. (Diese Information stimmt zufällig mit unmittelbaren Informationen eines Mitglieds des Internationalen Lagerkomitees aus einem Interview vom Mai 1945 überein, mit der Ausnahme, dass an dieser Stelle auch berichtet wurde, dass zudem ein Maschinengewehr durch das Internationale Lagerkomitee beschafft werden konnte.)[192]

---

191 Anm. d. Hg.: Durch die häufigen Überstellungen von Häftlingen zwischen den einzelnen Konzentrationslagern kam es auch zum Austausch von Informationen, wie u.a. der Buchenwald-Report auf eindrückliche Weise verdeutlicht (vgl. Hackett (Hg.): Buchenwald-Report, S. 386ff.). Für den Aufbau des Internationalen Komitees im KZ Mauthausen waren die im Jänner 1945 aus dem KZ Auschwitz ins KZ Mauthausen „evakuierten" Häftlinge, die bereits dort im illegalen Widerstand tätig waren, von großer Bedeutung (vgl. Maršálek: Geschichte, S. 382f.).

192 Anm. d. Hg.: Es handelt sich dabei um Heinrich Dürmayer, geboren am 10. April 1905 in Wien, gestorben am 22. September 2000 ebenda, der im KZ Auschwitz als Lagerältester den militärischen Arm der „Kampfgruppe Auschwitz" geleitet hatte und nach der Evakuierung des Lagers im Jänner 1945 im Lagekomitee des KZ Mauthausen eine bedeutende Rolle spielte. Dürmayer, den Hermann Langbein oder Hans Maršálek später als dogmatischen Kommunisten bezeichneten, der sich von seinen Mithäftlingen entfremdet habe (vgl. z.B. Langbein: Menschen in Auschwitz, S. 372f.), wurde nach 1953 Generalsekre-

Steve betont, dass die grundsätzliche Bedeutung des Internationalen Lagerkomitees darin bestand, mittels verschiedener Kontakte in den Untergrund Informationen zusammenzutragen. Internationale Nachrichten, beispielsweise, wurden durch Personal des Elektrikerkommandos im Lager eingeholt.[193] Eines der geheimen Radiogeräte wurde an dem Ort versteckt, der als zeitweiliger Aufbewahrungsort für Leichen aus der Gaskammer diente. Zwei „Grüne" waren gegenüber der Untergrundorganisation für die Einholung der Radioberichte verantwortlich. Beide waren seit zehn Jahren in den Lagern und wurden während der Befreiung als *„ehrenvolle Häftlinge"* umklassifiziert.[194] Steve erklärte, dass viele der Informationen, die an die verschiedenen nationalen Komitees und an das Internationale Lagerkomitee weitergeleitet wurden, von Häftlingen kamen, die persönliche Dienste für SS-Männer verrichteten. Solche Personen wurden *Schwung* [Deutsch im Original] genannt; ein Begriff, der dem Ausdruck „dog-robber" im amerika-

tär des Internationalen Mauthausen Komitees. Zu seiner Rolle in der Nachkriegszeit vgl. allg. Bertrand Perz: Die KZ-Gedenkstätte Mauthausen. 1945 bis zur Gegenwart (Innsbruck 2006), besonders S. 135ff.

193 Anm. d. Hg.: Das „Elektrikerkommando" des KZ Mauthausen, von Luchterhand als *„radio repair service"* bezeichnet, musste für die SS elektronische Geräte reparieren. Der ungarische Häftling Istvan Balogh, geboren am 3. April 1906, konnte dabei einzelne Bauteile beiseiteschaffen und daraus einen Radioempfänger anfertigen, mit dem er alliierte Radiosender abhörte und die Informationen an das Lagerkomitee weitergab – ein Nachbau dieses Radioapparats ist in der Dauerausstellung der KZ-Gedenkstätte Mauthausen zu finden (vgl. Verein für Gedenken und Geschichtsforschung in österreichischen KZ-Gedenkstätten (Hg.): Das Konzentrationslager Mauthausen 1938-1945. Katalog zur Ausstellung in der KZ-Gedenkstätte Mauthausen (Wien 2013), S. 273).

194 Anm. d. Hg.: Einer der beiden erwähnten „kriminellen" Häftlinge dürfte der Kapo der Waffenkammer Georg Binder gewesen sein, geboren am 17. Oktober 1890 in Wien. Binder, 1939 aufgrund von fünf Vorstrafen im Rahmen der „vorbeugenden Verbrechensbekämpfung" von der Kriminalpolizei als „Berufsverbrecher" ins KZ Mauthausen deportiert und von 1940 bis 1945 Kapo der Waffenkammer, hatte sich eigenen Angaben zufolge dem Widerstand im KZ Mauthausen angeschlossen. In einem Antrag auf Aufnahme in den (politischen) KZ-Verband schrieb er: *„Als pol. Häftling habe ich mein Leben aufs Spiel gesetzt, nämlich auf folgende Weise: Es war ein Hund namens Lord, welcher die Häftlinge bei geringstem Anlass bei lebendigem Leibe zerfleischte, ich erklärte mehreren Häftl., dass ich den Hund vertilgen möchte, um diesem Martyrium zu entrinnen. Ich nahm Blausäure (welche wir als Härtemittel benötigten), vermengte dies mit Glassplitter und Käse und gab dies zuerst dem kleinen Hund, welcher mit Lord von einem Häftl. streng bewacht wurde. Der Hund ging in einem Tage ein, jetzt wusste ich daß dieses Mittel half, ich machte nochmals eine solche Mischung und suchte eine Gelegenheit um dies dem Bluthund zu geben. Nach mehreren Tagen hatte ich Erfolg, Lord wurde von Tag zu Tag weniger, er magerte ab und im ganzen Lager war das Gespräch über Lord. Die Mischung war aber zu wenig, nach drei Wochen erholte sich der Hund, war aber nicht mehr derselbe. Nach ein paar Tagen kam Lord weg nach Ebensee (Zement). Lager-Ältester Magnus nahm ihn mit, mein Zweck war erreicht, nämlich es wurde kein Häftl. mehr zerfleischt. [...] Im März 1945 wurde uns immer erklärt, wir sollten sich nicht freuen, die SS hat immer noch Zeit das Lager mit Insassen dem Erdboden gleich zu machen. Kein Häftl. wird mehr lebend das Lager verlassen, ich setzte mich mit den Rotspaniern in Verbindung wovon 5 in der Waffenmeisterei beschäftigt waren. Ich übergab ihnen Stiel- und Eierhandgranaten, Pistolen samt Munition, wir versteckten diese Waffen auf Bl. 12, welcher nur von Rotspaniern belegt war, wir sorgten auch, daß Nachtposten aufgestellt wurden und warteten auf die Stunde wo wir überfallen werden sollten, den meisten Wienern sagte ich, sollte etwas sein, alles auf Bl. 12."* (Fragebogen der „Volkssolidarität", 6. Juni 1945, AMM O/02/08). Binder wurde nach 1945 allerdings – ungeachtet dessen, dass er 30 Zeugen für seine Taten vorzuweisen hatte – als Mitglied des KZ-Verbandes für *„untragbar"* (ebd.) erklärt und abgewiesen, sein Antrag auf Entschädigung nach dem österreichischen Opferfürsorgegesetz abgelehnt.

nischen Militärjargon entspricht. Steve sagt, dass der beste *Schwung* in Mauthausen der persönliche Diener des Kommandanten selbst war.[195]

Während ein *Schwung* die Unterkunft eines SS-Mannes reinigte, hatte er manchmal Zugang zum Radiogerät. Manchmal würde der SS-Mann ein Informationshäppchen preisgeben, das in Verbindung mit ähnlichen Häppchen wichtige Nachrichten ergab. Gelegentlich würden führende SS-Angehörige Meinungen äußern, von denen sie wollten, dass sie im gesamten Lager weitergegeben wurden. Der Kommandant in Mauthausen, beispielsweise, nutzte dafür seinen persönlichen Friseur.

Steve berichtet, dass genau durch solche Mittel die Information beschafft wurde, dass Himmler am 14. April 1945 den Befehl zur Ermordung bestimmter Einzelpersonen, und insbesondere zur Liquidierung von Häftlingen mit Kenntnis über Lageraufzeichnungen, gegeben hatte.[196] Zufällig wurde bekannt, dass Steve und andere im Krankenrevier Beschäftigte auf der Liste standen. In weiterer Folge kamen Pläne für umfangreiche Liquidierungen sowohl im Stammlager Mauthausen als auch in den Außenlagern ans Licht. Dem Internationalen Lagerkomitee wurde dadurch ermöglicht, die Befehle aufzuschieben, die Namen von Lebenden durch Namen von Toten zu ersetzen, und jenen Männern, die exekutiert werden sollten, neue Identitäten zu verschaffen. Im Allgemeinen war die gesamte Verteidigung gegen das finale „unausweichliche" Blutvergießen die spezifische Aufgabe des Internationalen Lagerkomitees in Mauthausen und anderswo.

Der Mangel an Informationen über die Geschichte der Internationalen Lagerkomitees ist Teil eines größeren Problems der Geschichte des Untergrundes in den Lagern. Die Geheimnisse dieses Untergrundes wurden besser gehütet als alle anderen. Selbst die Vertrauten einiger der führenden handelnden Personen in den Untergrundorganisationen verblieben im Hinblick auf zahlreiche Geschehnisse vielfach im Dunkeln. Einige dieser Geheimnisse starben mit denen, die sie hüteten. Viele andere Geheimnisse werden wahrscheinlich undokumentiert bleiben, da es ein gemeinsames Gefühl der Hilflosigkeit von Überlebenden gibt, einer Welt Geschehnisse mitzuteilen zu versuchen, die für diese

195 Anm. d. Hg.: „Schwung" des Lagerkommandanten Franz Ziereis war der österreichisch-tschechische politische Häftling Wilhelm Stašek, geboren am 8. Dezember 1924 in Wien. Stašek, 1942 ins KZ Mauthausen deportiert und zunächst beim Bau des „Sanitätslagers" und im Steinbruch Wiener Graben, dann als Klosettreiniger in SS-Baracken und von 1943 bis März 1945 als „Schwung" des Lagerkommandanten eingesetzt, war aufgrund seiner Funktion einer der wesentlichsten Informanten des Widerstands im KZ Mauthausen – vgl. dazu Interview mit Wilhelm Stašek, Interviewer: Hans Maršálek, 24.7.1965 (AMM V/03/04), sowie Maršálek: Geschichte, S. 135, S. 387 und S. 397–399.

196 Anm. d. Hg.: Es handelt sich hier um den letzten bekannten Befehl Himmlers in Bezug auf KZ-Häftlinge vom 14. April 1945, der für die KZ Flossenbürg und Dachau mit folgenden Worten überliefert ist und auf angebliche Gräueltaten der zu dem Zeitpunkt bereits befreiten Häftlinge des KZ Buchenwald abstellt: *„Die Übergabe kommt nicht in Frage. Das Lager ist sofort zu evakuieren. Kein Häftling darf lebendig in die Hände des Feindes kommen. Die Häftlinge haben sich grauenhaft gegen die Zivilbevölkerung in Buchenwald benommen."* (Zitiert nach Stanislav Zámečník: Kein Häftling darf lebend in die Hände des Feindes fallen, Zur Existenz des Himmler-Befehls vom 14./18. April 1945, in: Wolfgang Benz/Barbara Distel (Hg.): Dachauer Hefte. Studien und Dokumente zur Geschichte der nationalsozialistischen Konzentrationslager, Heft 1: Die Befreiung (München 1993), S. 218–231, hier S. 218. Zum Kontext des Befehls vgl. auch Orth: System, S. 311f.; Daniel Blatman: Die Todesmärsche 1944/45. Das letzte Kapitel des nationalsozialistischen Massenmords (Reinbek bei Hamburg 2011), S. 250f.)

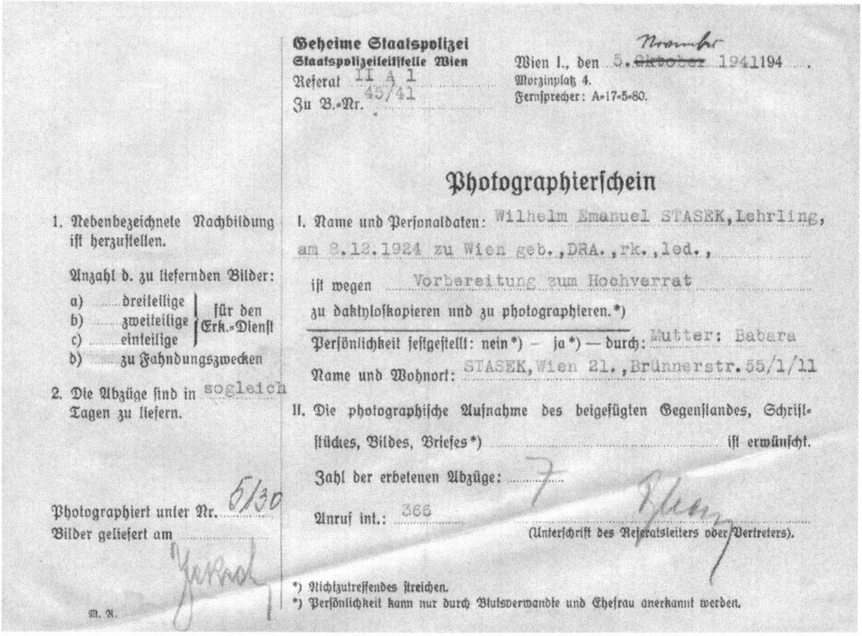

Geheime Staatspolizei
Staatspolizeileitstelle Wien
Referat II A 1
Zu B.-Nr. 45/41

Wien I., den 5. ~~Oktober~~ November 1941194
Morzinplatz 4.
Fernsprecher: A-17-5-80.

Photographierschein

1. Nebenbezeichnete Nachbildung ist herzustellen.

Anzahl d. zu liefernden Bilder:
a) ...... dreiteilige
b) ...... zweiteilige
c) ...... einteilige
} für den Erk.-Dienst
d) ...... zu Fahndungszwecken

2. Die Abzüge sind in sogleich Tagen zu liefern.

Photographiert unter Nr. 5130
Bilder geliefert am

M. R.

I. Name und Personaldaten: Wilhelm Emanuel STASEK, Lehrling, am 8.12.1924 zu Wien geb., DRA., rk., led.,
ist wegen Vorbereitung zum Hochverrat
zu daktyloskopieren und zu photographieren.*)
Persönlichkeit festgestellt: nein*) – ja*) – durch: Mutter: Babara
Name und Wohnort: STASEK, Wien 21., Brünnerstr. 55/1/11

II. Die photographische Aufnahme des beigefügten Gegenstandes, Schriftstückes, Bildes, Briefes*) ...... ist erwünscht.

Zahl der erbetenen Abzüge: 7

Anruf int.: 366

(Unterschrift des Referatsleiters oder Vertreters).

*) Nichtzutreffendes streichen.
*) Persönlichkeit kann nur durch Blutsverwandte und Ehefrau anerkannt werden.

Wilhelm Stašek, geboren am 8. Dezember 1924 in Wien, war der sogenannte „Schwung" des Lagerkommandanten des KZ Mauthausen Franz Ziereis. Als solcher erfüllte er zentrale Funktionen für den Lagerwiderstand im KZ Mauthausen, u.a. das Abhören alliierter Radionachrichten (Quelle: Wiener Stadt- und Landesarchiv [WStLA], Gestapo, K1 – Gestapo-Kartei: Wilhelm Stasek, geb. 8.12.1924).

kaum verständlich und in der Regel unfassbar sind. Dieser Untergrund operierte im Angesicht der unmittelbaren Überwachung durch das SS-Verwaltungspersonal und dessen Spione, die zuweilen in die Lagerpopulation eingeschleust wurden.

Eine offenbar noch größere Gefahr für den Untergrund war die Eingliederung einer kriminellen Population in das Lagersystem, von der viele der Masse der SS hinsichtlich *Gedankengut* und *Moralvorstellungen* glichen, und die im Allgemeinen unfähig zu kooperativen zwischenmenschlichen Beziehungen mit dem Rest der Häftlingspopulation war. Hinzu kam die Bestellung von kriminellen Personen in Positionen, in denen Willkür und Gewalt in der Ausübung von Macht sehr häufig durch die SS belohnt wurden. Schließlich bestand noch die allgegenwärtige Gefahr der Selektion – die Aufforderung, seinen Platz unter der großen Mehrheit derjenigen einzunehmen, die für den Tod vorgesehen waren. In Anbetracht der moralischen und intellektuellen Heterogenität der Lagerpopulation und dieser düsteren administrativen Strukturierung einer Situation, in der das Überleben den Wenigen vorbehalten war, war ein erbitterter Kampf der moralisch überlegenen und materiell unterprivilegierten Mehrheit der Häftlinge gegen die kriminellen und privilegierten Wenigen unvermeidbar. Dass Bettelheim diesen Konflikt gänzlich missachtet, ist eine grundlegende Schwäche seiner Darstellung und Interpretation und eine Schwäche, die auf eine allgemeinere Nichtbeachtung der gesamten Häftlingsgesellschaft hindeutet.

Die Heftigkeit und Komplexität dieses Kampfes kann nicht überbewertet werden. Alle hinterlistigen Mittel zynischer Diplomatie und die blutrünstigsten Methoden des Mordens kamen zum Einsatz. In Anbetracht der unerträglichen Konfliktsituation, der die Häftlingspopulation ausgesetzt war, und eingedenk der blutrünstigen Herrschafts- und Kontrolltechniken der SS und ihrer kriminellen Häftlingsstellvertreter entsprach der entschlossene Rückgriff der Politischen auf Gewalt dem, was Max Weber als *„unvermeidliche“*[197] Mittel beschrieb. Einem neuen Häftling, entwurzelt und sich der Struktur des Lagersystems und der in dessen Grenzen operierenden Häftlingsgesellschaft nicht bewusst, mag es erschienen sein, als ob die einzige Frage gewesen wäre, welche der rivalisierenden Gruppierungen Zugang zu den Mitteln für das Überleben haben würde. Zumindest anfangs spielte sich dieser Kampf gänzlich jenseits seiner Wahrnehmung ab; er spielte für den Ausgang keine Rolle, da er bislang faktisch keinen Platz in der Häftlingsgesellschaft hatte. Personen, die über die Lager schreiben und selbst nie Häftlinge waren, waren oftmals vor allem vom starken Kontrast zwischen dem Intergruppenkonflikt der Häftlinge einerseits und dem nahezu gänzlichen Ausbleiben von *offenem* oder *direktem* Kampf gegen die SS andererseits irritiert.

197 Max Weber: The Theory of Social and Economic Organization. Edited and with an Introduction by Talcott Parsons (New York 1947), S. 108; Hans Gerth/C. Wright Mills (Hg.): From Max Weber: Essays in Sociology (New York 1946), S. 151. Anm. d. Hg.: Dass Luchterhand hier Weber zitiert, hat seinen Grund vermutlich darin, dass der Erstbetreuer seiner Dissertation Hans Gerth war, der bekanntlich eine der einflussreichsten Übersetzungen von ausgewählten Schriften Webers in den USA herausbrachte. Sachlich ist *„unvermeidlich“* an beiden Stellen von Weber unterschiedlich verwendet worden. In den *Grundbegriffen* (vgl. Max Weber: Soziologische Grundbegriffe, in: Ders.: Wirtschaft und Gesellschaft (Tübingen 1922)) spricht er ohne nähere Begründung von „unvermeidlichen Mitteln“, wobei das Adjektiv unter Anführungsstrichen steht, woraus Parsons in seiner bekanntermaßen sehr freien Übersetzung eine stärkere Behauptung macht, wonach jene Beziehung zwischen Mitteln und Zielen verständlicher seien, in denen die Wahl der Mittel unvermeidlich war. In *Wissenschaft als Beruf* (Max Weber: Wissenschaft als Beruf (München/Leipzig 1919)) tauchen die „unvermeidlichen Mittel“ im Rahmen der Erörterung der Frage auf, ob der Zweck die Mittel heilige. Keine der beiden Deutungen hilft den mit allen Mitteln geführten Kampf der politischen KZ-Häftlinge gegen die „kriminellen“ Mithäftlinge besser zu verstehen, weil in einer Umgebung entgrenzten Tötens in den Augen der SS jede Art von eigenem Handeln verboten war und Bestrafung nach sich zog.

Intergruppenbeziehungen der Häftlinge

In seiner Schlüsselposition in Mauthausen konnte Steve die Machtverhältnisse zwischen Häftlingsgruppen in den Lagern beobachten. Zum Zeitpunkt der Befreiung hatten sich die „Grünen" und die Politischen jeweils bestimmte Zuständigkeitsbereiche erkämpft, die jedoch durch die Interventionen der SS beschränkt waren. Die „Grünen" besetzten strategisch wichtige Positionen, wie die Küche und die Effektenkammer, die meisten Funktionen als Kapos und Vorarbeiter der Arbeitskommandos und als Blockälteste. Die Politischen hingegen besetzen Positionen, die mehr Bildung erforderten. Diese umfassten die Schlüsselpositionen im Krankenrevier und die Pfleger, die von den Ärzten ausgewählt wurden. Sie hielten auch sehr viele administrative Positionen, einschließlich des Lagerschreibers, und Schlüsselpositionen im besonders wichtigen Büro des Arbeitseinsatzes, wo sie imstande waren, Häftlinge Arbeitskommandos zuzuteilen beziehungsweise die Zuteilung zu oft tödlichen Transporten zu beeinflussen und vielfach auch zu entscheiden.

Es wäre falsch, sich diesen Intergruppenkonflikt als einen offenen, mit allen Mitteln geführten Kampf vorzustellen. Es war eher ein Konflikt im Verborgenen. In der Realität der Lager gab es Situationen, in denen Mitglieder von sich bekämpfenden Gruppen in gemeinsame Arbeitskommandos gesteckt wurden. Steve beschrieb seine eigenen Anstrengungen, einen besonders missliebigen „Grünen" – den Blockältesten in seiner Krankenbaracke – zu beseitigen. Dieser Mann, der sich *„jedes nur vorstellbaren Verbrechens"* schuldig gemacht hatte und der in unmittelbarer Nähe zu Steve arbeitete und schlief, stellte eine direkte Bedrohung seines Lebens dar. Steve wartete ein ganzes Jahr; nicht nur auf unwiderlegbare Beweise gegen ihn, sondern auch auf eine Situation, in der die Lagerverwaltung bereit war, ihn loszuwerden. Die letztlich entscheidende Gelegenheit war die Verübung eines weiteren Mordes durch diesen Häftling und die Tatsache, dass seine Tat zu einem Zeitpunkt erfolgte, als seine Beziehung zu Schlüsselpersonen in der SS kurzfristig belastet war.

Dass ein Machtkampf zwischen Häftlingen überhaupt im strukturellen Rahmen eines nationalsozialistischen Konzentrationslagers stattfinden konnte, war die Folge einer sonderbaren Interdependenz zwischen Gruppen, wie Steve sie beschrieben hat. In Bezug auf das Stammlager Mauthausen für die Phase kurz vor der Befreiung schilderte Steve: *„Die SS-Männer benötigten die ‚Grünen' für die Schufterei und die Politischen für die Verwaltung."* Die Politischen waren aufgrund der strategischen Position der „Grünen" in der Küche und der Effektenkammer und der Tatsache, dass diese die meisten Kapos und Blockältesten stellten, von ihnen abhängig. Die „Grünen" waren aufgrund der strategischen Position der Politischen im Krankenrevier, im Büro des Arbeitseinsatzes und solcher Positionen, wie die des Lagerschreibers, von den Politischen abhängig. Steve schlussfolgert, *„dass die Politischen den Kampf gegen die ‚Grünen' auf bestimmten Gebieten gewonnen hatten"*. Ihm zufolge *„waren die tschechischen, deutschen und polnischen Politischen, und insbesondere die Kommunisten, in diesem Machtkampf am erfolgreichsten"*.

Bislang lag der Schwerpunkt in diesem Abschnitt auf den strukturellen Ausprägungen der Interdependenz von im Grunde antithetischen Gruppierungen. Es ist klar, dass es an den Berührungspunkten oftmals und leicht zu Kompromissen, zu moralischen Angleichungen, kam. Dies hilft die *Ausbreitung* zersetzender Einflüsse in den Lagern zu erklären, lässt allerdings die Entstehung eines Normensystems der Häftlinge, das sich entgegen dieses Trends der *Ausweitung* der Korrumpierung entwickelt, unbeantwortet.

Hierfür müssen die dynamischen Wechselbeziehungen des Lagersystems und der Häftlingsgesellschaft untersucht werden. Angesichts der Entwicklungstendenz des nationalsozialistischen Staates und seines Lagersystems in Richtung verallgemeinerter fortdauernder und wachsender Gewalt wurde das Überleben mehr und mehr zu einem eher offensichtlich kollektiven als zu einem individuellen Problem. Die in der Regel unsozialen Muster der kriminellen Häftlinge und insbesondere jener, die Machtpositionen innehatten, ihre allgemeine Bösartigkeit und Korrumpierung, ihre Sorglosigkeit gegenüber essentiell *kollektiven* Vorsorgemaßnahmen gegen Ungezieferbefall und Infektionskrankheiten, konfrontierte die gesamte Häftlingspopulation mit allgemeiner Zerstörung. In der Bekämpfung der *faktischen* Allianz zwischen kriminellen Häftlingen und SS übernahmen meistens diejenigen die Führung, die durch ihre anti-nationalsozialistische Organisationserfahrung vor den Lagern am meisten abgehärtet waren und die wenig Skrupel oder Illusionen über die einzusetzenden notwendigen Mittel hatten: d.h. die Politischen.

Um die Variationsbreite der entstehenden Häftlingsgesellschaft und des damit einhergehenden Normensystems der Häftlinge zu veranschaulichen, kann der Verweis auf verschiedene Bezugspunkte in der Entwicklung behilflich sein. Es ist fraglich, ob es im riesigen nationalsozialistischen Lagergeflecht ein Lager gab, in dem die Häftlinge eine so aktive Führungsrolle in ihrer kollektiven Rettung übernommen haben wie in Buchenwald. Während die Aussage von Frank wohlüberlegt die positiven Errungenschaften der Häftlinge – ob auf dem Gebiet sanitärer Anlagen, der Behandlung von Typhuspatienten, der Lauskontrolle oder Aufführung von Theaterstücken – betont, verweist sie auch auf die positiven und vielschichtigen Auswirkungen des Sieges der Politischen und ihrer Verbündeten über die kriminellen Häftlinge im Jahr 1942.

Die umfangreiche Literatur über Buchenwald liefert hinreichend Belege für die herausragende Entwicklung der dortigen Häftlingsgesellschaft. Dennoch sei diesen Beweisen an dieser Stelle eine Bemerkung über die von organisierten Buchenwald-Häftlingen an den Tag gelegte Fürsorglichkeit gegenüber kranken Mitgliedern eines ankommenden Transportes hinzugefügt. Zwei Informanten, Jim und Milton, berichteten unabhängig voneinander, dass sie *bei der Ankunft* im Lager doppelte Rationen erhielten. Das war die übliche von der Häftlingsorganisation etablierte Vorgehensweise bei Vergiftungsfällen mit Pikrinsäure. Vergiftete Personen hatte eine gelbe Haut. Es ist beachtenswert, dass 12 Spitzel und besonders bösartige Kriminelle, die in dem Lager aus dem sie kamen Machtpositionen innehatten, und mit dem Transport von Jim angekommen waren, *in der Nacht ihrer Ankunft* erhängt wurden, *„damit sie in Buchenwald keinen Ärger machen konnten"*.

Milton, der im Februar 1945 in Buchenwald war, *„lebte in einer Baracke, die 1.600 bis 1.700 Häftlinge beherbergte und sah nie eine einzige Laus"*.

Kogon fasst den Verdienst der Politischen[198] in Buchenwald folgendermaßen zusammen: Dieser *„kann kaum hoch genug eingeschätzt werden. In manchen Fällen verdankten ihnen die Lagerinsassen buchstäblich die Gesamtrettung, wenn auch die Motive selten purer Uneigennützigkeit entsprangen, sondern meist dem Gruppen-Selbsterhaltungstrieb, an dessen positiven Folgen dann manchmal eben ein ganzes Lager teilnahm."*[199]

Anderswo schreibt Kogon Folgendes über den Untergrund in Buchenwald: *„Es ist der SS nie gelungen, dieses sich allmählich bildende Machtgefüge und seine wirkliche Bedeutung zu durchschauen. Man mag selbst ermessen, welcher Mut, welch rücksichtsloses Verantwortungsbewußtsein gegenüber den eigenen Lagerkräften, welche Klugheit und Kleinarbeit dazu gehörten, im permanenten unterirdischen Kampf den antifaschistischen Kräften diesen wirksamen Schutz zu schaffen. Der Einfluß und die Vorbildhaftigkeit waren so groß, daß politische Kameraden aus anderen Lagern, in denen sie von den Grünen terrorisiert wurden, Nachricht um Hilfe schickten, und mit abgehenden Transporten Ordnungskräfte des KL Buchenwald entsandt wurden, die zwar die Verhältnisse an ihrem Bestimmungsort nicht grundsätzlich verändern, aber doch immerhin erleichtern konnten."*[200] Buchenwald liefert unseren ersten Maßstab – ein Ort der größten Erfolge der Politischen und ihrer Verbündeten.

Ein zweiter Bezugspunkt in der Skizzierung der Variationsbreite von Häftlingsgesellschaften ist Mauthausen, so wie durch das Material von Steve kurz zusammengefasst. Dort waren weder die Politischen, noch die ‚Grünen' eindeutig vorherrschend, allerdings waren die Politischen im Begriff, eine bestimmte Vorherrschaft zu erlangen.

In dieser Bandbreite zwischen Buchenwald und Mauthausen lagen so wichtige Stammlager wie Dachau, Sachsenhausen, Ravensbrück, Flossenbürg und andere, sowie einige Außenlager.

Bergen-Belsen steht für unseren letzten Bezugspunkt. Zwischen Bergen-Belsen und Orten wie Mauthausen befand sich die große Mehrheit der Lager des nationalsozialistischen Systems.

Bergen-Belsen war ein „Grünen"-Lager *par excellence*, wenngleich, wie bereits angemerkt, selbst dort letztendlich ein Internationales Lagerkomitee entstand. Bergen-Belsen markierte, zusammen mit den Vernichtungslagern, einen Tiefpunkt der Menschheitsgeschichte. In Bergen-Belsen starb man aufgrund der üblichen Todesursachen eines Konzentrationslagers, und aufgrund einer Ursache, deren Umfang das Lager anders machte – *Unordnung*: das Chaos, verursacht durch eine im höchsten Maße kriminelle Häftlingshierarchie, die mit einer durch und durch bösartigen, und noch dazu überaus unfähigen SS-Verwaltung verbündet war. Dies hatte unter anderem zur Folge, dass bei der Befreiung 10.000 Leichen in den Baracken und vor Ort im Lager vorgefunden wur-

198 Anm. d. Ü.: Kogon schreibt in diesem Kontext explizit vom *„Verdienst der Kommunisten"* (Kogon: Der SS-Staat, S. 255).

199 Ebd.

200 Ebd., S. 273f.

den und von den 55.000 bei der Befreiung noch lebenden Häftlingen weitere 13.000 in den unmittelbar darauffolgenden Tagen verstarben.[201]

Selektion: Individuelle und Intergruppenaspekte

Es ist fraglich, ob irgendein einzelnes Merkmal menschlichen Verhaltens in den nationalsozialistischen Ghettos und Lagern so fürchterliche Reaktionen hervorrief wie die Selektion. In den persönlichen Berichten von Auschwitz-Überlebenden fehlt die Bezugnahme auf diese Routineprozedur niemals, bei der der SS-Arzt Dr. Mengele oder irgendeiner seiner Vertreter einer vorbeiziehenden Reihe von Männern, Frauen und Kindern gegenüberstand und entweder nach rechts oder links deutete, wobei links den Tod bedeutete und rechts eine Gnadenfrist. Hier verabschiedeten sich Mitglieder von Familien und alten Freundesgruppen wissentlich oder unwissentlich für immer.

Es wäre allerdings ein Fehler, sich die Selektion nur als eine solche allzu simple Tragödie vorzustellen. Wenn ein Häftling, nach vielen Jahren in den Lagern und mithilfe von Freundinnen oder Freunden im Büro des Arbeitseinsatzes, einer Effektenkammer, einer Küche oder einem Krankenrevier arbeitete, traf auch er Entscheidungen, die für viele seiner Mithäftlinge Leben oder Tod bedeuteten. Auch er nahm Selektionen vor. In einer Welt unvorstellbar extremer Deprivation erhöhte jede erfüllte Bitte die Überlebenschance – und jede abgelehnte Bitte warf einen Schatten des Todes. Sollte man seinem flehenden Freund oder jemand anderem geben, der es noch dringender benötigte?

Lingens-Reiner merkt an, dass *„in unserer Situation die gängigen Prinzipien menschlicher und beruflicher Ethik nicht anzuwenden [waren], weil die Probleme, mit denen wir konfrontiert wurden, davor noch nie da gewesen waren. Es bestand die Gefahr, dass wir, gefangen im blinden Umgang mit unlösbaren Problemen, auf jegliches moralisches Prinzip verzichten würden.“*[202]

In gewissem Maße versuchte jeder Einzelne seine Entscheidungen mit seinem eigenen Gewissen zu vereinbaren. Doch im Laufe der Zeit scheint die Möglichkeit zugenommen zu haben, die eigenen Handlungen auf einen entstehenden Gruppenkonsens – was für die Häftlingspopulation am besten wäre – zu gründen.

Lingens-Reiner beschreibt aus ihrer eigenen Erfahrung ein eindeutiges Beispiel für

---

201 Vgl. H. L. Glyn Hughes: German Concentration Camps: Early Measures at Belsen, in: Henry Letheby Tidy/J. M. Browne Kutschbach: Inter-Allied Conferences on War Medicine 1942–1945 (London 1947), S. 455–458, hier S. 456. Anm. d. Hg.: Hughes schreibt in diesem Artikel von 40.000, nicht 55.000 befreiten Deportierten.

202 Ella Lingens-Reiner: Gefangene der Angst. Ein Leben im Zeichen des Widerstandes (Wien/Frankfurt am Main 2003), S. 180. Anm. d. Ü.: Im Originalmanuskript lautet die Passage: *„[...] dass man mit den normalen Grundsätzen menschlicher und ärztlicher Ethik einfach nicht auskam, denn man wurde hier vor Probleme gestellt, die es im bisherigen Leben nicht gegeben hatte und denen man hilflos gegenüberstand. Allerdings bestand immer die Gefahr, dass man in diesen unlösbaren Zwangssituationen dann auf jegliche Moral verzichtete.“* (Ella Lingens-Reiner: Gefangene der Furcht. Unveröffentlichtes Manuskript (London 1947), Kapitel: Das Inferno: S. 21f.)

den ersten Fall. „*Ich pflegte meine Visite daher so zu machen, dass ich eine Liste der Fleckfieberkranken führte, täglich von einer zur anderen ging, den Puls fühlte und dann, je nach Zustand, ein, zwei oder drei Rufzeichen hinter ihren Namen schrieb. Nachmittags, wenn wir die Medikamente ausfassten, rechnete ich aus, wie vielen Patientinnen ich Herzmittel spritzen konnte. In der Regel reichte es gerade für die mit den drei Rufzeichen, ganz selten bekamen auch einige der Frauen mit zwei Rufzeichen etwas. Die mit einem Rufzeichen konnte ich nur versorgen, wenn sie selbst oder ihre Freunde privat etwas beschaffen konnten. Vor dem sechsten Krankheitstag gab ich bei anfangs gesundem Herzen überhaupt nichts. Danach musste ich entscheiden, welcher der Patientinnen, die Herzmittel gebraucht hätten, ich tatsächlich welche gab. Da lag etwa eine Schwerkranke in der Krise vor dem Abfiebern; der Puls war kaum mehr tastbar; um ihr aufzuhelfen, waren mindestens 6 oder 8 ccm Kampfer nötig. Gab ich sie ihr und starb sie trotzdem so nahm sie 6 oder 8 ccm des kostbaren Kampfers mit ins Grab. Es war also vielleicht besser, zwei leichteren Fällen je 3 bis 4 ccm zu geben, so dass sie vielleicht nicht in einen derart kritischen Zustand gelangten ... Aber andererseits – konnte ich die Schwerkranke einfach ohne Hilfe umkommen lassen, solange sie vielleicht gerettet werden konnte? Vielleicht kamen die beiden anderen auch ohne Medikamente durch? Hier war eine Mutter von vielen Kindern, hier ein strahlendes junges Mädel, das eigentlich das Leben noch vor sich hatte – sollte man der einen oder der anderen helfen?*“[203]

Einer unserer Informanten schilderte ein dramatisches Beispiel eines persönlichen Konflikts und einer persönlichen Entscheidung. *Im April 1945*, kurz vor der Befreiung des Lagers, wurde diesem Informanten befohlen, 2.000 Häftlinge aus dem „Sanitätslager“ für die Gaskammer zu selektieren und zu überbringen. Er erklärte, dass es offenbar keine andere praktische Möglichkeit gegeben hatte, als die Selektion von 2.000 Häftlingen durchzuführen. Nachdem er rund 200 in die Gaskammer geführt hatte, weigerte er sich, den Befehl weiter auszuführen. Dieses Ereignis führte zu erheblicher Aufregung im gesamten Lager. Seine Hinrichtung wurde nur knapp durch seine Freunde im Lageruntergrund verhindert.

203 Lingens-Reiner: Gefangene der Angst, S. 150f. Anm. d. Ü.: Im Originalmanuskript lautet die Passage: „*Ich pflegte meine Visite so zu machen, dass ich eine Liste der Fleckfieberkranken führte und täglich von einer zur anderen ging, den Puls fühlte und dann 1, 2 oder 3 Rufzeichen hinter ihren Namen schrieb. Nachmittags fassten wir Medikamente, da musste ich nachrechnen, wie vielen ich Cardiaca spritzen konnte. In der Regel reichte es knapp für alle mit den 3 Rufzeichen, ganz selten bekamen auch die mit zweien etwas, die mit einem nur, wenn sie selbst oder ihre Freunde etwas privat beschaffen konnten. Vor dem sechsten Krankheitstag gab ich, bei anfangs gesundem Herzen überhaupt nichts. Nun hiess es überlegen. Da lag eine schwer Kranke in der Krise, also am 11. oder 12. Krankheitstag, vor dem Abfiebern. Der Puls war kaum mehr tastbar. Um ihr noch aufzuhelfen, waren mindestens 6 oder 8 ccm Campher nötig. Gab ich sie ihr und starb sie trotzdem und nahm den kostbaren Campher mit ins Grab, so machte ich mir Vorwürfe. Hätte ich doch lieber je 3 bis 4 ccm zwei leichteren Fällen gegeben. So verschlechterte sich deren Zustand, weil ich nichts für sie hatte. Aber andererseits – konnte ich die Schwerkranke einfach ohne Hilfe umkommen lassen, solange sie vielleicht gerettet werden konnte, am Ende kamen die beiden anderen auch ohne Medikamente durch? Hier war eine Mutter von vielen Kindern, hier ein strahlendes junges Mädel, das das Leben noch vor sich hatte – sollte man der einen helfen, oder der anderen?*“ (Lingens-Reiner: Gefangene der Furcht, Kapitel: Das Krankenrevier im Frauenkonzentrationslager Birkenau bei Auschwitz: S. 14f.).

Die folgende Passage von Lingens-Reiner veranschaulicht die moralischen und intellektuellen Konflikte, aus denen sich Konsens entwickelte: *„[E]ine fixierte Anzahl von Frauen [musste] vergast werden. Wenn die SS nicht genügend schwache Häftlinge fand, dann würde sie diese Ziffer eben erreichen, indem sie völlig gesunde, kräftige Häftlinge mit selektierte. Es war für mich wichtig zu wissen, dass es offenbar wirklich so war. Ich hatte das Verhalten der Lagerärzte während der Selektionen oft mit meinen Kolleginnen diskutiert. Einige von ihnen versuchten, die Schwächsten unter ihren Patienten zu verstecken, weil sie hofften, die Stärkeren würden der Selektion auf jeden Fall entgehen. Doch unter den bestehenden Bedingungen waren die schwächeren Patienten dazu verdammt, in neunundneunzig von hundert Fällen an ihren Krankheiten zu sterben, während an ihrer Stelle stärkere Frauen, die das Lager vielleicht überlebt hätten ‚durch den Kamin' gingen. Das Resultat des Versteckens der Schwächeren war also eher eine Erhöhung der Todesrate. Eine junge jüdische Kollegin versuchte dieses Problem zu vermeiden, indem sie die hoffnungslosen Fälle unter ihren Patienten der ‚Sonderbehandlung' preisgab – daraufhin wurde sie von den anderen beschuldigt, mit der SS zu kooperieren."*[204]

Unser Informant Richard, der den Großteil seiner 12-jährigen Haft in Buchenwald verbrachte, beobachtete, dass es dann, wenn Selektionen von Politischen durchgeführt wurden, *„nicht einfach Terror war, sondern eine Möglichkeit, die besten Häftlinge gegen ihre Feinde im Inneren, die mit der SS zusammenarbeiteten, zu verteidigen. So mancher grausame Mann wurde aus dem Weg geräumt, wenngleich viele gute Häftlinge mit ihm gingen."*

Eine der offensichtlichen Folgen der Beteiligung von Häftlingen an der Praxis der Selektionen waren heftige Belastungen für die Häftlingsgesellschaft. Für die Nazis war die Entwicklung der Selektion als allgemeines Charakteristikum des Lagersystems zweifelsohne eine äußerst mächtige Methode der Spaltung. Ihr Ziel war es, in jedem einzelnen Häftling das zu zerstören, was Pierre, der Held von Vercors Erzählband *Night and Fog*, *„humanity"*[205] nannte. Nachdem sich die Selektion zu einem integralen Bestandteil des Lagersystems entwickelt hatte, wurde sie bewusst dazu eingesetzt, das Zusammengehörigkeitsgefühl der Häftlinge, ihre Fähigkeit, die Bedürfnisse und Gefühle anderer zu berücksichtigen, und ihre Fähigkeit zur Kooperation, zu zerstören. In gewissem Maße

204 Lingens-Reiner: Gefangene der Angst, S. 179f. Anm. d. Ü.: Im Originalmanuskript lautet die Passage: *„[...] von vorneherein [vor] [...], eine bestimmte Zahl herauszuholen, und dass man auch ganz gesunde und kräftige Frauen genommen hätte, wenn nicht genügend Schwache dagewesen wären. Dies war mir wichtig zu wissen, denn ich hatte oft mit Kolleginnen beraten, wie man sich bei Selektionen am besten verhalten sollte. Manche pflegten die schwächsten Patientinnen zu verstecken, in der trügerischen Hoffnung, dass die kräftigeren ohnehin durchkommen würden. Aber diese schwachen Kranken starben dann doch, und die Kräftigeren, die man vielleicht hätte durchbringen können, kamen an ihrer Stelle in den Kamin. So hatte man die doppelte Anzahl an Toten. Eine junge jüdische Aerztin pflegte, um das zu vermeiden, dem SDG selbst ihre schwersten Patientinnen zu zeigen. Man machte ihr den Vorwurf, dass sie freiwillig bei den Selektionen mitwirkte."* (Lingens-Reiner: Gefangene der Furcht, Kapitel: Das Inferno: S. 21).

205 Vgl. Vercors [Jean Bruller]: Three Novelettes (Boston 1947). Anm. d. Ü.: In der deutschen Ausgabe des Buches (vgl. Vercors: Waffen der Nacht. Drei Erzählungen (Berlin 1948), S. 121) – wird die im französischen Original *„qualité d'homme"* lautende Formulierung mit *„Menschenwert"* übersetzt.

verbreitete die Praxis der Selektion ihren Pesthauch über das gesamte Häftlingsverhalten. Niemand war gänzlich ausgenommen.

Jegliche menschliche Sympathie mit Selektierten wurde in irgendeiner Weise immer von dem Gefühl der Erleichterung über den Aufschub der eigenen Hinrichtung begleitet. Dass sich Häftlinge dieser Tatsache bewusst waren, wird durch den folgenden, von Karl geschilderten Galgenhumor verdeutlicht. Die SS war gerade damit fertig geworden, Häftlinge für einen Transport zu selektieren, von dem bekannt war, dass er für die Todeslager im Osten bestimmt war. Unter den Selektierten war ein Wiener Jude. Seine vielen Freunde drückten ihm ihr Mitgefühl mit ihm und den anderen aus, die abfuhren. Zur Erheiterung aller schrie er, ohne scheinbare Feindseligkeit: „*Es bricht mir das Herz, zu sehen, wie sehr ihr uns bedauert.*"

Häufiger richtete sich die Feindseligkeit der Selektierten und ihrer unmittelbaren Freundinnen und Freunde gezielt gegen die Häftlinge, die die präzedenzlose ethische Last trugen, die SS-Befehle für die unterschiedlichen Arten der Selektion auszuführen.

In Texten über die Lager, die von Personen verfasst wurden, die nie Häftlinge waren, begegnet man häufig einem noch größeren Zorn als ihn die Opfer der Selektionen selbst äußerten. Sofern man die Selektion nicht in ihrer Entwicklung sieht – wie sie aus den dynamischen Interrelationen der Häftlingsgesellschaft und des Lagersystems, *innerhalb* derer sie funktionieren *musste* –, erscheint deren Ausführung durch Häftlinge als die allerschlimmste Degeneration. Die verhängnisvolle Eingliederung einer großen kriminellen Population in die Lager verunmöglichte die praktische Erwägung der Nichtbeteiligung an den von den Nazis etablierten Methoden der „Selbstverwaltung". Unter den gegebenen Bedingungen hätte ein Rückzug der nicht-kriminellen Häftlinge, abgesehen von der Zeit, als die Befreiung unmittelbar bevorstand, nur dazu beigetragen, viele weitere Lager wie Bergen-Belsen hervorzubringen.

Genauso wie die Vernichtungsfunktion eine Folge gesellschaftlicher Prozesse war, die im Zweiten Weltkrieg gipfelten, durchlief die Selektion einen Entwicklungsprozess, der damit begann, dass die Nazis ihre politischen Gegner verhafteten und die Verhaftungen anschließend auf die anderen Kategorien ausdehnten. Anfänglich beschränkte sich die Selektion im Lagersystem in erster Linie auf die Auswahl von Häftlingspersonal für Arbeitskommandos und Machtpositionen und gelegentlich für einen Kader für die Errichtung eines neuen Lagers. Mit Veränderungen in der Funktion des Lagersystems übernahm die Selektion unheilvollere Zwecke, bis der Begriff, im Denken von Lesern und Autoren, die nie in den Lagern waren, spezifisch mit Selektionen für die Vernichtung assoziiert wurde. Sobald sie in bestimmten Positionen beschränkter Macht waren, wurden die Mitglieder der Häftlingsgesellschaft in verschiedene Zuständigkeiten für die Selektion miteinbezogen.

Zuständigkeiten für die Selektion wurden nicht durchwegs auf Häftlinge übertragen, sondern verblieben oft bei der SS. Das Lagersystem weist in Bezug auf die Verwaltungspraxis auf diesem Gebiet große Unterschiede auf.

Härte der Häftlinge

Während eines informellen Interviews in Buchenwald zeigte uns der Informant, der in der Pathologie arbeitete, eine Probe von Fettgewebe in einem Gefäß mit Formaldehyd. Auf dem Gefäß war ein sorgfältig angebrachtes Etikett mit einer präzisen anatomischen Beschreibung angebracht, die frei als „Schnitt durch den Bauch eines Spions" wiedergegeben wurde. Das Opfer war vom Häftlingsuntergrund eliminiert worden.

Der Informant war in diesem Fall ein sehr talentierter und auf unterschiedlichen Gebieten bewanderter Mann. In anderen Momenten beschrieb er das Leben seiner Mithäftlinge mit einfühlsamer und verständnisvoller Aufmerksamkeit für Details. Derart häufige Extreme in Bezug auf Härte und Mitgefühl im Verhalten von Häftlingen haben in Berichten zufällig zu gegensätzlichen Schwerpunkten geführt.

Wie bereits im Kapitel „Zwischenmenschliche Beziehungsmuster" ausgeführt, umfassten Freundschaftspaare sehr oft stark unterschiedliche Persönlichkeiten. Diese Unterschiede kompensierten oftmals die gegenseitigen Einschränkungen im Umgang mit Lagersituationen. Einige Einzelpersonen entwickelten ein Kompensationsverhalten, das mit früher etablierten Mustern unvereinbar erschien. Jemand, der in Sprache und Verhalten äußerst egozentrisch und grob erschien, wirkte in anderen Situationen einfühlsam und rücksichtsvoll.

Eine Informantin, die in diesem Zusammenhang nicht durch das übliche Pseudonym identifiziert werden soll, erzählte unaufgefordert, dass sie zu Beginn ihrer Haft sexuelle Beziehungen mit einem in den Lagern einflussreichen Häftling hatte. Sie sagte: *„Ich erkannte, dass ich die Hilfe dieses Mannes benötigen würde, sollten mein Ehemann und ich nicht für einen Transport in ein Vernichtungslager selektiert werden. Hätte ich das nicht so gemacht, wären mein Ehemann und ich bald nach unserer Verhaftung nach Auschwitz gekommen. Mein Ehemann wusste von all dem nichts. Später kamen wir nach Auschwitz-Birkenau und mein Ehemann wurde dort getötet. Ich habe meinem jetzigen Ehemann davon erzählt. Ich glaube nicht, dass ich mit einem Nazi geschlafen hätte."* Sie ergänzte, dass sich dieses Verhalten in keinem anderen Lager wiederholte.

Bettelheim behauptet, dass Häftlinge ein Spiel spielten, um herauszufinden *„wer, ohne einen Schmerzenslaut von sich zu geben, die meisten Schläge einstecken konnte"*[206]. Er schreibt, dass diese Freizeitbeschäftigung zuerst von der Gestapo praktiziert und dann von den Häftlingen übernommen wurde. Ein solches Spiel ist unter britischen, französischen und amerikanischen Soldaten gang und gäbe und war auch unter deutschen Kriegsgefangenen im letzten Krieg verbreitet. Derartige Spiele zum Zeitvertreib haben ihre Vorläufer wahrscheinlich in verschiedenen, weitverbreiteten Raufspielen von Schulbuben, wie beispielsweise *Schinkenklopfen*[207] [Deutsch im Original]. Es ist nicht unwahr-

206 Bettelheim: Individuelles und Massenverhalten in Extremsituationen: S. 91.

207 Bei diesem Spiel senkt ein Bub seinen Kopf in die gefalteten Hände eines anderen. Dann schlägt ihm jemand aus einer Gruppe hinter ihm auf den Hintern. Daraufhin richtet er sich auf und muss erraten, wer geschlagen hat. Wenn er richtig rät, ist der Bub, der ihn geschlagen hat, an der Reihe. Dieses Spiel und

scheinlich, dass das bestimmte Spiel, auf das sich Bettelheim bezieht, weder von der Gestapo noch den Häftlingen stammte, sondern unter beiden Gruppen von Personen weiterverbreitet wurde, die in der alten deutschen Armee gedient hatten. Es stimmt jedoch unzweifelhaft, dass eine gewisse Härte und Fähigkeit dazu, Schmerzen ohne sichtbare oder hörbare Zeichen zu ertragen, ein bevorzugtes Verhalten im gesamten paramilitärischen Lagersystem war – sowohl seitens der Häftlinge, als auch der SS, die sie bewachte.

Informant Fritz[208] wurde für seine Beteiligung an der Organisierung eines Systems der Briefkommunikation der Häftlinge mit ihren Verwandten erwischt. Ein SS-Mann brachte die Briefe zur Post. Fritz erledigte diese Aufgaben für mehrere Personen auf der Grundlage von Freundschaften. Von anderen außerhalb des Freundeskreises erhielt er Geld, Essen oder Zigaretten. Schließlich fasste die SS diese Gruppe und Fritz wurde für rund 30 Minuten an den Händen aufgehängt, vom Lagerkommandanten persönlich auf den Rücken geschlagen (30 Schläge) und für zwei Tage ohne Essen oder Wasser in eine Zelle gesperrt. Hartnäckig leugnete er alles. Nach 14 Tagen im Bunker wurde er freigelassen, um mit einem Transport von Juden in ein anderes Lager gebracht zu werden. In Bezug auf diese Erfahrung bemerkt Fritz, dass sein durchgehendes Leugnen während des Hängens, der Schläge, der Isolationshaft und anderer Folterungen ein Merkmal war, das die SS-Männer selbst respektierten. Körperliche Tapferkeit war zentraler Bestandteil des SS Wertesystems und sie neigten dazu, gegenüber tapferen Häftlingen nachsichtig zu sein und Häftlinge, die „sangen", zu verachten.

Informant Bennet erwähnt, dass er in Blechhammer Teil einer Gruppe von 60 Vorarbeitern war, die einer äußerst harten einstündigen Kollektivstrafe unterzogen wurden – Strafexerzieren sowie kontinuierliche Prügel mit Stuhlbeinen. Als es vorbei war, erzählte Bennet, machten sich seine Kameraden Sorgen, dass er nicht mehr leben würde. Sie fragten, was sie für ihn tun könnten, und er schaffte es zu sagen: „*Nichts. Vielleicht ein Zug aus einer Zigarette.*" Bennet merkte an diesem Punkt an, dass „*das die Art der Gruppenmitglieder war. Die Folter herunterzuspielen stärkte die Moral. [Er] versuchte, niemals – weder Freund noch Feind – zu zeigen, dass [er] Schmerzen hatte.*"

Das Interviewmaterial von Informantin Minna stützt diesen Punkt. Sie sagte: „*Während meines gesamten Lebens in den Lagern wollte ich nicht, dass die Deutschen sahen, dass ich litt.*"

Die Tatsache, dass die Bagatellisierung des eigenen Leidens unter Häftlingen ein Muster war, das belohnt wurde, wird anhand des folgenden Beispiels ersichtlich. Unser Informant Sol wurde aufgrund der Anschuldigung der Arbeitsverweigerung bestraft. Die angewandte Foltermethode war die übliche Folterung, bei der das Opfer an den Handgelenken, die an seinem Rücken gefesselt waren, aufgehängt wurde. In diesem Fall

Varianten davon sind in den USA und anderen Ländern weit verbreitet.

208 Anm. d. Hg.: Luchterhand verwendet hier fälschlicherweise das Pseudonym „Fritz" anstelle des richtigen Pseudonyms „Harry" für Fritz Fiedler (siehe Fußnote 116).

dauerte die Bestrafung rund eine Stunde, länger als üblich. Als er heruntergelassen wurde, erzählte Sol, dass sich die Häftlinge große Sorgen machten, ob er sich wieder erholen würde. Einige wurden fast von Gefühlen überwältigt. Jemand fragte ihn: *„Wie war es?"* und Sol, der noch immer akute Schmerzen hatte, antwortete: *„Herunterzukommen ist so wunderbar, dass der Rest schon vergessen ist."* Sol wollte nicht schnippisch oder witzig wirken; die Wörter *„rutschten einfach heraus"*. Die Folge war allerdings, dass er fortan als jemand angesehen wurde, der taff und optimistisch war. Sol sagt, dass diese Charakterisierung durch andere über all seine Jahre in den Lagern fortwährte.

Viele unserer Informantinnen und Informanten waren formell Arbeitskommandos zugeteilt, die mit der Beseitigung der Leichen zu tun hatten, und Boris arbeitete in Sachsenhausen im „Leichenträgerkommando". Nekrophobe Reaktionen wurden schnell abgelegt. Bestattungsriten, die sich auf die Häftlingsgesellschaft hätten auswirken können, fehlten gänzlich.[209] Der Tod von Freunden oder Verwandten war nur selten von dem für Nicht-Lagergesellschaften üblichen Gefühlschaos begleitet. Wie im Kapitel „Zwischenmenschliche Beziehungsmuster" ausgeführt, erfolgte der Ersatz durch einen Freundschaftspartner im Allgemeinen rasch. Die Kleidung, in der Regel der einzige Besitz, war schnell angeeignet und der Leichnam beseitigt, meist ohne dass viele Gefühle gezeigt wurden. In dieser Hinsicht entsprach das Lagerleben moderner Kriegsführung.

Unsere Informantin Trudy, eine Frau, deren Interviewerzählung sie unmissverständlich als sanfte und einfühlsame Person erkennen lässt, verheimlichte den Tod ihrer Bettnachbarin und schlief an der Seite des Leichnams, um eine zusätzliche Ration Essen zu erhalten. Die tiefen Freundschaftsbeziehungen dieser Informantin wurden bereits im Kapitel „Zwischenmenschliche Beziehungsmuster" besprochen.

Die Auswirkungen der Alltäglichkeit von Tod und Verlust auf das Häftlingsverhalten seien anhand der von Krystyna Żywulska geschilderten Reaktionen auf die Darbietung eines jüdischen Amateur-Comedians vor Häftlingen veranschaulicht. *„Sein Monolog begann mit den Worten: ‚Sie haben einen Menschen beerdigt.' In dem überfüllten Saal erschallte ein lautes Gelächter. Trauer um einen einzigen Toten... Begräbnis, schwarzer Anzug, Leichenwagen, Kränze, Sarg, Grabrede, Nachruf – aber das war nicht alles. Er würde noch ein Denkmal bekommen... Auf dem Höhepunkt der Erzählung konnte sich der Schauspieler auf der Bühne des Lachens nicht erwehren."*[210]

Die aus der Vertrautheit mit dem Tod resultierende Härte wird durch ein Kinderspiel in einem Lager verdeutlicht. Zofja Rosenblum[211] berichtet, dass ein Kind eine Handvoll Sand nehmen und sagen würde: *„Ich hatte so viele Kinder."* Dann würde es den Sand in die

209 Als Boris in Sachsenhausen war (1940), wurden Angehörige von verstorbenen Häftlingen gelegentlich über Todesfälle benachrichtigt. In solchen Fällen wurden manchmal übliche Bestattungsriten – mit einer Totenbahre, einem unechten Anzug für den Oberteil des Leichnams, der kurz aufgebahrt wurde, und in einigen Fällen mit Blumen – inszeniert.

210 Krystyna Zywulska: Wo vorher Birken waren. Überlebensbericht einer jungen Frau aus Auschwitz-Birkenau (München 1979), S. 274f.

211 Zofja Rosenblum: Jewish Children in Ghettos, Camps and Woods, 1939–1945, in: American OSE Review, 4. Jahrgang (1947), Heft 1, S. 25–33, hier S. 30.

Luft werfen. Von dem Sand, der auf den Boden fiel, würde es sagen: „*Die sind alle tot.*" Dann würde es die an seiner Hand klebenden Körner betrachten und hinzufügen: „*Und diese hier sind noch am Leben.*"

Zusammenfassung

In diesem Kapitel wurde das Hauptaugenmerk auf Belege für die Entwicklung eines Normensystems oder Kodexes der Häftlinge als Teil der Häftlingsgesellschaft gelegt. Zudem wurde auch kurz auf einige der Kontinuitäten zwischen dem Normensystem der Häftlinge und den Normensystemen von Nicht-Lagergesellschaften verwiesen.

Die hier skizzierten Belege für unterschiedliche Details des Normensystems der Häftlinge bestanden aus dem Verhalten von Informantinnen und Informanten und ihren Beschreibungen des Verhaltens anderer Häftlinge. Offenkundig ist die Bestimmung normativer Elemente in jedem sozialen System ein gewagtes Unterfangen. Gewissheit würde den empirischen Nachweis erfordern, dass zumindest eine Mehrheit der Mitglieder eines sozialen Systems die skizzierten Normen regelmäßig einhält. Von dem, was eingangs über das Forschungsdesign und die methodologischen Probleme gesagt wurde, liegt eine solche Gewissheit weit jenseits dieser Art von Forschungsbemühung. Einige der Hauptelemente des Normensystems der Häftlinge für die in diesem und vorangegangenen Kapiteln skizzierten Belege sind in diesem Abschnitt zusammengefasst. Es sei angemerkt, dass diese Elemente offenbar mit dem entsprechenden Material in Kogons Studie übereinstimmen.

1. Die Akzeptanz des „Organisierens" und die Ablehnung von Diebstählen.
2. Die Ablehnung des Verhaltens des *Speckjägers* zugunsten einer Beziehung des Teilens mit einem oder mehreren anderen Häftlingen.
3. Die häufigste Reaktion auf die Unsicherheit des Lagerlebens bestand darin, ein persönliches Vertrauen zu und Freundschaften mit einem oder mehreren Mithäftlingen zu entwickeln.
4. Häftlinge lehnten Selbstmord (siehe Kapitel „Biosoziale Aspekte von Trauma und Anpassung") ab und entwickelten zunehmend organisatorische Abläufe und Strukturen, um ihre eigenen und die allgemeinen Überlebenschancen zu verbessern. Mit Ausnahme einer sehr kleinen Minderheit, auf die im Kapitel „‚Alte' Häftlinge" eingegangen wird, ersehnten sowohl „alte" als auch neue Häftlinge die Befreiung aus dem Lagersystem.
5. Die praktische Ablehnung direkter Sabotage und anderer Formen direkter Aktionen gegen die SS aufgrund der Gefahr extremer Formen der Kollektivbestrafung, aber die Akzeptanz indirekter Sabotage.
6. Die Ablehnung der Führung durch kriminelle Häftlinge. Dies spiegelte sich in der Entwicklung von äußerst flexiblen, geheimen Taktiken wieder, die darauf abzielten, kriminelle Häftlinge aus Machtpositionen zu beseitigen.

7. Aktive Beteiligung der Häftlinge an den Abläufen der „Selbstverwaltung" des Lagersystems, einschließlich der Beteiligung an verschiedenen Formen der Selektion, sofern eine solche Beteiligung die einzige Alternative zur Durchführung von Selektionen durch die SS oder kriminelle Häftlinge – d.h. die zunehmende Machtausübung seitens der SS oder den kriminellen Häftlingen – war. In der Praxis bedeutete dies die Beteiligung an Selektionen, bis die Befreiung aus den Lagern unmittelbar bevorstand. Zu diesem Zeitpunkt wurde in vielen Lagern, in denen die Häftlinge von nicht-kriminellen Häftlinge angeführt waren, offener Widerstand gegen Selektionen geleistet.

Weitere Belege für Punkt 7 werden im Kapitel „‚Alte' Häftlinge" dargelegt.

Herbert Bloch vertritt die Auffassung, dass *„[d]ie von Donald Clemmer in* The Prison Community *beschriebenen Prozesse gemeinschaftlicher Strukturierung und Organisierung [...] in den Häftlingskolonien des Dritten Reiches [fehlten]. [...] Es gab nichts dergleichen wie einen ‚Verbrecherkodex'."*[212] Eine derartige Behauptung wäre bereits auf dem Boden allgemeiner soziologischer Theorie als unwahrscheinlich hinterfragt worden. Angesichts der in dieser Untersuchung dargelegten Belege muss diese Behauptung entschieden zurückgewiesen werden.

212 Bloch: The Personality of Inmates of Concentration Camps, S. 336.

Kapitel 6
„Alte“ Häftlinge

Bekanntschaften von Informantinnen und Informanten mit „alten“ Häftlingen

Der zentrale Punkt in Bettelheims Interpretation von Häftlingsverhalten in nationalsozialistischen Lagern ist der Unterschied zwischen neuen Häftlingen (die weniger als ein Jahr in den Lagern waren) und „alten“ Häftlingen (die für drei Jahre oder länger in den Lagern waren). Aus allen in dieser und der früheren Untersuchung berücksichtigten Quellen geht eindeutig hervor, dass diese Betonung von Spaltungen entlang der Linie der Haftzeit von Häftlingen einzigartig für die Schriften von Bettelheim ist. Andere Autoren beziehen sich, wenn überhaupt, beiläufig auf diese Konfliktlinie und betonen stattdessen die Spaltung zwischen „Grünen“ und Politischen. Im vorangegangenen Kapitel wurde der Begriff „kriminell“ verwendet, um darauf hinzuweisen, dass nicht nur Personen, die formell als „Grüne“ klassifiziert waren, die Masse der Häftlingspopulation gefährdeten, sondern auch ein Teil der „Asozialen“ (schwarze Winkel) und skrupellose Personen unter den Politischen und anderen Häftlingskategorien. Die Belege dieser Untersuchung weisen stark darauf hin, dass es diese wesentliche Spaltung zwischen kriminellen und nicht-kriminellen Mitgliedern der Häftlingspopulation war, die den Verlauf der Entwicklung der Häftlingsgesellschaft ganz entscheidend beeinflusste.

In diesem Kapitel werden Belege dargelegt, um zu zeigen, dass die Haltung *unserer Informantinnen und Informanten* gegenüber „alten“ Häftlingen im Allgemeinen stark positiv war und dass Informantinnen und Informanten, die am kürzesten in den Lagern waren, nicht weniger positiv gegenüber Bekanntschaften mit „alten“ Häftlingen gesinnt waren, als jene, die am längsten in den Lagern waren. Tabelle 16 fasst die relevanten Ergebnisse aus den Interviews zusammen.

24 unserer 47 Standardinformantinnen und -informanten waren persönlich mit einer Summe von 108 Häftlingen – eine Zahl, die einige Doppelnennungen umfassen *kann* – bekannt, die drei Jahre oder länger in den Lagern waren; 21 unserer Informantinnen und Informanten hatten keine solchen Bekanntschaften. Von den fehlenden beiden Standardinformantinnen und -informanten wurden diesbezüglich keine Informationen erfragt. Lediglich drei Personen, die kürzer als zwei Jahre in den Lagern waren, waren mit „alten“ Häftlingen bekannt; neun weitere, die kürzer als zwei Jahre in den Lagern waren, hatten keine solchen Bekanntschaften. Die durchschnittliche Haftzeit von Personen, die Bekanntschaften mit „alten“ Häftlingen hatten, lag bei 46 Monaten im Vergleich zu 26 Monaten für jene ohne solche Bekanntschaften. Schlussendlich waren diejenigen ohne solche Bekanntschaften hinsichtlich zwischenmenschlicher Beziehungsmuster ungefähr gleich eingestuft wie diejenigen, die Bekanntschaften hatten, und sie umfassten auch

denselben Anteil an Personen, die Zweckbündnisse geschlossen hatten. Die Daten unterstreichen die *Seltenheit* enger Beziehungen zwischen neuen und „alten" Häftlingen, suggerieren aber *keine größeren Interessenskonflikte* aufgrund unterschiedlicher Haftzeiten.

Fallnummer	Haftzeit (in Monaten)	Anzahl an bekannten „alten" Häftlingen	Haltung von Informantinnen und Informanten gegenüber Bekanntschaften mit „alten" Häftlingen			
			beliebt	unbeliebt	vertraut	misstraut
6	7	1	1		1	
11	78	3	3		3	
17	26	4	4		4	
18	61	1	1		1	
20	40	6	6		6	
22	26	4	4		4	
25	47	2	2		2	
26	7	1	1		1	
27	27	1	1		1	
29	22	2	2		2	
30	47	2	2		2	
31	33	1	1		1	
32	33	1	1		1	
33	26	1	1		1	
36	41	11	11		11	
37	68	12	12		12	
38	85	14	4	10	13	1
39	40	5	5		5	
40	60	24	20	4	24	
41	144	5		5	5	
43	42	1	1		1	
45	45	2	2		2	
46	49	1	1		1	
51	68	4	2	2	3	1
Summen	**1.122**	**108**	**87**	**21**	**106**	**2**

Tabelle 16: Haftzeiten und Haltung gegenüber 108 Bekanntschaften mit „alten" Häftlingen von 24 Informantinnen und Informanten. Fallnummer 32 wurde nicht in den Summen inkludiert, da es sich um denselben „alten" Häftling handelte, der von Informantin Nr. 31 beschreiben wird.

Wie in Tabelle 16 dargestellt, waren 87 der „alten" Häftlinge beliebt und 21 unbeliebt. Die Informantinnen und Informanten, die eine Abneigung gegenüber bestimmten „alten" Häftlingen äußerten, umfassten die beiden unter unseren Informanten, die mit 144 bzw. 85 Monaten am längsten in den Lagern waren; die anderen beiden, die Abneigung gegenüber bestimmten „alten" Häftlingen bekundeten, lagen mit 68 und 60 Monaten in den Lagern auch deutlich über dem entsprechenden Durchschnitt von 46 Monaten. Aus der Tabelle geht klar hervor, dass die Informantinnen und Informanten, die kürzer in den Lagern waren und Bekanntschaften mit „alten" Häftlingen hatten, diesen öfter positiv gesinnt waren, als die Informantinnen und Informanten, die länger in den Lagern waren. Allerdings hatten sie auch weniger Bekanntschaften mit „alten" Häftlingen.

Von 47 der 108 genannten „alten" Häftlingen wurde berichtet, dass sie Mitglieder von Organisationen im Lageruntergrund waren. Obwohl dieser Aspekt nicht im Einzelnen untersucht wurde, ergibt sich aus dem Interviewmaterial, dass die meisten der Informantinnen und Informanten von den Verbindungen dieser Häftlinge mit dem Untergrund vor der Befreiung wussten oder sie vermuteten. Dies und die Tatsache, dass unsere Informantinnen und Informanten, bis auf zwei, allen 108 „alten" Häftlingen vertrauten, weist auf ein hohes Ausmaß an Zusammenhalt und gegenseitigem Vertrauen zwischen den Mitgliedern der Häftlingsgesellschaft hin. Dieser Zusammenhalt steht in gänzlichem Widerspruch zu dem bereits früher in dieser Untersuchung angeführten von Herbert Bloch vertretenen Standpunkt. Das gegenseitige Vertrauen hätte mit Bettelheims Phasentheorie der „Identifizierung" mit der Gestapo nicht antizipiert werden können.

Interessant ist auch, dass unsere Informantinnen und Informanten den Zusammenhalt zwischen den „alten" Häftlingen, mit denen sie bekannt wurden, betonen. Steve bekundete: „*Unter den ‚alten' politischen Häftlingen gab es keinen Verrat.*" Belege aus der Literatur, die anderswo in dieser Untersuchung angeführt werden, weisen vielfach darauf hin, dass ein derartiger Zusammenhalt nicht einfach als etwas behandelt werden kann, das in die Lager gebracht wurde; in gewissem Maße scheint dieser Zusammenhalt mit der Häftlingsgesellschaft entstanden zu sein. In Bezug auf die nach Bettelheim letzte Phase der Anpassung erklärt dieser, dass „*die Persönlichkeit der Häftlinge nun auf einer anderen und niedrigeren Ebene integriert war; sie war geprägt von Resignation, Abhängigkeit, Unterwerfung und Passivität. Die alten Häftlinge konnten diese Integration auf einer niedrigeren Ebene bewerkstelligen, da sie kaum daran glaubten, jemals in die Außenwelt, die ihnen fremd geworden war, zurückzukehren. Sobald sie sich dementsprechend verändert hatten, hatten sie Angst zurückzukehren, da sie daran zweifelten, sich an das Leben in einer freien Welt anpassen zu können.*"[213]

Nach einem fast achtstündigen Interview stieß sich Sol daran, dass der Interviewer einen früheren Lagerwitz von Sol als *Galgenhumor* bezeichnete. Er sagte: „*Psychologisch war ich nie auf dem Weg zum Galgen. Ich glaubte immer an meine eigene Freiheit – na ja, vielleicht musste ich einmal zu Beginn und einmal gegen Ende die Möglichkeit meines Todes in Betracht ziehen.*" Sol hatte einen Freund, der auf den Schornstein des Krematoriums deuten würde und sagte: „*Weißt Du […], auf diesem Weg werden wir diesen Ort verlassen.*" Sol würde in Richtung Tor zeigen und antworten: „*Nein, auf diesem Weg werden wir hinausgehen.*"

Man kann nicht wissen, ob unter „alten" Häftlingen nun die Skepsis oder der Glaube an die eigene letztendliche Freiheit überwog. Allerdings scheint die große Zahl an Erwiderungen, wie jener von Sol an seinen Freund, die geringe Häufigkeit von Selbstmorden und Psychosen und die von unseren Informantinnen und Informanten signalisierte Er-

213 Bettelheim: Concentration Camps, German, S. 7.

holung vom Zustand eines Muselmannes darauf hinzudeuten, dass ein gewisses Maß an Optimismus vorherrschte.

Der einzige Hinweis, der Bettelheims Behauptung stützt, dass „alte" Häftlinge Angst hatten, in die Nicht-Lagergesellschaft zurückzukehren, ist eine Äußerung von einem Zeitgenossen Bettelheims in Buchenwald: Neurath. Anlässlich der von Hitler zu seinem 50. Geburtstag am 20. April 1939 verfügten Amnestie erklärt Neurath: *„Auch Hunderte von langjährigen Politischen gehören dazu. Männer, die nach sechs Jahren im Lager alle Hoffnung auf Entlassung aufgegeben hatten. Manche haben einen Nervenzusammenbruch, weinen, schreien: ‚Ich will hier nicht raus, ich will meine Freunde nicht verlassen, wo soll ich denn hin?' Natürlich ist das nur vorübergehend. Eine Stunde später marschieren sie freudig davon. Aber selbst unter denen, die Ruhe bewahren, gibt es ernste Gespräche. Heute sind sie als Kommunisten hier. Aber morgen werden sie als Bekehrte betrachtet, als Gebesserte, als Heimgekehrte in den Schoß der menschlichen (Nazi-) Gesellschaft. Sie werden den Arm hochreißen und ‚Heil Hitler' sagen und eifrig Nazi-Versammlungen besuchen müssen, um nicht gleich wieder zurückgeschickt zu werden."*[214]

Da Bettelheim und Neurath scheinbar dasselbe Phänomen beobachteten, ist es interessant, dass sie auch zu dezidiert unterschiedlichen Schlussfolgerungen gekommen zu sein scheinen. Bettelheim, der die Entstehung einer Häftlingsgesellschaft ignoriert, sieht in diesem Phänomen einen Beweis für die Identifizierung „alter" Häftlinge mit der SS. Neurath ist sich dessen, was er wiederholt als Häftlings-„Gesellschaft" oder Häftlings-„Sozialleben" bezeichnet, eindeutig bewusst. Er ist erstaunt über die extremsten Reaktionen, aber auch über die „ernsten" Bedenken der, „Abgebrühten" über die Probleme, die sie als aus den nationalsozialistischen Lagern entlassene Häftlinge haben werden.

Es wäre denkbar, dass Personen, die sich gezwungen sehen, ihr Verhältnis zu einer Situation voller Gefahren zu ändern, fast jede Veränderung als emotionale Herausforderung empfinden könnten. Es sei auf die relativ häufige Beobachtung verwiesen, dass Soldaten im Kampfeinsatz, die sich in einer schnell bewegenden, motorisierten Kolonne fortbewegen, irritiert sind, wenn sie – sogar für routinemäßige Versorgungszwecke oder Ähnlichem – angehalten werden und wieder irritiert werden, wenn sie sich wieder in Bewegung setzen.

Es sollte vielleicht darauf hingewiesen werden, dass Neurath weder spezifische Angaben über die Anzahl derer macht, die „einen Nervenzusammenbruch haben", noch irgendeine präzise Beschreibung über die spezifischen persönlichen Umstände dieser „langjährigen Politischen" macht. An keiner einzigen Stelle der 456 Seiten des Manuskripts suggeriert Neurath auch nur im Entferntesten, dass Bettelheims Auffassung der Identifizierung mit der SS zutreffe.

214 Neurath: Die Gesellschaft des Terrors, S. 182f. Anm. d. Hg.: Luchterhand zitiert die ungedruckte Dissertation Neuraths, die 1943 eingereicht, aber erst 1951 offiziell approbiert wurde. Näheres im Nachwort zu *Gesellschaft des Terrors*.

In diesem Zusammenhang ist es interessant, sich Neuraths Bericht über das Verhalten von 450 „Rückfälligen" an einem Winterabend im Jahr 1938 anzusehen. „*Während des Appells ließ uns Rödl das ‚Dörfchen' singen. Die ‚Rückfälligen' sangen offenbar nicht laut genug. Ohnehin waren sie in der letzten Zeit ein wenig zu mächtig geworden, und Rödl beschloss, ihnen einen Denkzettel zu verpassen.*

Nach dem Appell mussten sie auf dem Platz bleiben. Eine volle Stunde lang kommandierte er persönlich ein Strafexerzieren, eines der fürchterlichsten, von denen ich je gehört habe. Eine volle Stunde lang hörten wir seine Befehle über das Mikrophon. ‚Auf – Nieder – Auf – Nieder – Rollen – Sprungauf – Nieder …'

Als er dachte, sie hätten genug und hätten ihre Lektion gelernt, schickte er sie davon. Sie stellten sich in Marschformation auf, alle 450, und marschierten durch das Lager. Ihr Block war ganz hinten in der letzten Reihe. Auf dem Marsch begannen sie das ‚Seeräuberlied' zu singen. Das ist eines der romantischen Lieder, die deutsche Jugendliche gern sangen, mit einem flotten Rhythmus, der Leben in den müdesten Haufen bringen kann. Der Text ist unpolitisch, und im Lager wird das Lied gelegentlich auf Befehl gesungen.

Aber die ‚Rückfälligen' machten eine politische Demonstration daraus. Statt mit der ersten Strophe begannen sie mit der letzten, die auf diese Weise sofort symbolische Bedeutung erhielt:

Und ist der letzte Schuss getan,
Ist die blutige Schlacht vorbei,
So lenken wir unsern morschen Kahn
In die Hölle frank und frei.
Und wenn es dem Teufel nicht gefällt
Ei, so heizen wir selber uns ein.
Wir waren die Herren der Welt
Und wollen's beim Teufel noch sein!

Es hallte wie Sturmläuten durch das Lager.

Rödl tobte vor Wut. Er befahl sie zurück und ließ sie weitere zehn Minuten auf die fürchterlichste Weise exerzieren. Aber als er sie erneut wegschickte, marschierten sei wieder in voller Schlachtordnung durch das Lager und wiederholten mit mächtigen Stimmen die dritte Strophe:

Wir waren die Herren der Welt
Und wollen's beim Teufel noch sein!

Es war das erhebendste Erlebnis meines ganzen Lageraufenthalts. Selbst die Veteranen waren beeindruckt. Nachdem die Marschierenden ihr Lied beendet hatten, verstreuten sie sich über das ganze Lager und riefen in Hochstimmung Grüße und Scherze in die Blocks. Die Stimme eines von ihnen habe ich immer noch im Ohr. Er war ein Hüne von Mann mit einer Stimme wie ein Wasserfall, und er steckte seinen Kopf zu unserem Fenster herein und sagte, von tief innen heraus lachend: ‚Uns kann det alles nich erschüttern!'"[215]

215 Ebd., S. 177–179.

Es besteht keine Möglichkeit, für den Zweck unserer Untersuchung in Erfahrung zu bringen, ob irgendeine dieser 450 Personen bei ihrer zweiten Inhaftierung überhaupt noch als „neuer" Häftling klassifiziert werden konnte. Die Fähigkeit *„alle[r] 450"* sich in der spezifischen Lagersituation zu organisieren, weist auf eine Abgebrühtheit und Erfahrung hin, die für neue Häftlinge unmöglich gewesen wäre. Ihre politische Beharrlichkeit, die sich für die meisten in ihrer erneuten Verhaftung zeigt, legt nahe, dass sie wahrscheinlich unter den ersten Opfern der Nazis waren – Personen, für die frühzeitige Entlassungen wahrlich selten waren.

Bettelheims Liste an Details gegen die „alten" Häftlinge ist lang und hart. Er wirft den „alten" Häftlingen alles vor: von der wie im letzten Kapitel beschriebenen „Nachahmung" von Freizeitbeschäftigungen der Gestapo bis zur Übernahme ihrer rassistischen und nationalistischen Ideologien. In Bezug auf diesen letzten Aspekt schreibt er sogar: *„Fast alle nicht-jüdischen Häftlinge glaubten an die Überlegenheit der deutschen Rasse. Fast alle waren voller Stolz über die sogenannten Errungenschaften des nationalsozialistischen Staates, insbesondere seiner Expansionspolitik durch Annexionen."*[216]

In diesem Fall verwirft Bettelheim seine Verteidigung der neuen Häftlinge und richtet seine Beschuldigungen gegen *„[f]ast alle nicht-jüdischen Häftlinge"*, d.h. Nicht-Juden unabhängig von der Länge ihres Aufenthalts in den Lagern. Es sei angemerkt, dass die Literatur über die Lager diese drastische Behauptung im Allgemeinen in Frage stellt. Es seien an dieser Stelle zwei Beispiele angeführt.

Heilig, sowohl in Dachau als auch in Buchenwald ein Zeitgenosse Bettelheims und ehemaliger Chefredakteur der Zeitung *Die Stimme*, zentrales Organ der österreichischen Zionisten, bezieht sich wiederholt auf die Bemühungen von Nicht-Juden, Juden zu helfen. Er erläutert, dass nach dem Tod des Legationssekretärs der deutschen Botschaft in Paris Baron Ernst vom Rath im November 1938 Rationen für die Judenblöcke in Buchenwald drastisch gekürzt wurden und Juden die ambulante und auch stationäre Behandlung im Krankenrevier verweigert wurde. Es wurde *„Geldsperre, Kantinensperre und Postsperre für die Juden"*[217] verhängt. Andere Häftlinge sagten einer Gruppe an Juden, dass sie in den Wald gehen und hinter einem Holzhaufen warten sollten. Zwei vollgestopfte Säcke wurden hinter den Holzhaufen gebracht. In den Säcken war Brot, Wurst, Käse und eine Dose Sirup.

Einer aus der Gruppe *„übernimmt es, Franz[218] zu fragen, was Wurst und Käse, die aus der Kantine stammen, kosten. Das andere kann man einem anständigen Kameraden nicht bezahlen, weil auch er es vom Lager umsonst bekommen hat. Franz ist böse geworden. ‚Wie stellst du dir vor, daß ich jetzt von einem Juden einen Pfennig annehme?"*[219]

216 Bettelheim: Concentration Camps, German, S. 8.

217 Bruno Heilig: Menschen am Kreuz (Berlin 1948), S. 199. Anm. d. Ü.: Luchterhand weist die Textpassage *„Jews were forbidden to receive money, to obtain supplies from the canteen and to receive or write letters"* (Bruno Heilig: Men Crucified (London 1941), S. 220) nicht als Zitat aus.

218 Anm. d. Ü.: In Heiligs Originaltext ist an dieser Stelle von „Leo" die Rede. Vgl. Heilig: Men Crucified, S. 221.

219 Heilig: Menschen am Kreuz, S. 200.

Neurath zufolge, der über dieselbe Zeit berichtet, *„als während der November-Pogrome von 1938 die schlimmste Katastrophe von allen über das Lager hereinbrach, nämlich der wochenlange Ausschluss aller Juden von jeder [medizinischen - EL] Behandlung, gewährten diese Männer [des Krankenbaus in Buchenwald – EL] ihre volle Hilfe unterschiedslos auch den Tausenden von Juden."*[220] Neurath betont, dass die im Krankenbau arbeitenden Häftlinge dabei ihre *„eigene gute Stellung aufs Spiel"*[221] setzten.

In der Erörterung antisemitischer Bekundungen unter Lagerhäftlingen im Allgemeinen beobachtet Neurath: *„Bei den Mittel- und Oberklassen [...] fiel Hitlers Propaganda schon eher auf fruchtbaren Boden. [...] Kamen diese Leute ins Konzentrationslager, legten sie ihre Vorurteile nicht schon deshalb ab, weil sie nun ebenso eingesperrt und verprügelt wurden wie die Juden. Aber sie entwickelten auch keinen flammenden Hass auf sie. Damit war nichts zu gewinnen, und im Lager gab es nichts, wofür man den Juden die Schuld geben konnte."*[222]

„Die Asozialen und manche Kriminelle, die von den Politischen als Wesen zweiter Klasse behandelt werden, setzen sich selber auf der sozialen Stufenleiter hinauf, indem sie mit Verachtung auf mehrere Tausend Juden unter sich hinabblicken. In Dachau hat das keine schwerwiegenden Folgen, da die Politischen jeden ernsthaften Kampf zwischen den verschiedenen Häftlingsgruppen verhindern. In Buchenwald [1938–1939 – EL] ist der Konflikt offener, weil eine dieser Gruppen erhebliche Macht in Händen hält und weil ein Bekenntnis zum Antisemitismus, wenn der eigene Kapo etwas gegen die Juden hat, einem den Weg zu den Gefälligkeiten ebnen kann, über die er verfügt."[223]

„Es scheint jedoch, als sei ein Großteil des so genannten Antisemitismus vieler Kapos und Ältesten eher die Rationalisierung eines bestehenden Sachverhalts als ein tief verwurzeltes rassisches oder soziales Vorurteil."[224]

„Jüdische Asoziale haben wegen ihres anderen Hintergrunds einen erheblich höheren Status als nichtjüdische Männer dieser Kategorie."[225]

Kogon tätigt folgende allgemeine Äußerung: *„Nicht selten bildeten sie [die Juden – EL] den Blitzableiter für die grausamen Launen der SS, sodaß die übrigen Lagerinsassen glimpflicher davonkamen. Dadurch entstanden besonders enge Wechselbeziehungen zwischen den jüdischen und nicht-jüdischen Politischen, die in unzähligen Solidaritätsakten Ausdruck fanden. Dieser Solidarität und einem nahezu unwahrscheinlichen Glück ist es zu danken, daß von den Juden, die gleich in den ersten Jahren in die KL eingebracht wurden, überhaupt noch eine Anzahl am Leben geblieben ist."*[226]

220 Neurath: Die Gesellschaft des Terrors, S. 84.
221 Ebd. Anm. d. Ü.: Luchterhand weist dieses direkte Zitat nicht aus.
222 Neurath: Die Gesellschaft des Terrors, S. 322.
223 Ebd., S. 323.
224 Ebd.
225 Ebd., S. 324.
226 Kogon: Der SS-Staat, S. 14.

In Zusammenhang mit dieser Äußerung ist es interessant anzumerken, dass unsere Informanten mit den längsten Haftzeiten – 144, 85 und 78 Monaten[227] – Juden waren, die die Kriegsjahre in Buchenwald verbrachten. Von diesen drei Personen zeigten die beiden mit den kürzeren Haftzeiten eindeutige körperliche Ähnlichkeiten mit vielen Merkmalen des Nazi-Bildes eines Juden, d.h. sie waren nach nationalsozialistischen Vorstellungen leicht „erkennbar".

Es kann wahrscheinlich angenommen werden, dass mehr Häftlinge in den Lagern antisemitisch wurden als ihren Antisemitismus ablegten. Antisemitische Äußerungen und andere Formen von Vorurteilen wurden nicht nur zu einem gewissen Grad belohnt, sondern waren sehr oft sogar geboten. Eine Beurteilung der Zunahme von Vorurteilen würde eine Interpretation der *Bedeutungen* von offensichtlichen diesbezüglichen Diskriminierungen für die spezifischen Akteure in den Lagern und für die Juden in den Lagern erfordern.

Bettelheims Anschuldigungen gegen *„fast alle nicht-jüdischen Häftlinge"*[228] und ihren *„Stolz über die sogenannten Errungenschaften des nationalsozialistischen Staates"*[229] scheinen sich teilweise auf eine informelle Umfrage zu stützen, die er, wie er berichtet, durchgeführt habe. *„Als 1938 mehr als 100 alte politische Häftlinge gefragt wurden, ob sie glaubten, dass die Geschichte des Lagers in ausländischen Zeitungen berichtet werden sollte, zögerten viele zuzustimmen, dass dies wünschenswert wäre. Als sie gefragt wurden, ob sie sich an der Seite einer ausländischen Macht an einem Krieg für die Niederlage des Nationalsozialismus in Deutschland beteiligen würden, erwiderten nur zwei vorbehaltlos, dass jeder, der aus Deutschland fliehen könne, nach besten Kräften gegen die Nazis kämpfen müsste."*[230]

In Anbetracht der Tatsache, dass die Häftlinge von den ständigen Aktivitäten der Politischen Abteilung der nationalsozialistischen Lagerverwaltung wussten, und angesichts der Tatsache, dass die Fragen von einem neuen Häftling an „alte" Häftlinge gestellt wurden, darf vielleicht gefragt werden, ob realistischerweise verlässliche und aussagekräftige Antworten erwartet hätten werden können. Es ist sogar möglich, dass einige Politische angesichts des Münchner Abkommens und der unmittelbaren Folgen einen solchen Vorschlag als sinnlos erachtet haben könnten. Darüber hinaus war es in Deutschland und anderswo hinlänglich bekannt, dass überall auf der Welt eine Reihe verlässlicher Berichte veröffentlicht worden waren. Es war deshalb nicht allzu schwer, sich zu denken, dass die verschiedenen Botschaften in Deutschland eine Fülle an Informationen hatten.

Bettelheims Bild des „alten" Häftlings spricht stark dafür, dass die mit der Befreiung verbundene Bürde der Anpassung wahrlich überwältigend, oder für „alte" Häftlinge zumindest erheblich größer gewesen sein muss, als für Häftlinge, die noch neu in den Lagern waren. Im Kapitel „Biosoziale Aspekte von Trauma und Anpassung" wird kurz auf

227 Anm. d. Hg.: Es handelt sich dabei um August Cohn, der 144 Monate, Ernst Federn, der 85 Monate, und Otto Feuer, der 78 Monate lang in Konzentrationslagern inhaftiert wurde.

228 Bettelheim: Concentration Camps, German, S. 8.

229 Ebd.

230 Ebd.

die Hinweise auf Anpassungsprobleme einer Reihe von Informantinnen und Informanten mit verhältnismäßig kurzen Haftzeiten eingegangen. Es sei an dieser Stelle gesagt, dass im Verlauf der Interviews der zwingende Eindruck entstand, dass jene Informantinnen und Informanten, die traumatisiert und für verhältnismäßig lange Zeit inhaftiert waren, unter geringerer emotionaler Belastung einen Platz für sich und gegebenenfalls für ihre Familien in unserer Gesellschaft fanden, als Informantinnen und Informanten, die traumatisiert und verhältnismäßig kurze Zeit inhaftiert waren. Dieser Eindruck, und mehr ist es auch nicht, beruht auf der Kenntnis ihrer kreativen Unternehmungen, ihrer beruflichen und familiären Anpassung und der Gesundheit und Fröhlichkeit ihrer Kinder. Augenscheinlich kann ein solcher Eindruck ohne Untermauerung durch zuverlässige psychodiagnostische und sonstige Verfahren nicht als Beleg angeführt werden. Nichtsdestotrotz erschien das Verschweigen eines starken Eindruckes, der wie dieser aus den Forschungsanstrengungen entstanden ist, unvereinbar mit den Regeln guter Praxis.

Aus dem Datenmaterial in Tabelle 16 und aus anderem Material in diesem Abschnitt ist klar ersichtlich, dass sich das Bild unserer Informantinnen und Informanten von „alten“ Häftlingen, mit denen sie bekannt waren, stark von dem von Bettelheim skizzierten Bild unterscheidet. Es seien an dieser Stelle drei mögliche Gründe für diesen Unterschied angeführt:

1. Ohne Zweifel leitet sich dieser Unterschied zum Teil aus der Tatsache ab, dass unsere Informantinnen und Informanten als Einwanderer in die USA sorgfältig auf Vorstrafen und kriminelles Verhalten überprüft wurden.[231]

2. Bettelheim war in den Jahren 1938 und 1939 für ein Jahr inhaftiert, den Großteil davon in Buchenwald. Dieser Zeitraum fällt mit den bittersten Phasen der „grünen“ Herrschaft zusammen, einer Zeit, als Buchenwald erst begann, das Chaos der Gründungsphase zu überwinden. Aus dem früheren Datenmaterial dieses Kapitels und von allem, was über die Lager bekannt ist, kann ein neuer Häftling, abgesehen von den offensichtlichsten Tatsachen, unmöglich über den Kampf zwischen den Gruppen Bescheid gewusst haben, es sei denn, er kam, wie Neurath, als anerkannter Nazigegner mit langen, bekannten Verbindungen in das Lager. Selbst Neurath musste sich erst in der neuen Umgebung beweisen. Der Unterschied bestand darin, dass er als *Kumpel* [Deutsch im Original][232] schneller und einfacher akzeptiert wurde. Wie im vorangegangenen Kapitel dargelegt, fand dieser Kampf zwischen den Gruppen im Untergrund statt, und die Geheimnisse dieses Kampfes wurden mit besonderer Sorgfalt gehütet. Ein neuer Häftling, ohne seit Langem bestehende Kontakte, hatte einen erschreckenden Nachteil, um Einblick in alle Einzelheiten des Intergruppenkonfliktes zu erlangen.

231 Anm. d. Hg.: Luchterhand scheint hier die Wirksamkeit der amerikanischen Einwanderungsbehörden zu überschätzen, die sich in der Regel mit Auskünften auf einige Fragen vom Typ *„Waren Sie Mitglied in …“* zufriedengaben.

232 Anm. d. Hg.: Zutreffender wäre hier wohl gewesen, von „Genosse“ zu sprechen, da politische Häftlinge wie Neurath weniger wegen ihrer generellen Jovialität Anschluss an andere fanden, sondern weil sie einander als politische Aktivisten kannten oder Solidarverhalten von Gleichgesinnten erwarten durften.

3. Zudem waren auch die Möglichkeiten von Auffassungs- oder Interpretationsunterschieden hinsichtlich bestimmten Verhaltensweisen sehr groß. Dies wird durch das folgende Beispiel verdeutlicht. Über „alte“ Häftlinge sagt Bettelheim, dass *„[s]ie versuchten[,] Teile von alten SS-Uniformen*[233] *zu erwerben. War das nicht möglich, nähten und flickten sie ihre eigenen Uniformen so zurecht, daß sie den Uniformen der Wachen ähnelten. Die Zeit und die Arbeit, die diese Gefangenen auf diese Bemühungen verwandten, waren unglaublich, zumal die SS*[234] *eine solche Nachahmung ihrer Uniformen bestrafte. Fragte man die alten Gefangenen, warum sie das täten, so sagten sie, daß es ihnen gefiele, wie die Wachen auszusehen.“*[235]

In den Interviews wurden fünf Häftlinge befragt, die mit dem Konzentrationslager Buchenwald – zu der Zeit, als Bettelheim dort war – gänzlich vertraut waren, Fälle zu beschreiben, in denen Häftlinge Gestapo-Uniformen nähten oder trugen oder ihre Zebrakleidung so veränderten, dass sie den Uniformen der SS ähnelte. Zehn Informantinnen und Informanten aus anderen Lagern wurden gefragt, ob sie derartiges Verhalten beobachtet hatten. Die Antworten auf diese Frage waren immer negativ und wurden manchmal voller Ungeduld geäußert. Um das Vertrauen zwischen Interviewer und Interviewten nicht zu belasten, wurde diese Fragestellung nicht weiterverfolgt. Die Antworten stimmten alle miteinander überein, die Informantinnen und Informanten waren sich sicher, dass es kein derartiges Verhalten gab.

Eine intensive Literaturrecherche für weitere Verweise, die von Relevanz sein könnten, ergab lediglich die folgende Referenz von Bruno Heilig, der zur selben Zeit wie Bettelheim in Buchenwald inhaftiert war. Heilig schreibt: *„Richter [der Lagerälteste und ein ehemaliges SS-Mitglied – EL], die Kontrolleure, die Capos und die Blockältesten [die zu dieser Zeit überwiegend ‚Grüne‘ waren – EL] trugen nicht die gewöhnliche Häftlingskleidung. Sie hatten sich unter den alten Militäruniformen gut erhaltene Stücke, elegante Röcke und Breeches ausgesucht, die ließen sie schön auf Figur umarbeiten, dazu verschafften sie sich tadellose Reitstiefel oder Gamaschen. In solchem Aufzug konnte man allzu bequem aus dem Lager spazieren und durchs Land fahren.“*[236] Heilig erklärt, dass diese Privilegien im Hinblick auf die Uniformen nach kurzer Zeit entzogen wurden.

Wenn wir uns vergegenwärtigen, dass von den 108 Bekanntschaften unserer Informantinnen und Informanten mit „alten“ Häftlingen nur zwei als „Grüne“ beschrieben wurden, ist es klar, dass unsere Informantinnen und Informanten kaum enge Kontakte zu *„alten“* Kriminellen hatten. Obwohl unser Interviewmaterial darauf hinweist, dass die meisten unserer Informantinnen und Informanten ihre Freundinnen und Freunde unter Häftlingen ihrer eigenen Kategorie – Jüdinnen und Juden, Politische und Jüdisch-Politi-

233 Anm. d. Ü.: In der englischen Fassung des Textes aus dem Jahr 1943 ist an dieser Stelle noch von Gestapo-Uniformen die Rede. Vgl. Bettelheim: Individual and Mass Behavior in Extreme Situations, S. 448.

234 Bettelheim: Concentration Camps, German, S. 8.

235 Bettelheim: Individuelles und Massenverhalten in Extremsituationen, S. 89.

236 Heilig: Menschen am Kreuz, S. 232. Anm. d. Ü.: Der Satz *„They had such costumes as one might see worn by* Junkers *or huntsmen in Germany“* (Heilig: Men Crucified, S. 260) fehlt in der deutschen Ausgabe.

sche – fanden, gab es *ziemlich häufige Bezugnahmen auf Häftlinge anderer Kategorien, darunter auch „Grüne"*. Die Hinweise unserer Informantinnen und Informanten deuten darauf hin, dass „alte" „Grüne" eher gemieden wurden als neue „Grüne".

Die Freundschaft unseres Informanten Harry mit einem „Grünen" namens Heinrich verschlechterte sich im Verlauf der Zeit in den Lagern. Harry und Heinrich waren beste Freunde. Harry erklärt, dass er Heinrich beim Kartenspielen kennengelernt hatte. Sie waren *„Kumpel"* und *„teilten alles"*. Heinrich war gut darin, Freundschaften zu knüpfen. Er war ein geschickter Handwerker, ein Schwachstromelektroinstallateur. Beide begannen mit komplizierten Formen des „Organisierens" und bestachen oft SS-Männer, indem sie sie mit Benzin für den privaten Gebrauch versorgten. In Auschwitz-Buna spielten beide um Geld Karten (auch um amerikanische Dollar). Harry zufolge neigte Heinrich zu dieser Zeit *„ein wenig dazu, zu hart zu sein"*. In einem anderen Lager, Kratzau, war Heinrich sowohl Kapo als auch Blockältester. *„Dort begann Heinrich, seine Macht zu zeigen."* Er wurde arrogant und schrie alle an, auch Harry. Obwohl sie anfänglich in Kratzau noch Dinge teilten, hörte diese Praxis bald auf. Harry berichtet, dass Heinrich zu dieser Zeit die Verhaltensmuster eines SS-Mannes übernommen hatte.

Obwohl diese Untersuchung *keine direkten Hinweise* liefert, wie sie von „grünen" Informantinnen und Informanten eingeholt hätten werden können, gab es sehr viele Hinweise darauf, dass die Verhaltensähnlichkeiten zwischen der SS und den „alten" „Grünen" und anderen „alten" kriminellen Häftlingen größer waren als zu irgendeiner anderen Häftlingsgruppe und zu den *neuen* „Grünen". *Im Verlauf der Zeit zeichnete sich die Tendenz ab, dass immer mehr kriminelle Häftlinge an Randpositionen in der Häftlingsgesellschaft gedrängt und viele der Schlimmsten vollständig aus der Häftlingsgesellschaft verdrängt wurden.*[237] In diesem Prozess waren die korrupten Bündnisse mit Mitgliedern des sich auflösenden sozialen Systems der SS-Bewachung die letzte Stütze der bösartig kriminellen Häftlinge. In einigen Lagern flohen „alte" kriminelle Häftlinge am Vorabend der Befreiung zur selben Zeit wie die SS. Hier wird, unter Berücksichtigung der eingeschränkten und indirekten Natur der Hinweise, die Überlegung angestellt, dass sich unter den

237 Neurath kommentiert: *„Die Politischen allerdings schaffen es unter Ausnutzung all ihrer Verbindungen und Machtpositionen immer wieder, ihre Gesinnungsgenossen auf bestimmte Blocks zu konzentrieren und diejenigen, die nicht zu ihnen gehörten, aus ihrer Mitte zu vertreiben."* (Neurath: Die Gesellschaft des Terrors, S. 243f.). In Bezug auf die Berufsverbrecher schreibt er: *„Als Gruppe werden sie vom Lager im Allgemeinen abgelehnt. Diese Ablehnung hat nichts mit ihren Vergehen zu tun – so etwas kümmert dort niemanden –, sondern mit der weit verbreiteten und oft wohl begründeten Annahme, dass eine Kooperation mit ihnen wegen ihrer mangelnden Schulung schwierig ist, und zwar eine Zeit lang gut gehen kann, aber immer gefährlich bleibt. Kommt es zu einer Krise, sind sie nicht bereit persönliche Opfer zu bringen, um die Gruppe zu retten, sondern opfern stattdessen die Gruppe, um die eigene Haut zu retten."* (Ebd., S. 97). In Bezug auf die „Asozialen" (schwarze Winkel) schreibt Neurath: *„[B]ei ihren Mithäftlingen gelten sie als die unzuverlässigste und dümmste Gruppe im Lager. Dies ist nicht immer gerechtfertigt, denn es gibt Hunderte ganz normale Bürger unter ihnen, die nur zufällig irgendeiner Autorität im Wege waren; für die große Mehrheit jedoch ist es gerechtfertigt. ‚Schwarze' bei irgendeiner verbotenen Aktivität dabeizuhaben, etwa organisierte Bummelei oder Schmuggel, wird gewöhnlich als gefährlich angesehen. [...] Und treibt man sie in die Enge, sind sie schnell bereit, ihre Komplizen zu verraten, nicht nur um die eigene Haut zu retten, sondern schon aus schierer Dummheit und Hilflosigkeit."* (Ebd., S. 100).

kriminellen Häftlingen eine Abfolge an Anpassungen manifestierte, die sich zunehmend dem Verhalten der SS annäherte. Es sei allerdings angemerkt, dass diese Prozesse nicht einfach die Folgen von psychischen „Mechanismen" und/oder Haftdauer waren, sondern tief mit der Entwicklung der Häftlingsgesellschaft im Rahmen der, durch die Unbeständigkeiten im riesigen Geflecht an nationalsozialistischen Lagern gesetzten, unterschiedlichen Grenzen verbunden waren.

Mitglieder von Untergrundorganisationen

Bettelheim richtet sein Augenmerk auf das, was er als ein spezifisch auf neue Häftlinge zutreffendes Anliegen verstand: als Persönlichkeit intakt zu bleiben. Er schreibt, dass *„es einfacher schien, dem Druck der Gestapo zu widerstehen, wenn man als Individuum funktionierte."*[238] Diese Sichtweise ist zweifellos mit Bettelheims offensichtlichem Versäumnis verbunden, sich ernsthaft mit dem Häftlingsuntergrund, dem Kampf zwischen den Gruppen und der entstehenden Häftlingsgesellschaft auseinanderzusetzen. Teil dieses Versäumnisses ist seine sich daraus ergebende Nichtbeachtung des Verhaltens der Anführerinnen und Anführer des Untergrundes. Die Phasentheorie der Häftlingsanpassung konnte nur bedeuten, die Möglichkeit der Entstehung eines Untergrundes außer Acht zu lassen, oder, sollte sich der Untergrund unerwarteterweise doch irgendwie entwickeln, so hätte er unmöglich von „alten" Häftlingen angeführt worden sein können.

Bettelheim geht noch weiter. Er leugnet die Möglichkeit des Aufkommens sozialer Anführerinnen und Anführer unter den Häftlingen. Er bezieht sich auf Situationen, in denen ein Häftling, der versucht hätte, in der Rolle des Anführers in Aktion zu treten, um eine Gruppe zu beschützen, dadurch die Gruppe in die Gefahr von kollektiver Bestrafung brachte. Bettelheim schließt daraus, dass *„[a]uf diese Weise [...] die Gruppe eine Aversion gegen jede Art von Beschützer [entwickelte], denn einen Beschützer zu haben, hieß leiden zu müssen.* So verhinderte man, daß aus dem Beschützer ein Anführer [...] wurde, um den herum sich eine Widerstandsgruppe hätte bilden können."[239]

Im Folgenden werden nun die Haftzeiten und die Persönlichkeitsbeschreibungen von Mitgliedern von Untergrundorganisationen, die von unseren Informantinnen und Informanten erwähnt wurden, dargestellt. Informantin Stella berichtete, dass sie in Brünnlitz mit fünf „alten" Häftlingen bekannt war, die der führenden Untergrundgruppe im Lager angehörten, und die Aktivitäten tschechischer und polnischer Mitglieder des Untergrundes koordinierten. Diese Gruppe glich Informationen ab, die von verschiedenen Quellen, darunter auch dem Direktor[240] der dem Lager angeschlossenen Fabrik, einem ehemaligen Nazi, zusammengetragen wurden. Die Gruppe scheint eine Art embryonales

238 Bettelheim: Individuelles und Massenverhalten in Extremsituationen, S. 93.
239 Ebd., S. 77.
240 Anm. d. Hg.: Gemeint ist Oskar Schindler – siehe Fußnote 109 in Kapitel 4.

Internationales Lagerkomitee – etwas, das ungefähr den unteren Stufen der organisatorischen Errungenschaften der Häftlinge in den nationalsozialistischen Lagern entsprach – gewesen zu sein. Die Häftlinge wurden als *„sehr sympathisch und gut zu anderen"* beschrieben. Allerdings sagt Stella, dass es den Anschein hatte, als würde eine von ihnen persönlich nach Machtpositionen über andere Häftlinge im Lager streben. Sie fügte hinzu, dass sie *„niemals jemandem mehr vertraute als diesen fünf Menschen"*. Ihre durchschnittliche Haftzeit wurde mit 4,5 Jahren (54 Monaten) angegeben.

Aufgrund seiner Führungsposition im nationalen Komitee der Tschechen eines Lagers schätzte Steve die Haftzeiten von Kameraden des Komitees. Er schätzt die Haftzeit der sechs Mitglieder, von Jahren in Monate umgerechnet, auf einmal 45, zweimal 42, einmal 41 und zweimal 24 Monate. Die durchschnittliche Zeit für die sechs Mitglieder dieses Komitees lag also bei 36,5 Monaten. Es sei angemerkt, dass zwei der Mitglieder für nur zwei Jahre in den Lagern waren.

Steves Liste der Haftzeiten (ebenfalls umgerechnet) von fünf Mitgliedern des nationalen Komitees der Polen lautet: Ihre Haftzeiten schätzt er auf 72, 60, 48 und zweimal 42 Monate (als Interpolation auf Grundlage der Aussage, dass sie für *„drei oder vier Jahre"* einsaßen). Die durchschnittliche Zeit für die fünf Mitglieder dieses Komitees lag bei 52,8 Monaten.

Das einzige Mitglied des österreichischen Komitees über das berichtet wurde, war ein Häftling, der seit ungefähr sechs Jahren in den Lagern war. Aus den Beschreibungen war offensichtlich, dass es sich bei diesem österreichischen Häftling, um eine Person handelte, die vom Autor der vorliegenden Untersuchung im Lager interviewt wurde, und die auch eine führende Persönlichkeit im Internationalen Lagerkomitee war.[241] Die Eindrücke des Autors decken sich gänzlich mit der Beurteilung des Informanten über die sympathische Natur und „Charakterstärke" der Person. Es sei angemerkt, dass alle Mitglieder des tschechischen und des polnischen Komitees von Steve als vollkommen sympathisch und vertrauenswürdig beschrieben wurden.

Seitens unserer Standardinformantinnen und -informanten gab es keine Hinweise auf die Haftzeiten der 18 Mitglieder des Internationalen Lagerkomitees in Dachau. Allerdings erklärte während eines Aufenthaltes in Dachau ein dort nach der Befreiung stationierter amerikanischer Offizier, dass er die meisten Mitglieder des Internationalen Lagerkomitees vor ihrer Repatriierung kennengelernt habe. Im Verlauf mehrerer Bezugnahmen erklärte er, dass sie alle „Altgediente" waren. Ein nach der Befreiung im selben Lager stationierter Unteroffizier wurde in den USA spezifisch im Hinblick auf die Zeit befragt, die die Mitglieder des Internationalen Lagerkomitees in den Lagern verbrachten. Er sagte: *„Einige von ihnen saßen von Anfang* [des Lagers – EL] *an ein. Die anderen, die ich kannte, waren seit mindestens einigen Jahren dort, und ich weiß nicht, wo sonst noch."*

241 Anm. d. Hg.: Es handelt sich dabei um Heinrich Dürmayer – vgl. Maršálek: Geschichte, S. 382, sowie Fußnote 192 in Kapitel 5.

Informant Boris war in Kontakt mit *„rund 15 Mitgliedern"* des Internationalen Lagerkomitees in Flossenbürg. Er beschrieb die Mitglieder dieses Komitees als Menschen, denen er sich nah fühlte und vor denen er Hochachtung hatte, und die auch vollkommen vertrauenswürdig waren. Boris schätzte die Haftzeiten, von Jahren in Monate umgerechnet, für die zwölf Mitglieder, die er am besten kannte, wie folgt:

Mitglieder des Internationalen Lagerkomitees	Haftzeit (in Monaten)
Vier Deutsche	jeweils 108
Mitglied „A"	60
Mitglied „B"	60
Drei Polen	jeweils 42
Drei Russen	jeweils 24

Die durchschnittliche Haftzeit der 12 Mitglieder lag bei 62,5 Monaten. Es sei darauf hingewiesen, dass die Haftzeit von drei von ihnen nur zwei Jahre betrug. Dies war die kürzeste Haftzeit für Mitglieder von *Internationalen* Lagerkomitees, von der wir Kenntnis erhielten.

Informant Richard war persönlich mit einem niederländischen Mitglied und vier deutschen Mitgliedern des Internationalen Lagerkomitees in Buchenwald bekannt. Er fasste seine Haltung gegenüber diesen „alten" Häftlingen folgendermaßen zusammen: *„Ich* mochte *keinen einzigen von ihnen, aber ich* vertraute *ihnen allen vollkommen."* Er gab die durchschnittliche Haftzeit der Deutschen mit acht Jahren (96 Monaten) und des niederländischen Mitglieds mit vier Jahren (48 Monaten) an. In Franks Erklärung, die sogleich folgt, wird von zwei niederländischen Mitgliedern behauptet, dass sie 1940 in die Lager kamen. Allerdings geht aus dem Kontext nicht hervor, ob einer von ihnen dem *Internationalen* Lagerkomitee angehörte.

Unser Sonderinformant Frank schilderte seinen Eindruck von Mitgliedern verschiedener nationaler Komitees und des *Internationalen* Lagerkomitees in Buchenwald. Es folgt der abschließende Absatz seiner schriftlichen Beantwortung der Interviewfragen: *„Lassen Sie mich meine Eindrücke der ‚alten' Häftlinge zusammenfassen. Ein überaus bedeutender Teil von ihnen war oder wurde zu entschiedenen Kämpfern gegen die SS und allem, wofür die SS stand, unterwarf sich nie dem Machtideal ihrer ‚Herren' und akzeptierte zu keiner Zeit, auch nicht unterbewusst, deren Werte. Sie überlebten Buchenwald nicht, indem sie sich an das Lager anpassten, sondern, indem sie Buchenwald trotz allem an sich anpassten; indem sie Buchenwald eroberten, anstatt sich Buchenwald zu ergeben. Not und Elend wurden zur Herausforderung, Demütigung wurde zur Quelle von Aktivität. Diese ‚alten' Häftlinge, und nicht prominente Neulinge, wurden unter allen nationalen Gruppen zu den Vertretern ihrer Landsleute. Sieht man sich beispielsweise die Liste von 15 Männern in Kogons Buch an, denen er sein Manuskript vorgelesen hatte,*[242] *da sie entweder Mitglieder des Lagerkomitees oder Vertreter bestimmter politischer Gruppen waren: Unter ihnen ist*

242 Anm. d. Hg.: Vgl. Kogon: Der SS-Staat, XII–XIII.

keine einzige Person, die nach 1942 in das Lager kam. Sie sind alle ‚alte' Häftlinge. Wenn man sich die Mitglieder des Internationalen oder der nationalen Lagerkomitees ansieht, die in dieser Liste nicht enthalten sind: Ich hatte persönlichen Kontakt zu zwei französischen Vertretern, Häftlinge seit 1941 und 1942; einem Belgier (1941), zwei Niederländern (1940), drei Jugoslawen (1941) und zahlreichen österreichischen (alle 1938/1939) und polnischen (1939/1940) Funktionären; um nur diejenigen zu nennen, die ich am besten kannte. Es versteht sich auch, dass fast alle deutschen Funktionäre vor 1938 verhaftet worden waren. Nein, ich kann Bettelheim nicht zustimmen. Wären diese ‚alten' Häftlinge nicht gewesen, würde ich, und mit mir zehntausende meiner Mithäftlinge, heute nicht leben."

Zusammenfassend lässt sich also sagen, dass die Erkenntnisse über die oben beschriebenen Mitgliedschaften in den verschiedenen nationalen und internationalen Lagerkomitees ergeben, dass nur fünf Personen für zwei Jahre in den Lagern waren; 62 andere waren offensichtlich „alte" oder sehr „alte" Häftlinge.

Im Hinblick auf die Haltung gegenüber den „alten" Häftlingen und ihre Charakterisierung muss erneut darauf hingewiesen werden, dass unsere Informantinnen und Informanten weder für die Gesamtpopulation des Lagersystems noch die Population der Überlebenden repräsentativ sind. Ihre Darstellung, die sie von „alten" Häftlingen als allgemein „vertrauenswürdig und sympathisch" zeichnen, ist nur ein Ausschnitt des Gesamtbildes. *Es wird an dieser Stelle lediglich behauptet, dass dieses Bild auf einen bedeutsamen Teil aller Überlebenden zutrifft, und, dass es einige Hinweise darauf gibt, dass die größte Validität für nicht-kriminelle Häftlinge gegeben ist.*

Allgemeine Beobachtungen

Erfahrungsgemäß durchleben antagonistische Gruppen im Zuge anhaltender und bitterer sozialer Konflikte im Allgemeinen Desorganisation, Abtrünnigkeit und Korrumpierung. Es wäre in Hinblick auf die Häftlingsgesellschaft, wie bei anderen sozialen Systemen auch, unrealistisch, eine vollkommen geeinte Organisation nicht-krimineller „*Vorkämpferinnen und Vorkämpfer*" („*first fighters*") zu erwarten, die über die *faktische* Allianz von kriminellen Häftlingen und SS triumphiert. In diesem Kampf, wie auch in anderen sozialen Konflikten, spielten auch Personalreserven, die die entsetzliche Anzahl an Toten und auch die Korrupten ersetzten, eine Rolle. Die sozialen Konflikte scheinen allerdings in allen Fällen von altgedienten Veteraninnen und Veteranen geführt gewesen zu sein. Aus den vorgelegten Hinweisen scheint ersichtlich, dass ein beeindruckender Teil der sehr „alten" Häftlinge bis zum Ende in führenden Positionen aktiv war.

Es könnten an dieser Stelle viele Hinweise für das Fehlen ethnischer Vorurteile, sowohl aus den informellen Gesprächen in den Lagern, als auch aus den 52 Standard- und Sonderinterviews, die den Hauptteil dieser Untersuchung umfassen, angeführt werden. Von unseren Informantinnen und Informanten deutscher Abstammung wurde *impressionistisches* Material gesammelt, das auf erhebliche Unterschiede im Ausmaß des deutschen Wir-Gruppengefühls hinweist, aber nicht die geringste Spur der Rechtfertigung nationalsozialistischer Verherrlichung.

Es gab auch wenige Hinweise auf Feindseligkeiten gegen die deutsche Gesellschaft und Kultur, trotz der Tatsache tragischer Verluste. Mehrere Informantinnen und Informanten deuteten an, dass sie Deutschland eher verlassen hatten, um jeder visuellen Erinnerung an das, was ihnen widerfahren ist, zu entkommen, und nicht aus Hass. Dies widerspricht den Eindrücken vieler Personen, die *gelegentlich* Überlebende der nationalsozialistischen Lager über ihre Behandlung befragt hatten. Während solcher Unterhaltungen scheint es der Fall zu sein, dass die Überlebenden umso mehr versuchen, die extreme Natur der Lagersituationen zu verdeutlichen, je weniger die Fragestellenden darüber wissen. Die Fragestellenden neigen dazu, daraus Schlussfolgerungen zu ziehen, die davon ausgehen, dass die Überlebenden einen aufzehrenden Hass gegen Deutsche und ihre gesamte Kultur empfinden.

In Mauthausen war der Autor kurz nach der Befreiung des Lagers Gast eines Anführers des Internationalen Lagerkomitees, einem eher abgemagerten österreichischen Juden,[243] der hier als Max bezeichnet werden soll, und einer Gruppe seiner Mithäftlinge. Dieses informelle und relativ lange Interview fand im hinteren Teil eines Blocks statt. Es wurde eine undefinierbare Brühe, die freundlicherweise als eine Art Kaffeeersatz angeboten wurde, serviert. Max war sieben Jahre in den Lagern. Seine Odyssee durch das Lagersystem umfasste eine relativ lange Inhaftierung in Auschwitz-Birkenau, wo er auch mit dem Häftlingsuntergrund arbeitete. Neben seiner Beschreibung des Lagers und der Häftlingsorganisationen bestand ein erheblicher Teil seiner Bemerkungen aus der wohlüberlegten und ruhigen Verteidigung der Freundlichkeit und Großzügigkeit des deutschen und österreichischen Volkes, im Gegensatz zu Angehörigen des nationalsozialistischen Regimes. Seine Bemerkungen wurden von anderen in der Gruppe unterstützt, die tiefe Verpflichtung verspürten, ihre Haltung gegenüber dem Volk, in deren Ländern sie so lange in Lebensgefahr gelebt hatten, klarzustellen.

Der Grund für diese offensichtliche Milde bzw. das Fehlen von anti-deutschen Gefühlen liegt wahrscheinlich in der tieferen Natur der Erfahrung der sozialen Katastrophe, die die Überlebenden gemacht hatten. In den Fällen einiger Informantinnen und Informanten wurde ihre Fähigkeit, Vorgänge um sie herum beurteilen zu können, von Ausbildungen und Fertigkeiten aus ihren Leben vor den Lagern geschärft. Von allgemeinerer Bedeutung war allerdings die Tatsache, dass ihre Erfahrung von Gewalt dezidiert umfassend und nicht-national war.

Sie waren nicht nur Zeuginnen und Zeugen der Gewalt der SS, sondern auch der Gewalt ihrer eigenen Kameradinnen und Kameraden, von denen manche erst vor wenigen

243 Anm. d. Hg.: Gemeint ist, wie erwähnt, der Rechtsanwalt Heinrich Dürmayer, der als Mitglied der Kommunistischen Partei Österreichs der einzige österreichische Vertreter des Internationalen Komitees (IK) war – vgl. Maršálek: Geschichte, S. 382; vgl. auch Luchterhand: The Nazi Concentration Camps. Dürmayer war allerdings nicht jüdischen Glaubens.

Wochen oder Monaten aus der Nicht-Lagergesellschaft gerissen worden waren. Matt[244] berichtete im Detail über die Ermordung eines Häftlings durch andere Männer in seiner Baracke. Der Häftling war ein 50-jähriger Mann und Vater mehrerer Kinder. Matt wusste, dass er sehr einsam war und über eine Flucht nachzudenken schien. Eines Abends fehlte er zum Zählappell. Der Kapo, der die Zählung durchführte, meldete nicht, dass der Häftling fehlte. Schließlich wurde er gefunden, und der Kapo sagte, dass die Häftlinge ihn selbst bestrafen sollten, da ansonsten die SS das gesamte Lager bestrafen würde. Matt berichtet, dass der Mann in der Nacht in die Baracke gebracht wurde und von *„15 bis 20 der 100 Männer in der Baracke“* zu Tode geprügelt wurde. Matt berichtete, dass zumindest 12 der Männer, die an der Ermordung teilgenommen hatten, zwei Monate zuvor zur selben Zeit wie Matt oder sogar noch später ins Lager gekommen waren. Matt ergänzte, dass er von keinen „Altgedienten“ im Lager Kenntnis hatte.

Die Häftlinge gingen durch ein Lagersystem, das sich im Norden und Osten bis um das Gebiet um Riga, Lettland, und Minsk, Russland, erstreckte. Unser Informant Bennet, der in 32 Lagern aller Art war (Durchgangslager, in denen er zumindest mehrere Tage verbrachte, miteingerechnet), trat durch die Lager von Vichy-Frankreich in das nationalsozialistische Lagersystem ein. Aufgrund seiner anfänglichen Erfahrungen mit der Amsterdamer Polizei, anschließend der Vichy-Polizei, ukrainischen und polnischen Wachen und deutschen SS-Männern, hatte er keine klare Präferenz. Auch die weniger umfangreichen Erfahrungen der meisten anderen Informantinnen und Informanten führten auf eindrucksvolle Weise zu ähnlichen Befunden.

Küstermeier liefert Belege für die Brutalität ungarischer Soldaten in Bergen-Belsen. Mitte April 1945 schlossen der befehlshabende General des 8. Britischen Korps und der deutsche Wehrmachtsbefehlshaber von Bergen-Belsen ein Waffenstillstandsabkommen.[245] Den Bestimmungen dieses Abkommens zufolge wurde ein Gebiet um Belsen als neutral behandelt. Mit der Ausnahme von 50 SS-Angehörigen rückte die SS-Bewachung von Bergen-Belsen zu diesem Zeitpunkt ab. Ungarische Soldaten wurden in das Lager gebracht, um ihren Platz zu übernehmen. Küstermeier merkt an: *„Nie sind so viele Häftlinge erschossen worden, als nachdem die Ungarn das Lager übernommen hatten.“*[246]

Die offensichtliche Verwandtschaft des nationalsozialistischen Genozids mit dem Phänomen eines aggressiven Nationalismus bedeutete für viele unserer Informantinnen und Informanten den Verlust eines derart wirkmächtigen Symbols wie dem Staat. Wie

244 Anm. d. Hg.: „Matt“ ist (Luchterhands Notizen zufolge) das Pseudonym von Alex Askenazi bzw. Askenasy, geboren 1926 in Frankfurt am Main, dessen Identität nicht geklärt werden konnte. Eigenen Angaben zufolge (vgl. Interviewprotokoll „Matt“, Elmer G. Luchterhand Papers, Brooklyn College Archives and Special Collections, Accession #2001-005, Sub-Group I, Series 1, Box 1) wurde er als „Halbjude“ zunächst nicht verfolgt und besuchte bis 1943 ein Gymnasium. Nachdem er sich zwangsweise zur Arbeit melden musste, wurde er zu Gartenarbeit eingesetzt (ebd.). Im Jänner 1945 wurde Askenazi mit seinem jüngeren Bruder über Blankenburg in ein „Arbeitslager für Halbjuden“ in Derenburg (nahe Halberstadt) deportiert, wo sie an Eisenbahn- und Schanzarbeiten teilhaben mussten (vgl. ebd.).

245 Anm. d. Hg.: Zum Waffenstillstandsabkommen vom 12./13. April 1945, vgl. Eberhard Kolb: Bergen Belsen 1943–1945 (Göttingen 1986), S. 50f.

246 Küstermeier: Wie wir in Belsen lebten, S. 120.

bereits angeführt, verlor für viele auch die Gottheit aus dem Leben vor den Lagern ihre Bedeutung. Es ist nicht unwahrscheinlich, dass ein Teil der in früheren Kapiteln skizzierten Tiefe und Beständigkeit von Freundschaften und Beziehungen des Teilens von ihrer Bedeutung als Kompensation für von im Lagersystem verlorenen Symbolen herrühren.

Ein anderes Anpassungsmuster war jenes von Personen, die mit einer eindeutig abgegrenzten Ideologie und Erfahrungen in kollektiven Aktionen in das Lagersystem eintraten, wie das bei Zeugen Jehovas, Sozialistinnen und Sozialisten und Kommunistinnen und Kommunisten der Fall war. Unsere frühere Untersuchung, Teile des verfügbaren Materials dieser und anderer Untersuchungen, sowie eine Fülle an persönlichen Berichten sind umfassende Belege für das Argument, dass viele Menschen „unverändert“ durch die Lager gingen, d.h., dass ihr „symbolisches Inventar“ im Wesentlichen intakt blieb und ihr gesamtes ideologisches System mitunter auch bestärkt wurde.

Eine adäquate Stichprobe der Gesamtheit der Lagerüberlebenden würde womöglich andere Muster, wie jene von „einsamen Wölfen“, die ihr „symbolisches Inventar“ bewahrten, und andere, die diese verloren und dennoch überlebten, zeigen. Einer unserer vier Informanten, der Muster von „einsamen Wölfen“ zeigte, durchlief das Lagersystem ohne Veränderung seines religiösen Verhaltens und seiner religiösen Teilnahme. Drei andere zeigten eine negative Veränderung.

Wahrscheinlich gibt es keine Mitglieder moderner Gesellschaften, die jemals solch ein Spektrum der Höhen und Tiefen menschlichen Verhaltens durchlebten, wie die nicht-kriminellen „alten“ Häftlinge der nationalsozialistischen Lager. Unter anderem bedeutete Überleben, einen omnipräsenten Feind genau einzuschätzen. Es bedeutete auch Freundschaften und Beziehungen des Teilens echter Gegenseitigkeit und Tiefe mit einem oder mehreren anderen Häftlingen. Wenn dies *manchmal* alles war, was Nicht-Kriminelle benötigten, um eine lange Inhaftierung zu überleben, so war es auch das *Minimum*. Einigen Kommentaren zufolge, die auf Umwegen von Bekannten unserer Informantinnen und Informanten eingeholt wurden, die mit ihnen in den Lagern waren, und nach dem Urteilsvermögen des Interviewers kann gesagt werden: Mehrere unserer Informantinnen und Informanten, „alte“ und neue ehemalige Häftlinge gleichermaßen, traten entweder schon von oberflächlicher Etikette befreit in die Lager ein und *blieben so* oder *wurden* im Lager *so*. Sie werden in dieser Untersuchung zitiert. Allerdings wäre die Auflistung ihrer Pseudonyme unfair gegenüber anderen, von denen keine Lagerbekanntschaften bekannt sind, die die untersuchten Phänomene aber möglicherweise ebenso kommentiert hätten.

Kapitel 7
Biosoziale Aspekte von Trauma und Anpassung

Hinweise auf Traumata

Das Hauptanliegen in diesem Kapitel liegt in Verhaltensveränderungen von Personen, die als traumatisiert klassifiziert werden können. Die Deportation in ein Konzentrationslager bedeutete, dass alte Ankerpunkte im Allgemeinen zerstört wurden; frühere prestigereiche Statuspositionen waren bedeutungslos oder sogar nachteilhaft. Folglich standen alle unter großer Belastung. Eine bestimmte Persönlichkeitsorganisation, die im Leben vor den Lagern möglicherweise unpassend gewesen war, erwies sich manchmal zufällig als äußert hilfreich. Tas bemerkt, dass sogar einige Personen mit mehr oder weniger schweren diagnostizierten emotionalen Störungen im Lager relativ erfolgreiche Anpassungen vollzogen haben.[247] Abgesehen von einigen solcher Ausnahmen starben emotional gestörte Häftlinge fast immer rasch.

Im Regelfall bedeuteten die erschütternden Folgen der Deportation für das Individuum eine schwerwiegende Desorganisation. Jeder einzelne Häftling musste sich dabei stark auf seine eigenen Persönlichkeits-Ressourcen stützen. Unter den scheinbar wichtigsten Ressourcen waren frühere Erfahrungen in der Bewältigung unterschiedlicher körperlicher Beschwerden und Schmerzen, unterschiedliche soziale Kompetenzen und Erfahrungen damit, Ersatzbefriedigungen zu finden.

In dieser Untersuchung standen keine Mittel zur Verfügung, um die Lebensgeschichten vor den Lagern zu analysieren. Es wurden lediglich allgemeine Hintergrundinformationen, einschließlich besonderer Fähigkeiten und Charakterzüge, die die Überlebenschancen erhöht oder geschmälert haben könnten, gesammelt. Ohne diese persönlichen Informationen könnten manche die These anzweifeln, dass bestimmte Fälle emotionaler Störungen auf in den Lagern stattgefundene Traumatisierungen hindeuten. Die dieser These zu Grunde liegende Argumentation ist, dass Personen, die vor den Lagern an ausgeprägten Verhaltensstörungen gelitten hatten, fast immer zu Grunde gingen. Eine kleine Minderheit solcher Personen, die nicht zu Grunde gingen, können als Personen betrachtet werden, die keine psychiatrischen Reaktionen auf Lagersituationen zeigten. In diesen Fällen kann argumentiert werden, dass bei späteren emotionalen Störungen innerhalb der Lager angenommen werden kann, dass ihre Ursachen in als traumatisch erlebten Lagersituationen lagen.

247 Vgl. Jacques Tas: Psychical Disorders Among Inmates of Concentration Camps and Repatriates, in: Psychiatric Quarterly, 25. Jahrgang (1951), Heft 4, S. 679–690. Anm. d. Ü.: Im Original wird an dieser Stelle auf den niederländischen Text – Psychische stoornissen in concentratie-kampen en bij teruggekeerden, in: Maandblad voor de Geestelijke Volksgezondheid, 1. Jahrgang (1946), S. 143–150 – verwiesen. Zudem dankt Luchterhand Fritz Semmler, Department of Foreign Languages, University of Connecticut, für seine Übersetzungen von wesentlichen Passagen dieses Artikels.

Steven Morrow (von Luchterhand „Ben“ genannt) in der Uniform der polnischen Armee, vor seiner Verhaftung 1940 (Quelle: USHMM, Accession Number: 2005.233.1, Roman Morrow photograph collection).

Bevor wir zu den Belegen aus unseren Fallbeispielen für die Richtung der Anpassung der Häftlinge kommen, werden Hinweise auf Traumatisierung und die biosozialen Grundlagen von Trauma und Anpassung dargelegt. Wie bereits erwähnt, wurde in den Interviews nach vier Hauptarten von Hinweisen auf Traumatisierungen gesucht: Erstens der Beschäftigung mit Selbstmord, zweitens dem Zustand als Muselmann, drittens Wutäußerungen (diese wurden in Bezug auf (a) die Intensität im Verhältnis zur Situation und (b) die Richtung oder das Ziel berücksichtigt) und viertens Angstverhalten – dieses wurde in Bezug auf (a) seine Realitätsgrundlage (d.h. Angst wovor?) und (b) die Kulmination in Panikverhalten berücksichtigt.

Der Hinweis auf Beschäftigung mit Selbstmord ist wahrscheinlich verlässlicher als die anderen Kategorien. Mit einer Ausnahme wurde die Beschäftigung mit Selbstmord in allen Fällen als ein Beleg für Traumata gewertet. Der Ausnahmefall war Häftling Harry, der nach einem unglaublich brutalen Kreuzverhör in den Bunker gesperrt wurde, wo er einem extrem bösartigen SS-Mann ausgeliefert war. In der dritten Nacht im Bunker ging Harry die ersten Schritte durch, sich zu erhängen. Im entscheidenden Moment entschied er, dass die Schlinge, die er aus seiner Unterwäsche gefertigt hatte, zu elastisch war, und nahm von dem Versuch Abstand.

In diesem Fall war Selbstmord schlichtweg die einzige Abkürzung in einen scheinbar unausweichlichen Tod. Harrys Entlassung aus dem Bunker war ein Fall seltenen Glücks. Es konnten keine Hinweise auf suizidales Verhalten, weder vor noch nach der scheinbar vollkommen aussichtslosen Situation, in die er geraten war, gefunden werden. Es gab keine weiteren Indizien für Traumatisierung.

In Bezug auf die Verwendung des Zustands als Muselmann als Indiz für Trauma gab es einige Probleme. Der Begriff wurde von ehemaligen Häftlingen mit kurzen Haftzeiten unterschiedlich verwendet, einige Überlebende berichteten zwar von Teilaspekten des grundlegenden Verhaltens für diesen Zustand, allerdings fehlte es ihnen an anderen Teilaspekten oder sie wiesen diese nur in unscheinbarem Ausmaß auf. Es gab in den Interviews keine Probleme hinsichtlich des Aspektes der Demoralisierung, aber andere Verhaltensmuster, wie eine vollständig fehlende körperliche Sauberkeit oder der willkürliche Rückgriff auf alles, was im Entferntesten essbar schien, ließen Zweifel über die Richtigkeit der Selbstbeschreibung als Muselmann aufkommen. In Bezug auf den Begriff selbst ist es bemerkenswert, dass dieser für die meisten Informantinnen und Informanten eindeutig ein Reizwort für Erinnerungsprozesse darstellte. Die Verwendung des Begriffes ging sehr häufig mit einer Flut an emotionsgeladenem Material einher, unabhängig davon, ob die Informantin oder der Informant selbst jemals ein Muselmann gewesen war oder nicht.

In Bezug auf Hinweise Wut betreffend gab es einige Schwierigkeiten im Bereich der Erinnerungsprozesse. Trotz der intensiven Interviewarbeit ist es nicht unwahrscheinlich, dass uns nicht wenig Material unzugänglich blieb. Unsere schwierigste Aufgabe bestand darin, Angaben über die Ziele von Wut zu erhalten. Über Wut, die fälschlicherweise gegen Mithäftlinge gerichtet worden war, wurde wahrscheinlich unvollständig berichtet. Hinweise auf eine solche Zielgerichtetheit äußerten sich oft als Selbstrechtfertigung, dass die Ausbrüche gegen andere Häftlinge gerichtet waren, wobei Beispiele von Wut gegen die SS und die Lagerverwaltung nicht in Erinnerung gerufen werden konnten. Das Auftreten solcher Muster wurde als fehlgeleitete Wut betrachtet. Die Beurteilung des Ausmaßes an Wut im Verhältnis zur Situation war weniger schwierig. Die Informantinnen und Informanten hatten kaum Hemmungen, verhältnismäßig schwere Ausbrüche aufgrund vergleichsweiser unbedeutender Situationen zu erwähnen. Ein typisches Beispiel war Trudy, die wegen des allgemeinen Essverhaltens der Häftlinge ziemlich wütend wurde. Ähnliche Beispiele waren unter unseren Informantinnen und Informanten verbreitet.

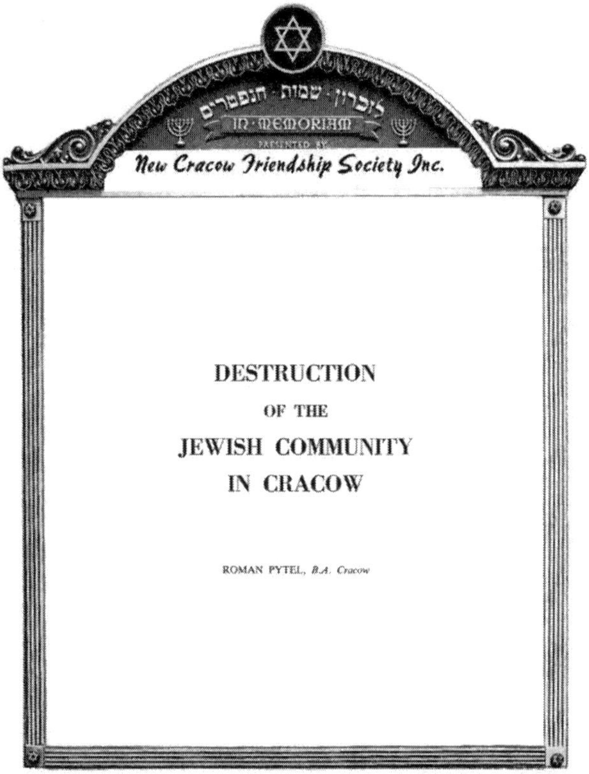

Steven Morrow ist als Präsident der *New Cracow Friendship Society Inc.* an der Herausgabe eines Gedenkbuchs für die im Holocaust ermordeten Jüdinnen und Juden Krakaus beteiligt (http://www.newcracowfriendshipsoc.org/mission/achievements.html).

Angstreaktionen erwiesen sich als wenig zugänglich für die direkte Befragung, die diesbezüglich mit Ausnahme zweier Fällen kaum Ergebnisse lieferte. In den meisten extremen Angstzuständen zeigten Häftlinge erhebliche Selbstkontrolle nach außen und neigten dazu, Panikreaktionen zu bestreiten.

Der eindeutigste Fall von Panikverhalten war das Beispiel von Olaf. Er berichtet, dass er bei der Ankunft an der „Zentralsauna"[248] in Auschwitz *„den anderen Häftlingen zuschrie: ‚Geht nicht hinein. Wir werden vergast!'"* Eine SS-Wache verprügelte ihn deshalb schwer und brach ihm seinen linken Arm.

248 Anm. d. Hg.: Als „Zentralsauna" wurde ein Barackenkomplex des KZ Auschwitz-Birkenau bezeichnet, in dem diejenigen Deportierten, die nach ihrer Ankunft in Birkenau nicht sofort zur Tötung in den Gaskammern selektiert wurden, „desinfiziert" und „aufgenommen" wurden. Vgl. dazu Claudia Curio: Das Instrumentarium der Massenvernichtung: Gaskammern und Krematorien, in: Benz/Distel (Hg.): Der Ort des Terrors, Band 5, S. 121–125, hier S. 122; Teresa Świebocka: Architektur des Verbrechens: das Gebäude der „Zentralen Sauna" im Konzentrationslager Auschwitz II-Birkenau (Oświęcim 2001).

Im Fall von Ben[249] wurde Panikverhalten so beschrieben, dass sich ein Bezug auf Meerloos[250] analytische Kategorie der *„inneren Panik“* aufzwingt. *„Innere Panik ist eine plötzliche Überwältigung des Individuums durch Angst und Unruhe als Folge innerer Unruhe oder äußerer Gefahr. Erfolgt die plötzliche Desintegration bekannter mentaler Muster, ist es für das Individuum unmöglich, in Richtung eines bestimmten Zieles fortzuschreiten. Er ist verwirrt, er weiß nicht, wohin er gehen soll, und er wechselt jede Sekunde die Richtung. Für ihn ist es, als wäre die Welt verloren. Durch die Lähmung jeglichen Zieles und jeglicher Initiative verharrt er ohne Willen dort, wo er ist, und wartet passiv darauf, dass Dinge mit ihm geschehen.“*[251]

Bens Wiedererinnerung an die Verstümmelung und Ermordung eines jungen Mädchens, dem ein SS-Mann so lange einen Stock in ihre Genitalien rammte, bis sie tot war, war von sichtbaren Zeichen der Verzweiflung begleitet. Ähnliches gilt für seine Berichte eines SS-Mannes, der ihm drohte, ihn zu kastrieren. „Innere Panik“ scheint sein Verhalten charakterisiert zu haben, als ihm einmal befohlen wurde, im Inneren eines Rauchfangs 45 Meter hochzuklettern, um an der Spitze einen Blitzableiter zu reparieren. Als er die Spitze des Blitzableiters ausrichtete, feuerte die SS mit Pistolen auf ihn. Es ist in diesem Fall interessant anzumerken, dass in Bezug auf Ben keine weiteren Hinweise auf Traumatisierung gefunden wurden.

In der Bewertung der Informantinnen und Informanten in Bezug auf Traumatisierung wurde jemand, der Muselmann war, sich in den Lagern mit Selbstmord beschäftigte oder eindeutige Anzeichen von Panikverhalten aufwies, als „schwer“ traumatisiert klassifiziert. Andere Fälle, in denen Hinweise auf Traumatisierung gefunden wurden, wurden als „mild“ traumatisiert gewertet.

249 Anm d. Hg.: „Ben“ ist das Pseudonym von Stephan Morowitz (später Steven Morrow), geboren am 28. März 1921 in Kraków, gestorben am 11. Oktober 1998 in New York. Der spätere Maschinenbautechniker Morowitz wurde am 8. Dezember 1940 in Kraków verhaftet und in einem Zwangsarbeitslager für Juden in Pustów interniert (ITS Arolsen 6.3.3.2/99132369). Von dort konnte er zunächst fliehen (vgl. Interviewprotokoll „Ben“, Elmer G. Luchterhand Papers, Brooklyn College Archives and Special Collections, Accession #2001-005, Sub-Group I, Series 1, Box 1), wurde im Frühling 1941 allerdings wiederergriffen und in die Ghettos Krakau und Plaszow überstellt, von wo er am 16. Oktober 1944 ins KZ Flossenbürg und dessen Außenlager Zschachwitz deportiert und als „Jude“ unter der Nummer 22129 registriert wurde (ITS Arolsen 6.3.3.2/99132369). Im Zuge eines „Evakuierungstransportes“ gelangte er über das Außenlager Leitmeritz nach Theresienstadt, wo er am 8. Mai 1945 befreit wurde. Nach dem Krieg brachte man ihn im „Children's village Bad Aibling“ in Bayern unter, bevor er am 29. Oktober 1949 in die USA emigrierte (ITS Arolsen 0.1/65255231) und sich in New York niederließ, wo er u.a. Mitbegründer und Präsident der „New Cracow Friendship Society Inc.“ wurde und in dieser Funktion die Herausgabe eines Gedenkbuchs für die ermordeten Jüdinnen und Juden Krakaus anregte (vgl. http://www.newcracowfriendshipsoc.org/mission/achievements.html, Aufruf am 15.4.2018).

250 Anm. d. Hg.: Abraham (später Joost) Maurits Meerloo (1903–1976) war ein niederländischer Psychoanalytiker, der seine Familienmitglieder in der Shoa verlor, in der Niederländischen Exilarmee tätig war und nach 1945 mehrere Studien veröffentlichte, die sich mit Fragen totalitärer Herrschaft auseinandersetzten.

251 Joost Meerloo: Pattern of Panic (New York 1950), S. 26f.

Deportationen aus Ghettos wie Westerbork oder Theresienstadt und aus den meisten Gefängnissen wurden als „mild“ klassifiziert; Deportationen aus dem Ghetto Litzmannstadt und aus nationalsozialistischen Konzentrationslagern wurden als „schwer“ eingestuft.

Obwohl es nicht praktikabel war, die Klassifizierungen durch andere Personen wiederholen zu lassen, schien es ratsam, Tabelle 17 auf das mögliche Ausmaß des Zusammenhangs zu prüfen. Der Chi-Quadratwert war 14,4 und der P-Wert war erheblich kleiner als 0,001.

Ein Assoziationsmaß Q nach Yule betrug 0,86. Diese genuin hohe Korrelation zwischen Deportation und Bewertungen der Traumatisierung für unsere Fälle liefert eine weitere Stütze für die verbreitete Ansicht, dass die ersten Wochen der entscheidende Zeitraum für Traumatisierungen war.

Deportation	**nicht-traumatisiert**	**traumatisiert**	**Summe**
mild	13	6	19
schwer	4	24	28
Summen	**17**	**30**	**47**

Tabelle 17: Einstufung der Deportationen von 47 Informantinnen und Informanten, die als nicht-traumatisiert oder traumatisiert klassifiziert wurden

Einige psychologische und physiologische Auswirkungen des Lagerlebens

Alle Lagerhäftlinge scheinen Phasen schwerer Entmutigung durchlebt zu haben. Die letzte Stufe in diese Richtung war die chronische und anhaltende Demoralisierung, wie sie von den Muselmännern repräsentiert wurde. Die von Harry Stack Sullivan angestellten Beobachtungen über Depression und Verzweiflung sind eindeutig anwendbar. „Ideation“ ist, Sullivan zufolge, im Allgemeinen repetierend – der Inhalt von Gedanken beschränkt sich auf *„Ideen, die bereits viele Male zuvor gehegt wurden“*[252]. Sullivan bemerkt auch, dass die Antworten solcher Personen dazu neigen, automatisiert zu sein.

Zu verstehen, was geschah, war eine der allgemeinen Befriedigungen und Sicherheiten, derer die Häftlinge des Lagersystems beraubt worden waren. Für den neuen Häftling schien es nichts mehr zu geben, das einer sinnvollen sozialen Definition der Situation entsprach. Zumindest machten situative Faktoren eine solche Definition für den neuen Häftling buchstäblich unzugänglich. Lagersituationen waren oft so monströs und unglaublich, dass sie sich jeder rationalen Analyse widersetzten. Harry Stack Sullivan beobachtete, dass *„man akut demoralisiert werden kann, wenn eine ernste Bedrohung plötzlich*

252 Harry Stack Sullivan: Psychiatric of Morale, in: American Journal of Sociology, 47. Jahrgang (1941), Heft 3, S. 277–301, hier: S. 281. Anm. d. Ü.: Luchterhand zitiert einen späteren Text: Harry Stack Sullivan: Psychiatric of Morale, in: Alfred H. Stanton/Stewart E. Perry: Personality and Political Crisis. New perspectives from Social Science and Psychiatry for the Study of War and Politics (Glencoe/Illinois 1951).

auftritt und man einfach nicht die inneren Abläufe durchgehen kann, die einem dieses Gefühl des Verstehens geben können."[253]

Informant Milton erklärte, dass die Umstände eines Zugtransportes nach Prokocim ihm plötzlich bewusstmachten, dass seine Eltern, ein Bruder und eine Schwester, die früher verhaftet worden waren, höchstwahrscheinlich tot waren. Über den Rest der Fahrt berichtet er: „*Ich redete nicht. Ich konnte nicht denken.*" Ray[254] und andere Informantinnen und Informanten berichten von ähnlichen Gefühlen der Fassungslosigkeit; ein Gefühl, dass etwas so Monströses geschah, dass außerhalb jedes gewöhnlichen Verstehens oder jeder gewöhnlichen Erfahrung lag.

Im Allgemeinen bestätigt Kogon die unbegreifliche Natur vieler Lagersituationen, wonach „*der gewöhnliche Häftling die wahren Zusammenhänge des Lagers [...], in dem er lebte*"[255], so wenig gekannt habe.

In gewissem Maße kam es zur Demoralisierung, wenn gewohnte Denk- und Lebensmuster plötzlich versagten. Religiöse Häftlinge erlebten oft den Zusammenbruch eines vertrauten Universums. Der Glaube, der ein mehr oder weniger ausgefeiltes System interdependenter Überzeugungen geboten hatte, erschien plötzlich als ein Komplex an Selbsttäuschungen, und das Universum selbst ergab keinen Sinn mehr.

Sullivan hat auf die Bedeutung biochemischer Faktoren für die seelische Verfassung verwiesen. Er betont, dass ein wichtiger Faktor „*akute oder kürzliche Unterernährung [ist]. Äußerst chronische, schleichend entwickelte Stadien von Mangelernährung sind nicht unmittelbar ursächlich für Demoralisierung. Eine Person kann an Pellegra leiden und eine gewisse seelische Verfassung beibehalten. Wenn man aber über lange Zeit eine angemessene Ernährung hatte und sie plötzlich ernsthaft mangelhaft wird und bleibt, ist es wahrscheinlich, dass gewisse Störungen der lebenswichtigen Biochemie auftreten. Diese Störungen führen dazu, dass man glaubt, sich nach unangenehmen Ereignissen nicht ‚am Riemen reißen' zu können, weshalb man in Folge anfällig für Demoralisierung ist.*"[256]

253 Sullivan: Psychiatric Aspects of Morale, S. 282.

254 Anm. d. Hg.: „Ray" ist das Pseudonym von Leon Beiler bzw. Bajler, geboren am 14. April 1910 in Włocławek, gestorben m 15. Juni 2004 in Milwaukee, Wisconsin. Beiler, von Beruf Friseur, wurde im Oktober 1940 ins Ghetto Wloclawek verbracht und ab 7. Juli 1941 in einem Zwangsarbeitslager für Juden in Kolmar (heute Chodzież) bei Posen interniert (ITS Arolsen 6.3.3.2/100196868). Am 26. September 1943 wurde er ins KZ Auschwitz deportiert (ebd.), und von dort mit seinem Bruder, der bald darauf an den Folgen von Misshandlungen durch SS-Angehörige starb, ins KZ Warschau überstellt: „*Während seiner Zeit in Auschwitz-Birkenau stolperte Roys [sic] Bruder, als sie einen Pfosten trugen. Beide Brüder wurden wiederholt auf verschiedene Stellen am Rücken geschlagen – zwei Tage später, nachdem sie nach Warschau transportiert worden waren, starb Roys Bruder.*" (Interviewprotokoll „Ray", Elmer G. Luchterhand Papers, Brooklyn College Archives and Special Collections, Accession #2001-005, Sub-Group I, Series 1, Box 1). Beiler wurde schließlich am 6. August 1944 auf einem Fußmarsch ins KZ Dachau (und dessen Außenlager Kaufering) „evakuiert" und unter der Häftlingsnummer 89367 als „Schutzhaft Jude" registriert (ITS Arolsen 1.1.6.2/9967858). Er wurde am 3. Mai 1945 in Dachau befreit und nach der Befreiung bis Juni 1947 im DP-Camp Landsberg am Lech untergebracht (ebd.). Er emigrierte am 15. März 1949 in die USA und ließ sich in Madison, Wisconsin, nieder.

255 Kogon: Der SS-Staat, S. 309.

256 Sullivan: Psychiatric Aspects of Morale, S. 284.

Von den 47 Standardinformantinnen und -informanten erklärten 17 Personen, dass sie während ihrer Inhaftierung ein- oder mehrmals ein Muselmann waren. Dieser Zustand folgte auf Krankheiten wie Lungenentzündung, Typhus oder Ruhr, oder manchmal auch auf Verletzungen oder Erfrierungen. In acht der 17 Fällen war der unmittelbare „Grund" extreme körperliche Erschöpfung. Diese Erschöpfung trat in der Regel zu Beginn der Inhaftierung oder anlässlich der Zwangsevakuierung eines Lagers auf, oder nach einer anderen Art von langen und besonders schweren Transporten.

Von den 17 Fällen, die zu irgendeinem Zeitpunkt ein Muselmann gewesen waren, gab es nur einen Fall, der scheinbar ohne körperliche Begleitsymptome auftrat. Dies war der Fall von Hugo[257], der, als er zum ersten Mal gefragt wurde, ob er jemals ein Muselmann gewesen war oder nicht, die Frage verneinte. Erst zum Schluss des Interviews sagte er von sich aus: „*Ich war wahrscheinlich immer ein Muselmann.*" Seinen weiteren Ausführungen war zu entnehmen, dass er scheinbar das Gefühl hatte, nicht alle Begleiterscheinungen durchlebt zu haben. Allerdings sagte er, dass er in Hinblick auf seine eigene extreme und chronische Demoralisierung die Kriterien fast durchgehend während seines ganzen Lagerlebens erfüllte. Es ist interessant, dass Hugos zwischenmenschliches Beziehungsmuster als „einsamer Wolf" und „instabile Paarbildung" klassifiziert wurde. Er wird nun laut unserem Schema aufgrund einer „Angstneurose" als 4-F klassifiziert.

Dworzecki[258], der als Arzt im Ghetto Wilna lebte und arbeitete, stellt in Hinblick auf allgemeine Schwächezustände folgende Beobachtungen an.[259] Er sagt, dass Neuankömmlinge in den Ghettos und Lagern dazu neigten, eine Phase plötzlicher Schwäche und eklatanten Gewichtsverlustes zu durchleben. Er beobachtet, dass diese Entwicklung sowohl auf psychische Störungen als auch auf Unterernährung und strapaziöse Arbeit zurückzuführen war. Deutsche medizinische Statistiken führten diese Befunde als eine Krankheit unter der Bezeichnung „A.K.S." (*Allgemeine Körperschwäche* [Deutsch im Original]) an. Die gängige Häftlingsbezeichnung für jemanden, der an „A.K.S." litt, war „Muselmann".

257 Anm. d. Hg.: „Hugo" ist das Pseudonym von Werner Winter, geboren am 2. Juni 1925 in Berlin. Winter, damals Schüler, wurde als Jude am 21. Februar 1943 gemeinsam mit seiner Mutter verhaftet (nachdem sein Vater bereits im November 1942 verhaftet worden war) und am 27. Februar 1943 ins KZ Auschwitz deportiert, wo seine Mutter unmittelbar nach der Ankunft ermordet wurde (vgl. (Interviewprotokoll „Hugo", Elmer G. Luchterhand Papers, Brooklyn College Archives and Special Collections, Accession #2001-005, Sub-Group I, Series 1, Box 1). Winter wurde unter der Häftlingsnummer 104525 als „Politischer Jude" registriert und nach Auschwitz-Monowitz überstellt. Im Zuge der Auflösung des KZ Auschwitz wurde Winter über das Außenlager Gleiwitz ins KZ Sachsenhausen und am 6. Februar 1945 schließlich ins KZ Flossenbürg überstellt, wo er unter der Nummer 46257 registriert und schließlich am 2. Mai 1945 durch die U.S. Army befreit wurde (ITS Arolsen 1.1.8.3/11042085). Winter erreichte bereits am 18. Juni 1946 New York und ließ sich in Chicago nieder.

258 Anm. d. Hg.: Meir (später Mark) Dworzecki (1908–1975) war Überlebender des Ghettos Wilna und mehrerer NS-Zwangsarbeitslager. Nach 1945 war er als Arzt, Historiker und Publizist maßgeblich an der frühen Holocaust-Forschung beteiligt. Zu seiner Biographie vgl. allg. Boaz Cohen: Dr Meir (Mark) Dworzecki: the historical mission of a survivor historian, in: Holocaust Studies, 21. Jahrgang (2015), Heft 1–2, S. 24–37, DOI: 10.1080/17504902.2015.1062272.

259 Anm. d. Ü.: Fußnote fehlt im Originaltext. Vgl. Mark Dworzecki: Diseases in the Ghetto, in: American OSE Review, 4. Jahrgang 1947, Heft 1, S. 18–25, hier S. 22f.

Dworzecki listet folgende körperliche Symptome des Zustandes eines Muselmannes auf: *„in sich zusammengesunken, trockene Haut, stark eingefallene Augen, spitze Nase, eingefallene Wangen, eine tiefe, kratzende Stimme, oft in wimmernder Tonlage. [...] Sie waren während des Zählappells kaum in der Lage, auf den Füßen zu bleiben. Sie waren ständig durstig und hatten Verdauungsprobleme und die Ruhr.*“[260]

Dworzecki versäumt es, die allgemein anerkannten psychologischen Kriterien anzuführen. Diese sind für die vorliegende Untersuchung von höchster Bedeutung. Wie bereits anderswo ausgeführt, war eines der Kriterien des Zustandes eines Muselmannes, dass der Häftling fast seinen gesamten Lebenswillen verloren hatte und wahllos „organisierte“, manchmal sogar unter der feindlichen Beobachtung von SS-Männern.

Sehr viele Häftlinge wiesen zwar irgendwann einmal die angeführten physiologischen Symptome auf, erreichten aber nicht den erforderlichen Zustand an Demoralisierung, um als Muselmänner klassifiziert zu werden. Beispielsweise wogen Lottie und Elsie nach einem besonders beschwerlichen letzten Transport, bei dem sie extremen Hunger und Durst erlitten, jeweils nur noch rund 32 Kilo, die Hälfte ihres Normalgewichtes. Während eines späteren Aufenthaltes im Lazarett[261] blieben sie zwar bei Bewusstsein, waren aber so schwach, dass sie Schwierigkeiten hatten, die Bedeutung der wehenden amerikanischen Flagge und der Präsenz amerikanischer Soldaten in Mauthausen zu verstehen. Sie berichten von folgenden Beobachtungen während eines klareren Moments. Eine ungarische Frau, die scheinbar ebenso unbeugsam um ihr Leben kämpfte, wie die beiden selbst, fragte klar und deutlich: *„In welchem Lager sind wir?“* Dann beobachtete sie, dass etwas Brot in die Baracke gebracht wurde und sagte: *„Wir bekommen Essen.“* Nachdem sie den Kessel gesehen hatte, der mitgebracht worden war, sagte sie: *„Sie werden uns Wasser geben.“* Unmittelbar darauf war sie tot. Lottie und Elsie berichten auch, dass von den 70 Personen (von insgesamt 100 Menschen), die in ihrem Viehwaggon starben, viele bis zu dem Moment ihres Todes zwar äußerst langsam, aber verständlich und kohärent sprachen.

Die Beobachtungen von Lottie und Elsie in Bezug auf die Todesumstände von Häftlingen, die zwar schwach waren, ihren unbeugsamen Kampf ums Überleben aber fortsetzten, werden von Dworzecki bestätigt, der diese Todesfälle allerdings fälschlicherweise dem Zustand des Muselmannes zuschreibt. Er schreibt: *„Das Ende kam in der Regel plötzlich; ich hatte mit einigen Personen Diskussionen über aktuelle Probleme im Lager und ein paar Sekunden später waren sie tot.“*[262]

Das ist nicht das Muster des Muselmanns. Der Muselmann stand der Frage von Leben oder Tod fast gleichgültig gegenüber. Zahlreiche Überlebende erläuterten, was sie unter Muselmann verstanden, indem sie beschrieben, dass sie sich, als sie Muselmänner waren,

260 Ebd., S. 23.
261 Anm. d. Hg.: Gemeint ist das 130th Evacuation Hospital der U.S. Army, das vom 5. Mai 1945 an bis Mitte Juni im befreiten KZ Mauthausen für die Versorgung der kranken Überlebenden zuständig war.
262 Dworzecki: Diseases in the Ghetto, S. 23.

einfach weigerten, vor tieffliegenden alliierten Fliegern in Deckung zu gehen, die Häftlingstransporte mit Militärtransporten verwechselten.

Zur Untermauerung dieser Gleichgültigkeit sei das Beispiel angeführt, dass in Gusen I ein Muselmann beobachtet wurde, der desinteressiert an der Befreiung gewesen zu sein schien und ausgestreckt auf der Lagerstraße lag. In Ohrdruf und Buchenwald wurden Muselmänner beobachtet, die sich ähnlich verhielten.

Die Sozialforschung neigt (durchaus begründet) dazu, zwischenmenschliche Aspekte schwerer Demoralisierung und anderer Verhaltensstörungen hervorzuheben. Allerdings hatten für Häftlinge nationalsozialistischer Konzentrationslager biologische Aspekte in der Bestimmung der Frustrationstoleranz oder des Stressausmaßes, bei denen akute Demoralisierung auftrat, eine entscheidende Bedeutung.

Sullivan erwähnt die gängige Praxis, schizophrenen Patienten ein starkes Sedativum zu verabreichen, damit der nachfolgende Schlafzustand die biologischen Faktoren, die die Wahrscheinlichkeit des Ausbruches einer akuten Psychose erhöhten, lindern könne. Er ergänzt: *„Leider verändert das Hypnotikum die zwischenmenschlichen Faktoren nicht, die der Psychose zuträglich sind, sodass das Beste, was das Medikament erreichen kann, eine letzte Chance ist, diese Faktoren in Angriff zu nehmen.“*[263]

Wie die Heilung biologischer Faktoren manchmal half, akute Depressionen in den Lagern zu lindern, wird durch das Beispiel von Karl veranschaulicht, dessen Interviewprotokoll im Kapitel „Kategorisierung von Fallbeispielen“ zu finden ist.

Nachdem Karl eines Tages verprügelt und auf ihm herumgetrampelt worden war, entschied er sich zum Selbstmord, indem er am nächsten Morgen dafür sorgen würde, während eines vorgetäuschten Fluchtversuchs erschossen zu werden. Gestützt auf das Gefühl, dass *„alles bald vorüber sein würde“*, hatte die Entscheidung selbsthypnotische Wirkung. Friedlich gab Karl, entgegen seiner üblichen Gewohnheit, seinem Impuls nach, seine Brotration bereits in dieser Nacht zu essen, da er das Essen am kommenden Morgen nicht mehr benötigen würde. Erleichtert von der Aussicht eines *„schnellen Endes des Ganzen“*, schlief Karl *„die ganze Nacht wie ein Baby“*.

Die Selbsthypnose veränderte die zwischenmenschlichen Faktoren, die in Richtung suizidale Depression wirkten, nicht unmittelbar, aber die biologische Störung wurde geheilt und die momentane Erleichterung reichte aus, um den Häftling aus der Depression zu ziehen und verschaffte Zeit, bis neue, stützende zwischenmenschliche Beziehungen zum Tragen kamen.

Einer der biologischen Aspekte der Demoralisierung ist die Dehydration des Gewebes. Dieser Aspekt war in einer Vielzahl an Transportsituationen äußerst wichtig, insbesondere, wenn es warm war und wenn verschlossene Viehwaggons verwendet wurden. Lottie und Elsie durchlebten eine solche Situation im Verlauf eines 16-tägigen Transportes nach Mauthausen im Frühjahr 1945. 100 Häftlinge wurden in einen verschlossenen Viehwaggon gepfercht und die Notdurft konnte nur in Eimern verrichtet werden. Es gab

263 Sullivan: Psychiatric Aspects of Morale, S. 283.

bis zum fünften Tag, als Leichen beseitigt wurden und der Waggon wieder verschlossen wurde, weder Wasser noch Essen. Das nächste Mal wurden acht Tage später Leichen aus dem Waggon entfernt. In der Zwischenzeit wurde zu verschiedenen Gelegenheiten sehr wenig Brot und eine sehr kleine Menge Wasser verteilt. Zu Beginn eines wolkenlosen Tages beteten Lottie und Elsie um Regen; in der Hoffnung, dass die unerträgliche Hitze vorübergehen würde und dass sie vielleicht durch Löcher im Dach des Waggons an einige Tropfen Wasser kommen würden. Am Nachmittag regnete es und die beiden Frauen stützten einander, um einen Blechnapf unter ein winziges Loch im Dach des Waggons zu halten. So sammelten sie etwa zwei Zentimeter Wasser in ihrem winzigen Behältnis. (Der Napf wurde während des Interviews liebevoll präsentiert.)

Gus, einer derjenigen, die einmal Muselmänner gewesen waren, wurde nach anhaltendem Durst während eines Transports zum Muselmann. Obwohl das diesbezügliche Datenmaterial unvollständig ist, scheint es, als wäre in den meisten Fällen der nach Transporten auftretende Zustand eines Muselmanns durch Durst erschwert worden.

Sullivan bemerkte, dass *„der Wasseranteil im Blut mit Sicherheit relativ niedrig und das Blut viel viskoser wird, wenn die Konzentration vieler oder aller unserer Körperflüssigkeiten durch raschen Wasserverlust erhöht wird. Die Reibung, die durch den Blutfluss in den dünnen Blutgefäßen verursacht wird, wird so enorm erhöht und die Belastung des Herzens – der Ursprung der gesamten Energie für die Durchblutung – wird entsprechend vervielfacht.“*[264] Dieser Umstand kann die Blutversorgung des zentralen Nervensystems beeinflussen und gelegentlich zu Ohnmachtsanfällen, in weniger ernsten Fällen einfach zu Fehlfunktionen der Sinnesorgane führen.

Dworzecki berichtet über verschiedene typische Funktionsstörungen der Harnwege.[265] Die bei weitem häufigste Störung war abnormal häufiges Wasserlassen. Durch die extrem überfüllten Schlafbereiche in den Ghettos und Baracken führte dies zu extremen Unannehmlichkeiten, sowohl für das Individuum, das sich erleichterte, als auch für seine Nachbarn, die durch die häufige Verwendung der Latrine aufwachten. Diese Schlafunterbrechungen waren aufgrund der strapaziösen Arbeit, die in den Ghettos und Lagern generell vorgeschrieben war, von gravierender Bedeutung. Hinzu kam, dass für sadistische Wachen das Kommen und Gehen der Häftlinge genug Anlass für häufige Akte der Brutalität bot.

Dworzecki berichtet, dass die weite Verbreitung abnormal häufiger Darmentleerungen teilweise auf die übermäßig flüssige und zellulosehaltige Ernährung, die für gewöhnlich keine Proteine enthielt, zurückzuführen war. Magen-Darm-Infekte waren ein massenhaft auftretendes Symptom, das häufig zu einer allgemeinen, körperlichen Schwächung führte. Dworzecki erwähnt ausdrücklich, dass *„die Ruhr eine der Hauptursachen für einen ‚natürlichen Tod‘ in den Konzentrationslagern war. Diese Krankheit war in den Lagern allgegenwärtig und nahm zuweilen epidemische Ausmaße an.“*[266]

264 Sullivan: Psychiatric Aspects of Morale, S. 284f.
265 Vgl. Dworzecki: Diseases in the Ghetto, S. 20.
266 Ebd., S. 20.

Während eines Besuchs im Lazarett in Mauthausen wurde der Autor von Armeepersonal und medizinischem Lagerpersonal begleitet, das auf die extrem hohe Zahl an Personen hinwies, die an abnormalen Schwellungen (Ödemen) der Extremitäten litten. Das Auftreten solcher Symptome unter den Probandinnen und Probanden dieser Untersuchung wurde nicht tabellarisch dargestellt. Jedoch bezogen sich die Informantinnen und Informanten häufig auf solche Schwellungen. Beispielsweise berichtet Karl, dass er, wie er sagte, in erster Linie als Folge seiner geschwollenen Gelenke in Verbindung mit Erfrierungen und „*Würmern in den Beinen*" zum Muselmann wurde. Als Dworzecki in Stutthof und Dautmergen war, beobachtete er, dass dieses Symptom oft unmittelbar einem allgemeinen Zusammenbruch vorausging.[267] Er berichtet, dass in Ermangelung einer anderen Behandlungsmöglichkeit eine auf Kartoffeln beschränkte Ernährung Wirkung zeigte. Es ist sehr wahrscheinlich, dass die relativ verbreitete Verwendung von Kartoffeln für die allgemeine Versorgung der Häftlinge in einigen Lagern das Auftreten von Ödemen, das ansonsten noch häufiger vorgekommen wäre, einzudämmen vermochte.

Es ist wenig über die Verbreitung von Tuberkulose bekannt, wenngleich Bezugnahmen auf diese Krankheit im Interviewmaterial häufig waren. Unter den Personen, die zu irgendeinem Zeitpunkt Muselmänner waren und für die Untersuchung interviewt wurden, gab es zwei schwere Fälle von Lungenentzündung. Pedikulose, der schwere Befall mit Läusen, war in den meisten Lagern ein besonderes Problem. An einigen Orten waren es insbesondere die Anstrengungen politischer Häftlinge, die zu einer erheblichen Verbesserung des Lausbefalls führten. Frank verwies auf die spezifischen Vorsichtsmaßnahmen, die in Buchenwald eingeführt wurden.

Unter den Infektionskrankheiten waren offenbar verschiedene Arten von Typhus unter den schlimmsten Erkrankungen. In Bergen-Belsen erreichte Typhus in der Phase des größten Chaos unmittelbar vor der Befreiung epidemische Ausmaße. Die unvorstellbare Mortalität in den letzten Wochen wurden durch Formen von Typhus beträchtlich erhöht. Dworzecki beobachtete, dass Todesfälle durch Fleckfieber unter Männern häufiger waren als unter Frauen. Er ergänzt, dass *„die Morbiditätsrate in Folge unterschiedlicher Infektionskrankheiten bei Frauen insgesamt niedriger war als bei Männern"*[268].

Im Hinblick auf die seelische Verfassung der Häftlinge und der Überlebenden im Allgemeinen ist es wichtig darauf hinzuweisen, dass es durch Fleckfieber zu einer Reihe ernsthafter Komplikationen kam. Dworzecki nennt Wundbrand an den Füßen, anhaltende Schwellungen der Füße und schnellen Pulsschlag.[269]

Aus den Interviews dieser Untersuchung ergeben sich wichtige Hinweise darauf, dass ein sehr hoher Teil, wenn nicht sogar die Mehrheit der schweren Psychosen eine Folge von Flecktyphus waren. Es sei an dieser Stelle darauf verwiesen, dass es nicht möglich war, diesbezügliche Belege tabellarisch darzustellen, da die Informantinnen

267 Vgl. ebd., S. 21.
268 Ebd., S. 24.
269 Vgl. ebd.

Jerzy Zielezinskis Zeichnung *„Suicide“* (deutsch *„Selbstmord“*). Aus seinen Interviews schließt Luchterhand, dass Selbstmorde in den Konzentrationslagern selten waren und tendenziell nur von „neuen Häftlingen“ verübt wurden (Quelle: 24 Drawings from the Concentration Camps in Germany (München 1946)).

und Informanten ihre Informationen in der Regel nicht aus medizinischen Quellen bezogen hatten.

Dworzecki berichtet, dass nach der Verbringung in ein Ghetto bei rund 75 Prozent aller Frauen die Menstruation aussetzte und dass bei den meisten von ihnen später, mit der Verbesserung der Ernährung und dem vorübergehenden Rückgang der Deportationen, der Menstruationszyklus wiedereinsetzte.[270] Er erklärt, dass *„manche von ihnen während ihrer restlichen Zeit im Ghetto [...] unregelmäßig und zu schwach menstruierten (Oligomenorrhoe), während ein anderer Teil für den restlichen Verbleib im Ghetto gar nicht menstruierte (Amenorrhoe)"*[271].

Zwei unserer 17 weiblichen Informantinnen wurden nach der Menopause in das Lagersystem deportiert. Bei 12 der restlichen 15 Frauen blieb die Menstruation aus, wobei die letzte Periode in einem Zeitraum von weniger als einem Monat bis zu 49 Monaten nach der Deportation auftrat. Meist trat das Ausbleiben der Menstruation innerhalb von einem oder zwei Monaten nach der Deportation in ein Konzentrationslager auf. Die Ausnahmen fanden alle in nationalsozialistischen Ghettos statt, wenngleich es dort Fälle von Oligomenorrhoe waren.

Zwei der 15 Frauen erlebten ein kurzes, einmaliges Wiedereinsetzen und eine Frau, eine Schreiberin in den Lagern, scheint am ehesten ein Fall von Oligomenorrhoe mit Intervallen regelmäßiger Menstruationszyklen gewesen zu sein.

Bei allen 15 Informantinnen setzte ein bis zwölf Monate nach der Befreiung der regelmäßige Menstruationszyklus wieder ein; bei sechs Frauen mit medikamentöser Unterstützung.

Der Anteil unter unseren Informantinnen, bei denen die Menstruation gänzlich aussetzte, war zwölf von 15 oder 80 Prozent. Dies stimmt mit den Befunden von Lingens-Reiner überein, die erklärt, dass *„bei beinahe 80% der Frauen [...] Amenorrhoe"*[272] auftrat. Lingens-Reiner nennt keinen Prozentsatz für Fälle von Oligomenorrhoe. Unsere beiden Fälle von einmaligem Wiedereinsetzen können durchaus auch als Fälle von Amenorrhoe gewertet werden. Damit würde der Wert auf 93 Prozent steigen.

Die Auffassung von Lingens-Reiner, dass Menstruationsstörungen *„zwar teilweise durch den allgemeinen Verfall der Körperkräfte und die unzureichende, zumindest aber unrichtig zusammengesetzte Nahrung, zum Teil aber auch psychisch bedingt war[en]"*, scheint allgemein anerkannt zu sein. Lingens-Reiner fährt fort: *„Ich sprach mit einem 23-jährigen Mädchen, das so weit nicht schlecht gelebt hatte. Es hatte vom Tag seiner Verhaftung an nicht mehr menstruiert, an dem Tag, als man ihr nach 3 Jahren ihre Entlassung mitteilte, trat wieder die erste Blutung auf."*[273]

270 Vgl. ebd., S. 19.

271 Ebd.

272 Lingens-Reiner: Gefangene der Furcht, S. 5. (Kapitel: Die Russinnen). Anm. d. Hg.: Diese wie auch alle folgenden Passagen des ursprünglichen Manuskripts von Ella Lingens-Reiner fehlen in der veröffentlichten Ausgabe von 2003 – vgl. Ella Lingens-Reiner: Gefangene der Angst. Ein Leben im Zeichen des Widerstandes. Hg. von Peter Michael Lingens (Wien 2003).

273 Lingens-Reiner: Gefangene der Furcht, S. 5. (Kapitel: Die Russinnen).

Unsere Informantin Ruth[274] berichtete, dass sie am Tag der Befreiung ein einmaliges Wiedereinsetzen erlebte, nachdem sie sechs Monate keine Menstruation hatte. Bei einer anderen Informantin, Amy, setzte die Menstruation einige Tage nach ihrer Ankunft im Lager Freiburg aus Auschwitz-Birkenau kommend vorzeitig ein. Dies geschah während einer besonders boshaften Schimpftirade eines SS-Mannes gegen eine Gruppe von Häftlingen, der auch Amy angehörte. Der SS-Mann unterbrach den Wortschwall regelmäßig, um den einen oder anderen Häftling zu verprügeln.

Es soll darauf hingewiesen werden, dass keine anderen unserer Informantinnen, die eine vorzeitige oder sporadisch wiederkehrende Menstruation durchlebt hatte, sich an derart spektakuläre Ereignisse erinnerten, die in gewissem Maße als kausale Umstände interpretiert werden könnten.

Selbstmorde

42 unserer 47 Standardinformantinnen und -informanten gaben an, dass sie während ihrer Inhaftierung insgesamt 313 Selbstmorde wahrnahmen. Es ist sehr wahrscheinlich, dass diese Summe niedriger wäre, würden alle Doppelnennungen, die während der Interviews nicht geklärt werden konnten, aussortiert. Für 171 dieser 313 Fälle wurde die Haftzeit der Häftlinge, die Selbstmord begangen hatten, geschätzt. Der Durchschnitt dieser Schätzungen lag bei 1,7 Monaten.

Unser Informant Steve war als Schreiber im Sanitätslager des wichtigen Stammlagers Mauthausen für Lageraufzeichnungen zuständig. Er beteuert, dass es unter der gesamten Lagerpopulation der Geschichte dieses Konzentrationslagers von 157.000 Häftlingen[275] insgesamt 20 bekannte Selbstmordfälle gab. Außerdem erklärte er, dass *„de facto alle diese Selbstmorde in den ersten Tagen oder Wochen der Haft auftraten“*. Es ist allerdings wichtig zu beachten, dass die offiziellen Aufzeichnungen Lücken und Definitionsfehler aufwiesen.

Die 313 Selbstmorde waren Fälle *vereinzelter* Selbstmorde, im Unterschied zu Gruppenselbstmorden und rasch aufeinanderfolgenden Selbstmorden an einem bestimmten Ort, die im Folgenden als *Selbstmordwellen* bezeichnet werden. Die fünf Informantinnen

274 Anm. d. Hg.: „Ruth“ ist das Pseudonym von Eva Landauer, geboren am 9. Oktober 1917 in Heilbronn, gestorben am 14. Februar 2004 in New York. Eva Landauer war die Tochter des Arztes und Psychoanalytikers Karl Landauer und Karoline Landauer, geborene Kahn, die Luchterhand unter dem Pseudonym „Minna“ ebenfalls interviewte (siehe Kapitel 4, Fußnote 110). Mit ihren Eltern wurde Landauer in Amsterdam, in das sie geflohen waren, verhaftet und im Lager Westerbork interniert. Am 16. Februar 1944 wurden sie nach Bergen-Belsen deportiert, wo ihr Vater Karl Landauer ermordet wurde (vgl. ITS Arolsen 6.3.3.2/99866671). Nach der Befreiung emigrierte Eva Landauer mit ihrer Mutter über die Niederlande in die USA und ließ sich zunächst in New York nieder, wo Luchterhand sie interviewte. Nach dem Abschluss eines Sozialarbeiterstudiums an der *London School of Economics* ließ sie sich bei Anna Freud zur Kinderanalytikerin ausbilden. Sie praktizierte in New York (vgl. https://www.psychoanalytikerinnen.de/deutschland_biografien.html#Landauer, Aufruf am 16.4.2018).

275 Anm. d. Hg.: Heutigen Schätzungen zufolge wurden von 1938 bis 1945 zwischen 185.000 und 195.000 Personen in die Lager des KZ-Komplexes Mauthausen deportiert (vgl. Kranebitter: Zahlen als Zeugen, S. 170).

und Informanten, deren Angaben über Selbstmorde nicht in den oben angeführten Summen eingerechnet wurden, machten Angaben über Selbstmordwellen, aber in den Interviews konnten keine eindeutigen, separaten Hinweise auf vereinzelte Selbstmorde ausgemacht werden.

Vier Informantinnen und Informanten bezeugten im Zeitraum vom späten Frühjahr bis zum Herbst 1943 eine Selbstmordwelle in Auschwitz-Buna. Die Berichte von zwei Buna-Veteranen, die während ihrer Inhaftierung in Buna von Februar bzw. März 1943 bis Jänner 1945 jeweils von sechs Selbstmorden berichteten, deuten darauf hin, dass nicht das gesamte Lager von dieser Entwicklung betroffen war. Zwei Buna-Veteranen berichteten von 250 Selbstmordfällen, wobei die meisten dieser Häftlinge während vorgetäuschter Fluchtversuche erschossen worden waren. Ein weiterer Buna-Veteran berichtet von 100 bis 150 Selbstmordfällen. Ein vierter Buna-Veteran berichtete von *„sehr vielen“* Selbstmorden. Zwei dieser vier Informantinnen und Informanten schätzten im Hinblick auf die Haftzeiten, dass *„die meisten von ihnen für weniger als einen Monat in den Lagern waren“*.

Zwei Buchenwald-Veteranen gaben an, dass viele Hunderte Juden, die Teil der tausenden Unbekannten waren, die während der Pogromnacht vom 9. auf den 10. November 1938 zusammengetrieben und in verschiedene Konzentrationslager gebracht worden waren, Selbstmord begingen, bald nachdem sie in den Quarantänebereich kamen.

Wenn die Haftzeiten der Häftlinge, die sich im Zuge von Selbstmordwellen das Leben nahmen, in die Haftzeiten der Häftlinge, die vereinzelt Selbstmord begingen, eingerechnet werden, wäre die durchschnittliche Haftzeit erheblich kürzer und würde wahrscheinlich für die Gesamtzahl aller Selbstmordfälle unter einem Monat liegen. Diese Tatsache ist ein weiterer Beleg für die verbreitete Beobachtung, dass die ersten Wochen der entscheidende Zeitraum für Traumatisierungen waren.

Es kann hier keine detaillierte Untersuchung der Situationen, die zu diesen und anderen bekannten Selbstmordfällen führten, angestellt werden. Allerdings kann auf bestimmte gemeinsame Merkmale verwiesen werden:

1. „Schwere“ Deportationen
2. Die Häftlinge wurden *rund um die Uhr* terrorisiert.
3. Erdrückende Vermassung in den Baracken. Wenn normale Körperbewegungen oder die Verrichtung der Notdurft im wahrsten Sinn des Wortes unmöglich waren, ohne den Schlaf oder die Körperbewegungen anderer zu stören, war die Entwicklung stabiler zwischenmenschlicher Beziehungen schwierig. Der Ausbruch der Ruhr hatte oft katastrophale Folgen. In manchen Fällen extremer Vermassung kam es gelegentlich zu Handgemengen, im Allgemeinen in der Nacht. Diese Fälle werden im Kapitel „Häftlingsverhalten in speziellen Extremsituationen“ näher erläutert.
4. Die Entstehung eines Gewaltrausches unter den Wachen, teilweise als Ergebnis der Auswirkungen der erdrückenden Vermassung.

Wenn diese Faktoren gleichzeitig auftraten, zerstörten Erschöpfung und Gewaltausbrüche unter den Häftlingen periodisch alle anhaltenden Freundschaften. Zu solchen Zeiten waren Häftlinge höchst anfällig für Selbstmord.

Die vereinzelten Selbstmordwellen in den Lagern sind hier von Bedeutung, da sie ein bestimmtes Licht auf „normale" Lagersituationen und das spezifische Verhältnis zwischen dem Biologischen und dem Sozialen für Trauma und Anpassung werfen. Biologische Störungen waren für Selbstmordwellen insoweit von entscheidender Bedeutung, als diese Störungen zwischenmenschliche Beziehungen akut zerstörten. Es waren bestimmte übereinstimmende Strukturmerkmale notwendig, damit dieser soziale Schaden entstehen konnte.

Eine andere Situation, in der Selbstmorde verbreitet waren, war während der häufigen Selektionen in den nationalsozialistischen Ghettos, von denen zunehmend bekannt wurde, dass es sich um Selektionen für Vernichtungstransporte handelte. Diese Situationen gründeten scheinbar teilweise auf den sozial zersetzenden Auswirkungen der Konkurrenz um Situationen, die eine temporäre Ausnahme schufen. Allerdings entwickelten sich diese Situationen hoher Selbstmordhäufigkeit aufgrund des Fehlens der anderen erforderlichen Voraussetzungen nicht zu Selbstmordwellen.

Psychosen

Es ist überaus wichtig anzumerken, dass 42 unserer 47 Informantinnen und Informanten nur 22 Fälle von „Wahnsinn" bekannt waren. Diese Zahl könnte noch niedriger sein, würden alle Doppelnennungen, die während der Interviews nicht geklärt werden konnten, ausgenommen. Andererseits könnte die Anzahl der Häftlinge, die als psychotisch klassifiziert hätten werden können, durchaus höher sein, hätten wir anstatt ungeschulter Beobachterinnen und Beobachter, die nur grobe Kriterien anwandten, psychiatrisch geschulte Beobachterinnen und Beobachter gehabt. Unter Berücksichtigung all dieser Vorbehalte scheint es klar, dass die Häufigkeit von Psychosen unter Lagerhäftlingen *in den meisten Situationen* eklatant niedrig war.

Es ist interessant, was Lingens-Reiner berichtet: *„Dass durch die Lagerverhältnisse selbst der Ausbruch solcher Krankheiten provoziert oder sonst beeinflusst worden wäre, konnte ich nicht beobachten, und auch Neurosen, vor allem echte Hysterie, sah man nicht viel häufiger als in Freiheit. [...] Durch das Lager bedingte echte Psychosen waren nur die schon erwähnten Zustände nach Fleckfieber.*"[276]

Unser Informant Steve, der im vorangegangenen Abschnitt bereits zitiert wurde, kannte in der gesamten Geschichte von Mauthausen keinen Fall von „Wahnsinn". Es sei auch an dieser Stelle auf die Unzulänglichkeiten der offiziellen Aufzeichnungen verwiesen. Allerdings war Steve nicht bloß eine Schreibkraft. Als Mann von hohem akademi-

276 Lingens-Reiner: Gefangene der Furcht, S. 4f. (Kapitel: Die Russinnen).

schen Ansehen im Leben vor den Lagern war er in jeder Hinsicht ein besonders scharfsinniger Beobachter.

Einer unserer Informanten, Sol, der vor der Befreiung eine gewisse psychiatrische Ausbildung erfuhr und nach der Befreiung Ausbildungen auf dem Gebiet der Fürsorgearbeit und der Psychiatrie absolvierte, kannte während seiner 85 Monate in Dachau und Buchenwald nur zehn Fälle von Psychosen. Diese zehn Fälle waren allesamt neue Häftlinge, die während der Pogrome 1938 ergriffen worden waren. Informant Jacob[277] sagte, er hatte unter den Häftlingen in Buchenwald, die während der Pogrome 1938 verhaftet worden waren, *„viele, die geisteskrank waren"* gekannt. Eine besonders drastische Schätzung sprach davon, dass *„es unter ihnen hundert Fälle von Wahnsinn gegeben haben muss"*. Diese extreme Ansicht wurde nicht miteinbezogen, da *keine* Einzelheiten über Einzelfälle dargelegt werden konnten – und aufgrund gegensätzlicher Hinweise seitens Sol und anderer. Über eine hohe Inzidenz psychischer Störungen wurde auch für die Ghettos Theresienstadt und Riga und das Konzentrationslager Buna berichtet. Im Allgemeinen führten Umstände, die zu größeren Selbstmordraten führten, auch zu einer hohen Häufigkeit psychischer Störungen.

Unsere Informantinnen und Informanten erinnerten sich an rund zehn Mal mehr Selbstmordfälle als Fälle von „Wahnsinn".

Die von unseren Informantinnen und Informanten geschätzte durchschnittliche Haftzeit für 19 Fälle von Psychosen war acht Monate. Für die anderen 14 Fälle konnten unsere Informantinnen und Informanten keine Schätzungen machen.

Trauma und Anpassung

Eine der Schlüsselfragen, die die Lagergesellschaft aufwirft, ist die *hohe* Inzidenz von Traumata und die *niedrige* Inzidenz psychischer Störungen. Dieses Problem wurde bereits unzählige Male als Gemeinplatz formuliert: Wie konnten die Häftlinge psychisch gesund bleiben?

277 Anm. d. Hg.: „Jacob" ist das Pseudonym Siegmund Schuftan (später Sidney Shuftan), geboren am 12. November 1918 in Breslau (heute Wrocław), gestorben am 5. Dezember 1994 in Glenwood, Illinois. Schuftan, von Beruf Klempner (anderen Quellen zufolge Dachdecker und Schmied), wurde im Zuge der Novemberpogrome am 10. November 1938 von der Gestapo Breslau verhaftet und ins KZ Buchenwald deportiert, wo er am 27. Jänner 1939 entlassen wurde (ITS Arolsen 6.3.3.2/89348966.). Danach leistete er von 15. Februar 1939 bis 26. Februar 1943 Zwangsarbeit bei der „Tiefbaufirma Ferngas" in Breslau, bevor er am 27. Februar 1943 erneut verhaftet und ins KZ Auschwitz deportiert wurde (ebd.). Im Zuge der „Evakuierung" des Lagers Auschwitz-Monowitz wurde er am 18. Jänner 1945 ins KZ Sachsenhausen transportiert, von dort am 27. Jänner 1945 ins KZ Flossenbürg und am 16. März 1945 weiter nach Leonberg, ein Außenlager des KZ Natzweiler, überstellt (KZ-Gedenkstätte Flossenbürg AGFl S.22.55_31). Im Zuge der Auflösung dieses Lagers wurde Schuftan zu Fuß nach Bayern geschickt (vgl. dazu allg. Eberhard Röhm: Leonberg („Reiher"), S. 125); er wurde am 28. April 1945 in Tutzing, Oberbayern, befreit (ITS Arolsen 6.3.3.2/89348966). Schuftan emigrierte am 27. Februar 1947 in die USA (ebd.).

Die folgenden Tabellen samt Erörterung dienen der Veranschaulichung von Anpassungstendenzen unserer Fälle und einiger scheinbar relevanter Anpassungsprozesse.

Fallnummer	Haftzeit (in Monaten)	Verhaltensbereich, der positive Veränderungen aufweist			
		Teilen	Diebstähle	Erwägung von Diebstahl	Zwischenmenschliche Beziehungsmuster
10	21		+		+
11	78			+	+
16	43		+		
23	20	+			
25	47				+
32	33		+		
42	32				+
46	49		+		
Summen	**323**	**1**	**4**	**1**	**4**

Tabelle 18: Haftzeit von acht traumatisierten Personen, die positive Veränderungen in einem oder mehreren Bereichen aufweisen: Teilen, Diebstahl und zwischenmenschliche Beziehungsmuster.

Die durchschnittliche Haftzeit betrug 40,4 Monate.

Fallnummer	Haftzeit (in Monaten)
6	7
8	47
9	21
24	31
26	7
27	27
30	47
31	33
35	26
36	41
38	85
43	42
Summe	**414**

Tabelle 19: Haftzeit von zwölf traumatisierten Personen, die keine Veränderungen in einem der drei Bereiche aufweisen: Teilen, Diebstahl und zwischenmenschliche Beziehungsmuster.

Die durchschnittliche Haftzeit betrug 34,5 Monate.

Fallnummer	Haftzeit (in Monaten)	Verhaltensbereich, der positive Veränderungen aufweist			
		Teilen	Diebstähle	Erwägung von Diebstahl	Zwischenmenschliche Beziehungsmuster
12	25	–			–
15	13	–		–	–
19	29	–			–
21	23	–			–
22	26	–			–
33	26		–		
34	29	–	–		–
41	144				–
47	27	–			–
49	21	–			–
Summen	**363**	**8**	**2**	**1**	**9**

Tabelle 20: Haftzeit von zehn traumatisierten Personen, die negative Veränderungen in einem oder mehreren Bereichen aufweisen: Teilen, Diebstahl und zwischenmenschliche Beziehungsmuster.

Die durchschnittliche Haftzeit, ohne den Extremwert von 144 Monaten, betrug 24,3 Monate.

Art der Anpassung	Anzahl an Fällen	Durchschnittliche Haftzeit (in Monaten)
negative Veränderung	10	24,3
keine Veränderung	12	34,5
positive Veränderung	8	40,4
Summe	**30**	

Tabelle 21: Durchschnittliche Haftzeiten von 30 traumatisierten Fällen, klassifiziert nach Anpassung in einem oder mehreren Bereichen: Teilen, Diebstahl und zwischenmenschliche Beziehungsmuster. Der Durchschnittswert bei „negativer Veränderung" wurde ohne den Extremwert von 144 Monaten berechnet.

Die Streuung der Durchschnittswerte in den Tabellen 18 und 19 ist beachtlich; Tabelle 20 zeigt (mit Ausnahme des Extremwertes von 144 Monaten, der für die Berechnung des Durchschnittes nicht herangezogen wurde) relativ geringe Abweichungen. Betrachtet man diese Tabellen als zusammenhängende Serie und summiert man sie in Tabelle 21, lässt sich für unsere Fälle ein offensichtlicher Trend in Richtung eines Verhaltens feststellen, das sich mit zunehmenden Haftzeiten an die Häftlingsgemeinschaft anpasste.

Unter traumatischen Situationen werden in dieser Untersuchung, wie anderswo ausgeführt, Situationen verstanden, in denen ein Individuum Reizstimulationen von solcher Intensität und Plötzlichkeit ausgesetzt wird, dass diese nicht normal verarbeitet werden können. Waelder wies darauf hin, dass es *„für die Verarbeitung von sowohl externer als* *auch interner Reizstimulationen Zeit bedarf. Es braucht Zeit, bis man sich unangenehmen Realitäten stellen kann, bis Veränderungen in der Haltung ausgearbeitet und Anpassungen vollzogen werden können.*“[278] Beiläufig sei hinzugefügt, dass es in der Regel beträchtliche Zeit braucht, bis sich manifeste Verhaltensstörungen entwickeln. Wie weiter oben ausgeführt betrug die durchschnittliche Haftzeit von Menschen mit psychischen Störungen, auf der Grundlage von Schätzungen für 19 Häftlinge, die von unseren Informantinnen und Informanten für „wahnsinnig“ gehalten wurden, acht Monate.

Üblicherweise wirken in sozialen Systemen Prozesse, die sowohl der geistigen Gesundheit als auch der Krankheit zuträglich sein können. Die klinische Situation ist im Wesentlichen einfach der Versuch, eine möglichst ungestörte therapeutische Situation zu schaffen, um dem Trend in Richtung zunehmender Persönlichkeitsstörung entgegenzuwirken. Neben den vielen Lagersituationen, die von einigen Häftlingen als traumatisierend erlebt wurden, war eine bedeutende Anzahl anderer Lagersituationen eindeutig entlastend oder enttraumatisierend. Aus diesem Grunde sind einzelne Episoden nicht in der Lage, Aufschluss über die Persönlichkeit von Lagerinsassen zu geben, genauso wenig, wie dies in Nicht-Lagergesellschaften der Fall ist. Es scheint, als könne sehr wenig permanenter psychologischer Schaden in den Lagern spezifischen Frustrationen oder Traumata zugeschrieben werden. In der Regel scheinen entlastende oder enttraumatisierende Situationen aufgetreten zu sein, um Generalisierung und Zufallskonditionierung zu unterbinden und dadurch die Entstehung gestörter Persönlichkeitskonstellationen zu verhindern. Spezifische Belege für enttraumatisierende Prozesse werden im Kapitel „Häftlingsverhalten in speziellen Extremsituationen“ dargelegt.

Die jeweiligen Genesungs- und Enttraumatisierungsprozesse waren äußerst komplex. Von allem, was über Lagersituationen bekannt ist, mussten diese Prozesse allerdings rasch zum Tragen kommen oder der Häftling ging zugrunde. Neue Häftlinge, die keine Zeit hatten, um Kontakte zu Personen in verschiedenen Bereichen der Lagerverwaltung zu knüpfen, verfügten in den meisten Fällen nicht über Mittel gegen biologische Schädigungen, die die Persönlichkeitsstörungen verschlimmerten, und der größte Schaden trat, wie oben beschrieben, zum Zeitpunkt der Deportation auf. *Die Möglichkeiten, durch die solche Mittel gegen biologische Schädigungen erlangt werden konnten, waren dieselben, durch die auch therapeutische Prozesse wirksam werden konnten: förderliche zwischenmenschliche Beziehungen, d.h. die Begründung emotional tiefer und stützender Bindungen mit einem oder mehreren Häftlingen.* Es wurde bereits angemerkt, dass die Entstehung von Paaren im Allgemeinen äußerst rasch erfolgte – eine Tatsache, die tendenziell der Notwendigkeit der Situation entspricht, wenn Psychosen verhindert werden sollen.

Die Mitglieder eines Freundschaftspaars oder einer Freundschaftsgruppe erfüllten eine stützende Funktion, bis andere Therapien des Lagerlebens dabei behilflich sein

278 Robert Waelder: The Scientific Approach to Case Work. With Special Emphasis on Psychoanalysis, in: Clyde Kluckhohn/Henry A. Murray (Hg.): Personality in Nature, Society, and Culture (New York 1948), S. 531–539, hier S. 539.

konnten, um die Auswirkungen des anfänglichen Schocks der Deportation oder spezieller Situationen zu beseitigen. Darüber hinaus ist, wie Cameron bemerkte, die *„kleine Gruppengemeinschaft [...] hinreichend vereinfacht, um das Wiedererlernen sozialer Fähigkeiten zu ermöglichen und es lohnenswert zu machen*“[279]. Das Freundschaftspaar oder die Freundschaftsgruppe in den verschiedenen Situationen des Lagerlebens war der Ausgangspunkt der entstehenden therapeutischen Prozesse. Das Paar oder die Gruppe diente als Miniaturgemeinschaft, in der soziales Lernen für die traumatisierte Person unter günstigeren Bedingungen stattfinden konnte als in den Baracken oder größeren Gruppen. Im Freundschaftspaar oder in der Freundschaftsgruppe erhielt die traumatisierte Person Rat und Ermutigung – meist durch ein Wort oder einen Blick, manchmal aber auch durch einen Akt des Teilens. Wie unspektakulär derartige Handlungen auch immer waren: Sie trugen zur Bestärkung bei, und Bestärkung war der Anfang, um die Beschäftigung mit Selbstmord, den Zustand eines Muselmannes oder eine andere Verhaltensstörung hinter sich zu lassen. Eine weitere therapeutische Konsequenz der Gruppenbeteiligung lag darin, dass es für alle Mitglieder offensichtlich wurde, dass sie mit ihren individuellen Problemen nicht alleine waren.

Während die obige Diskussion den Vergleich mit dem Paar oder der Gruppe in der klinischen Therapie impliziert, muss eine offensichtliche und wichtige Unterscheidung zwischen diesen und dem gewöhnlichen Freundschaftspaar oder der gewöhnlichen Freundschaftsgruppe getroffen werden. In der Patient-Arzt-Beziehung gibt es eine klare Definition des Status sowohl des Patienten als auch des Therapeuten. Im Freundschaftspaar kann jedes Mitglied abwechselnd ein mit beiden Status assoziiertes Rollenverhalten einnehmen; in der Gruppe kann es der Nutznießer von therapeutischem Rollenverhalten sein, während es selbst, zu seinem eigenen psychischen Vorteil, eine ähnliche Rolle für ein drittes Mitglied in der Gruppe einnehmen kann. Aus dieser ausgewogenen Erfüllung von Komplementärrollen – ein Faktum, das sowohl für gewöhnliche Lebenssituationen, als auch für Situationen in nationalsozialistischen Lagern relevant ist – leitet sich eine spezifische therapeutische Wirksamkeit ab, die wahrscheinlich einige der künstlich geschaffenen Erschwernisse der klassischen psychoanalytischen (und anderen) Vorgehensweise(n) umgeht.

Häftlinge mussten eine Vielzahl an Rollen entwickeln, um mit anderen Häftlingen in partizipative oder kooperative Beziehungen zu treten bzw. diese zu begründen. Cameron hat betont, dass *„die Person, deren Repertoire eine* Vielzahl *an eingespielten, realistischen sozialen Rollen umfasst, besser ausgerüstet ist, um neuen und kritischen Situationen zu begegnen, als die Person, deren Repertoire dürftig, relativ ungeübt und sozial unrealistisch ist. Eine in der Rollenübernahme bewanderte Person [...] hat bessere Chancen, dem plötzlichen,*

279 Norman Cameron: The Psychology of Behavior Disorders. A Biosocial Interpretation. (New York 1947), S. 585.

unerwarteten Stress und den Auswirkungen von länger andauernden, ununterbrochenen Belastungen standzuhalten, als eine darin unbewanderte Person."[280]

Zweifellos musste für alle Personen eine entscheidende Veränderung in der Rollenfunktion stattfinden. Frühere prestigereiche Statuspositionen mussten abgestreift werden. Wie Steve und andere Informantinnen und Informanten betonten, war die Rolle des „*guten Kumpels*" für das Überleben von großer Bedeutung. Eine Vielzahl an mehr oder weniger bestimmten Statuspositionen wurde erlangt, in der Regel durch die Zuschreibung durch die SS, manchmal aber auch durch die Zuschreibung der Häftlinge.

Ein weiterer von Cameron beschriebener Aspekt in der Rollenübernahme, der in diesem Zusammenhang von hoher Relevanz ist, ist die „*Fähigkeit der Perspektivenübernahme*"[281]. Der Übergang aus Rollen, die von der Gesellschaft außerhalb definiert wurden, zu jenen der Lagerhäftlinge, umfasste besonders abrupte Perspektivenwechsel. Cameron unterstrich auch die Bedeutung der Aneignung „*sozialisierter Eigenreaktionen*"[282], d.h. „*des Verhaltens eines Individuums in direktem Verhältnis zu sich selbst als sozialem Objekt*"[283]. Selbsteinschätzung und Selbstkontrolle von Häftlingen, beruhend auf Eigenreaktionen oder Selbstbildern, waren entscheidend für die Bestimmung der freundschaftlichen und kooperativen Reaktionen anderer Häftlinge, und insbesondere derer, die für lange Zeit hinter dem Stacheldraht gewesen waren. Jede Person trat mit verschiedenen mehr oder weniger befriedigenden Selbstbildern, die sich aus Rollen und soziokulturellen Umständen vor den Lagern ableiteten, in das Lagersystem ein. Wenn wir, Dai folgend, Persönlichkeit als eine Anordnung von Selbstbildern betrachten, von denen jedes „*eine bestimmte soziokulturelle Referenzsituation*"[284] hat, wie beispielsweise eine primäre oder sekundäre Gruppensituation, dann ist es logisch anzunehmen, dass das Lagerleben die relevanteren Selbstbilder aus der Persönlichkeit vor den Lagern abrief und einige neue schuf. In dem Ausmaß, dass dies die von Dai vorausgesetzte frühere hierarchisch geordnete Persönlichkeitsstruktur störte, kam es zu Konflikten mit Rollen oder Selbstbildern, in anderen Worten bis zu einem gewissen Grad zur Desorganisation der Persönlichkeit.

Dai vertritt die Position, dass „*eine Verhaltensänderung oft auf eine Veränderung des Selbstkonzeptes folgt; genau genommen findet diese selten auf anderem Wege statt.*"[285] Dies scheint in der klinischen Therapie eine logische Annahme zu sein – ob es auch auf die häufigen „Therapien" gewöhnlicher Lebenssituationen zutrifft, darf angezweifelt werden. Es ist äußert fraglich, ob den Veränderungen im Selbstbild tatsächlich Verhaltensänderungen unter Lagerbedingungen vorausgingen. Es scheint wahrscheinlicher, dass

280 Norman Cameron: Role Concepts in Behavior Pathology, in: American Journal of Sociology, 55. Jahrgang (1950), Heft 5, S. 464–467, hier S. 465.

281 Ebd.

282 Ebd.

283 Ebd.

284 Bingham Dai: A Socio-Psychiatric Approach to Personality Organization, in: American Sociological Review 17. Jahrgang (1952), Heft 1, S. 44–49, hier S. 46.

285 Ebd., S. 45.

diese Verhaltensänderungen ohne eine entsprechende Veränderung des Selbstbildes stattfanden. Wie im Kapitel „Häftlingsverhalten in speziellen Extremsituationen" gezeigt werden wird, führte bei der Massenfolter der Selbsterniedrigung die Tatsache, dass sich jedermann durch die Verspottung von Gott und Sippe ähnlich selbst „erniedrigte", dazu, jedweden Schaden des Selbstbildes rückgängig zu machen – wenn nicht in der ersten solcher Erfahrungen, dann in darauffolgenden. Die offenkundig niedrige Inzidenz von Psychosen weist darauf hin, dass der Kampf der Häftlinge für adäquate oder konsistente Selbstbilder überraschend oft gewonnen wurde.

Allein die Tatsache der Genesung emotionaler Störungen in einer Lagerumgebung weist auf die Erweiterung des individuellen Rollenrepertoires mit neuen Rollen hin – oder auf die erhöhte Fähigkeit, mit alten Rollen, die äußerst und spezifisch relevant für Lagersituationen waren, umzugehen.

Sollte diese Interpretation zutreffen, muss hinzugefügt werden, dass ein Verhalten des Teilens, die Entwicklung stabiler und zunehmender sozialer Teilhabe und die Beendigung von offenem oder heimlichem Diebstahlverhalten äußerst relevant für das Überleben in der Lagergesellschaft waren. In anderen Worten weist dies darauf hin, dass es, entgegen der in Kapitel „Normensystem und Sozialordnung von Lagerhäftlingen" behandelten Behauptungen von Bloch, einen Häftlingskodex gab, und dass Personen, die traumatisiert oder für lange Zeit inhaftiert waren, dazu neigten, sich diesem Häftlingskodex anzupassen.

Es gibt eine weitere Reihe von Beobachtungen, die eine gewisse Bedeutung für das in diesem Kapitel erarbeitete Verständnis der Anpassungsprozesse von Häftlingen hat. Während der Interviews wurde sorgfältig auf Anzeichen gegenwärtiger emotionaler Schwierigkeiten geachtet. Vier Informantinnen und Informanten erwähnten, dass sie seit der Befreiung psychiatrische Hilfe in Anspruch genommen haben. Sie verbrachten 7, 21, 27 bzw. 29 Monate oder durchschnittlich 21 Monate in den Lagern.[286] Drei Personen wurden als schwer traumatisiert, eine Person als leicht traumatisiert klassifiziert. Die vier anderen Informantinnen und Informanten, bei denen es die meisten Anzeichen für minderschwere emotionale Schwierigkeiten gab, waren 7, 13, 21 bzw. 26 Monate oder durchschnittlich 16,8 Monate in den Lagern. Alle wurden als schwer traumatisiert klassifiziert. Wenn der Rückgriff auf psychiatrische Hilfe als Indikator für die Notwendigkeit dieser Hilfe betrachtet werden kann, dann war die durchschnittliche Haftzeit für die acht Personen, die die meisten Anzeichen für gegenwärtige emotionale Schwierigkeiten aufwiesen, 18,8 Monate, oder *etwas weniger als die Hälfte der durchschnittlichen Haftzeit von 37,7 Monaten für die 47 Standardinformantinnen und -informanten dieser Untersuchung.*

286 Anm. d. Hg.: Diesen Aspekt hat Luchterhand in einem späteren Artikel, für den er 43 der 52 Interviewpartnerinnen und -partner 1970 und 1971 noch einmal interviewt hat, detaillierter behandelt – vgl. Elmer G. Luchterhand: The Resocialization of Nazi Camp Survivors. Unveröffentlichtes Manuskript (New York 1972), Brooklyn College of the City University of New York; Elmer Luchterhand: Social Behavior of Concentration Camp Prisoners: Continuities and Discontinuities with Pre- and Postcamp Life, in: Joel E. Dimsdale (Hg.): Survivors, Victims, and Perpetrators. Essays in the Nazi Holocaust (Washington 1980), S. 259–283.

Das Datenmaterial in den Tabellen 18 bis 21 zeigt, dass die Personen, die traumatisiert und für lange Zeiträume in den Lagern waren, sich in den untersuchten drei wesentlichen Verhaltensbereichen positiv veränderten, während diejenigen, die für kurze Zeiträume inhaftiert waren, in diesen Bereichen negative Veränderungen aufwiesen.

Wenn auch die entscheidende Bedeutung dieser drei Bereiche – Teilen, Diebstahl und zwischenmenschliche Beziehungsmuster – für die individuelle Anpassung an die Lagergesellschaft berücksichtigt wird, dann scheint es begründet, positive oder negative Veränderungen in diesen Bereichen *in der Lagerumgebung* in gewissem Maße als diagnostisch für psychisches Wohlbefinden bzw. psychische Verschlechterungen zu betrachten.

Damit wird klar, dass sich die in der tabellarischen Reihe dargestellten Ergebnisse sowie die Beobachtungen über die gegenwärtige Anpassung an die Nicht-Lagergesellschaft gegenseitig bekräftigen, dass sie miteinander übereinstimmen. Wenn, wie es offenbar scheint, diejenigen, die traumatisiert waren und dann nach relativ kurzer Inhaftierung befreit worden waren, gegenwärtig die am meisten Gestörten sind, weist dies stark darauf hin, dass Lagersituationen entlastende oder enttraumatisierende Einflüsse auf die Traumata *von Lagersituationen* boten – Einflüsse, die in der Nicht-Lagergesellschaft weniger leicht verfügbar waren. Wenn man berücksichtigt, dass Anpassung in den drei Bereichen eine begrenzte psychodiagnostische Brauchbarkeit hat, ist es offensichtlich, dass dies genau dem entspricht, was das tabellarische Material und die darauffolgenden Interpretationen vermuten ließen.

Auf Grundlage dieser übereinstimmenden Feststellungen wird die folgende Nebenthese aufgestellt: *Die Anpassung traumatisierter Lagerveteraninnen und -veteranen an die Nicht-Lagergesellschaft gestaltete sich einfacher, wenn es eine relativ lange Phase gab, um die durch die Lagerumgebung hervorgerufenen Traumata oder Konflikte innerhalb ebendieser Umgebung zu bearbeiten.* Trotz der sehr beschränkten Belege, die für die Stützung dieser Hypothese dargebracht werden können, hat diese Hypothese den Vorzug, dass sie weniger Vermutungen bedarf als alle anderen, die aufgestellt werden könnten.

Anpassungen nicht-traumatisierter Personen

Die bisherige Diskussion wirft die Frage nach der Natur der von unseren Informantinnen und Informanten gemachten Anpassungen auf, die als nicht-traumatisiert klassifiziert wurden. Die Tabellen 22, 23 und 24 umfassen eine Reihe solcher Fälle – eine Reihe, die der vorangegangenen über traumatisierte Personen ähnelt.

Fallnummer	Haftzeit (in Monaten)	Verhaltensbereich, der positive Veränderungen aufweist			
		Teilen	Diebstähle	Erwägung von Diebstahl	Zwischenmenschliche Beziehungsmuster
17	26			+	
18	61				+
20	40				+
28	32			+	+
48	42	+	+		+
50	22	+			+
Summen	**223**	**2**	**1**	**2**	**5**

Tabelle 22: Haftzeit von sechs nicht-traumatisierten Personen, die positive Veränderungen in einem oder mehreren Bereichen aufweisen: Teilen, Diebstahl und zwischenmenschliche Beziehungsmuster.

Die durchschnittliche Haftzeit betrug 37,2 Monate.

Fallnummer	Haftzeit (in Monaten)
7	4
13	22
14	26
29	22
37	68
39	40
40	60
51	68
52	53
Summe	**363**

Tabelle 23: Haftzeit von neun nicht-traumatisierten Personen, die keine Veränderungen in einem der drei Bereiche aufweisen: Teilen, Diebstahl und zwischenmenschliche Beziehungsmuster.

Die durchschnittliche Haftzeit betrug 40,3 Monate.

Fallnummer	Haftzeit (in Monaten)	Verhaltensbereich, der positive Veränderungen aufweist			
		Teilen	Diebstähle	Erwägung von Diebstahl	Zwischenmenschliche Beziehungsmuster
44	42	–	–		–
45	45			–	
Summen	**87**	**1**	**1**	**1**	**1**

Tabelle 24: Haftzeit von zwei nicht-traumatisierten Personen, die negative Veränderungen in einem oder mehreren Bereichen aufweisen: Teilen, Diebstahl und zwischenmenschliche Beziehungsmuster.

Es sei angemerkt, dass diese Serie für sich kaum eine solide Basis für Schlussfolgerungen bietet. Das resultiert erstens aus dem äußerst ungleichen Bild der Tabellen 22 und 23, zweitens aus der Tatsache, dass Tabelle 24 lediglich zwei Fälle umfasst, und schließlich drittens, weil im Vergleich zu 30 Fällen in der Reihe betreffend traumatisierter Personen nur 17 Fälle als nicht-traumatisiert klassifizierbar waren.

Tabelle 21, die sich auf traumatisierte Personen bezieht, verweist auf einen Trend in Richtung eines Verhaltens, das mit zunehmender Zeit in den Lagern zunehmend *adaptiv* gegenüber der Häftlingsgesellschaft war. Der Unterschied zwischen der durchschnittlichen Haftzeit von Personen, die negative Veränderungen aufweisen, und Personen, die positive Veränderungen aufweisen, liegt bei 16,1 Monaten. Da die Tabelle zu positiven Veränderungen ein relativ ungleiches Bild aufweist, kann es hilfreich sein, darauf hinzuweisen, dass der Unterschied in durchschnittlichen Haftzeiten zwischen Fällen negativer Veränderung und Fällen ohne Veränderung bei 10,2 Monaten liegt. Interessanterweise deutet dieser Unterschied in dieselbe Richtung, wenngleich wiederum darauf hingewiesen sei, dass die Tabelle ohne Veränderung ungleich ist.

Die Tabellen 22 bis 24 liefern Hinweise – für wie ungesichert man diese auch immer halten möge – eines schwachen Trends in Richtung *maladaptiven* Verhaltens mit zunehmender Zeit in den Lagern. Der interessanteste Aspekt dieser Tabellen ist der Kontrast, den sie in Hinblick auf die Tabellenreihe liefert, die sich mit traumatisierten Personen, wie in Tabelle 21 zusammengefasst, befasst.

Es sei erneut darauf hingewiesen, dass unsere Fälle weder für die Gesamtpopulation des nationalsozialistischen Lagersystems noch die Population der Überlebenden repräsentativ sind. Wie hätte ein repräsentatives Verhältnis anti-nationalsozialistischer politischer Aktivistinnen und Aktivisten das Verhältnis von traumatisierten und nicht-traumatisierten Fällen und von positiver und negativer Veränderung in den untersuchten Verhaltensbereichen beeinflusst? Wie würde eine präzise Repräsentation von kriminellen Personen dieselben Verhältnisse beeinflussen? Bedauerlicherweise blieben diese wichtigen Fragen durch diese Untersuchung unbeantwortet.

Die zentrale Schlussfolgerung, die durch das in diesem Kapitel dargelegte Material gesichert scheint, ist, dass *traumatisierte* Personen, die sich in Richtung von Verhaltensweisen veränderten, die gegenüber der Häftlingsgesellschaft maladaptiv waren, durchschnittlich viel weniger Zeit in den Lagern verbrachten, als Personen, die sich mit zunehmender Zeit in den Lagern in Richtung adaptiveren Verhaltensweisen veränderten. Diese Untersuchungsergebnisse wären vom Standpunkt der Sozialpsychiatrie erwartbar gewesen. Sie sind in diesem Zusammenhang bedeutend, da sie auf einen signifikanten Teil der Überlebendenpopulation verweisen, deren Anpassungsmuster nicht in die in dieser Studie untersuchten Verallgemeinerungen passen.

Kapitel 8
Häftlingsverhalten in speziellen Extremsituationen

Einleitung

Dieses Kapitel behandelt das Verhalten unserer Informantinnen und Informanten und Berichte über das Verhalten anderer Häftlinge während spezieller Extremsituationen. Die Situationen, auf die verwiesen wurde, waren:

1. Kollektivstrafen. Die wichtigsten waren verlängerte Appelle, Situationen der Massenerniedrigung und *Strafexerzieren* [Deutsch im Original]. Die letzte Art der Situation wird in dieser Untersuchung nicht berücksichtigt.
2. Kollektive oder individuelle Bestrafungen, die vor den Augen aller Häftlinge als drastische Warnung an sie durchgeführt wurden.
3. Transportsituationen. Die hier berücksichtigten waren Fußmärsche und Zugtransporte.

Diese Situationen wurden ausgewählt, da sie fast alle häufig genug waren, um bedeutende Auswirkungen auf das Häftlingsverhalten und, wie bereits erwähnt, auf die Entwicklung der Häftlingsgesellschaft gehabt haben zu können. Spezielle Extremsituationen sind, obwohl sie einen wichtigen Teil der gesamten extremen Natur des Lagerlebens ausmachen, aufgrund ihrer begrenzten Dauer und ihres begrenzten Rahmens der Forschung leichter zugänglich.

Durch die Berücksichtigung von sehr unterschiedlichen Situationen sollte größere Einsicht erlangt werden können (1) in die Vielfalt sozialer Prozesse und (2) in die Art und Weise, in denen sich Prozesse zu irgendeinem Zeitpunkt eher gegenseitig verstärken, entgegengesetzt wirkten oder sich gegenseitig aufhoben. Schließlich wurden solche Situationen berücksichtigt, um eine weitere Prüfung der Validität der Ergebnisse dieser Untersuchung über den allgemeinen Terror und die allgemeine Deprivation des Lagerlebens zu liefern.

Ein verlängerter Häftlingsappell

An einem Tag im Dezember 1938 wurden zwei Häftlinge in Buchenwald als abgängig gemeldet. Gemäß der gängigen Praxis wurde allen Häftlingen befohlen, auf dem Appellplatz zu warten bis die entflohenen Häftlinge wieder gefasst worden waren. Bettelheim beschreibt die Situation folgendermaßen: „*An einem eisigen Winterabend wurden alle Gefangenen hinaus in den Schneesturm getrieben, wo sie als Strafe stundenlang ohne Mantel – sie hatten ja keinen – strammstehen mußten. Davor hatten sie den ganzen Tag lang, das heißt, über zwölf Stunden, im Freien gearbeitet und kaum etwas zu essen bekommen. Auch drohte man den Gefangenen, daß sie die ganze Nacht draußen stehen müßten.*

Als etwa zwanzig Gefangene starben, brach die Disziplin zusammen. Die Drohungen der Wachen wurden wirkungslos. [...] Offener Widerstand war unmöglich, und genauso unmöglich war es, irgend etwas für die eigene Sicherheit zu unternehmen. Die Gefangenen überkam eine totale Teilnahmslosigkeit. Es war ihnen egal, ob sie von der SS[287] *erschossen wurden, und auch die Quälereien, die sie von den Wachen erdulden mußten, waren ihnen jetzt egal. Die SS hatte keinen Einfluß mehr, der Angst- und Todesbann war gebrochen. [...] So schlimm diese Situation auch war, die Gefangenen waren plötzlich frei von aller Angst und daher eigentlich glücklicher als in den meisten anderen Lagersituationen. [In seinem späteren Artikel für ein Supplement der Encyclopedia Britannica verwendet Bettelheim den Ausdruck ‚quasi-orgiastisches Glücksgefühl'*[288]*, um diese Situation zu beschreiben – EL.]*"[289]

„[Es] kamen [...] mehrere Umstände zusammen, die bei den Gefangenen besagtes Glücksgefühl erzeugten. Es war offensichtlich leichter, unangenehme Erfahrungen dann zu ertragen, wenn alle im gleichen Boot saßen. Dazu kam noch, daß jedem Gefangenen die eigenen geringen Überlebenschancen durchaus bewußt waren, woraus sich eine verstärkte und teilweise schon heldenhafte Bereitschaft, den anderen zu helfen, ergab. Diese wechselseitige Hilfsbereitschaft machte den Gefangenen Mut. Ein weiterer Faktor war, daß sie nun nicht mehr frei von der Angst vor der SS[290] *waren, sondern daß die SS im Augenblick alle Macht über die Gefangenen verloren hatte, denn alle Gefangenen einfach erschießen, das wollten die Wachen offenbar auch nicht. Nachdem über achtzig Gefangene gestorben waren und Hunderte von Gefangenen so böse Erfrierungen davongetragen hatten, daß man ihnen später Hände und/oder Füße amputieren mußte, durften die Leute wieder in die Baracken zurück. Sie waren völlig erschöpft, doch waren sie – im Gegensatz zu dem, was einige von ihnen erwartet hatten – nicht glücklich. Sie waren erleichtert, daß die ganze Tortur vorbei war, das schon, aber zugleich fühlten sie, daß sie nun nicht mehr frei von der Angst waren und nicht mehr mit der wechselseitigen Unterstützung rechnen konnten.*"[291]

Bettelheim spricht ziemlich nachdrücklich vom Zusammenbruch der Disziplin, wie seine Äußerung, dass *„[d]ie Drohungen der Wachen [...] wirkungslos wurden"* zeigt. Offensichtlich impliziert er, dass dieser „Zusammenbruch" im Allgemeinen in gewissem Sinn als eine Niederlage der Gestapo erlebt wurde. Der zweite Aspekt von Bettelheims Beschreibung, den es hervorzuheben gilt, ist die Rückkehr in die Baracken, die, wenngleich sie eine sehr willkommene Erleichterung dargestellt habe, in beachtlichem Maße zu dysphorischen Reaktionen geführt habe.

287 Anm. d. Ü.: In der englischen Fassung des Textes aus dem Jahr 1943 ist hier und im Folgenden von „Wachen" die Rede – vgl. Bettelheim: Individual and Mass Behavior in Extreme Situations, S. 434.
288 Bettelheim: Concentration Camps, German, S. 6.
289 Bettelheim: Individuelles und Massenverhalten in Extremsituationen, S. 75.
290 Anm. d. Ü.: In der englischen Fassung des Textes aus dem Jahr 1943 ist an dieser Stelle von der „Gestapo" die Rede – vgl. Bettelheim: Individual and Mass Behavior in Extreme Situations, S. 434.
291 Bettelheim: Individuelles und Massenverhalten in Extremsituationen: S. 75f.

Es ist interessant, diesen Bericht von Bettelheim mit einem anderen zu vergleichen, der während des Zweiten Weltkrieges anonym von unserem Sonderinformanten Mark veröffentlicht wurde. „*Es war nach fünf am Nachmittag. Wir waren seit vier in der Früh auf den Beinen. [...] Wir waren alle der Erschöpfung nahe, da wir seit dem Morgengrauen in der beißenden Luft der Kältewelle, die damals über Mitteleuropa fegte, arbeiteten. [...] Plötzlich ertönten die Sirenen. [...]*

Innerhalb weniger Minuten versammelten sich, aus allen Richtungen eilend, die Häftlinge; alle von ihnen, zehntausend. Block für Block standen wir stramm im starken Lichtstrahl der großen Scheinwerfer, die vom Dach des Verwaltungsgebäudes und den mit Maschinengewehren bestückten Wachtürmen an den Stacheldrahtzäunen des Lagers den gesamten Platz ausleuchteten. Dann schrie eine Durchsage aus den Lautsprechern: Zwei politische Häftlinge waren geflohen. Uns wurde gesagt, dass wir strammstehen müssten, bis sie gefunden worden waren, auch wenn es die ganze Nacht dauern würde. [...]

Eine Stunde, zwei Stunden. Anfangs hatten die SS-Wachen jeden geprügelt, der sich bewegte. Jetzt konnten selbst sie unser Händeklatschen und Fußstampfen nicht mehr stoppen. Mehr und mehr Häftlinge fielen zu Boden, aber ihre Nachbarn halfen ihnen wieder auf die Beine und stützten sie. Wir alle hofften, dass die Flüchtigen bald im nahegelegenen Buchenwald gefunden würden. [...] Gelegentlich ließen uns die Kommandos der Wachen wieder strammstehen. Wir waren darauf konditioniert, diese Kommandos automatisch zu befolgen, und gehorchten, zumindest für einige Augenblicke.

Zwei Häftlingsblöcke ertrugen die Tortur besser als die anderen. Sie standen stundenlang in fast perfekter Aufstellung. Auch in diesen beiden Blöcken brachen die Erschöpftesten zusammen, aber insgesamt standen sie stramm. Einer war der Block der Religiösen, der andere der Block der politischen ‚Verbrecher', die bereits einmal entlassen worden und zum zweiten Mal ins Lager gekommen waren [nach Ansicht der Nazis Rückfalltäter bei politischen ‚Verbrechen' – EL].

Die Bibelforscher [Zeugen Jehovahs – EL] standen, mit erhobenen Köpfen zum Himmel schauend, mit einem überirdischen Ausdruck in ihren Gesichtern. Diese Häftlinge waren aus keinem anderen Grund als ihrer kompromisslosen religiösen Überzeugung, die es ihnen nicht erlaubte, zu den Waffen zu greifen, im Lager. Sie konnten auf freien Fuß gesetzt werden, wenn sie ein Schriftstück unterzeichneten, mit dem sie ihrem Glauben abschwören würden. Aber nur fünf von achthundert unterschrieben solche Schriftstücke während der langen Zeit, in der ich dort war. Die anderen blieben sozusagen freiwillig in einem Lager, in dem sie zur härtesten Arbeit getrieben wurden und im Allgemeinen sogar schlimmer behandelt wurden als die anderen Häftlinge. Sie sind die Zeugen Gottes im Lager, wahre Märtyrer. Still betend standen sie – fast unwirklich in der grauenhaften Nacht.

Der andere Block ähnelte einem harten Felsen. Die Politischen machten den Eindruck, als wären sie im Begriff, nach vorne zu stürmen. Wir wussten, dass sie nicht so töricht sein würden zu rebellieren. Die Maschinengewehre auf den Türmen waren stets schussbereit. Und jeder Ungehorsam würde an ihren Mithäftlingen ausgelassen werden, ebenso wie nun das gesamte Lager für die Flucht von zwei Männern bezahlte. Wir wussten auch, was ihre angespannten Lippen bedeuteten – Fokussierung auf ein Ziel: noch einmal auszuharren. Sie setzten auch, völlig bewusst, ein Zeichen für den Rest von uns. [Das hier beschriebene Muster dieser ‚rückfälligen' Politischen, d.h. der Entschlossensten, lag darin, kein äußeres Zeichen des Leidens zu zeigen – die Härte, die bereits in Kapitel 5 diskutiert wurde – und direkte Aktionen zu vermeiden, von denen es sicher schien, dass sie scheitern würden – ein Muster, das ebenfalls bereits in Kapitel 5 diskutiert wurde – EL.]

Um elf dröhnten die Lautsprecher wieder. Die Flüchtigen waren noch nicht gefunden. Dann kam eine Überraschung – uns wurde befohlen, zurück zu unseren Baracken zu marschieren. Die Gesichter der religiösen Häftlinge erhellten sich noch mehr. Sie waren überzeugt, dass es die Macht ihrer Gebete war, die den Lagerkommandanten dazu bewegt hatte, seine Meinung zu ändern. Die politischen Häftlinge erhoben ihre Köpfe."[292]

Mark beschrieb die anfängliche Reaktion der Häftlinge als „*Angst und Bangen*". Der eine Häftling neben ihm betete, der andere Häftling neben ihm befürchtete, dass der Appell die ganze Nacht dauern würde. Mark erklärte, dass er keine große Angst gehabt hatte, und als die Nacht vorangeschritten war und die Häftlinge um sie herum zusammengebrochen waren, hatte er anderen zugeflüstert, dass er glaube, sie würden den Appell abblasen. Er beobachtete dann, dass andere überall um ihn herum auch flüsterten.

Als Mark über das Stampfen mit den Füßen befragt wurde, antwortete er, dass er selbst mit dem Stampfen begonnen hatte. Er äußerte diese Überzeugung nicht leichtfertig, und es ist interessant, dass Mark fest und ehrlich davon überzeugt ist, dass er es war, der mit dem zeitweiligen Stampfen auf dem Appellplatz in dieser Nacht begonnen hatte. Anstatt von derart verblüffendem Glück auszugehen, so lange nach dem Vorfall die eine aus 10.000 Personen gefunden zu haben, scheint es viel plausibler anzunehmen, dass die Initiative von Mark mit jener einer beachtlichen Zahl von Häftlingen koinzidierte. Diese Interpretation deckt sich mit den Belegen für das deutlich verstärkte Wir-Gruppengefühl während des Appells.

Als Mark gefragt wurde, ob es seitens der anderen Häftlinge irgendein Bemühen gab, ihm zu helfen, erklärte er, dass die Blockformation so eng wie möglich zusammenrückte, um sich warm zu halten und dass er selbst tatsächlich Körperkontakt zu den Häftlingen vor, hinter und neben ihm hatte. In einem Schwall an Rückerinnerungen erinnerte er sich weiter daran, dass „*der Häftling hinter [ihm] einmal [seinen] Rücken massierte*".

Aus seiner veröffentlichten Darstellung, die weiter oben zitiert wurde, geht klar hervor, dass Marks Reaktion auf das Stampfen und Klatschen gemischt war. Einerseits war er über diesen zeitweiligen Verstoß gegen die Kommandos erfreut und stolz über seinen eigenen Beitrag daran. Andererseits scheint er besonders beeindruckt von der *Ordnung*, die während des Appells von den Zeugen Jehovahs aufrechterhalten wurde und mehr noch von jener der „rückfälligen" Politischen, deren „*Block [...] einem harten Felsen [ähnelte] [...] [und die] völlig bewusst, ein Zeichen für den Rest von uns [setzten]*"[293].

292 Ohne Autor [Armand Eisler]: God and the Gestapo, S. 20f.
293 Ebd., S. 21.

MODÊLO S.C. 189

REPÚBLICA DOS ESTADOS UNIDOS DO BRASIL 21316

FICHA CONSULAR DE QUALIFICAÇÃO

Esta ficha, expedida em duas vias, será entregue à Policia Maritima e à Imigração no pôrto de destino

Nome por extenso Paul Israel Stein

Admitido em território nacional em caráter permanente (temporário ou permanente)

Nos termos do art. 30 letra - do dec. n.3.010, de 1938

Lugar e data de nascimento Linz 14/9/1896

Nacionalidade alemã Estado civil casado

Filiação (nome do Pai e da Mãe) Julius Stein e Ida Stein (Lowy) Profissão Tipográfo

Residência no país de origem Vienna

FILHOS MENORES DE 18 ANOS | NOME | IDADE | SEXO

Visto autorisado pelo Ministério das Relações Exteriores - Desp. telegráfico N. 94 de 26 de Junho de 1940.

Passaporte n. 131333 expedido pelas autoridades de Policia de Vienna. na data 6/5/1939

visado sob n. 364

ASSINATURA DO PORTADOR

Consulado Geral do Brasil em Londres 15 de Julho de 1940.

O CÔNSUL Geral.

NOTA—Esta ficha deve ser preenchida à máquina pela autoridade consular, sendo as duas vias em original.

Dem Linzer Buchdrucker Paul Stein, von Luchterhand mit dem Pseudonym „Eli“ versehen, gelingt nach seiner Entlassung aus dem KZ Buchenwald im April 1939 gemeinsam mit seiner Familie die Flucht nach Rio de Janeiro, wo ihm mit dieser *Ficha consular de qualificação* ein Identitätsnachweis ausgestellt wird. 1941 wandert die Familie in die USA aus und lässt sich in New York nieder (Quelle: Ancestry.com).

Marks Darstellung unterscheidet sich auch darin *geringfügig* von Bettelheims, als er anmerkt, dass sich *nach* dem Appell *„[d]ie Gesichter der religiösen Häftlinge* noch mehr *[meine Hervorhebung – EL] [erhellten]. Sie waren überzeugt, dass es die Macht ihrer Gebete war, die den Lagerkommandanten dazu bewogen hatten, seine Meinung zu ändern. Die politischen Häftlinge erhoben ihre Köpfe.*“[294]

Mark erzählte, dass sich jeder um seine eigenen Frostbeulen kümmerte, nachdem die Häftlinge zurück in die Baracken gegangen waren. Er sagte, dass sie darüber sprachen, wie wenig Zeit sie nun zum Schlafen hätten, und einige Häftlinge äußerten die Befürchtung, dass sie keinen weiteren Arbeitstag überstehen würden.

Marks Material deutet zusammengenommen darauf hin, dass die Rückkehr in die Baracken für einige Häftlinge von einer gewissen emotionalen Enttäuschung begleitet war. Der Verweis auf das scheinbare Hochgefühl der Zeugen Jehovahs nach der Beendigung des Appells und das offenbare Triumphgefühl der Politischen scheinen anzudeuten, dass die Reaktionen nach der Beendigung des Appells nicht durchgehend dysphorisch waren, sondern sich nach den Definitionen der Situation durch die verschiedenen Gruppen unterschieden.

Auch unser Sonderinformant Ira beschrieb die allgemeinen Umstände des Appells grundsätzlich in Übereinstimmung mit den anderen Informanten und hatte starke Angst-

294 Ebd.

reaktionen anderer Häftlinge beobachtet. Auch er hatte sich an Flüstergesprächen mit Häftlingen um ihn herum beteiligt. Allerdings erinnerte er sich nicht daran, dass die Dichte der Formation bis zu dem Punkt zugenommen hatte, dass es zu Körperkontakt zwischen den Häftlingen gekommen wäre. Er erinnerte sich auch an das Stampfen, schien diesem Aspekt aber wenig Bedeutung als Indiz für die Stimmung der Häftlinge zuzuschreiben. In Bezug darauf, wie es zu dem Stampfen kam, konnte er lediglich berichten, dass in seiner eigenen *Blockformation* während des Appells der Blockälteste den Befehl erteilt hatte, dass die Häftlinge *„auf der Stelle laufen"* konnten. Ira erinnerte sich daran, gedacht zu haben: *„Es ist gut, dass wir so-und-so zum Blockältesten haben."* Die Tatsache, dass Häftlinge in seiner Blockformation gegen Ende des Appells innerhalb ihres Bereiches herumgehen konnten, legt nahe, dass sich die Wachen gegen Ende des Appells sehr lasch verhielten. Ira erklärte, dass die SS damals seiner Beobachtung nach *„weniger drakonisch als üblich"* war.

Ira bekundete eine gewisse Ungeduld über den begrenzten Fokus des Interviewablaufs und verwies darauf, dass er nicht an eine besondere Bedeutung dieser Appellsituation glaube. In einem Manuskript, in dem sich Ira auf diesen Appell bezieht, erklärt er: *„Sieben Männer brachen, noch während wir auf dem Platz waren, vor Kälte tot zusammen."*[295] (Es sei darauf verwiesen, dass Bettelheim die Zahl auf 80 schätzte.) Zurückkommend auf die Frage nach den Reaktionen der Häftlinge und seinen eigenen Gefühlen nach Beendigung des Appells sagte er: *„Ich kann mich nicht daran erinnern, woran ich dachte. Wir mussten zu Bett gehen. Wir mussten uns ausrasten. Wir mussten zu etwas Schlaf kommen."*

Unser Sonderinformant Eli[296] beschreibt seine ersten Gedanken während des Appells folgendermaßen: *„Ich wusste, dass ich sterben könnte, aber ich hatte keine Angst vor dem Tod."* Er fügte hinzu, dass andere um ihn herum sehr große Angst hatten. Im weiteren Verlauf des Appells sah Eli, *„wie etliche Häftlinge zusammenbrachen"*.

Als er gefragt wurde, ob er an dieser Stelle gebetet hatte – es gibt Hinweise darauf, dass dieser Informant eine sehr fromme Person war und ist – erklärte Eli, dass er nicht gebetet hatte, aber in anderen Situationen in den Lagern und regelmäßig morgens und abends gebetet zu haben.

Eli berichtete, dass es zwischen ihm und den Nachbarn zu seiner Rechten und Linken Flüstergespräche gegeben habe und dass sie sich gelegentlich *„gegenseitig ansahen und*

295 Neurath: Die Gesellschaft des Terrors, S. 85.

296 Anm. d. Hg.: „Eli" ist das Pseudonym von Paul Stein, geboren am 16. August 1896 in Linz. Stein, von Beruf Buchdrucker, der in Wien eine kleine Druckerei besaß (vgl. Interviewprotokoll „Eli", Elmer G. Luchterhand Papers, Brooklyn College Archives and Special Collections, Accession #2001-005, Sub-Group I, Series 1, Box 1), wurde am 31. Mai 1938 ins KZ Dachau deportiert; als Grund wurde auf seiner Häftlingspersonalkarte vermerkt: *„Aktion. Vorstrafen: 1, Verkehrsvergehen / 50 Schilling Geldstrafe bedgt."* (ITS Arolsen 1.1.5.3/7184033). Von Dachau wurde er am 24. September 1938 ins KZ Buchenwald überstellt, wo er am 21. April 1939 entlassen wurde. Mit Frau und Tochter konnte er im Juni 1940 nach Rio de Janeiro fliehen; am 7. Mai 1941 wanderte die Familie weiter in die USA aus, wo sie sich in New York niederließ.

versuchten, sich gegenseitig zu ermutigen". Er konnte sich nicht erinnern, ob sich irgendjemand an ihm anlehnte, erinnerte sich aber daran, dass Häftlinge eng genug zusammenrückten, sodass sich rechts und links von ihm ihre Körper berührten.

An diesem Punkt des Interviews merkte Eli an, dass „*[ihm] dieser Appell nicht so schlimm erschien. Warum denken Sie, dass er so wichtig war?*"

Seine Erinnerungen an Gespräche unter Häftlingen und seine eigenen Gefühle später in der Baracke waren nicht klar, abgesehen davon, dass er sich Sorgen über den nächsten Tag machte.

Sonderinformant Peter berichtete über die Umstände des Appells in Übereinstimmung mit den Berichten von Bettelheim und Mark. Er sagte, dass er den meisten Geschehnissen in den Lagern fatalistisch gegenübergestanden wäre und sich nicht erinnern könne, während des Appells besonders um sein Leben gefürchtet zu haben. Allerdings erinnerte er sich daran, andere gesehen zu haben, die extrem verängstigt schienen. Er erinnerte sich an das zeitweilige Stampfen, aber weder erlebte noch beobachtete er irgendein Verhalten, das auf das von Bettelheim berichtete Glücksgefühl hinweisen würde. Er konnte sich keine späteren Gespräche unter Häftlingen in der Baracke erinnern, außer an Äußerungen der Überraschung darüber, dass der Appell beendet worden war, obwohl die fehlenden Männer nicht gefunden worden waren. Er erinnerte sich an seine eigene Erschöpfung und an die Sorgen, so lange nicht geschlafen zu haben.

Die Informanten stimmten darin überein, dass die Häftlinge die gewöhnlichen Baumwolluniformen, dünne Handschuhe und Mützen, aber keine Mäntel trugen. Einige hatten Pullover und Ohrenschützer. Sie hatten seit dem Morgen kein Essen erhalten.

Das skizzierte Material kann folgendermaßen zusammengefasst werden:

1. Die Umstände waren schwer genug, um zu einer beachtlichen Zahl an Toten und schweren Frostbeulen zu führen. Es ist bekannt, dass das medizinische SS-Personal verlangte, den Appell aufgrund der befürchtet großen Zahl an Amputationen erfrorener Gliedmaßen abzubrechen. Trotz dieser Tatsache neigten zwei von vier Informanten dazu, die Schwere der Witterungsverhältnisse und anderer Umstände zu verharmlosen.
2. Alle vier Informanten wiesen darauf hin, dass sehr viele Häftlinge zutiefst verängstigt wirkten.
3. Drei Informanten beteiligten sich während des Appells an Flüstergesprächen mit ihren Nachbarn. Zwei Informanten erinnerten sich, dass die Formation enger zusammenrückte, um sich gegenseitig zu wärmen, und erwähnten auch Versuche verbaler Ermutigung oder Akte direkter gegenseitiger Hilfe.
4. Alle beobachteten das zeitweilige Stampfen entgegen der Befehle, das stark auf einen erheblichen Angstverlust hinweist. Die Interpretationen über dieses Stampfen als Indiz für Angstverlust variierten von Iras Neigung dazu, die Bedeutung im Allgemeinen zu dementieren, bis zu Deutungen, dieses Stampfen als eine Art allgemeinen Ungehorsam zu werten. Diese zweite Interpretation durch Mark war scheinbar mit dem

Eindruck vermischt, dass diese Aktionsform in der Tat weniger vernünftig war als die offenkundige Härte der „rückfälligen" Politischen und der unbeugsamen Überzeugung der Zeugen Jehovahs.

5. Die Bemerkungen aller vier Informanten weisen trotz der großen Linderung des Leids im Allgemeinen auf eine Verschlechterung der Stimmung nach der Beendigung des Appells hin.
6. Marks veröffentlichter Bericht scheint darauf hinzudeuten, dass die Reaktionen der Häftlinge nach der Beendigung des Appells nicht so einheitlich dysphorisch waren, wie dies Bettelheim suggeriert, sondern entsprechend der Definitionen der Situation durch die verschiedenen Gruppen variierten.

Zusammengefasst scheint es hinreichend gesichert, dass dieser spezifische Appell den Teilnehmenden eine tatsächlich bedeutende emotionale Kompensation unter den Bedingungen außergewöhnlicher Härte bot, und dass das Wir-Gefühl und die gegenseitige Hilfe, die aufgekommen waren, die Ausweitung und Entwicklung der Häftlingsgesellschaft begünstigten.

Miterlebte Bestrafungen

Sehr häufig wurden Einzelpersonen oder Gruppen während Häftlingsappellen bestraft. Oftmals wurden Hinrichtungen durch Erhängen unter solchen Umständen durchgeführt. Eine sehr häufige Bestrafung, die vor den versammelten Häftlingen durchgeführt wurde, war die Prügelstrafe. Das oder die Opfer wurde(n) an einen hölzernen Bock gefesselt und mit einem Schlagstock oder Ochsenziemer auf das nackte Gesäß geschlagen. Die Bandbreite der Bestrafung lag bei fünf bis 25 Hieben, die in der Regel von Wachen oder anderem SS-Personal vollstreckt wurden. Kogon fuhrt allerdings aus: „*Zeitweise hat man die Häftlinge gezwungen, selbst die Prügelstrafe an ihren Kameraden zu vollziehen. Es gab einige, die nicht den Mut hatten, die Konsequenzen einer Weigerung auf sich zu ziehen, gelegentlich auch andere, die sich nicht ungern zur Verfügung stellten. Politische weigerten sich entweder überhaupt oder schlugen so, daß es der SS durchaus nicht paßte. Sie wurden dann entweder zur gleichen Strafe verurteilt, oder auf andere Art ‚mürbe' gemacht.*"[297]

Informant Felix berichtet über eine Variante der Vollstreckung dieser Hiebe während eines Häftlingsappells – ein Spießrutenlauf durch Wachmannschaften. Dieser Vorfall ereignete sich in Auschwitz-Birkenau. Die Opfer waren Mitglieder einer bestimmten Gruppe von Häftlingen, die verdächtigt wurden, ihre Flucht zu planen. Felix berichtet, dass es viele Tote gab.

Die Informanten Karl und Sol waren Opfer einer standardisierten Strafe, bei der die

297 Kogon: Der SS-Staat, S. 75f.

Hände der bestraften Person hinter dem Rücken zusammengebunden wurden, das Opfer anschließend an den Händen hochgezogen und für die Dauer von 20 Minuten bis zu mehreren Stunden hängengelassen wurde. Meistens wurden solche Bestrafungen nicht während eines Häftlingsappells ausgeführt, sondern einfach an einem Ort, wo die Opfer von vielen gesehen werden konnten und ihre Schreie (sofern sie schrien) im gesamten Lager zu hören waren.

Das Strafexerzieren wurde manchmal von einer Gruppe von Opfern während eines Häftlingsappells durchgeführt. Andere Male wurde diese Strafe auf dem Appellplatz, bloß ohne Appell, oder einfach am Arbeitsort ausgeführt. Das Strafexerzieren war eine der häufigsten Bestrafungen und bestand aus grotesken und besonders strapaziösen und schmerzhaften Varianten körperlicher Strafübungen. Todesfälle während dieser Strafe waren ziemlich häufig.

An dieser Stelle soll in aller Kürze auf die Reaktionen von Häftlingen auf das Miterleben von Hinrichtungen durch Erhängen hingewiesen werden. In Flossenbürg wurden zwölf Männer erhängt, während das gesamte Lager anwesend sein musste. Die SS beabsichtigte immer, mit Hilfe dieser Hinrichtungen die Häftlinge zu verängstigen. Felix sagte: *„Es machte mir keine Angst. Die Störung und Unterbrechung der Tagesroutine regte mich auf, und so scheinen das auch andere empfunden zu haben. Es erinnerte mich an andere Hinrichtungen, die ich aus der Geschichte kannte. Ich dachte zurück an polnische Patrioten, die öffentlich hingerichtet worden waren.“*

Als Sigmund gefragt wurde, wann er in den Lagern am Wütendsten gewesen war, erklärte er, dass das während der Erhängung von vier Häftlingen der Fall war, die zu fliehen versucht hatten. Sigmund erinnerte sich, dass eine Wache an den Füßen eines Mannes gezogen hatte, der nicht *„früh genug“* gestorben war. Die Häftlinge wurden gezwungen, sich die Hingerichteten aus der Nähe anzusehen, indem sie an den Galgen vorbeimarschieren mussten.

In Auschwitz-Buna gab es mehrere Hinrichtungen während der Häftlingsappelle, für Verstöße wie das „Organisieren“. Zu solchen Anlässen selektierte die SS oft irgendeinen Häftling (oder irgendwelche Häftlinge), um die Schlinge um das Genick des verurteilten Mannes zu legen. Als Edward zu Beginn des Interviews gebeten wurde zu beschreiben, wann er am Zornigsten gewesen war, nannte er die Hinrichtungen durch Erhängen. Seine Reaktion auf diese Massenereignisse scheint keine Furcht im gewöhnlichen Sinn des Wortes gewesen zu sein, sondern vielmehr Wut. Er sprach davon, dass er *nur* Angst hatte, irgendwann einmal dafür selektiert zu werden, die Schlinge um das Genick eines anderen Mannes zu legen.

Die hier zitierten Verbalisierungen sind typisch für unsere Fälle. Anhand von klinischem Material von Patienten, die das Ausbleiben von Angst in gewöhnlich beängstigenden Situationen hervorheben, wäre es leicht, die angeführten Verbalisierungen mit Rückgriff auf das psychoanalytische Konzept der Reaktionsbildung „zu erklären“.

Es wird an dieser Stelle behauptet, dass eine solche Ausweitung des Konzepts wahrscheinlich unbegründet ist. Für viele Häftlinge führte das Lagerleben zu einer umfassenden Gewöhnung an den Anblick und an Gedanken an das Phänomen des Todes. Angesichts der Wir-Gefühle, die sich während solcher verlängerter Appelle, wie sie im vorigen Abschnitt beschrieben wurden, scheinbar entwickelten, ist es vollkommen plausibel, dass das Miterleben von Hinrichtungen und anderen Bestrafungen, die von unseren Informantinnen und Informanten erwähnt, aber hier nicht erörtert wurden, üblicherweise zu Wut- anstelle von Angstreaktionen geführt haben könnten.

Neurath schreibt im Hinblick auf eine Erhängung, die von den zum Appell angetretenen Häftlingen (unter anderem ihm selbst) miterlebt wurde, dass *„Männer, die schon fast sechs Jahre im Lager waren, mit den Zähnen knirschten und Rache schworen, weil ‚sie es wieder mal geschafft haben'"*[298].

Massenerniedrigung

In sehr vielen Lagern wurden zu unterschiedlichen Zeiten Gruppen von Häftlingen ausgewählt, um verschiedenen Bestrafungen unterzogen zu werden, die in den eigenen Augen und den Augen anderer Häftlinge zur Erniedrigung oder vielleicht auch einfach nur zur Belustigung der sadistischen Wachen dienten. Solche Gruppen umfassten in erster Linie die Juden, aber auch die Zeugen Jehovas, und manchmal auch bestimmte nationale Gruppen. Es wird an dieser Stelle lediglich die Reaktion eines Informanten auf eine Massenerniedrigung angeführt – eine Reaktion, die typisch für unsere Informantinnen und Informanten ist.

Regelmäßig nach dem Zählappell wurde den Juden befohlen, auf dem Appellplatz zu bleiben, während die Nicht-Juden in ihre Baracken zurückkehrten. In diesen Situationen wurde oft ein boshaftes und blasphemisches Lied gesungen, das als *Das Judenlied* bekannt war. Es war das Werk eines „Asozialen" (schwarzer Winkel) in Buchenwald, der es für die SS geschrieben hatte.[299] Für bestimmte Appelle von Juden wurde irgendein Häftling zufällig ausgewählt, der als Dirigent fungieren musste. Jüdischen Häftlingen wurde (manchmal zu religiösen Feiertagen) befohlen, in der Nacht aus den Baracken zu kommen und zu singen, einmal um 10 Uhr nachts. Karls Reaktion auf diese *„Singfeste"* war *„Verärgerung"* über die fehlende Erholung oder die Verzögerungen beim Erhalt der Rationen, die sich deshalb oft ergaben. Er fühlte sich nicht gedemütigt. Er berichtete, dass neue Häftlinge oft schockiert und gedemütigt waren. Aber nachdem sie wiederholt solchen Situationen und Zeremonien der Erniedrigung ausgesetzt worden waren, wurden die laufenden Beleidigungen nicht mehr als demütigend empfunden.

Karl erwähnte, dass die einzige Zeit, in der er sich durch die Beleidigungen wirklich gekränkt fühlte, jene war, als er vor seiner Überstellung nach Sachsenhausen noch im Ge-

298 Neurath: Die Gesellschaft des Terrors, S. 176.
299 Anm. d. Hg.: Vgl. dazu Fußnote 98 in Kapitel 3.

stapo-Gefängnis war. Er konnte sich nicht darin *„erinnern, dass [ihn] irgendeine Beleidigung ärgerte“*, nachdem er in sein erstes Lager (Sachsenhausen) gekommen war.

In einigen Fällen waren fromme Juden in ihren Leben vor den Lagern nicht der ganzen Heftigkeit antisemitischer Gräueltaten ausgesetzt gewesen. Für sie könnten die ersten Situationen, in denen sie zeremonialisierter oder anderer Formen der Selbsterniedrigung ausgesetzt waren, traumatisierende Auswirkungen gehabt haben. Nach allen Angaben unserer Informantinnen und Informanten scheint die Wiederholung standardisierter Selbstbeleidigungen und Blasphemien im Chor selbst die sensibelsten Häftlinge schnell abgehärtet zu haben. Es ist ziemlich offensichtlich, dass das Lagersystem in Routinen massenhafter Selbsterniedrigung unmittelbar entlastende Wirkungen für die daraus resultierenden emotionalen Konflikte der Häftlinge zur Verfügung stellte. Für solche Konflikte musste man nicht auf freie Assoziation und Traumdeutung zurückgreifen; in diesen Situationen scheinen die Eskapaden der SS nicht nur massenhaft zum Konflikt geführt, sondern auch therapeutische Wirkung gehabt zu haben.

Fußmärsche

In diesem Abschnitt wird das Verhalten von Häftlingen während besonders beschwerlicher Fußmärsche, von denen die meisten lange dauerten, behandelt. Der Evakuierungsmarsch aus verschiedenen Lagern des Auschwitz-Komplexes nach Gleiwitz im Jänner 1945 war eine Ausnahme. Dieser Marsch wird miteinbezogen, da er sehr hastig organisiert worden war und bei hartem Winterwetter und auf Straßen stattfand, die durch das Stampfen der enormen Zahl an Häftlingen spiegelglatt geworden waren.

Flüchtig beschrieb Selma eine Reihe an Evakuierungsmärschen mit kurzen Unterbrechungen in Lagern von Neckargerach bis Dachau. Sie berichtete, dass es eine Woche lang keine Essensrationen gab und die Häftlinge aus Ackerpflanzen zubereitete Suppe aßen. Selma beschrieb sich selbst im letzten Durchgangslager Geislingen als *„ausgehungert und wahnsinnig“*. Trotz ihres Zustandes schaffte sie den Rest des Marsches nach Dachau zu Fuß, indem sie für den größten Teil des Weges körperlich von einem anderen Häftling, einer zufälligen *Bekanntschaft*, die etwas jünger und stärker als sie selbst war, gestützt wurde.

Ray war Teil einer Kolonne, die im Juli 1944 von Warschau nach Żychlin marschierte – ein Marsch, der sieben oder acht Tage dauerte. Nachdem er sechs Tage *„fast ohne Wasser“* marschiert war, bekam er schließlich von einem Zivilisten ein wenig Wasser in einem Napf. Ein viel älterer Häftling war damals in einer Reihe in der Nähe von Ray und bettelte ihn um einen Schluck Wasser aus dem Napf an. Es war nicht genügend Wasser, damit beide einen ordentlichen Schluck nehmen konnten. Der ältere Mann schien dem Tode nahe, und Ray gab ihm alles Wasser. (Einige Monate nach der Befreiung traf Ray den Mann und erkannte ihn erst, nachdem er Ray dankbar an die Situation erinnerte.)

Aus dem Interviewmaterial unserer Informantinnen und Informanten könnten sehr viele Beispiele für aufopferndes Teilen und aufopfernde Kooperation angeführt werden. Es schien keine Möglichkeit zu geben, die Häufigkeiten dieses Verhaltens während beschwerlicher Märsche und gewöhnlicheren Lagersituationen zu vergleichen. Allerdings gewann der Autor den starken Eindruck, dass das Teilen während solcher Märsche zunahm und oft noch aufopfernder war als im Vergleich zu anderen Situationen.

Im Jänner 1945 befanden sich Louise und ihre Freundin Bella auf dem Evakuierungsmarsch aus Stutthof, der fünf bis sechs Wochen dauerte. Die Marschierenden machten gewöhnlich in der Nacht Halt, aber nicht immer. Die Zwischenstationen waren in den meisten Fällen Bauernschuppen und andere Gebäude. Einmal täglich erhielten die Marschierenden kleine Portionen Suppe und Brot. Wasser wurde nicht verteilt. Während des Marsches wurde jede Person, die hinter das Ende ihrer Kolonne zurückfiel, erschossen. Fast durchgehend fanden Erschießungen statt, und häufig sah man Leichen aus einer früheren Kolonne. Zur Härte dieser Umstände kam noch hinzu, dass alliierte Flugzeuge regelmäßig die Städte entlang der Marschroute bombardierten. Zu Beginn des Marsches war das Wetter so schlecht, dass Louise eine ihrer Zehen verlor. Sie berichtete: *„Sie gefror und fiel einfach ab."*

Louise und ihre Freundin Bella, die im Verlauf ihres gesamten Lagerlebens unzertrennliche Freudinnen gewesen waren, schlossen sich auf diesem Marsch mit einigen neuen polnischen Bekannten zusammen. Es gab in dieser Gruppe regelmäßige Gespräche und gegenseitige Hilfe, insbesondere zwischen Louise und Bella. Es ist wichtig festzuhalten, dass sich Louise an diesen Marsch erinnert und auf diesen aus Gewohnheit oft als den *„zweiwöchigen Marsch aus Stutthof"* Bezug nahm. Ihre Freundin Bella, mit der Louise den Kontakt seit der Befreiung wiederaufgefrischt hat, muss Louise mitunter daran erinnern, dass der Marsch eigentlich fünf bis sechs Wochen gedauert hatte.

Felix war auf einem besonders beschwerlichen Marsch, der den ausgleichenden Vorzug hatte, im Frühling stattgefunden zu haben. In Bezug auf diesen Marsch erklärte er: *„Im Lager starb man langsam. Das Leben nahm seinen Lauf und du wusstest nie, wann es enden würde. Als ich in Flossenbürg war, wurde ich nicht schlecht verpflegt. Auf dem Marsch gab es ständige Erschießungen und steten Hunger, aber der Marsch war nicht so schlimm. Vielmehr war es wie ein Traum. Endlich waren wir außerhalb der Lager."*

Harry marschierte von Auschwitz-Buna nach Kratzau[300]. Aus seiner Kolonne von 1.000 Personen kamen weniger als 500 an, wobei die meisten derer, die nicht ankamen, Opfer von Erschießungen durch die Wachen wurden. Harry erklärte: *„Ich marschierte gemeinsam mit zwei Freunden. Wir redeten viel und kamen auf dem Marsch besser miteinander aus, als zu anderen Zeiten. Wir hörten die Erschießungen von Nachzüglern und ich dachte darüber nach. Es ging die ganze Zeit über weiter, aber nach einer Weile beachtete ich es nicht mehr sehr."* Später fügte er hinzu: *„Ich hasste die SS dafür, jeden, der zurückfiel, zu erschießen, aber irgendwie dachten wir nicht allzu viel über die Erschossenen nach. Der*

300 Anm. d. Hg.: Gemeint ist das Lager Kratzau (Chrastava), ein Außenlager des KZ Groß-Rosen auf ehemaligem tschechoslowakischem Staatsgebiet.

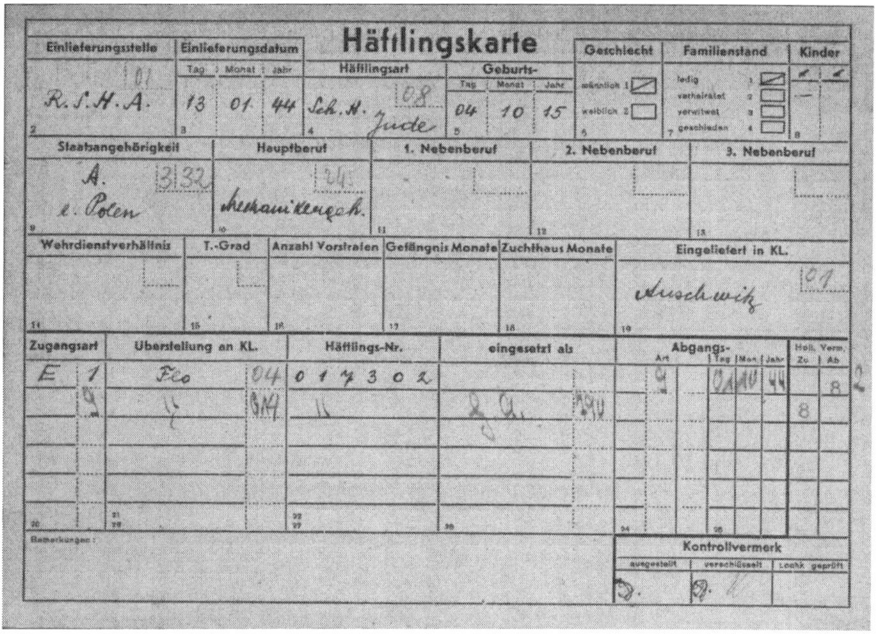

Häftlingskarte

Einlieferungsstelle: R.S.H.A.

Einlieferungsdatum: Tag 13, Monat 01, Jahr 44

Häftlingsart: Sch.H. Jude

Geburts-: Tag 04, Monat 10, Jahr 15

Geschlecht: männlich 1 [x], weiblich 2

Familienstand: ledig 1 [x], verheiratet 2, verwitwet 3, geschieden 4

Kinder

Staatsangehörigkeit: A. e. Polen

Hauptberuf: Mechanikergeh.

1. Nebenberuf | 2. Nebenberuf | 3. Nebenberuf

Wehrdienstverhältnis | T.-Grad | Anzahl Vorstrafen | Gefängnis Monate | Zuchthaus Monate

Eingeliefert in KL.: Auschwitz

Zugangsart: E 1

Überstellung an KL.: Flo

Häftlings-Nr.: 0 1 7 3 0 2

eingesetzt als

Abgangs- Art | Tag | Mon | Jahr

Holl. Verm. Zu | Ab

Bemerkungen:

Kontrollvermerk: ausgestellt | verschlüsselt | Lochk. geprüft

„Häftlingskarte“ des SS-Wirtschaftsverwaltungshauptamtes (SS-WVHA) aus dem Jahr 1944 – die Entmenschlichung der KZ-Häftlinge drückt sich hier darin aus, dass auf dieser Lochkarte zwar alle ökonomischen Daten erhoben werden, nicht aber der Name des jeweiligen Deportierten. In diesem Fall handelt es sich um Abram Sendel (später Allen Zendel), den Luchterhand unter dem Pseudonym „Ralph“ interviewt hat (Quelle: Polnisches Rotes Kreuz, Warschau/Archiv der Gedenkstätte Flossenbürg [AGFl] AGFl S.27.231).

Marsch war auf gewisse Weise eine Erleichterung vom Leben im Lager, selbst wenn wir wenig zu essen hatten und meistens durstig waren und das Wetter oft sehr kalt war. Auf dem Marsch sahen wir Menschen, die gewissermaßen wie früher lebten und überall geschahen alltägliche Dinge.”

Auf dem fünfwöchigen Fußmarsch von Christianstadt nach Eger war Leila Teil einer sechsköpfigen Gruppe. Diese Frauen marschierten in einer Reihe, manchmal Arm in Arm. Sie waren in den meisten Lagern zusammen gewesen und waren alte Freundinnen. Leila war während dieses Marsches die Schwächste der sechs. In den letzten zweieinhalb Wochen trugen die anderen Frauen abwechselnd Leilas Decke. Als sie eines Tages versuchte, ihre eigene Last wieder selbst zu tragen, stellte sie erneut fest, dass es ihr zu viel war, und die anderen Frauen trugen sie für sie. Leila erklärte, dass man ohne Decke mit Sicherheit gestorben wäre, da die Orte, an denen sie untergebracht wurden, oft sehr dürftig waren und sie an manchen Nächten sogar in Schneestürmen im Freien schliefen. An zwei dieser Nächte lagen die Temperaturen bei minus vier Grad Celsius oder niedriger.

Leila sagte, dass eine 70-jährige Frau unter den Marschierenden war, und dass sie überlebte. Leila beobachtete keinen einzigen Fall von Erkältungen oder irgendeine andere Erkrankung der Atemwege, fügte aber hinzu, dass *einige* Frauen womöglich verschiedene Impfungen erhalten haben könnten. Sie war sich allerdings sicher, dass der Anteil derer, die solche Impfungen erhalten hatten, nicht sehr groß gewesen sein konnte. Alle Frauen verloren erheblich an Gewicht. Leilas Gewicht fiel von 60 auf 35 Kilogramm. Sie konnte sich nicht an Todesfälle aufgrund von Erkrankungen während des Marsches erinnern, aber an eine erhebliche Zahl von Frauen, die erschossen wurden, weil sie hinter der Kolonne zurückblieben. Die *„meisten"* der 1.000 Frauen in der Kolonne erreichten das Ziel.

Ralph[301] berichtete, dass der Häftling neben ihm, den er kannte, auf einem dreitägigen Marsch aus Flossenbürg in die Freiheit bald entkräftet war. Zeitweise marschierten sie Arm in Arm. Ralph erklärte, dass er nach einer Weile zu müde war, um den Mann zu stützen. Daraufhin setzte sich dieser nieder und wurde erschossen.

Während der Evakuierung des Lagerkomplexes Auschwitz im Jänner 1945 kam es zu einigen der grauenvollsten Transportsituationen. Diese Lager sahen sich plötzlich mit dem schnellen Vormarsch der Roten Armee konfrontiert. Eine besonders ungeordnete Evakuierung war die Folge. Nach allen Berichten scheint es wahrscheinlich, dass über 100.000 Personen auf der Straße in Richtung Gleiwitz unterwegs waren. Die tatsächliche Marschzeit nach Gleiwitz variierte von 24 Stunden bis zu 72 Stunden, abhängig davon, wo sich das Ausgangslager befand. Die Evakuierung begann am späten Nachmittag des 18. Jänner 1945 nach minimalster Vorbereitung. Die Häftlinge erhielten zu Beginn des Marsches ein wenig zu essen und waren in den meisten Fällen unzulänglich gekleidet. Das Schuhwerk bestand häufig aus Holzschuhen, die niederländischen Häftlingen abgenommen wurden, die in Auschwitz-Birkenau ermordet worden waren.[302] Wie während der meisten Häftlingsmärsche erschoss die SS, ungeachtet der Umstände, alle Personen, die hinter ihre Kolonne zurückfielen. Ein Häftling, der die Marschformation verließ, um seine Notdurft zu verrichten, wurde erschossen, wenn er nicht zurückkehren konnte, bis die letzte Reihe seiner Kolonne an ihm vorbeigezogen war.

Nach Ankunft in Gleiwitz wurden die meisten Häftlinge in Güterwaggons getrieben und in verschiedene Lager transportiert. Diese Zugtransporte werden im Folgenden beschrieben.

301 Anm. d. Hg.: „Ralph" ist das Pseudonym für Abraham (später Allen) Sendel bzw. Zendel, geboren am 4. Oktober 1915 in Sosnowiec, gestorben am 21. Juli 1988 in Chicago. Zendel, von Beruf Mechanikergehilfe, wurde im Zuge der Liquidierung des Ghettos Sosnowiec im August 1943 verhaftet und am 13. Jänner 1944 nach Auschwitz deportiert (vgl. Interviewprotokoll „Ralph", Elmer G. Luchterhand Papers, Brooklyn College Archives and Special Collections, Accession #2001-005, Sub-Group I, Series 1, Box 1). Im September 1943 wurde er nach Auschwitz-Monowitz überstellt, im Juni 1944 zurück nach Auschwitz-Birkenau, bevor er am 15. August 1944 ins KZ Flossenbürg überstellt wurde, wo er als „polnischer Jude" mit der Häftlingsnummer 17302 registriert wurde (Archiv der KZ-Gedenkstätte Flossenbürg AGFl S.27.231_1003; vgl. auch https://www.ushmm.org/online/hsv/person_view.php?PersonId=7131207, Aufruf am 21.4.2018). Nach der Befreiung emigrierte Zendel am 16. September 1947 in die USA und ließ sich in Chicago nieder.

302 Anm. d. Hg.: Der behauptete Zusammenhang ist wahrscheinlich falsch; KZ-Häftlinge erhielten oft Holzschuhe ausgehändigt.

Martin und sein Freund Albert waren auf dem Evakuierungsmarsch aus Fürstengrube, einem Lager, das zum Auschwitz-Komplex gehörte. Sie waren zwei Tage und zwei Nächte unterwegs. Ein dritter Mann schloss sich ihnen an, nachdem sein Freund gestorben war. Am zweiten Tag war Albert zu müde, um ohne Hilfe weiterzugehen; zurückzufallen bedeutete, erschossen zu werden. Martin und der Neuling marschierten Arm in Arm mit Albert in ihrer Mitte. Martin berichtete, dass die Häftlinge in der Kolonne gut miteinander auskamen.

Auf einem Evakuierungsmarsch von Auschwitz nach Breslau, der unter denselben Bedingungen stattfand wie Märsche aus den anderen Auschwitz-Lagern nach Gleiwitz, teilte Informantin Jennie ihren Zuckervorrat mit zwei Freundinnen.

Philip[303] marschierte aus dem Auschwitz-Lager Golleschau nach Gleiwitz. Dieser Marsch dauerte 72 Stunden, einschließlich einer Zwischenstation für eine Nacht. Zwei Freunde gingen mit ihm. Diese Gruppe schien auf dem Marsch erheblich stärker zusammengearbeitet und kooperiert zu haben als früher im Lagerleben. Einmal verlor Philip das Bewusstsein, und seine zwei Freunde halfen ihm, bis er sich wieder hinreichend erholt hatte, um weitergehen zu können. (Er erinnerte sich an eine Halluzination, in der *„die weißen Fahrbahnmarkierungen Fenster in Gebäuden waren“*.)

Gus marschierte auf dem Marsch von Auschwitz-Buna nach Gleiwitz neben seinem Freund Max. In einer Kolonne in ihrer Nähe befand sich ein Junge, der kurz vor dem Zusammenbruch war. Gus und Max halfen diesem Jungen eine erhebliche Strecke über, bis sie eines Nachts an einer Scheune Halt machten. Als sich die Kolonne wieder formierte, wurde der Junge zurückgelassen.

Conrad scheint auf dem Marsch aus Buna keine Freunde gehabt zu haben und war auch nicht an irgendeiner Kooperation oder einer Beziehung des Teilens beteiligt. Aller-

303 Anm. d. Hg.: „Philip“ ist das Pseudonym von Herbert Treitel, geboren am 17. Mai 1910 im preußischen Samter (ab 1918 Szamotuły), gestorben am 30. Mai 1994 in Sarasota, Florida. Treitel, von Beruf Elektro-Monteur, lebte seit seinem 12. Lebensjahr in Berlin, wo er am 24. Dezember 1942 mit seiner Familie verhaftet und am 12. Jänner 1943 mit dem „26. Osttransport“ ins KZ Auschwitz deportiert wurde (ITS Arolsen 6.3.3.2/90654713; http://statistik-des-holocaust.de/OT26-21.jpg, Aufruf am 23.4.2018). In der auf die Ankunft folgenden Selektion wurde er von seiner Frau und seinen Kindern, die erst vier und fünf Jahre alt waren, getrennt – während er überlebte, wurden sie (wie er bereits am nächsten Tag erfuhr) in der Gaskammer ermordet: *„Der Vorfall, der ihn am meisten schockierte, war die Selektion, bei der er von seiner Frau, seinen zwei Kindern und seinem Stiefcousin getrennt wurde. Letzterer wurde am Transport im Viehwaggon nach Auschwitz, der 48 Stunden gedauert hatte, verrückt. In der ersten Nacht nach der Ankunft weinte Philip. Er erinnert sich, dass ihm der Häftling, der ihm die Haare schnitt, am nächsten Tag vom Schicksal seiner Frau, seiner Kinder und seines Stiefcousins erzählte. Philip gibt an, es nicht geglaubt zu haben, und dass er zu der Zeit nicht schockiert war, weil er es nicht glaubte“* (Interviewprotokoll „Philip“, Elmer G. Luchterhand Papers, Brooklyn College Archives and Special Collections, Accession #2001-005, Sub-Group I, Series 1, Box 1). Im Zuge der „Evakuierung“ des Auschwitz-Komplexes wurde Treitel am 25. Jänner 1945 ins KZ Sachsenhausen überstellt, von dort am 11. Februar 1945 ins KZ Ravensbrück überstellt und am 20. März 1945 ins KZ Sachsenhausen rücküberstellt (vgl. ebd.). Herbert Treitel heiratete am 1. November 1947 seine zweite Ehefrau Friedl Treitel, die Luchterhand unter dem Pseudonym „Greta“ ebenfalls interviewt hatte (vgl. Kapitel 4), und wanderte mit ihr am 2. Juli 1949 in die USA aus, wo sie sich in Florida niederließen. Ein Zeitzeugeninterview mit Herbert Treitel ist auf der Website des USHMM verfügbar – vgl. https://collections.ushmm.org/search/catalog/irn510736 (Aufruf am 23.4.2018).

dings merkte er an, dass der Marsch *„nicht so schlimm war"*. Von dem, was über die Umstände des Marsches bekannt ist, weist die Reaktion darauf hin, dass Conrad gewisse psychische Kompensationen aus diesem Marsch erhalten hatte.[304]

Olaf befand sich in Buna aufgrund einer Blinddarmoperation im Häftlingskrankenbau und wurde vorzeitig entlassen, um evakuiert werden zu können. Seine Kolonne marschierte zwei Nächte und einen Tag lang und machte nur einige kurze Pausen. Er hatte keinen Kontakt mit Freunden und marschierte trotz seines geschwächten Zustands 36 Stunden lang gänzlich ohne Hilfe. Er erklärte, dass er in Gleiwitz dem Tod nahe war. Es ist fraglich, ob ein abgemagerter Häftling, der sich von einer Blinddarmoperation noch nicht erholt hatte, so lange hätte Schritt halten können, hätten sich nicht bestimmte psychische Kompensationen aus der Marschsituation ergeben.

Hugo sagte über den Marsch von Buna nach Gleiwitz, dass sich in seiner Kolonne keine Freunde oder Bekannten befanden und dass er weder jemandem geholfen noch Hilfe erhalten hatte.

Sigmund und Jacob teilten den Inhalt des Tornisters eines SS-Mannes, den sie beschaffen konnten, und gaben einen kleinen Teil davon anderen. Dan scheint auf dem Marsch keine Beziehung des Teilens mit irgendjemanden eingegangen zu sein.

Edwards eindeutigster Ausdruck einer Freundschaft ergab sich auf dem Marsch von Auschwitz-Buna nach Gleiwitz. Er sagte, dass er gemeinsam mit jener Person marschierte, die er in Buna am besten kennengerlernt hatte und dass sie zusammenblieben und sich gegenseitig ermutigten, wenn auch keiner die Last des anderen trug, da sie beide *„in derselben Verfassung"* waren. Keiner von beiden hatte Essen zu teilen.

Joe erklärte, dass er sowohl die Decke seines Freundes als auch seine eigene aus Auschwitz-Buna trug. Er fügte hinzu, dass die Häftlinge auf diesem Marsch sehr gut miteinander auskamen. Trotz vorhandener Möglichkeiten zur Flucht gab es sehr wenige Fluchtversuche. Nach der Ankunft in Gleiwitz desertierten die SS-Wachmannschaften, und die Häftlinge organisierten sich selbst, fanden das Lager Gleiwitz und ließen sich in diesem Lager nieder. Während dieses Ereignis so interpretiert werden kann, dass die Häftlinge Angst vor einer erneuten Festnahme hatten, wenn sie die Formation verlassen hätten, kann man den Aspekt des Gruppenzusammenhalts der Häftlinge nicht ignorieren, gemeinsam Gefahren begegnet zu sein.

Es muss festgehalten werden, dass hier auf Märsche Bezug genommen wurde, die sich unter besonders schwierigen Bedingungen ereignet oder besonders lange gedauert hatten. Das Material aus den Interviews ist repräsentativ, aber nicht vollständig. Es muss erneut darauf hingewiesen werden, dass unsere Informantinnen und Informanten in keiner Weise repräsentativ für die Populationen der Lager oder der Überlebenden sind. Allerdings scheinen unter Berücksichtigung ihrer Beschreibungen von anderem Häftlingsver-

304 Anm. d. Hg.: Gemeint ist der Evakuierungsmarsch aus dem Natzweiler-Außenlager Offenburg, auf dem „Conrad" bzw. Lou Libman bei Immendingen befreit wurde (siehe dazu Fußnote 173 in Kapitel 5).

halten und ihres eigenen Verhaltens folgende Schlussfolgerungen als gesichert gelten zu können:

1. Für die meisten unserer Informantinnen und Informanten boten solche Fußmärsche reale psychische Kompensationen für die zusätzlichen Härten des Marsches.
2. Trotz des hohen Anteils an Todesfällen auf diesen Märschen entstand in ihrem Verlauf ein Maß an Wir-Gefühl und Kooperation, das die Ausweitung und Entwicklung der Häftlingsgesellschaft begünstigte.

Zugtransporte

Dieser Abschnitt handelt vorwiegend von Häftlingsverhalten während jener Transporte, die von Gleiwitz aus mit verschiedenen Zielen in offenen Güterwaggons im strengen Winter im Jänner 1945 durchgeführt wurden. Bezugnahmen auf andere Transportsituationen in Eisenbahnwaggons werden hier nur als ergänzendes Material angeführt.

Alle unserer 47 Standardinformantinnen und -informanten beschrieben einen oder mehrere Zugtransporte näher. *Gelegentlich* wurden Häftlinge in Personenwaggons transportiert und mussten verhältnismäßig wenig leiden. Manchmal wurde ein Personenwaggon allerdings in eine echte Folterkammer verwandelt. Meistens wurden Häftlinge in verriegelten Viehwaggons transportiert. Unser Interviewmaterial umfasst kurze Darstellungen des Verhaltens von Familiengruppen, Freundinnen und Freunden und unbekannten Personen, die in unerträglich überfüllten Waggons zusammengeworfen wurden und endlose Tage und Nächte ohne Essen oder Wasser und mit einigen Eimern zur Verrichtung der Notdurft zu unbekannten Zielen verbracht wurden.

Es scheint zahlreiche Belege dafür zu geben, dass Zugtransporte, im Gegensatz zu einigen anderen Extremsituationen, eine einseitig destruktive Auswirkung auf die Häftlingsgesellschaft hatten. Angesichts dieser Tatsache lag die Absicht hier lediglich darin, die katastrophale Auswirkung einer bedeutenden Reihe an Evakuierungstransporten auf das Häftlingsverhalten und die Häftlingsgesellschaft aufzuzeigen, anstatt Situationen zu behandeln, die eine Typisierung der ganzen Bandbreite an Zugtransporten ermöglicht hätte. Tabelle 25 bezieht sich auf einige Details der erwähnten Transporte in offenen Güterwaggons, wie von 10 Informantinnen und Informanten geschildert. Aufgrund der enormen Anforderungen des NS-Militärs an das ramponierte deutsche Bahnsystem wurden die hier behandelten Transporte mit offenen Güterwaggons häufig für viele Stunden auf Nebengleisen geführt und auf wahnwitzigen Umwegen fernab der direkten Routen zu den Zielorten umgeleitet. Deshalb waren Häftlinge 14 und mehr Tage unterwegs.

Fallnummer	Haftzeit (in Monaten)	Zielort	Fahrtdauer (in Tagen)	Platz im Waggon	Anzahl anderer Häftlinge einer „teilenden" Gruppe	Gesamtanzahl an Häftlingen im Waggon zum Zeitpunkt der Abfahrt
10	21	Sachsenhausen	14	Seite	1	140
14	26	Sachsenhausen	8	Ecke	3	140
17	26	Sachsenhausen	8	Ecke	3	140
19	29	Sachsenhausen	3	Ecke	2	85
22	26	Buchenwald	5	unterschiedlich	2	80
24	31	Sachsenhausen	9	Ecke	3	140
27	27	Mittelbau-Dora	8	Ecke	1	120
33	26	Sachsenhausen	7	Seite, Mitte, Ecke	0	85
34	29	Mittelbau-Dora	12	Seite	1	150
47	27	Sachsenhausen	11	Seite	0	100-120

Tabelle 25: Haftzeit, Zielort, Fahrtdauer, Platz im Waggon, Anzahl anderer Häftlinge einer „teilenden" Gruppe und Anzahl an Häftlingen im Waggon, auf Grundlage der Schätzungen von Informantinnen und Informanten, die aus dem Auschwitz-Komplex via Gleiwitz evakuiert wurden und am oder um den 20. Jänner 1945 Gleiwitz verließen. Die Schätzung der Gesamtzahl bei Fallnummer 10 ist eine Schätzung des Interviewers auf Grundlage der Beschreibung des Waggons und der Vermassung. Informant Nr. 17, der auf demselben Transport war wie Informant Nr. 24, gab 8 Tage an. Schätzungen für alle Fahrten nach Sachsenhausen variieren, mit einer Ausnahme, zwischen sieben und neun Tagen. Diese Schätzungen können sich auf denselben Transport beziehen. Informant Nr. 33 erlangte am dritten oder vierten Tag einen Platz in der Ecke.

Hugo war auf einem Transport von Gleiwitz nach Sachsenhausen, der elf Tage und Nächte dauerte, mit ursprünglich 100 bis 120 Häftlingen im Waggon. Die Häftlinge waren so dicht aneinandergedrängt, dass es nahezu unmöglich war, die eigenen Gliedmaßen zu bewegen. Alle Häftlinge mussten aufrecht stehen, bis der Waggon soweit geleert war, dass sitzen und schließlich liegen möglich wurde. „*Am Ende dieser Fahrt*" gab es nur „*fünf oder sechs Überlebende*". Die Leichen wurden aus dem Waggon geworfen, um Platz für die Lebenden zu schaffen, und es wurde zur gängigen Praxis, ihnen zuerst die Kleidungsstücke zu entfernen. Während der gesamten Fahrt wurde kein Wasser verteilt. Mithilfe verschiedener Behälter, die an Gürteln oder Schnüren aus dem Waggon hinuntergelassen wurden, wurde Schnee vom Erdboden geschaufelt. Dieser Schnee wurde aus der Ecke und von der Seite in die Mitte weitergereicht, die Häftlinge in der Mitte scheinen jedoch nur unregelmäßig etwas davon erhalten zu haben. Hugo, der kooperatives Verhalten unter den Häftlingen in den meisten Lagersituationen für selten hielt, bemerkte, dass sich die Häftlinge neben dem Herumreichen von Schnee auch „*gegenseitig mit Decken* wärmten". Dies scheint sich ereignet zu haben, nachdem der Waggon massiv geleert worden war, und ansonsten auch innerhalb kleiner Freundschaftsgruppen im Waggon. Hugo war einer von zwei Informanten, die über Gleiwitz evakuiert wurden und berichteten, dass sie keine Freunde im Waggon hatten. Dennoch behielt er einen Platz an der Seite des Waggons. Dies scheint möglich gewesen zu sein, da Konflikte im Waggon durch die Präsenz einer bewaffneten Wache im Führerstand auf ein Minimum beschränkt wurden.

Jacob berichtete, dass der offene Güterwaggon, mit dem er von Gleiwitz nach Sachsenhausen gebracht wurde, mit 150 Häftlingen beladen war. (Sigmund, der Jacobs Freund war und sich gemeinsam mit ihm einen Platz in der Ecke teilte, erklärte in einem eigenen Interview, dass sich insgesamt rund 140 Häftlinge im Waggon befanden.) Jacob schilderte, dass die Handgreiflichkeiten in der ersten Nacht begannen, ihren Höhepunkt in der zweiten Nacht erreichten und am schlimmsten waren, wenn der Zug in Bewegung war. Er ergänzte, dass man umso weniger wusste, was man tat, je länger man unterwegs war. Er berichtete, dass auf dem Weg Leichen hinausgeworfen wurden und am Ende der neuntägigen Fahrt rund 120 Häftlinge gestorben waren.

Wie aus Tabelle 25 ersichtlich, hatten neun der zehn Informantinnen und Informanten von Beginn an einen Platz in der Ecke oder an der Seite der Waggons. Die eine Ausnahme war ein Häftling, der fünf Tage unterwegs war – mit Ausnahme eines anderen entschieden kürzer als alle anderen. Darüber hinaus scheint die anfängliche Gesamtzahl der Häftlinge im Waggon in diesem Fall niedriger gewesen zu sein als auf irgendeinem anderen Transport. Häftlinge, die sich irgendwo an der Seite des Waggons befanden und Schnee besorgen konnten, indem sie ihre Näpfe über die Seite des Waggons schleifen ließen, scheinen die Erträge ihrer Anstrengungen mit den Häftlingen um sich herum geteilt zu haben. Allerdings waren die Ergebnisse solcher Anstrengungen so gering und der Bedarf aller Häftlinge im Waggon so groß, dass Plätze an den Rändern des Waggons offenbar die größte Bedeutung für das Überleben hatten. Daher waren diese Positionen heiß begehrt und manchmal Gegenstand von Handgreiflichkeiten.

Die Transporte in offenen Güterwaggons stellten spezielle Situationen dar, in denen die Überlebenschancen massiv erhöht waren, wenn man Teil eines Freundschaftspaars, einer kleinen Gruppe oder eines Zweckbündnisses war, da ein einzelner für sich alleine gewöhnlich nicht in der Lage war, einen Platz in der Ecke oder an der Seite zu halten. In einer von zwei Ausnahmen half die Präsenz einer bewaffneten Wache in einem Führerstand dabei, die Ordnung im Waggon aufrechtzuerhalten. In dem anderen Fall lag die Gesamtzahl der Häftlinge bei *„nur“* 85.

Die Haftzeit der Informantinnen und Informanten beträgt durchschnittlich 26,8 Monate und liegt somit erheblich unter dem Durchschnitt von 37,7 Monaten für die 47 Standardinformantinnen und -informanten. Wie später gezeigt werden wird, umfasst die Gruppe von zehn Informantinnen und Informanten keine „alten“ Häftlinge. Für eine so begrenzte Gruppe würde jeglicher Interpretationsversuch dieses Faktums zu viele Risiken bergen.

Es bestehen kaum Zweifel daran, dass die winterlichen Transporte in offenen Güterzügen von Gleiwitz im Jänner 1945 Fälle massenhaften Leidens darstellen, die im nationalsozialistischen KZ-System, wenn überhaupt, nur selten übertroffen wurden. Die an dieser Stelle knapp skizzierten Transportsituationen waren Ergebnis der Verknüpfung von Gewalt und Deprivation des nationalsozialistischen Lagersystems auf der einen und den aus einer militärischen Krise erwachsenden „Notwendigkeiten" auf der anderen Seite. Die emotionalen Kompensationen, die sich für viele Personen in anderen Extremsituationen wie in einigen der beschwerlichen Fußmärsche und in *einigen* verlängerten Strafappellen ergaben, waren in den meisten dieser Transportsituationen in offenen Güterwaggons in der Regel gleich null. *Dies manifestierte sich in wiederholten Handgemengen*, d.h. in diffusen, um sich greifenden Kämpfen in solchem Ausmaß und mit derart tödlichen Folgen für so viele Häftlinge, dass die gelegentliche Präsenz eines SS-Mannes, des verhassten Repräsentanten eines widerwärtigen staatlichen Regimes, ein stiller Segen war.

Die Berichte von sechs Informantinnen und Informanten, die sich in Waggons mit über 100 Personen ohne Wache befanden, umfassen durchgehend folgende Umstände im Hinblick auf den Ausbruch von Handgemengen:

1. *Allgemeines* Leiden aller Personen trotz unterschiedlichen Zugangs zu bestimmten Mitteln des Überlebens.
2. Von Beginn an Überbelegung des Waggons bis zum absoluten Kapazitätslimit. Jede Körperbewegung, jeder Platzwechsel oder die Verrichtung der Notdurft waren unmöglich, ohne das akute Leid anderer zu vergrößern.
3. Handgemenge waren häufiger, wenn der Zug in Bewegung war, als während der langen Intervalle, in denen der Zug angehalten wurde. Der Zeitraum, in dem der Zug angehalten wurde, scheint ungefähr gleich lang oder länger gewesen zu sein, als der Zeitraum in Bewegung.
4. In den ersten beiden Nächten der Fahrt traten Handgemenge entweder nicht oder nur vereinzelt auf. Nur ein Informant berichtete von Handgemengen während der ersten Nacht der Fahrt.
5. Unter den auslösenden Bedingungen waren Lebensmittel, die in den Waggon geworfen wurden, die unabsichtliche Verletzung eines Mannes durch einen anderen, wenn sich der Zug fortbewegte, Diebstähle oder Versuche, andere von den Plätzen zu verdrängen, die größere Überlebenschancen boten, d.h. die Neuverteilung dieser Plätze.
6. Handgemenge traten häufiger nachts als tagsüber auf.
7. Handgemenge waren am schwerwiegendsten in Waggons, in denen sich die Häftlinge untereinander nicht kannten und in denen es eine erhebliche als „grün" oder „asozial" kategorisierte Häftlingspopulation gab.
8. Eine Organisierung der Häftlinge, die den gesamten Waggon umfasste, wurde nicht entwickelt. Die chaotischen Umstände, in denen das ursprüngliche Beladen der Waggons erfolgte, machten es für Häftlinge unmöglich, irgendwelche Informationen darüber zu erhalten, was ihnen bevorstand, und minimierten auch die Chancen, in den Waggons irgendeine Art von Krisen-Häftlingsorganisation zu etablieren und aufrechtzuerhalten, die so dringend nötig war.

Für die Berichte der Informantinnen und Informanten über diese Konflikte bietet sich folgende Erklärung an. Am ersten Tag waren die Häftlinge ausgeruhter. Erst wenn das Leid nach zwei oder drei Tagen Kälte, Hunger und (zumindest in der Mitte des Waggons)

Durst am größten war, griffen die verzweifeltsten oder kriminellsten Häftlinge auf körperliche Gewalt zurück, um die Mittel zum Überleben, ob nun Decken, Brot oder einen besseren Platz im Waggon, zu erbeuten. In der Nacht war es wahrscheinlicher, dass sich solche Angriffe auf den gesamten Waggon ausbreiteten und zu einem Handgemenge führten.

Tagsüber brachen gelegentlich Handgemenge aus, die von gut gemeinten Bemühungen von Einwohnerinnen und Einwohnern in Dörfern und Städten verursacht wurden. Dies traf insbesondere auf Informantinnen und Informanten zu, die in Zügen transportiert wurden, die durch die ehemalige Tschechoslowakei geführt wurden. Sobald die Züge auf Nebengleisen durch bewohnte Gebiete geführt wurden, kam es relativ häufig vor, dass einige der Einwohnerinnen und Einwohner auf die Schreie nach Brot reagierten, indem sie zu den Waggons liefen und Brotlaibe in die Züge warfen. In fast allen Fällen führte das zu Konflikten unter den sterbenden Männern oder Frauen.

Eine der spezifischen Gründe dafür, dass Handgemenge öfter auftraten, wenn der Zug in Bewegung war, waren die durch Rempeleien verursachten akuten nervlichen Beschwerden der schwer abgemagerten Häftlinge.

Lottie und Elsie lieferten in ihrer Beschreibung einer anderen Transportsituation, die bereits im Kapitel „Biosoziale Aspekte von Trauma und Anpassung" geschildert wurde, unterstützendes Material für diese Interpretation. Diese beiden Schwestern, die scheinbar unzertrennlich waren und es noch immer sind, litten an unerträglichem Durst, Hunger, erstickender Hitze und extremer Vermassung. Beide wogen (gestützt auf ihr kurz nach der Befreiung gemessenes Gewicht) etwa 32 Kilo. Oft würde eine von ihnen aufgrund ihrer geschwächten Verfassung und der Fortbewegung des Zuges die andere versehentlich leicht anstoßen, dabei aber große Schmerzen verursachen. Die andere würde daraufhin zurückschlagen, dann würden sie sich gegenseitig schlagen. Schließlich würden sie weinen und sich aneinanderklammern.

Im Hinblick auf die destruktiven Auswirkungen dieser Situationen auf die Persönlichkeitsorganisation sei darauf hingewiesen, dass unsere Informantinnen und Informanten keine anderen Situationen des Lagersystems erwähnten, in denen es zu Fällen Amok laufender Häftlinge kam. Joe erwähnte mehrere Fälle ungarischer, niederländischer und französischer Häftlinge, die in den Waggons Amok liefen. Ein anderer Informant erwähnte einen Fall, in dem ein Amok laufender Häftling gewaltsam aus dem Waggon geworfen wurde.

Es ist bedeutend, dass von den *acht* Informantinnen und Informanten, die im Kapitel „Biosoziale Aspekte von Trauma und Anpassung" als jene Häftlinge beschrieben wurden, die gegenwärtig die größten Anzeichen für emotionale Schwierigkeiten aufwiesen, *drei* Überlebende der hier beschriebenen Transporte in offenen Güterwaggons waren. Diese besonders traumatisierenden Schocks, die sich lange nach den Schocks der Deportation ereigneten, fanden lediglich einige Monate vor der Befreiung statt. Diese Monate boten potentiell entlastenden Prozessen innerhalb des Lagersystems nur relativ kurze Zeit die Möglichkeit, wirksam zu werden.

Basierend auf der Arbeit von R. L. Munroe schreibt Gardner Murphy, dass *„die traumatisierende Angst in der Regel nicht unmittelbar beseitigt werden kann, da kein Reiz, der praktisch in der Aufarbeitung eingesetzt werden kann, so stark ist wie der traumatisierende Reiz“*[305]. Diese These, die wahrscheinlich nicht auf die gängigen Traumata der Deportation anwendbar ist, mag in gewissem Maße auf diese späteren Traumata oder Konflikte zutreffen, die Überlebende von Transporten in offenen Güterwaggons durchleben mussten. Auch wenn die meisten anderen Lagersituationen gewaltsam waren, so haben sie womöglich weniger Möglichkeiten zum erneuten Durchleben und Durcharbeiten der Schockwirkungen solcher Transportsituationen als für die Deportation selbst geboten. Derartige Lagerveteraninnen und -veteranen hatten wahrscheinlich erheblichen therapeutischen Bedarf, wie das symbolische Bearbeiten von Material mit ihren Vertrauten belegt – mit ihren überlebenden Ehepartnerinnen und -partnern, Freundinnen und Freunden und den weniger innigen Beziehungen, die sie seit der Befreiung in formellen Überlebendenverbänden geknüpft haben.

In Lagergesellschaften wie auch in Nicht-Lagergesellschaften zeigten Mitglieder von Gruppen ihre Präferenz für ihre eigenen Gruppenmitglieder in der Befriedigung der Bedürfnisse der Gruppe. In Lagergesellschaften wie auch in Nicht-Lagergesellschaften bedeutete dies ein gewisses Maß an Intergruppenkonkurrenz. In der Häftlingsgesellschaft bestanden diese Bedürfnisse – im Gegensatz zu Nicht-Lagergesellschaften – überwiegend aus den Mitteln für das physische Überleben. Während der Transporte in offenen Güterwaggons bedeutete die gewaltsame Einnahme eines bevorzugten Platzes im Waggon oder die erfolgreiche Verteidigung eines solchen Platzes unmittelbar und unmissverständlich den Tod für jemand anderen. In den Situationen in offenen Güterwaggons waren nicht unbedingt Freundschaften und auf starker Gegenseitigkeit beruhende Beziehungen des Teilens überlebensnotwendig, sondern schlichtweg Defensiv- oder Kampfbündnisse, die Plätze erringen oder verteidigen konnten. Die entstehenden Konflikte folgten selten solchen Spaltungen wie jener der kriminellen *gegen* die nicht-kriminellen Gruppierungen. Vielmehr gerieten die Paare und andere Kleingruppen immer wieder in konfuse Auseinandersetzungen. Verschiedene Informantinnen und Informanten erkannten während der Handgemenge in der Nacht, dass sie diejenigen schlugen, die gemeinsam mit ihnen bevorzugte Plätze verteidigten. Während dieser Transporte kamen die Konflikte zuweilen dem Extremfall des Hobbesschen *„Krieges aller gegen alle“* nahe. Nach einem solchen Transport entsprach das Passieren des Lagertors von Buchenwald oder sogar Sachsenhausen die Ankunft in einem friedlichen und sicheren Hafen.

Unabhängig davon, ob man die Häftlingsgesellschaft auf der konkreten Ebene einer sozialen Gruppe oder der abstrakten Ebene eines Beziehungsmusters betrachtet, war die Folge der hier beschriebenen Transporte höchst destruktiv. Hinsichtlich der Entstehung

305 Ruth L. Munroe: Prediction of the adjustment and academic performance of college students by a modification of the Rorschach method (Stanford 1945), S. 197; zitiert nach: Gardner Murphy: Personality: A Biosocial Approach to Origins and Structure (New York 1947), S. 225.

der Häftlingsgesellschaft ist es bedeutend, dass Situationen wie jene in den offenen Güterwaggons von derart extremer Natur waren, dass sie selbst in einem so brutalen System wie den nationalsozialistischen Lagern ziemlich selten waren.

Kapitel 9
Schlussfolgerungen

Zustimmung zu Bettelheims Interpretationen

Eine Reihe von Umständen scheint zur Akzeptanz von Bettelheims Behauptungen beigetragen zu haben. Einerseits wurde die systemische Art der Interpretation von vielen begrüßt, die Schwierigkeiten hatten, zu einer sinnvollen Bewertung des Materials in persönlichen Berichten zu gelangen. Darüber hinaus erschien Bettelheims ursprünglicher Artikel vor allen anderen ernsthaften Untersuchungsversuchen und stand damit zur Verfügung, als in den letzten Kriegsjahren situationsbedingt das Interesse an den Lagern am größten war.

Als die Zeitungskorrespondenten die Lager erreichten, trafen sie auf ein unglaubliches Chaos, das durch die ungeheuerlichen Schwierigkeiten nur offensichtlicher wurde, eine gemeinsame Verwaltung aus Befreiern und ehemaligen Häftlingen zu errichten, die imstande gewesen wäre, die häufigen Epidemien zu beenden und die Essenversorgung, Genesung und Repatriierung zu organisieren. Schlecht vorbereitet auf die Schocks, die ihnen durch das Öffnen der Lagertore zugefügt wurden, folgten ihre Geschichten einem Muster, das von den wahrhaftig schwierigen Wahrnehmungs- und Verständnisproblemen der Autoren bestimmt wurde. Das Ergebnis war ein Korpus an Beschreibungen, der dazu beigetragen haben könnte, die Interpretationen Bettelheims eher zu bekräftigen, als sie zu schwächen.

Zudem ist auch möglich, dass der traditionelle Glaube an die Wirksamkeit sozialer Kontrolle durch Gewalt dazu führt, die spezifische systemische Interpretation Bettelheims zu begünstigen. Die unmittelbar wahrnehmbaren und greifbaren Ergebnisse solcher Kontrolle können möglichweise dazu führen, dass weniger greifbare und viel weniger unmittelbare Auswirkungen unterbewertet werden.

Schließlich gab es, sofern eine der aus dieser Untersuchung resultierenden beiläufigen Hypothesen tragfähig ist, tatsächliche Übereinstimmung zwischen Bettelheims „altem" Häftlingstypus und dem Verhalten der kriminellen Häftlinge – einem signifikant großen Teil der Population des Lagersystems. Somit hätte es in der Erfahrung *einiger* Lagerveteraninnen und -veteranen eine Grundlage gegeben, die für sie ausgereicht hätte, um der Anwendbarkeit von Bettelheims Interpretationen *in toto* Glauben zu schenken.

Einige Unklarheiten in Bettelheims Interpretationen

Die folgende Textstelle ist eine in zweifacher Hinsicht verwirrende Behauptung Bettelheims: *„Es war einfacher, dem Druck der Gestapo und der Nazis zu widerstehen,* *wenn man nach wie vor als Individuum funktionierte. Das aber schien die Gestapo zu wissen, und so schloß sie alle Individuen zu Gruppen zusammen, die sie überwachen konnte.*“[306]

Welche Auswirkungen es haben konnte, wenn jemand als Individuum zu funktionieren versuchte, wurde ausführlich an anderer Stelle behandelt. Allerdings ist der zweite Teil dieser Aussage an dieser Stelle zumindest eine Bemerkung wert. Die Nazis hatten *kein* „positives“ Programm für die Bildung von Gruppen unter den Häftlingen, wenn man den Begriff „Gruppe“ fachsprachlich verwendet, also eine andauernde Interaktionen zwischen Gruppenmitgliedern impliziert. Die SS vollstreckte Bestrafungen kollektiv, allerdings können die daraus resultierenden sozialen Aggregate kaum als Gruppen bezeichnet werden. Die Tatsache, dass die Lagerverwaltung versuchte, eine maschinenartige Organisation der Arbeitskommandos zu erreichen, verweist lediglich auf die gegenläufigen Zwecke, die die SS durcheinanderbrachte, und widerlegt keineswegs die grundsätzliche Absicht, Gruppe gegen Gruppe in ruinösen, brudermörderischen Konflikten gegeneinander auszuspielen. Es gab viel Hin und Her in der Zuteilung von Häftlingen zu Arbeitskommandos. Die Nazis führten viele Strukturmerkmale im Lagersystem ein, um die Konflikte zwischen den Häftlingen zu maximieren und die zwischen Gruppenmitgliedern charakteristische andauernde Interaktion zu verhindern.

Die praktische Beendigung der Anstrengungen, den Häftlingen nationalsozialistische Dogmen zu propagieren, ist nur ein Hinweis, dass der Aufbau von durch die Nazis kontrollierten Gruppen kein Ziel der Lagerverwaltung war. Bettelheim bemerkt auch, *„daß die SS offenbar glaubte, es sei [...] nicht [...] möglich, sie von den Wertvorstellungen der SS zu überzeugen.*“[307] Zu Beginn des Lagersystems, und in geringem Ausmaß während seiner gesamten Geschichte, gab es vereinzelte Anstrengungen, den Häftlingen nationalsozialistische Ansichten zu propagieren. Diese bestanden hauptsächlich darin, eine begrenzte Anzahl nationalsozialistischer Schriften in den „Lagerbibliotheken“ einiger Lager zur Verfügung zu stellen und Radioansprachen berühmter Nazis zu übertragen. Mit Ausnahme der routinemäßigen Übertragung von Ansprachen reduzierte sich die Propaganda gegen Ende aus praktischen Gründen beinahe auf Null.

Über ehemalige Kriminelle schreibt Bettelheim: *„In ihrem Fall stellte die Inhaftierung an sich keine Traumatisierung dar, die schwer genug war, um die Veränderungs- oder Desorganisationsprozess der Persönlichkeit zu beginnen. Dasselbe galt für die asozialen Häftlinge.*“[308] Es konnten keine Hinweise darauf gefunden werden, die der Ansicht Bettelheims widersprachen, dass die kriminellen Häftlinge am wenigsten anfällig für Traumatisierungen waren. Diese Meinung steht gänzlich im Einklang mit soziopsychiatrischen Theorien.

Bettelheim erklärt: *„Die* nicht-politischen *Häftlinge aus der Mittelschicht waren die Gruppe, die durch die Erfahrung inhaftiert zu sein am stärksten traumatisiert war. [...] Mit-*

306 Bettelheim: Individuelles und Massenverhalten in Extremsituationen, S. 93.
307 Ebd., S. 92.
308 Bettelheim: Concentration Camps, German, S. 5.

glieder dieser Gruppe waren unter den Ersten, deren eigenständige Persönlichkeit zerfiel. Selbstmorde beschränkten sich meistens auf sie. Viele von ihnen wurden asozial; sie griffen auf Bestechung, Betrügerei, Diebstahl zurück und wurden sogar zu Spionen im Dienst der Gestapo (was ihnen nicht half, da die Gestapo zwar den Verrat schätze, aber den Verräter verachtete)."[309]

In seinem ursprünglichen Artikel erklärt Bettelheim in Bezug auf die vermeintliche Desintegration von Häftlingen aus der Mittelschicht explizit: *„Später, im Lager, waren es ebenfalls Mitglieder dieser Gruppe, die sich* aufs unsozialste *[meine Hervorhebung – EL] verhielten; sie betrogen ihre Mitgefangenen und einige unter ihnen ließen sich von der Gestapo als Spitzel anheuern.*"[310] In der gesamten in dieser und der vorangegangenen Studie verwendeten Literatur fand sich kein anderer Autor, der implizit oder explizit einen Vergleich zwischen Kriminellen und „Asozialen" und Häftlingen aus der Mittelschicht im Allgemeinen – und zum Nachteil der Häftlinge aus der Mittelschicht – anstellt.

75 Prozent unserer Informantinnen und Informanten kamen zum Zeitpunkt ihrer Deportation aus der Mittelschicht. Von den zwölf Standardinformantinnen und -informanten, die in einem oder mehreren der drei Bereiche – Teilen, Diebstahlverhalten und zwischenmenschliche Beziehungsmuster – negative Veränderungen *in den Lagern* aufwiesen, kamen acht (oder 75 Prozent) aus der Mittelschicht. Von den verbleibenden vier war eine Person ein mittelgroßer Bauer, zwei kamen aus der Arbeiterklasse und eine Person kam aus der Oberschicht. Von den 14 Standardinformantinnen und -informanten, die in einem oder mehreren der drei Bereiche positive Veränderungen *in den Lagern* aufwiesen, kamen elf (oder 79 Prozent) aus der Mittelschicht; eine Person war ein Bauer und zwei kamen aus der Arbeiterklasse.

Obwohl in dieser Untersuchung keine unmittelbaren Hinweise auf Betrügereien und Spionage durch kriminelle Häftlinge gewonnen wurden, wäre es äußerst schwierig, wenn nicht unmöglich, den Standpunkt zu belegen, dass sich Häftlinge aus der Mittelschicht, und nicht Kriminelle am Unsozialsten verhielten.

Warum ist Bettelheim nicht imstande, die zunehmend ausbeuterische und spaltende Rolle der kriminellen Häftlinge im Verhältnis zur allgemeinen Häftlingspopulation zu fassen? Mit dem Mangel an Belegen für die Traumatisierung der kriminellen Häftlinge ist die Sache für Bettelheim erledigt. In dieser Untersuchung fanden sich die weithin anerkannten desintegrativen Tendenzen unter den kriminellsten Häftlingen nicht in psychischen „Mechanismen", sondern in sozialen Prozessen – insbesondere im antisozialen Verhalten der kriminellen Häftlinge, in der Entstehung der Häftlingsgesellschaft und der fortschreitenden Tendenz, die kriminellsten Häftlinge aus dieser auszuschließen.

An keiner Stelle in seinem ursprünglichen Artikel oder den später erschienenen Artikeln macht Bettelheim deutlich, was er unter dem Begriff „Identifizierung" versteht. Bettelheim schreibt, dass „alte" Häftlinge teilweise auch daran erkannt werden konnten,

309 Ebd.
310 Bettelheim: Individuelles und Massenverhalten in Extremsituationen, S. 68.

„inwieweit sie bereits auf infantiles Verhalten regrediert waren“[311]. Auch erklärt er: *„Hatte der Gefangene das Endstadium seiner Anpassung an die Lagersituation erreicht, so hatte sich seine Persönlichkeit derart verändert, daß er sich [die] Wertvorstellungen der SS zu eigen gemacht hatte.“*[312] Es scheint, als würde Bettelheim unter *„Regression“* jenen Prozess verstehen, durch den der Häftling *„das Endstadium seiner Anpassung“* erreichte, und dass er unter *„Identifizierung“* mit der Gestapo die Reaktion von „alten“ Häftlingen auf die Lagersituation verstand. Bettelheim lässt keinen Zweifel daran, dass sich der „alte“ Häftling zu diesem Zeitpunkt in der Lagersituation so verhielt, als wäre er Mitglied der Gestapo.

Bettelheim versucht über eine rein behavioristische Bewertung der Reaktionen „alter“ Häftlinge auf die Lagerumgebung hinauszugehen, wenngleich er *„Nachahmung“*[313] im fast exakt gleichen Sinn wie *„Identifizierung“* verwendet. In der Nachahmung oder der Imitation versucht die Person bewusst, sich so zu verhalten, wie sich die Person verhält, die nachgeahmt oder imitiert wird. Gleichzeitig behält sie das Bewusstsein über ihre eigene Identität.

Einige von Bettelheim vernachlässigte Bereiche

Eine Reihe von für jede Theorie über Verhalten und Anpassung von Häftlingen relevanten Bereichen wurde von Bettelheim vernachlässigt. Die nachfolgende Liste erhebt keinen Anspruch auf Vollständigkeit, sondern umfasst nur jene Bereiche, die in sorgfältig geschriebenen persönlichen Berichten und Untersuchungen beachtet wurden.

1. Den Hinweisen auf stabile Freundschaften wird keine Beachtung geschenkt. Bettelheim bestreitet die Möglichkeit ihrer Existenz, indem er schreibt: *„Sie [die Häftlinge – EL] vermochten keine dauerhaften Objektbeziehungen zu entwickeln.“*[314]
2. Dem fortdauernden und durchgängigen Konflikt zwischen den kriminellsten und den nicht-kriminellen Häftlingen wird keine praktische Bedeutung zugeschrieben. Stattdessen werden Unterschiede zwischen „alten“ und neuen Häftlingen so behandelt, als würden sie die wesentliche Spaltungslinie in der Häftlingspopulation darstellen.
3. Während die hohe Inzidenz von Traumatisierungen erkannt wird, wird der relativ häufigen Beobachtung der entsprechend niedrigen Inzidenz von Psychosen keine Beachtung geschenkt. (Bestimmte Ausnahmesituationen wurden in dieser Untersuchung behandelt.)

---

311 Ebd., S. 80.

312 Ebd., S. 88. Anm. d. Ü.: In der deutschen Fassung liegt ein Übersetzungsfehler vor. Bettelheim schreibt im englischen Ausgangstext explizit von *„the values of the Gestapo“* (Bettelheim: Individual and Mass Behavior in Extreme Situations, S. 447) und nicht von *„sogar manche[n] Wertvorstellungen“* (Bettelheim: Individuelles und Massenverhalten in Extremsituationen, S. 88).

313 Bettelheim: Individuelles und Massenverhalten in Extremsituationen, S. 89ff. Bettelheim: Individual and Mass Behavior in Extreme Situations, in: Newcomb/Hartley: Readings in Social Psychology. Bettelheim: Concentration Camps, German, S. 8.

314 Bettelheim: Individuelles und Massenverhalten in Extremsituationen, S. 87.

4. Die gleichermaßen häufige Beobachtung der allgemein niedrigen Inzidenz von Selbstmorden wird nicht behandelt. (Bestimmte Ausnahmesituationen wurden in dieser Untersuchung behandelt.)
5. Hinweise auf enttraumatisierende oder entlastende Auswirkungen von Lagersituationen wurden weder erkannt, noch behandelt. Es wurden nur die pathologischen Auswirkungen thematisiert.
6. Die unterschiedlichen Auswirkungen verschiedener Lagersituationen auf das Häftlingsverhalten werden, mit Ausnahme des verlängerten Häftlingsappells, der in dieser Untersuchung einer gesonderten Erörterung unterzogen wurde, nicht berücksichtigt.
7. Den ausgedehnten, im Untergrund agierenden Häftlingsorganisationen wurde keine Beachtung geschenkt. Weder die unterschiedlichen nationalen Komitees, noch die Internationalen Lagerkomitees, noch irgendeines ihrer Unterkomitees werden auch nur beiläufig erwähnt. Wenn man die weiter oben zitierte Aussage von Kogon bedenkt, wonach die Organisation der Häftlinge in Buchenwald gegen Ende des Lagers eine derartige Entwicklungsstufe erreichte, dass die SS nicht länger wusste und herausfinden konnte, was in ihrem eigenen Lager geschah, und sich an die weniger entwickelten, aber wichtigen Organisationen in anderen Lagern erinnert, ist diese Nichtberücksichtigung gelinde gesagt verblüffend.
8. Aufständisches oder aufkeimend aufständisches Verhalten findet keine Erwähnung.
9. Die Existenz von Anführerinnen und Anführen unter den Häftlingen wird nicht in Erwägung gezogen, noch weniger wird ihr Verhalten berücksichtigt. Wie bereits angeführt, verneint Bettelheim die Möglichkeit des Aufkommens von Anführerinnen und Anführen unter Häftlingen.
10. Die Entstehung von charakteristischen Beziehungsmustern unter *Häftlingen*, die in dieser Untersuchung als Häftlingsgesellschaft und damit einhergehendes Normensystem konzeptualisiert wird, wird nicht behandelt. Anpassungsmuster werden als infantil oder als der Gestapo entsprechend dargestellt, d.h. als Ergebnis der *„Regression auf infantiles Verhalten“*[315] oder der *„Identifizierung [...] mit der SS“*[316].
11. Praktisch werden, mit Ausnahme der Einflüsse der Gestapo, alle anderen Einflüsse in der Untersuchung der Anpassungsprozesse von Häftlingen ausgeschlossen.

Ein abschließender knapper Verweis auf das allgemeine Problemgebiet dieser Untersuchung scheint an dieser Stelle angebracht. Die Implikationen von Bettelheims Interpretationen im Hinblick auf eine Theorie sozialer Kontrolle durch Gewalt sind nun offenkundig. Mit seinem Fokus auf psychische „Mechanismen“ anstelle sozialer Prozesse und Systeme und unter Berücksichtigung dessen, was unser Sonderinformant Frank als eine wahrscheinlich *„eher periphere Erfahrung“* bezeichnet, hat Bettelheim den im Lagersys-

315 Ebd., S. 85.
316 Ebd., S. 89.

tem angewandten Techniken der Gewalt schlussendlich ein Maß an Wirksamkeit zugeschrieben, das selbst die Nazis scheinbar geringer eingeschätzt hatten.

Es sei angemerkt, dass mehrere der oben erwähnten vernachlässigten Bereiche mit Gewissheit nicht charakteristisch für Bettelheim sind. Die konkrete Bezugnahme auf Bettelheim ist notwendig, da das vernachlässigte Material mit seinen wesentlichen Behauptungen unvereinbar ist.

Bettelheim äußert die folgende bedeutende Feststellung über die Veränderungen in Buchenwald: *„Jedes der Lager hatte seine eigene Geschichte, mit besseren und schlechteren Phasen, mit der jeweiligen Gewichtung einer der vielfältigen Zwecke, für die die Lager errichtet und von der Gestapo verwendet wurden. So war Buchenwald von der Gründung 1937 bis 1939 beispielsweise das schlimmste aller Lager. [Bettelheim war in den Jahren 1938/39 für ein Jahr in Dachau und Buchenwald – EL]. Aber von 1942 bis zur vollständigen Desintegration im Zeitraum von 1944/45 war es eines der besten Lager.*“[317]

Dieser Absatz wirft sehr viele Fragen auf. Was meint Bettelheim mit *„vollständige[r] Desintegration*“? Was löste sich auf? Löste sich alles gleichermaßen auf? Ist Bettelheim das hohe Ausmaß an Integration innerhalb der Häftlingsorganisationen entgangen? Welche Veränderung in der *„jeweiligen Gewichtung einer der vielfältigen Zwecke*“ der Gestapo erklärt die konstatierte Veränderung vom *„schlimmste[n]*“ zu *„eine[m] der besten Lager*“? Nichts in der Literatur über Buchenwald wirft Licht auf diese letzte Frage.

Die Häftlingsgesellschaft in Buchenwald mit ihrer äußerst komplexen und effizienten im Untergrund agierenden Organisation kann nicht als das Ergebnis einer Häftlingskategorie oder einer Kohorte an Häftlingen oder irgendeiner bestimmten formellen Häftlingsvereinigung beschrieben werden. Allerdings könnte kein größerer Fehler gemacht werden, als die Entstehung der Häftlingsgesellschaft ohne Anerkennung der Führung „alter“ Häftlinge verschiedener Kategorien zu erklären. Bettelheim gibt keinen Hinweis darauf, dass dieses Problem irgendeine Bedeutung für ihn hätte. Es gibt, trotz der Existenz umfangreicher Dokumente diesen Punkt betreffend, keinen Hinweis auf die komplexe und mutige Intervention der Häftlinge in der Gestaltung ihrer eigenen Zukunft. Theoretische Kohärenz ist geschuldet, dass für Bettelheim keine andere Behauptung möglich war, als dass Buchenwald in *„vollständige[r] Desintegration*“ endete.

Es scheint ziemlich sicher, dass der Weg zu einer passenderen Theorie von Häftlingsverhalten und letztlich zum Wesen des Lagersystems die Berücksichtigung der dynamischen Wechselbeziehungen von persönlicher Anpassung und entstehender sozialer Organisation der Häftlinge erfordert, und nicht die spekulative Ausweitung traditioneller psychiatrischer Konzepte, die soziale Gruppen und Systeme offenkundig nicht berücksichtigt.

317 Bettelheim: Concentration Camps, German, S. 2.

Bettelheims verlorengegangene Vorbehalte

In seinem bekannten, 1943 im *Journal of Abnormal and Social Psychology* veröffentlichten Artikel schreibt Bettelheim: „*Nachdem nun so vieles über die Neigung der alten Gefangenen, mit der SS konform zu gehen und sich mit ihr zu identifizieren, gesagt worden ist, sollte betont werden, daß dies nur ein Teil des ganzen Bildes ist.* Der Autor hat versucht, sich auf interessante psychologische Mechanismen des Gruppenverhaltens zu konzentrieren, anstatt über Verhaltensweisen zu berichten, die wohlbekannt oder in einem solchen Rahmen zu erwarten gewesen sind *[Hervorhebung – EL]. Die gleichen [alten] Gefangenen, die sich mit der SS identifizierten [es sei angemerkt, dass es sich hierbei um eine einschränkende Formulierung handelt – EL], boten ihr in anderen Situationen die Stirn und bewiesen dabei außerordentlichen Mut.*“[318]

„Zusammenfassung. *Abschließend soll nochmals betont werden, dass dieser Aufsatz ein vorläufiger Bericht ist und keinen Anspruch auf Vollständigkeit erhebt.*“[319]

In der Ausarbeitung der gekürzten Version dieses Artikels, veröffentlicht im 1947 erschienenen Sammelband *Readings in Social Psychology*, herausgegeben von T. M. Newcomb und E. L. Hartley[320], sparte Bettelheim die oben angeführten hervorgehobenen Textteile, sowie den Absatz beginnend mit „*Zusammenfassung*“ aus. Dies trifft auch auf seinen Artikel *Concentration Camps, German* zu, veröffentlicht 1947 in der Encyclopaedia Britannica. Da dieses Material methodologisch von entscheidender Natur ist, sollte man vom Autor erwarten dürfen, es einzubeziehen. Nirgendwo seit der Veröffentlichung des Artikels im *Journal of Abnormal and Social Psychology* aus dem Jahr 1943 wurde erneut daran erinnert, dass „*dieser Artikel ein vorläufiger Bericht ist und keinen Anspruch auf Vollständigkeit erhebt*“.

In seinem 1947 in der Encyclopaedia Britannica erschienen Artikel weitet Bettelheim seine Verallgemeinerungen über die einschränkende Formulierung „*alte Häftlinge, die sich mit der Gestapo identifizierten*“ aus, und erklärt: „*Alle Häftlinge, einschließlich der alten Häftlinge, die sich in vielen Situationen mit der Gestapo identifizierten, widersetzten sich den Regeln der Gestapo. Dabei zeigten sie gelegentlich außergewöhnlichen Mut, und viele von ihnen bewahrten sich diesen Mut und diese Integrität während ihrer gesamten Zeit in den Lagern.*“[321]

Die 1952 von Guy E. Swanson, T. M. Newcomb und E. L. Hartley herausgegebenen Ausgabe von *Readings in Social Psychology* umfasst Bettelheims weniger vorsichtigen Artikel aus der 1947 von Newcomb und Hartley herausgegebenen Ausgabe ohne Änderungen.[322]

318 Bettelheim: Individuelles und Massenverhalten in Extremsituationen, S. 92. Anm. d. Ü.: In der deutschen Fassung liegt ein Übersetzungsfehler vor. Bettelheim schreibt im englischen Ausgangstext von „*the same old prisoners*“ (Bettelheim: Individual and Mass Behavior in Extreme Situations, S. 451).

319 Bettelheim: Individual and Mass Behavior in Extreme Situations, S. 451. Anm. d. Ü.: Dieser Satz ist in der deutschen Version des Textes nicht enthalten.

320 Vgl. Newcomb/Hartley: Readings in Social Psychology.

321 Bettelheim: Concentration Camps, German, S. 9.

322 Vgl. Bettelheim: Individual and Mass Behavior in Extreme Situations, in: Swanson/Newcomb/Hartley (Hg.): Readings in Social Psychology, S. 33–43.

In der Erörterung seiner Methode zur Datengewinnung erklärt Bettelheim, dass er mit Häftlingen aller Kategorien Kontakt hatte.[323] Obwohl die Insassen jeder Baracke, in der er lebte, derselben Häftlingskategorie angehört hatten, hätten die Arbeitssituationen andere Kontakte ermöglicht. Bettelheim erklärt, dass er im Verlauf seiner einjährigen Inhaftierung, die sowohl Haftzeiten in Dachau als auch in Buchenwald umfasste, 1.500 Häftlinge persönlich kennengelernt hatte. Er beendet diese Ausführung über seine Informanten damit, sich eine *„adäquate Stichprobe“*[324] erarbeitet zu haben. Aufgrund dieser Erörterungen und dem restlichen Kontext besteht kein Zweifel daran, dass Bettelheim seine Typisierungen ausnahmslos als Querschnitt durch die stark unterschiedlichen Häftlingskategorien darstellt.

Bettelheim erklärt mit äußerstem Nachdruck, dass die Fakten über die nationalsozialistischen Konzentrationslager gänzlich missverstanden oder bezweifelt werden.[325] Ist er angesichts dessen legitimiert, *„sich auf interessante psychologische Mechanismen [...] zu konzentrieren, anstatt über Verhaltensweisen zu berichten, die wohlbekannt oder in einem solchen Rahmen zu erwarten gewesen sind“*?

Bettelheim muss sich zweifellos die Kritik gefallen lassen, zugelassen zu haben, dass die negativsten Aspekte des Verhaltens eines Teils der Häftlingspopulation – nach unserer Interpretation, des kriminellsten Teils – als hinreichend charakteristisch insbesondere für „alte“ Häftlinge, aber auch die große Mehrheit der Lagerpopulation verstanden werden können.

Zusammenfassung der zentralen Ergebnisse und Interpretationen

Die Frage nach den Ursprüngen des nationalsozialistischen Lagersystems und der Praxis des Genozids stellt kein konkretes Anliegen dieser Untersuchung dar, ist aber an dieser Stelle von einer gewissen Bedeutung. Das außergewöhnliche Ausmaß dieser Phänomene des NS-Regimes scheint die Popularität von Ausnahme-Interpretationen über ihre Ursprünge und ihre Ausweitung erhöht zu haben. Einige haben sie als bestimmte Folgen des Wahnsinns eines Mannes, andere als Ergebnisse des deutschen Nationalcharakters interpretiert.

In unserer Behandlung des nationalsozialistischen Lagersystems, der einzige hier berücksichtigte Typus sozialer Kontrolle durch Gewalt, wurde der Schwerpunkt auf die Bedeutung umfassend wirkender sozialer Prozesse gelegt. Auf der Grundlage begrenzten Belegmaterials wurde die zweckmäßigste Erklärung für bestimmte bedeutende Verschiebungen in den Funktionen und Veränderungen in der Ausweitung des Lagersystems in den Anforderungen an das Dritte Reich gesehen, die für die nationalsozialistischen Füh-

323 Vgl. Bettelheim: Individuelles und Massenverhalten in Extremsituationen, S. 64.
324 Ebd., S. 65.
325 Vgl. Bettelheim: Concentration Camps, German, S. 12.

rer mehr oder weniger unerwartet waren, nicht in bestimmten *apriorischen* Plänen. Diese Interpretation ist von Bedeutung, um die entstehende Häftlingsgesellschaft zu verstehen.

Zudem wurde versucht, das Lagersystem nicht als Welt für sich – *„ein mit Leichen übersäter toter Planet“*[326] –, sondern als System anzusehen, das kulturelle Kontinuitäten mit Nicht-Lagergesellschaften aufweist. Diese sind womöglich am deutlichsten in strukturellen, d.h. organisatorisch-administrativen Merkmalen und in einigen funktionalen Aspekten zu erkennen. Das einleitende Material über das Lagersystem war notwendig, da dieses System die Grenzen für die Entstehung der Häftlingsgesellschaft im Rahmen des Lagersystems gesetzt hatte.

In der Untersuchung des Sozialsystems und des Verhaltens der Häftlinge beschäftigten wir uns mit dem wechselnden Status unserer Informantinnen und Informanten in den Lagern, ihrem spezifischen Rollenverhalten und diesbezüglichen Änderungen, mit persönlichen Bedeutungen, die Informantinnen und Informanten verschiedenen Paarkonfigurationen und Gruppen zugeschrieben haben, den situativen Begleiterscheinungen von überwiegend kooperativen oder konfliktiven Tendenzen in zwischenmenschlichen Beziehungen, der Struktur, der Funktion und den Wechselbeziehungen großer Gruppen, den Merkmalen „alter“ Häftlinge und schließlich den Schätzungen über die Häufigkeit und die Umstände einer Reihe bestimmter Verhaltensformen.

Im Folgenden werden einige der zentralen Ergebnisse und Interpretationen dieser Untersuchung des Sozialsystems und des Verhaltens von Häftlingen skizziert. In der Behandlung der Häftlingsgesellschaft stützen sich die entsprechenden Belege, sofern nicht explizit auf unsere Informantinnen und Informanten Bezug genommen wird, überwiegend auf Beobachtungen des Verhaltens anderer durch unsere Informantinnen und Informanten oder auf andere Quellen.

1. Das stabile Paar war das häufigste zwischenmenschliche Beziehungsmuster unter unseren Informantinnen und Informanten. Ihre Beobachtungen in Bezug auf das Verhalten anderer weisen stark darauf hin, dass das stabile Paar generell das häufigste Beziehungsmuster unter den Häftlingen des Lagersystems war.
2. Im Falle der Trennung eines Freundschaftspaars durch Transporte, die Zuteilung zu unterschiedlichen Arbeitskommandos, Konflikt oder Tod erfolgte in der Regel rasch ein Ersatz aufgrund zwingender und übereinstimmender Notwendigkeiten von „alleinstehenden“ Überlebenden getrennter Paare.
3. Andere in dieser Untersuchung abgegrenzte Beziehungsmuster, die unter unseren Informantinnen und Informanten seltener auftraten, waren der einsame Wolf, instabile Paarbildung und die Teilnahme an kleinen und großen Gruppen.
   Einige Informantinnen und Informanten wurden zudem aufgrund ihrer Teilnahme an Zweckbündnissen klassifiziert, die geschlossen worden waren, um einen privile-

326 David Rousset: The Other Kingdom (New York 1947), S. 168. Auch Rousset betont die kulturellen Kontinuitäten mit Nicht-Lager-Gesellschaften, weshalb die Metapher irreführend scheint.

gierten Status und/oder Güter für das Überleben zu erlangen. 17 unserer 47 Standardinformantinnen und -informanten wurden dementsprechend klassifiziert.

4. Die durchschnittliche Haftzeit unserer zehn Informantinnen und Informanten, die negative Veränderungen in zwischenmenschlichen Beziehungsmustern aufwiesen, war elf Monate niedriger als die durchschnittliche Haftzeit der neun Informantinnen und Informanten, die positive Veränderungen aufwiesen.
5. Es gab eine allgemeine Akzeptanz des „Organisierens" und eine allgemeine Ablehnung von Diebstahlverhalten.
6. Die durchschnittliche Haftzeit unserer fünf Informantinnen und Informanten, die eine negative Veränderung (Zunahme) im Diebstahlverhalten aufwiesen, war 4,1 Monate niedriger als die durchschnittliche Haftzeit von acht Informantinnen und Informanten, die eine positive Veränderung (Abnahme) im Diebstahlverhalten aufwiesen.
7. Es gab eine allgemeine Ablehnung des Verhaltens des *Speckjägers* im Vergleich zu einer Beziehung des Teilens mit einer oder mehreren Personen.
8. Definiert man Teilen als tatsächliche Häufigkeit von Fällen des Teilens mit derselben/denselben Person(en) oder einer größeren Anzahl an Personen, konnte nur bei drei Informantinnen und Informanten eine positive Veränderung festgestellt werden. Die durchschnittliche Haftzeit der neun Personen, die eine negative Verhaltensänderung in Bezug auf das Teilen aufweisen, war 15,4 Monate niedriger als jene der 35 Informantinnen und Informanten, deren Verhalten in Bezug auf Teilen keine Veränderung aufweist.
9. Die häufigste Reaktion auf die Unsicherheit des Lagerlebens bestand in der Entwicklung eines persönlichen Vertrauens zu einem oder mehreren Mithäftlingen und Freundschaften mit ihnen.
10. Häftlinge lehnten Selbstmord ab und entwickelten zunehmend organisatorische Abläufe und Strukturen, um ihre eigenen und die allgemeinen Überlebenschancen zu verbessern. Im Allgemeinen ersehnten „alte" und neue Häftlinge gleichermaßen die Befreiung aus dem Lagersystem. Auf einige scheinbar widersprüchliche Hinweise wurde im Kapitel „‚Alte' Häftlinge" verwiesen.
11. Es gab aufgrund der Gefahr extremer Formen der Kollektivbestrafung eine allgemeine Ablehnung direkter Sabotage und anderer Formen direkter Aktionen gegen die SS, aber es gab eine Akzeptanz indirekter Sabotage.
12. Enge Beziehungen zwischen neuen und „alten" Häftlingen unter unseren Informantinnen und Informanten waren selten. Aber neue oder „alte" Informantinnen und Informanten, die selbst Bekanntschaften mit „alten" Häftlingen hatten, vertrauten ihnen in der überwiegenden Anzahl der Fälle, lehnten sie in einer geringen Anzahl an Fällen ab und misstrauten ihnen in einer insignifikanten Anzahl an Fällen.
13. Unsere Informantinnen und Informanten hatten sehr wenige Bekanntschaften mit „alten" Häftlingen, die „Grüne" waren, scheinen aber etwas mehr Bekanntschaften mit neuen „Grünen" gehabt zu haben.
14. Es bestand eine allgemeine Ablehnung der Führung durch kriminelle Häftlinge.

15. Es kam zu einer aktiven Beteiligung der Häftlinge an den Abläufen der „Selbstverwaltung" des Lagersystems, einschließlich der Beteiligung an verschiedenen Formen der Selektion, sofern eine solche Beteiligung die einzige Alternative zur Durchführung von Selektionen durch die SS oder kriminelle Häftlinge war – d.h. die einzige Alternative zur zunehmenden Machtausübung seitens der SS oder der kriminellen Häftlinge. In der Praxis bedeutete dies die Beteiligung an verschiedenen Selektionen, bis die Befreiung aus den Lagern unmittelbar bevorstand. Zu diesem Zeitpunkt wurde in vielen Lagern, in denen die nicht-kriminellen Häftlinge die Anführer waren, *offener* Widerstand gegen Selektionen geleistet.
16. Die schicksalsschwere Eingliederung einer großen kriminellen Population in die Lager verunmöglichte die praktische Erwägung der Nichtbeteiligung an den von den Nazis etablierten Methoden der „Selbstverwaltung". Unter den gegebenen Bedingungen hätte ein Rückzug der nicht-kriminellen Häftlinge, außer als die Befreiung unmittelbar bevorstand, nur dazu beigetragen, viele weitere Lager wie Bergen-Belsen hervorzubringen.
17. Aus den in dieser und der früheren Untersuchung[327] berücksichtigten Quellen geht eindeutig hervor, dass sich die Betonung von Spaltungen entlang der Linie der Haftzeit von Häftlingen einzig in den Schriften von Bettelheim findet. Andere Autoren beziehen sich, wenn überhaupt, beiläufig auf diese Konfliktlinie und betonen stattdessen die Spaltung zwischen „Grünen" und Politischen. Eine präzisere Feststellung lautet – und stimmt maßgeblich mit der vorherrschenden Betonung überein –, dass die Spaltung zwischen den kriminellen und nicht-kriminellen Häftlingen die Entstehung der Häftlingsgesellschaft am entscheidendsten beeinflusste. Die aus dem Interviewmaterial von Steve zitierten Belege und das Verhältnis zwischen kriminellen und nicht-kriminellen Häftlingen, ihr Verhältnis für sich betrachtet und im Zusammenspiel mit der SS in Mauthausen, wird als akkurate Beschreibung der Umstände in einer bedeutenden Anzahl an Lagern angesehen.
18. Es gab seitens unserer Informantinnen und Informanten zahlreiche Hinweise darauf, dass sich im Verlauf der Zeit die Tendenz abzeichnete, dass immer mehr kriminelle Häftlinge an Randpositionen in der Häftlingsgesellschaft gedrängt und viele der Schlimmsten vollständig aus der Häftlingsgesellschaft verdrängt wurden.
19. Unsere Informantinnen und Informanten lieferten zahlreiche Belege dafür, dass sich viele der kriminellsten Häftlinge zunehmend dem sozialen System der SS-Bewachung und den damit einhergehenden Verhaltensweisen annäherten. Dies stimmt mit der vielfach beobachteten Tatsache überein, dass viele der kriminellsten Häftlinge am Vorabend der Befreiung zur selben Zeit wie die SS oder mit ihr flohen.

    An dieser Stelle werden auf Grundlage der begrenzten und reichlich flüchtigen Belege dieser Untersuchung folgende hypothetische Annahmen aufgestellt: Dass die Typologie Bettelheims über „alte" und neue Häftlinge am ehesten auf die kriminellen

327 Anm. d. Hg.: Gemeint ist Luchterhand: The Nazi Concentration Camps.

Häftlinge anwendbar ist; dass bei ihnen eine Reihe an Anpassungen auftrat, sodass sie sich zunehmend dem Verhalten der SS angenähert haben; dass dieses Ergebnis in Zusammenhang mit der Entstehung der Häftlingsgesellschaft steht.

20. Die Mitglieder der im Untergrund agierenden Häftlingsorganisationen, die unseren Informantinnen und Informanten bekannt waren, waren mit wenigen Ausnahmen „alte" Häftlinge. Unter den verschiedenen nationalen Komitees und den Internationalen Lagerkomitees, über die Informationen erlangt werden konnten, waren nur fünf Mitglieder (drei davon Kriegsgefangene der Nazis), die jeweils zwei Jahre in den Lagern waren. Alle anderen waren „alte" oder *sehr* „alte" Häftlinge.
21. Das typische Verhalten, das die SS charakteristischerweise von den Funktionshäftlingen verlangte, war Aggressivität. Allerdings wurde von der Masse der Häftlinge äußerste Unterwürfigkeit gefordert. Es entwickelte sich tendenziell ein kreisförmiges Muster: Die Unterwürfigkeit ermutigte die Funktionshäftlinge zu immer größerer Aggressivität, die wiederum ein zunehmend unterwürfiges Verhalten einforderten. Es bestand somit die *Möglichkeit* einer zunehmenden Spaltung zwischen denen, die viele Positionen in der Häftlingshierarchie besetzten, und dem Rest der Häftlinge. Allerdings bedeutete die Entstehung einer Häftlingsgesellschaft auch, dass die Masse der Häftlinge darauf konditioniert wurde, gewisse Extremformen brutalen Verhaltens als verwerflich zu betrachten, und dass die Funktionshäftlinge begannen, solche Extremformen als gefährlich zu erkennen.
22. Es wurden bestimmte Belege für den tiefgreifenden und zunehmenden Einfluss „großer" Gruppen, wie den im Untergrund agierenden Komitees, auf die Ausformung der Entwicklung der Häftlingsgesellschaft skizziert.

    Es wurde in dieser Studie angemerkt, dass es große Unterschiede im Ausmaß der in bestimmten Lagern erreichten Konsolidierung der Häftlingsgesellschaft gab. Buchenwald scheint den Höhepunkt der Errungenschaften der Häftlinge im Hinblick auf diese Konsolidierung und Entwicklung darzustellen. Am anderen Ende dieser Skala stehen Bergen-Belsen und die Vernichtungslager.

    Angesichts der Entwicklung des NS-Staates und seines Lagersystems in Richtung allgemeiner, kontinuierlicher und zunehmender Gewalt, wurde das Überleben mehr und mehr zu einem sozialen Problem, nicht zu einem individuellen.
23. Die große Mehrheit unserer Standardinformantinnen und -informanten (30 von 47) wurde als traumatisiert klassifiziert. Es gibt viele andere Hinweise darauf, dass ein sehr hoher Anteil der Lagerhäftlinge traumatisiert war.
24. Im Gegensatz zu dem, was aufgrund des vorhergegangenen Punktes angenommen werden könnte, scheint das Auftreten von Psychosen *in den meisten Situationen* sehr gering gewesen zu sein. Steve, ein Schreiber im Sanitätslager, kannte unter der gesamten Lagerpopulation der Geschichte eines Lagers von 157.000 Häftlingen keine Fälle von „Wahnsinn". Einer unserer Informanten, der vor der Befreiung eine gewisse psychiatrische Ausbildung erfuhr und nach der Befreiung Ausbildungen auf dem Gebiet der Fürsorgearbeit und der Psychiatrie absolvierte, wusste während seiner Inhaf-

tierung von 85 Monaten nur von zehn Menschen mit psychischen Störungen zu berichten. Bestimmte außergewöhnliche Situationen scheinen zu einer hohen Inzidenz psychischer Störungen geführt zu haben. Im Allgemeinen waren diese Situationen anderen Situationen ähnlich, die zu Selbstmordwellen geführt haben, wie im nächsten Punkt ausgeführt wird. Unsere Informantinnen und Informanten erinnerten sich an rund zehn Mal weniger Fälle von „Wahnsinn" im Vergleich zu Selbstmorden. Die durchschnittliche Haftzeit für 19 Fälle, für die konkrete Informationen vorliegen, betrug *acht* Monate.

In dem Ausmaß, in dem emotionale Gesundheit durch gute primäre Gruppenbeziehungen bedingt wird, ist offensichtlich, dass die früher dargestellte Annahme von Bloch über schwache soziale Teilhabe von Häftlingen im Widerspruch zu den Belegen für die niedrige Inzidenz psychischer Störungen steht. Für unsere Informantinnen und Informanten und einen erheblichen Teil der von ihnen beschriebenen Häftlingspopulation wird der Schluss gezogen, dass das Paar und andere Kleingruppen dienlich war, die Traumata der Deportation und spätere Schocks, die sich aus den unpersönlichen, vermassten Aspekten des Lagerlebens ableiteten, abzufedern.

25. Auch Selbstmorde von Häftlingen waren im Allgemeinen selten. 42 unserer 47 Standardinformantinnen und -informanten berichteten von 313 Selbstmorden. (Diese Summe kann auch einige Doppelnennungen umfassen.) Steve, ein Schreiber im Sanitätslager, berichtete unter der gesamten Lagerpopulation der Geschichte eines Lagers von 157.000 Häftlingen über Aufzeichnungen von rund 20 Selbstmorden. Es wurden einige Hinweise auf Selbstmordwellen in zwei Lagern gesammelt, wo verschiedene Strukturmerkmale der Lager sowie Terror und Deprivation mit biosozialen Faktoren unter den Häftlingen zusammenfielen, die zwischenmenschliche Beziehungen vollkommen zerstörten. Im Allgemeinen geht aus unseren Belegen hinreichend klar hervor, dass die durchschnittliche Haftzeit von Häftlingen, die Selbstmord begangen hatten, bei rund *einem* Monat lag.
26. Es wurde festgestellt, dass die Traumatisierungen unserer Informantinnen und Informanten in hohem Ausmaß durch die schweren Deportationen bedingt waren.
27. Die durchschnittliche Haftzeit von zehn Informantinnen und Informanten, die traumatisiert waren und negative Veränderungen in einem oder mehreren Bereichen – Teilen, Diebstahl und zwischenmenschliche Beziehungsmuster – aufwiesen, war um 16,1 Monate niedriger als für acht Fälle, die positive Veränderungen in einem oder mehreren der drei Bereiche aufwiesen. Im Allgemeinen belegen die Hinweise unserer Informantinnen und Informanten ziemlich überzeugend, dass unter traumatisierten Häftlingen ein starker Trend in Richtung jener Verhaltensweisen bestand, die mit zunehmender Zeit in den Lagern zunehmend *adaptiv* gegenüber der Häftlingsgesellschaft waren.
28. Obwohl der Vorbehalt geäußert werden muss, dass die Anzahl nicht-traumatisierter Fälle nur bei 17 lag, und dass unter diesen Personen nur zwei Fälle waren, die negative Veränderungen in einem oder mehreren der drei Bereiche – Teilen, Diebstahl und

zwischenmenschliche Beziehungsmuster – aufwiesen, weisen die Unterschiede in den durchschnittlichen Haftzeiten im Vergleich zu den traumatisierten Fällen in die *entgegengesetzte* Richtung. Im Allgemeinen lassen die Belege für unsere Informantinnen und Informanten den Schluss zu, dass unter den nicht-traumatisierten Fällen der Trend bestand, dass das Verhalten mit zunehmender Zeit in den Lagern gegenüber der Häftlingsgesellschaft *maladaptiv* war.

Es wäre für dieses Forschungsbemühen von großem Wert gewesen, wenn Überlebende interviewt hätten werden können, von denen bekannt ist, dass sie stark kriminellen Mustern folgten. Bettelheim gibt an, dass die, die kriminell waren, am wenigsten den Traumatisierungen durch Lagersituationen ausgesetzt waren.[328] Diese Auffassung scheint in Übereinstimmung mit soziopsychiatrischen Theorien zu stehen.

29. Es wurde festgestellt, dass in der *Häftlings*gesellschaft, im Einklang mit dem sozialen System im Allgemeinen, Prozesse wirken, die sowohl der geistigen Gesundheit als auch der Krankheit zuträglich sind. Viele sich wiederholende Lagersituationen, die traumatische Auswirkungen gehabt zu haben scheinen, als sie zum ersten Mal erlebt wurden, wurden später als entlastend oder enttraumatisierend erlebt. Auf diesen Punkt wird später noch eingegangen. In diesem Zusammenhang wurde bemerkt, dass die Möglichkeiten, durch die im Lagersystem Abhilfe gegen biologische Schädigungen erlangt werden konnte, dieselben waren, durch die auch therapeutische Prozesse wirksam werden konnten: durch die Begründung förderlicher zwischenmenschlicher Beziehungen.

    Die vorangegangenen Aussagen stehen in Einklang mit einer beiläufigen Hypothese, für die begrenzt aussagekräftige Belege gefunden wurden. Die Anpassung traumatisierter Lagerveteraninnen und -veteranen an die Nicht-Lagergesellschaft gestaltete sich einfacher, wenn es eine relativ lange Phase gab, um die durch die Lagerumgebung hervorgerufenen Traumata oder Konflikte innerhalb ebendieser Umgebung zu bearbeiten. In diesem Zusammenhang ist der Autor bereit, die volle Verantwortung für die Prognose zu riskieren, dass künftige Untersuchungsergebnisse von Studien über die psychische Gesundheit von in den USA ansässigen Überlebenden nationalsozialistischer Konzentrationslager *nicht* belegen werden, dass gute Persönlichkeitsanpassung negativ mit der Haftzeit korrelieren wird. Diese Prognose wird in Kenntnis der Wahrscheinlichkeit größerer körperlicher Schäden bei „alten" Häftlingen im Vergleich zu neuen Häftlingen aufgestellt.

30. Es wurden Hinweise darauf gefunden, dass es während des von Bettelheim beschriebenen verlängerten Häftlingsappells im Allgemeinen zu einem zunehmenden Angstverlust bei den meisten Häftlingen, zur Entstehung eines Wir-Gefühls und nach der Beendigung des Appells zu einer allgemeinen Verschlechterung der Stimmung kam.

---

328 Bettelheim: Concentration Camps, German, S. 5.

Unsere Belege legen nahe, dass Bettelheims Beschreibung der Stimmung der Häftlinge während des Appells als *„quasi-orgiastisches Glücksgefühl"* die *Intensität* der Reaktion der Häftlinge überbewertet. Zudem scheint Bettelheim sowohl während des Appells, als auch danach eine größere *Einheitlichkeit* der Reaktionen seitens der Häftlinge zu implizieren, als dies unsere Belege andeuten. Nichtsdestotrotz scheinen diese Beobachtungen Bettelheims einzigartig in der Literatur zu sein und veranschaulichen, was Fromm die *„produktiv[en]"*[329] Fehler in der Untersuchung nannte. Ein Ergebnis der eingeschränkten und spezifischen Untersuchung dieser Appellsituation ist, dass das entstandene Wir-Gefühl und die gegenseitige Hilfe eine überwiegend konstruktive Auswirkung auf die Häftlingsgesellschaft hatten.

31. Es wurden übereinstimmende, wenngleich begrenzte Belege dafür gefunden, dass das Miterleben von Hinrichtungen und anderen Bestrafungen üblicherweise zu Wut- anstatt von Angstreaktionen der Häftlinge geführt hatte.
32. Es wurden übereinstimmende, wenngleich begrenzte Belege dafür gefunden, dass Routinen massenhafter Selbsterniedrigung, die anfänglich Schock oder Traumatisierung auslösten, durch ihre Wiederholung später entlastende oder enttraumatisierende Auswirkungen hatten.
   In den meisten Lagern gab es die Tendenz zu einer gewissen Standardisierung und Wiederholung der Praktiken der Gewalt. Es ist strittig, welche Auswirkungen diese „Wiederholung" auf die traumatisierte Persönlichkeit hatte. Einige Hinweise lassen die Möglichkeit der Anpassung der ursprünglich Traumatisierten vermuten – Ergebnisse, die jenen ähnlich sind, die im Rahmen der klinischen Therapie „ins Bewusstsein geholt" und „durchgearbeitet" werden.
33. Unsere Informantinnen und Informanten lieferten umfangreiche Hinweise, die darauf hindeuten, dass während beschwerlicher Fußmärsche ein hohes Ausmaß an Wir-Gefühl und Kooperation entstand, die der Entwicklung und Ausweitung der Häftlingsgesellschaft zuträglich waren.
34. Die Transporte in offenen Güterwaggons, die Gleiwitz im Jänner 1945 verließen, führten entsprechend aller Belege unserer zehn Informantinnen und Informanten, die auf diesen Transporten waren, zu besonders gewalttätigen Konflikten zwischen Häftlingen in Form von Handgemengen und hatten eklatant destruktive Auswirkungen auf die Häftlingsgesellschaft. Die wiederkehrenden Handgemenge werden an dieser Stelle als zuverlässiger Indikator für Situationen erachtet, in denen mögliche psychische Kompensationen und konstruktive Auswirkungen auf die Häftlingsgesellschaft so gut wie nicht vorhanden waren.
   In der Bezugnahme auf bestimmte Lagersituationen wäre es eine grobe Vereinfa-

329 Erich Fromm: Individual and Social Origins of Neurosis, in: American Sociological Review, 9. Jahrgang (1944), Heft 4, S. 380–384, hier S. 380. Anm. d. Ü.: Die deutsche Übersetzung findet sich in Erich Fromm: Individuelle und gesellschaftliche Ursprünge der Neurose, in: Ders.: Gesamtausgabe in zwölf Bänden. Herausgegeben von Rainer Funk, Band XII: Psychoanalyse und Kunst des Lebens (Schriften aus dem Nachlaß) (Stuttgart 1999), S. 123–129, hier S. 123.

chung anzunehmen, dass alle betroffenen Personen ähnliche emotionale Reaktionen oder Anpassungen zeigten.

Notabene: Im Hinblick auf die vorangegangenen Aspekte wäre es ein Fehler, den Anteil unserer Informantinnen und Informanten, die in Bezug auf einen bestimmten Verhaltensbereich positive oder negative Anpassungen vollzogen hatten, *per se* für indikativ für den Anteil an der Gesamtheit der Überlebenden oder der Lagerpopulationen zu halten. Die Auswahlprozesse, die bewirken, dass manche Überlebenden für diese Untersuchung erreichbar und bestimmte andere praktisch nicht erreichbar waren, schließen die Möglichkeit einer solchen Repräsentativität aus.

Um Bettelheims Behauptung über die Identifizierung „alter“ Häftlinge mit der Gestapo weiter zu erforschen, wurde die Anstrengung unternommen, festzustellen, ob unsere Informantinnen und Informanten sich mit zunehmender Zeit in den Lagern enger mit der Gestapo (oder, um einen umfassenderen Begriff zu verwenden, der SS) identifizierten. In Anbetracht der grundlegenden Interessenskonflikte zwischen diesen Systemen wird Verhalten, das in zunehmendem Maß maladaptiv gegenüber der Häftlingsgesellschaft war, als Anzeichen für eine Orientierung in Richtung Gestapo und umgekehrt gedeutet.

Es wird nicht der Anspruch erhoben, dass jeder der spezifischen, oben angeführten Punkte eindeutig nachgewiesen ist, geschweige denn dass die Skizzierung einer Theorie von Häftlingsverhalten, die hier nur teilweise expliziert wurde, belegt werden konnte. Es wurden Belege dargelegt, die die Plausibilität der Thesen und Theorien zeigen. Die einzige aufgestellte Behauptung ist, dass Bettelheims zentrale Verallgemeinerungen viel eingeschränkter anwendbar sind als von ihm beansprucht wird. In anderen Worten: Unsere zentralen und ergänzenden Hypothesen, wie sie im Kapitel „Das Problem und die Methode“ nach häufigen und fortlaufenden Überarbeitungen in ihrer endgültigen Form dargestellt wurden, bleiben aufrecht.

Weitere Forschung

Die Untersuchung sozialer Systeme und menschlichen Verhaltens führte zu schwerwiegenden Fehlern sowie bescheidenen Ergebnissen. Eine Reihe an offenkundig besonderen Schwierigkeiten erhöht die Möglichkeit von Fehlern, wenn der Fokus dieser Arbeit auf nationalsozialistische Konzentrationslager gelegt wird. Es ist unwahrscheinlich, dass diese Forschungsanstrengung hiervon ausgenommen ist. Es kann wohl nur gehofft werden, dass die Fehler, die sich zeigen werden, im Hinblick auf ihren Einfluss auf andere Untersuchungen „produktiv“ sein werden.

Zwei begrenzte, aber strategische Forschungsvorhaben seien an dieser Stelle angeregt, die helfen würden, die Gültigkeit verschiedener in dieser Untersuchung vorsichtig angeregter Schlussfolgerungen zu überprüfen. Die vorgeschlagenen Projekte wären:

1. Eine Wiederholung dieser Untersuchung unter Miteinbeziehung von Informantinnen

und Informanten, von denen bekannt ist, dass sie als „Grüne" kategorisiert wurden und dass sie in den Lagern kriminellen Verhaltensmustern folgten.
2. Eine Untersuchung des Zusammenhangs von Persönlichkeit und sozialer Anpassung von Überlebenden, die sich nun in den USA aufhalten und die stark unterschiedliche Haftzeiten hatten.

Es gibt einen sehr konkreten Bedarf an monographischen Abhandlungen zu ausgewählten Lagern und Ghettos, unter anderem in Bezug auf die Eigenschaften der spezifischen Häftlingsgesellschaften und ihrer Veränderungen.

Es bedarf darüber hinaus einer allgemeinen monographischen Untersuchung des sozialen Systems der SS-Bewachungen der Lager und seiner Veränderungen.

Das lohnendste und schwierigste Forschungsvorhaben wäre schlussendlich ein internationales Projekt, bei dem eine Zufallsstichprobe der Gesamtheit der Überlebenden in so vielen Ländern wie möglich gezogen wird, samt substantieller Ausweitung und Verbesserung vieler der hier angewandten Techniken sowie vieler neuer Aspekte.

Anhang

Thematische Aussagen und Interviewleitfaden

THEMATIC STATEMENTS

Statement I

"Nothing else counted but that I wanted to live. I would have stolen from my loved ones - child, parent or friend - in order to keep alive. Every day I planned how I could steal a sweater, or bargain for a blanket, an undergarment, or an extra bowl of soup. I would remain close to those who were ill, and if they were too weak to eat their bread or soup, I would take it from them. I would become terribly discouraged by the end of the day if I had not been able to get something extra in order to live."

Statement II

"One survivor told me that she (he) was with a large group of foot marchers which traveled for about two months in Poland in February and March, 1945. The marchers were finally housed in various wooden shacks on an estate. In one of these there were about 100 women (men), all of them weak or sick from hunger and the other hardships of the winter-time march and work on fortifications. In order to be allowed to dip into the kettle at mealtime one had to have a tin cup. But among the 100 women (men) there must have been only about 95 cups. One evening, before feeding arrangements were really organized, this prisoner discovered that her (his) cup was missing. The prisoner knew she (he) had to get one in place of the one that was stolen, or starve. At that time this prisoner was so weak that she (he) could walk only with the help of others. She (he) saw another cup, crawled over near it, kicked it a little way and then picked it up."

Statement III

"They were very unselfish toward others. They shared their rations to feed a group of children in the camp, and they also donated small articles of clothing. When transports arrived from their homeland they took the most weak and injured under their protection. They organized themselves and made collections in the blocks for this purpose."

BASIC DATA

Date(s) and time Interview No. __
of interview(s)________________________________

Name______________________Address______________________Phone______
Sex______Year of birth______Place______________________
Where did you live most of the time before arrest?

Brothers and sisters older______________Younger______________
Married at time of arrest?______________How long?______________
Number of children_____Ages______________________
What did you do for a living?______________________
(If woman) What did your husband do?______________________
Education? (Grade or course or degrees completed)______________

RELIGION
Religion at time of arrest?______Father's?______Mother's?______
What did you do about your religious beliefs?

MILITARY TRAINING BEFORE ARREST
How long?________Branch of service__________Highest rank__________

ARREST

Where?______________________ When?______________________

Reason given (or guessed)?______________________

Were you held in jail?______________________Describe the

conditions______________________________________

Were you beaten?

Were you fed?

Were any of your friends in jail too?

INDUCTION INTO CAMP ______________________________(Name)
Were any friends or relatives with you when you were taken into camp?

Quarantined?______How long?____________Conditions?______________

What happened the first day?

When were you first struck or beaten?______________________
How soon after induction did you see others badly beaten or killed?

IMPRISONMENT CALENDAR

Interview No.___

Imprisonment place name	Location	Description	Arrival date	Departure date	Kind of transport and duration
1.					
2.					
3.					
4.					
5.					
6.					
7.					
8.					

TRANSPORT NUMBER_____(Use 1 sheet per transport)   Interview No.__

Month and Year__________Where to where?_________________________

Kind (Train, truck, footmarch, etc.)_____________________________

CONDITIONS:

Accomodations (space, etc.)

Sanitation

Rest stops

Food and water

Weather

Beatings and tortures

Were any of your friends in car (in truck, on footmarch, etc.) with you?

What did they do?

What did you do during the trip?

What did you think about?

In what part of the car were you?

Any births?   Deaths?

What was done with corpses?

Miscellaneous:

WORK DETAIL (Use 1 sheet per work detail) Interview No.__

Name of camp________________ On job from when to when?__________
How many prisoners worked on this job?__________________________
What kind of prisoners were most of them?_______________________
Just what did you do?

Did you supervise the work of anybody else?____ Title?____________
How many worked under you?_______ What kind of prisoners were they?

Did you talk with others on the job (Try to get approximate no. and names)?

What did you talk about?

Did people call you by your name?

Did you see any of them evenings or Sundays?

What kind of person was the Kapo?

Did you know him before he became a Kapo?

Miscellaneous comments

FOR THOSE IN SUPERVISORY POSITIONS:
What kind of workers did you have on your crew?

Did you ever strike a prisoner working under you?

What did you do when guards came around?

FRIENDS Interview No. __

Have you heard from any of your fellow prisoners during recent years?

In which camps were you together?______________________

Do you write to any of your fellow prisoners?

In which camps were you together?______________________

Who was your best friend in the camps? Will you tell me a little about him (her)?....In what ways was he like (unlike) you?

When and where did you meet him?______________________

In which camps were you together?______________________

What did he do for you? Advise you? Exchange things? Give you anything? Help you?

What was the worst thing he ever did to you or to others?

Did you quarrel?__________How often?______________________

What did you do for him? Advise him? Exchange things? Give him something? Help him?

What insignia did he wear?______________________

Was there any fellow prisoner toward whom you felt grateful? (Get same details starting with "When and where...." Write on reverse side of page.)

Was there some prisoner whom you came to regard as an enemy? (Get and record same details as for previous question)

At which camps did you have the fewest friends?______________________

At which camps did you have the most friends?______________________

FREE TIME Interview No.__

How did you spend the little free time you had evenings or Sundays? (Note camp and period.)

FOR THOSE MAKING REFERENCE TO ONE OR MORE FRIENDS:
Who was (were) your friend(s)?

Were there any others besides your friends (acquaintances?) in the group? _____ What became of them?

(Where there is reference to more than one pair-friendship)
Did your friends know each other?

Interview No. __

ANGER

When were you most violently angry?__________Camp?______________
What was it all about?

What other times can you remember when you became violently angry?
(Times, camps, circumstances)

MUSELMANN

Were you ever a Muselmann?
(Times, camps, circumstances)

What do you mean by the word Muselmann? How did you come to speak of someone as a Muselmann?

At the time (use specific instances) when you were a Muselmann, did you also (look, feel, act) like_________(use informant's referents)?

FEAR

When were you most afraid?_________________Camp_________________
What was going on that made you afraid?

How did you feel? What did you think about?

When did you first think of suicide?_____________Camp_____________

What kept you from going through with it?

SUICIDES

Interview No. __

Camp	No. of suicides seen or heard about	Months served by each suicide	Prisoner categories (Use first letter of color)	No. of mentally ill seen or heard about	Months served by each mentally ill person	Prisoner categories (Use first letter of color)

FOR INFORMANTS WHO WITNESSED SUICIDE "WAVES"

When did most suicides occur (beginning and terminal dates)?

Where (subdivision of camp, work detail, etc.)?

What was going on there? (Situation - discipline, food, crowding, work, etc.)

MASS DEBASEMENT TORTURE   Interview No. __

What was the worst thing done to ridicule your religion (substitute other beliefs or professional position known to have been held by informant)?

Just what took place?_____Were there others with you?_______How many?

What orders were given?

How did you feel while you carried them out?

Did you talk about this situation to others?________What did you say?

Were such things done to you again? How did you feel about them then?

SABOTAGE

Did you ever commit sabotage?________________Where?____________When?

What did you do?

PUNITIVE PRISONER ASSEMBLY (Use 1 sheet per assembly) Interview No.__
(This form is for both regular and special interviews.)
Camp____
Month and year__________Time it began__________Ended__________

Reason given

Tell me all you can remember about it

Weather
Clothing
Mounted weapons

What weapons did the guards carry?
Were you very afraid? What did you think would happen?

Were there friends of yours with you?

Where did you stand? Friends? Politicals? Greens? J.W's? Others?
(DRAW SKETCH ON REVERSE SIDE)
Did you see prisoners go down, or see them carried away?

How many?__________ Any close to you?
(If religious) Did you pray?________
Did you look at the prisoners next to you?__________________
Did they look at you?______________________________________
Did you in any way come into physical contact with them?

Did anyone lean against you?

Did anyone stamp his feet?

Was there any noise?

How did the assembly end? What did the SS men say and do?

What did you do?

What did the men talk about in the barracks?

What did you say?

What did you think about before going to sleep?

<u>SEX</u> Interview No. __

When did you first have sexual intercourse after your release?
How did you feel about it (during and afterward)?

How did you feel about sexual relations before your arrest?

After arrest when did you first feel sexual desire?

When and in which camps were you most aware of such desires?

What did you do about them?

<u>FOR WOMEN ONLY</u>

Before arrest, was your menstrual cycle regular?

Did the cycle change while you were a prisoner?

<u>Camp</u>	<u>When</u>	<u>Change</u>	<u>Incidents</u>

Did your "periods" ever stop completely___When to when?____________

What were conditions like in the camp(s) when the periods ended?

What was your physical condition when the periods ended?__________Did anything important happen to you just before they ended?

What were conditions like when the cycles began again?

Interview No. __

GROUP SHARING
(Give informant State III)
Were you ever with a group of prisoners who, in any way, acted like that? (Situation, camp, dates)

SONDERKOMMANDO
Were you ever part of a Sonderkommando? (Camps, transports, dates)

PARTICIPATION IN SELECTION PRACTICES
Were you ever in a position in which you had to make a decision between life and death for other prisoners? (Situation, camp, dates)

PRISONER GROUPS AND ORGANIZATIONS (Committees, etc.) Interview No. __

Were you ever part of an organized group
of prisoners?___Know of such?__________
Camp (Use separate sheet for each)__________When to when___________

What kind of group was it?

What did it do?

How did it work?

What kind of people were they?....Did you trust them as much as
most of your friends and acquaintances?___More?___Less?___________
(Fill in form below. "Less" means distrust.)

Did you like them or dislike them? (Fill in form)

Group member no.	Time in camps	Trust	Dis-trust	Like	Dis-like
____	____	____	____	____	____
____	____	____	____	____	____
____	____	____	____	____	____
____	____	____	____	____	____
____	____	____	____	____	____
____	____	____	____	____	____
____	____	____	____	____	____
____	____	____	____	____	____

How many acquaintances did you have who were in the camps three
years or longer? (Number them in form below.)

(Use questions above beginning with "What kind of people...., and
fill in form below.)

Group member no.	Time in camps	Trust	Dis-trust	Like	Dis-like
____	____	____	____	____	____
____	____	____	____	____	____
____	____	____	____	____	____
____	____	____	____	____	____
____	____	____	____	____	____
____	____	____	____	____	____
____	____	____	____	____	____
____	____	____	____	____	____

THEFT Interview No. __

(Give informant Statement I. When he finishes reading and before he comments relate the contents of Statement II.)
Was there ever a situation somewhat like that when you had to take something? (Situation, camp, date)

What other situations can you remember when you took something from another prisoner?

Are you fairly sure there were no other situations when you took something?

FOR INFORMANTS WHO DO NOT ADMIT THEFTS

When did you feel or think most like the prisoner in Statement I? (Situation, camp, dates)

When did you feel or think least like the prisoner in StatementI? (Situation, camp, dates)

<u>CLASS POSITION</u> Interview No. __

What class do you belong to now? (Get spontaneously-used term.)

Just why do you feel you belong to X (the term used by informant)?

What class did you belong to before arrest?

Why do you feel that you belonged to X?

What did your father do before your arrest?

Did your mother work?______ What did she do?

<u>RELIGION SINCE GETTING OUT OF THE CAMPS</u>

What was your religion after leaving the camps?________________

What have you done about your religious beliefs since leaving the camps? (Participation in religious groups and services, etc.)

<u>RELEASE OR LIBERATION</u>

How did you get out of the camps?

(If released) How did you obtain your release?

(If liberated) Describe the liberation. (Circumstances, feelings, etc.)

Literaturverzeichnis

Abel, Theodore: The Sociology of Concentration Camps. Unveröffentlichtes Vortragsmanuskript der Tagung „World War II in the West. Historical Methods – Documentation – Research – Historiography", Amsterdam, 5.-9. September 1950

Abel, Theodore: The Sociology of Concentration Camps, in: Social Forces, 30. Jahrgang (1951), Heft 2, S. 150–155

Adelsberger, Lucie: Psychologische Beobachtungen im Konzentrationslager Auschwitz, in: Schweizerische Zeitschrift für Psychologie und ihre Anwendungen, 6. Jahrgang (1947), S. 124–131

*Altmann, Ilja: Das Schicksal des „Schwarzbuchs", in: Grossmann, Wassili/Ehrenburg, Ilja: Das Schwarzbuch. Der Genozid an den sowjetischen Juden. Herausgegeben von Arno Lustiger (Reinbek bei Hamburg 1994), S. 1063–1084

Améry, Odette/Martin-Champier, Georges: Nuit et brouillard (Paris 1945)

*Améry, Jean: Jenseits von Schuld und Sühne. Bewältigungsversuche eines Überwältigten (Stuttgart 1977)

*Antonovsky, Aaron: Salutogenese. Zur Entmystifizierung der Gesundheit (Tübingen 1997)

Arendt, Hannah: The Concentration Camps, in: Partisan Review, 15. Jahrgang (1948), Heft 7, S. 743–763

*Arendt, Hannah: Social Science Techniques and the Study of Concentration Camps, in: Jewish Social Studies, 12. Jahrgang (1950), Heft 1, S. 49–64

*Arendt, Hannah: Die vollendete Sinnlosigkeit, in: Dies.: Nach Auschwitz. Essays & Kommentare 1 (Berlin 1989), S. 7–30

*Awtuszewska-Ettrich, Angelina: Płaszów – Stammlager, in: Benz, Wolfgang/Distel, Barbara (Hg.): Der Ort des Terrors. Geschichte der nationalsozialistischen Konzentrationslager, Band 7: Niederhagen/Wewelsburg, Lublin-Majdanek, Arbeitsdorf, Herzogenbusch (Vught), Bergen-Belsen, Mittelbau-Dora (München 2008), S. 235–287

*Ayaß, Wolfgang: „Asoziale" im Nationalsozialismus (Stuttgart 1995)

*Becker, Howard P.: German Youth: Bond or free (New York 1946)

*Becker, Howard: Vom Barette schwankt die Feder. Die Geschichte der deutschen Jugendbewegung (Wiesbaden 1949)

*Becker, Howard P.: Intellectuals, Concentration Camps, and Black Propaganda: An Interview with Alfred Weber, in: American Journal of Economics and Sociology, 10. Jahrgang (1951), Heft 2, S. 139–143

*Becker, Howard P.: Max Weber, Assassination, and German Guilt: An Interview with Marianne Weber, in: American Journal of Economics and Sociology, 10. Jahrgang (1951), Heft 4, S. 401–405

Belfrage, Cedric: The German Who Should Have Been Dead, in: Harper's Magazine, 196. Jahrgang (1948), S. 511–517

*Benz, Wolfgang: Der Holocaust (München 1995)

*Benz, Wolfgang: Treblinka, in: Benz, Wolfgang/Distel, Barbara (Hg.): Der Ort des Terrors. Geschichte der nationalsozialistischen Konzentrationslager, Band 8: Riga-Kaiserwald, Warschau, Vaivara, Kauen (Kaunas), Płaszów, Kulmhof/Chełmno, Bełżec, Sobibór, Treblinka (München 2008), S. 407–443

Bernard, Jean-Jacques: The Camp of Slow Death (London 1945)

Bettelheim, Bruno: Individual and Mass Behavior in Extreme Situations, in: Journal of Abnormal and Social Psychology, 4. Jahrgang (1943), S. 417–452

Bettelheim, Bruno: Individual and Mass Behavior in Extreme Situations, in: Newcomb, Theodore M./Hartley, Eugene L.: Readings in Social Psychology (New York 1947), S. 628–638

Bettelheim, Bruno: Concentration Camps, German, in: Encyclopaedia Britannica, Volume 2 (Chicago 1947), S. 1–12

Bettelheim, Bruno: The Concentration Camp as a Class State, in: Modern Review, 1. Jahrgang (1947), Heft 8, S. 628–637

*Bettelheim, Bruno: Individuelles und Massenverhalten in Extremsituationen, in: Ders: Erziehung zum Überleben. Zur Psychologie von Extremsituationen (Darmstadt 1980), S. 58–95

*Blatman, Daniel: Die Todesmärsche 1944/45. Das letzte Kapitel des nationalsozialistischen Massenmords (Reinbek bei Hamburg 2011),

*Blatt, Thomas Toivi: Nur die Schatten bleiben. Der Aufstand im Vernichtungslager Sobibor (Berlin 2003)

Bloch, Herbert A.: The Personality of Inmates of Concentration Camps, in: American Journal of Sociology, 52. Jahrgang (1947), Heft 4, S. 335–341

Bluhm, Hilde O.: How Did They Survive? Mechanisms of Defense in Nazi Concentration Camps, in: American Journal of Psychotherapy, 2. Jahrgang (1948), Heft 1, S. 3–32

Boder, David P.: I Did Not Interview the Dead (Urbana 1949)

*Boder, David P.: Die Toten habe ich nicht befragt. Herausgegeben von Julia Faisst, Alan Rosen und Werner Solors (Heidelberg 2011)
Bondy, Curt: Problems of Internment Camps, in: Journal of Abnormal and Social Psychology, 38. Jahrgang (1943), Heft 4, S. 453–475
Burney, Christopher: The Dungeon Democracy (New York 1946)
*Cardinell, Robert H. (Hg.): The 65th Infantry Division in World War II (Palm Lane 2004)
*Cardinell, Robert H. (Hg.): 65th Division at German Concentration Camps & End of War (Palm Lane 2004)
*Carlebach, Emil: Bericht über das KL Buchenwald, in: Niethammer, Lutz (Hg.): Der ‚gesäuberte' Antifaschismus. Die SED und die roten Kapos von Buchenwald. Dokumente (Berlin 1994), S. 466–471
Cameron, Norman: The Psychology of Behavior Disorders. A Biosocial Interpretation. (New York 1947)
Cameron, Norman: Role Concepts in Behavior Pathology, in: American Journal of Sociology, 55. Jahrgang (1950), Heft 5, S. 464–467
Central Commission for the Investigation of German Crimes in Poland (Hg.): German Crimes in Poland, Volume 1 (Warschau 1946)
*Christel, Albert: Apokalypse unserer Tage. Erinnerungen an das KZ Sachsenhausen. Herausgegeben und eingeleitet von Manfred Ruppel und Lothar Wolfstetter (Frankfurt am Main 1987)
Clemmer, Donald: The Prison Community (Boston 1940)
*Cohen, Boaz: Dr Meir (Mark) Dworzecki: the historical mission of a survivor historian, in: Holocaust Studies, 21. Jahrgang (2015), Heft 1–2, S. 24–37, DOI: 10.1080/17504902.2015.1062272
*Cohn, Howard: August Cohn – Anti-Fascist. His Life under Nazi Tyranny and American Repression (o.O. 2012)
Collis, Robert/Hogerzeil, Han: Straight On (Methuen 1947)
Commission des Crimes de guerre (Hg.): Le camp de tortures de Breendonk (Liège 1948)
*Conter, Claude: Bruno Apitz. Eine Werkgeschichte. Unveröffentlichte Magisterarbeit (Bamberg 1997)
*Curio, Claudia: Das Instrumentarium der Massenvernichtung: Gaskammern und Krematorien, in: Benz, Wolfgang/Distel, Barbara (Hg.): Der Ort des Terrors. Geschichte der nationalsozialistischen Konzentrationslager, Band 5: Hinzert, Auschwitz, Neuengamme (München 2007), S. 121–125
*Czech, Danuta: Kalendarium der Ereignisse im Konzentrationslager Auschwitz-Birkenau 1939–1945 (Reinbek bei Hamburg 2008)
*Cziborra, Pascal: KZ Freiberg. Geheime Schwangerschaft (Bielefeld 2008)
*Cziborra, Pascal: KZ Venusberg. Der verschleppte Tod (Bielefeld 2008)
Dai, Bingham: A Socio-Psychiatric Approach to Personality Organization, in: American Sociological Review 17. Jahrgang (1952), Heft 1, S. 44–49
Dambuyant, M[ariette]: Remarques sur le moi dans la déportation, in: Journal de Psychologie Normal et Pathologique, 39. Jahrgang (1946), Heft 2, S. 383–411
Denson, William D./Kunzig, Robert L./Surowitz, Solomon (Hg.): The Buchenwald Case. War Crimes Trial. An Information Booklet on The Buchenwald Concentration Camp Case (Dachau 1947)
*Diamond, Sander A.: The Nazi Movement in the United States, 1924–1941 (Ithaca 1974)
*Diamond, Sander A.: Zur Typologie der amerikadeutschen NS-Bewegung, in: Vierteljahreshefte für Zeitgeschichte, 23. Jahrgang (1975), Heft 3, S. 271–296
Dietmar, Udo: Häftling ... X ... in der Hölle auf Erden! (Weimar 1946)
*Distel, Barbara: Sobibór, in: Benz, Wolfgang/Distel, Barbara (Hg.): Der Ort des Terrors. Geschichte der nationalsozialistischen Konzentrationslager, Band 8: Riga-Kaiserwald, Warschau, Vaivara, Kauen (Kaunas), Płaszów, Kulmhof/Chełmno, Bełżec, Sobibór, Treblinka (München 2008), S. 375–404
*Doulut, Alexandre/Labeau, Sandrine: Les 473 déportés juifs de Lot-et-Garonne. Histoires individuelles et archives (Paris 2010)
Dufournier, Denise: Ravensbrück, the Women's Camp of Death (London 1948)
*Dürr, Christian: „Verschwunden". Verfolgung und Folter unter der argentinischen Militärdiktatur (1975–1983) (Berlin 2016)
Dworzecki, Mark: Diseases in the Ghetto, in: American OSE Review, 4. Jahrgang 1947, Heft 1, S. 18–25
Ohne Autor [=Eisler, Armand]: God and the Gestapo, in: Redbook, 74. Jahrgang (1940), Heft 5, S. 20–23
*van Ells, Mark D.: How Milwaukee's German-Americans Faced Down Fascism Eighty Years Ago (http://www.milwaukeeindependent.com/articles/how-milwaukees-german-americans-faced-down-fascism-eighty-years-ago/)
*Endlich, Stefanie/Weigelt, Andreas: Drögen, in: Benz, Wolfgang/Distel, Barbara (Hg.): Der Ort des Terrors: Geschichte der nationalsozialistischen Konzentrationslager, Band 3: Sachsenhausen, Buchenwald (München 2006), S. 145–148

*Enno, Georg: Die wirtschaftlichen Unternehmungen der SS. Schriftenreihe der Vierteljahreshefte für Zeitgeschichte, Band 7 (Stuttgart 1963)
*Faludi, Christian: Die „Juni-Aktion" 1938. Eine Dokumentation zur Radikalisierung der Judenverfolgung (Frankfurt am Main/New York 2013)
Federn, Ernst: The Terror as a System. The Concentration Camp: Buchenwald As It Was, in: The Psychiatric Quarterly supplement, 22. Jahrgang (1948), Heft 1, S. 52–58
*Federn, Ernst: Versuch einer Psychologie des Terrors, in: Kuschey, Bernhard (Hg.): Ernst Federn. Sozialismus, KZ, Psychoanalyse und Sozialarbeit (Wien 2012), S. 33–76
*Feuchert, Sascha/Leibfried, Erwin/Riecke, Jörg (Hg.): Die Chronik des Gettos Lodz/Litzmannstadt (Göttingen 2007)
Feuerbach [Ferber], Walter: 55 Monate Dachau. Ein Tatsachenbericht (Luzern 1945)
*Fleck, Christian: Ein Amerikaner in Frankfurt. Everett C. Hughes' nicht veröffentlichtes Buch über die Deutschen nach dem Ende des Nazi-Regimes, in: Österreichische Zeitschrift für Soziologie, 40. Jahrgang (2015), Heft 2, S. 167–188
*Fleck, Christian: Etablierung in der Fremde. Vertriebene Wissenschaftler in den USA nach 1933 (Frankfurt am Main 2015)
*Fleck, Christian/Kranebitter, Andreas: Von der Psychologie zur Soziologie des Terrors. Ernst Federn, Elmer Luchterhand und die sogenannte Bettelheim-These, in: WERKBLATT. Psychoanalyse und Gesellschaftskritik Nr. 79, 34. Jahrgang (2017), Heft 2, S. 106–116
*Fleck, Christian/Müller, Albert/Stehr, Nico: Nachwort, in: Neurath, Paul Martin: Die Gesellschaft des Terrors. Innenansichten der Konzentrationslager Dachau und Buchenwald (Frankfurt am Main 2004), S. 409–454
*Fleck, Christian/Müller, Albert: Bruno Bettelheim (1903–1990) und die Konzentrationslager, in: Barboza, Amalia/Henning, Christoph (Hg.): Deutsch-jüdische Wissenschaftsschicksale. Studien über Identitätskonstruktionen in den Sozialwissenschaften (Bielefeld 2006), S. 180–231
*Foreman, Paul B.: Buchenwald and Modern Prisoner-of-War Detention Policy, in: Social Forces, 37. Jahrgang (1959), Heft 4, S. 289–298
*Forschungsstelle für Zeitgeschichte in Hamburg (Hg.): Der Dienstkalender Heinrich Himmlers 1941/42 (Hamburg 1999)
Frankl, Viktor E.: Ein Psycholog erlebt das Konzentrationslager (Wien 1946)
*Freund, Florian: Arbeitslager Zement. Das Konzentrationslager Ebensee und die Raketenrüstung (Wien 1989)
Friedman, Paul: Some Aspects of Concentration Camp Psychology, in: American Journal of Psychiatry, 105. Jahrgang (1949), Heft 8, S. 601–605
Friedman, Paul: The Road Back for the DP's: Healing the Psychological Scars of Nazism, in: Commentary, 6. Jahrgang (1948), S. 502–510
*Fritz Bauer Institut/Staatliches Museum Auschwitz-Birkenau (Hg.): Der Auschwitz-Prozess. Tonbandmitschnitte, Protokolle und Dokumente. DVD-ROM (Berlin 2004)
Fromm, Erich: Individual and Social Origins of Neurosis, in: American Sociological Review, 9. Jahrgang (1944), Heft 4, S. 380–384
*Fromm, Erich: Individuelle und gesellschaftliche Ursprünge der Neurose, in: Ders.: Gesamtausgabe in zwölf Bänden. Herausgegeben von Rainer Funk, Band XII: Psychoanalyse und Kunst des Lebens (Schriften aus dem Nachlaß) (Stuttgart 1999), S. 123–129
Fyfe, David Maxwell (Hg.): War Crimes Trials; 9 Bd. (London 1948–1952)
*Gedenkstätte Buchenwald (Hg.): Konzentrationslager Buchenwald 1937–1945. Begleitband zur ständigen historischen Ausstellung (Göttingen 1999)
*Genest, Andrea (Hg.): Damit die Welt es erfährt… Illegale Dokumente polnischer Häftlinge aus dem Konzentrationslager Ravensbrück (Berlin 2015)
*Gerth, Hans: The Nazi Party: Its Leadership and Composition, in: American Journal of Sociology, 45. Jahrgang (1940), Heft 4, S. 517–541
*Gerth, Hans/Mills, C. Wright (Hg.): From Max Weber: Essays in Sociology (New York 1946)
*Gerth, Hans/Mills, C. Wright (Hg.): Character and Social Structure. The Psychology of Social Institutions (New York 1953)
*Gerth, Nobuko: „Between two Worlds". Hans Gerth. Eine Biografie 1908–1978 (Opladen 2002)
*Glas-Larsson, Margareta: Ich will reden. Tragik und Banalität des Überlebens in Theresienstadt und Auschwitz. Herausgegeben und kommentiert von Gerhard Botz (Wien/München/Zürich/New York 1981)
*Goldberg, Bettina: Die Zwangsausweisung der polnischen Juden aus dem Deutschen Reich im Oktober 1938 und die Folgen, in: Zeitschrift für Geschichtswissenschaft, 46. Jahrgang (1998), S. 971–984

Gollancz, Victor: What Buchenwald Really Means (London 1945)
*Greif, Gideon: Wir weinten tränenlos... Augenzeugenberichte des jüdischen „Sonderkommandos“ in Auschwitz (Köln 1995)
*Greif, Gideon: Aufstand in Auschwitz. Die Revolte des jüdischen „Sonderkommandos“ am 7. Oktober 1944 (Wien/Köln 2014)
*Greiner, Bettina/Kramer, Alan (Hg.): Welt der Lager. Zur „Erfolgsgeschichte“ einer Institution (Hamburg 2013)
*Greiser, Katrin: Die Dachauer Buchenwald-Prozesse – Anspruch und Wirkung, in: Eiber, Ludwig/Sigel, Robert (Hg.): Dachauer Prozesse. NS-Verbrechen vor amerikanischen Militärgerichten in Dachau 1945–48 (Göttingen 2007), S. 160–173
*Gross, Raphael/Renz, Werner (Hg.): Der Frankfurter Auschwitz-Prozess (1963–1965). Kommentierte Quellenedition. Band 1 (Frankfurt am Main 2013)
*Hackett, David (Hg.): Der Buchenwald-Report. Bericht über das Konzentrationslager Buchenwald bei Weimar (München 1996)
*Hammermann, Gabriele: Vergessen – verfallen – überbaut. Der Umgang mit dem ehemaligen „Kräutergarten“ des KZ Dachau und Überlegungen für eine Nutzung durch die KZ-Gedenkstätte, in: Dies. (Hg.): Sanierung, Rekonstruktion, Neugestaltung. Zum Umgang mit historischen Bauten in Gedenkstätten (Göttingen 2014), S. 19–31
*Hantke, Susanne: „Das Dschungelgesetz, unter dem wir alle standen“. Der Erfolg von *Nackt unter Wölfen* und die unerzählten Geschichten der Buchenwalder Kommunisten, in: Apitz, Bruno: Nackt unter Wölfen (Berlin 2012), S. 515–574
*Harden, Blaine: Flucht aus Lager 14. Die Geschichte des Shin Dong-hyuk, der im nordkoreanischen Gulag geboren wurde und entkam (München 2012)
*Heigl, Peter: Konzentrationslager Flossenbürg in Geschichte und Gegenwart. Bilder und Dokumente (Regensburg 1989)
Heilig, Bruno: Men Crucified (London 1941)
*Heilig, Bruno: Menschen am Kreuz (Berlin 1948)
Herbermann, Nanda. Der gesegnete Abgrund. Schutzhäftling Nr. 6582 im Frauenkonzentrationslager Ravensbrück (Nürnberg 1948)
Hinrichs, Klaus [=Karl August Wittfogel]: Staatliches Konzentrationslager VII (London 1936)
*Holzinger, Gregor (Hg.): Die zweite Reihe. Täterbiografien aus dem Konzentrationslager Mauthausen. Mauthausen-Studien, Band 10 (Wien 2016)
Hornung, Walter [=Julius Zerfaß]: Dachau. Eine Chronik (Zürich 1936)
*Horowitz, Murray M.: Brooklyn College. The First Half-Century (New York 1981)
Hughes, H. L. Glyn: German Concentration Camps: Early Measures at Belsen, in: Tidy, Henry Letheby/Browne Kutschbach, J. M.: Inter-Allied Conferences on War Medicine 1942–1945 (London 1947), S. 455–458
Hurston, Zora Neale: Mules and Men (Philadelphia 1935)
*Igl, Roman/Mitchell, Paul: Memorial Gusen. Die bauhistorische und bodenarchäologische Untersuchung des Krematoriumsofens im Vorfeld seiner Restaurierung, in: Bundesministerium für Inneres (Hg.): KZ-Gedenkstätte Mauthausen | Mauthausen Memorial. Jahrbuch 2013. Forschung, Dokumentation, Information (Wien 2014), S. 59–70
*Jahn, Franziska: Riga-Kaiserwald – Stammlager, in: Benz, Wolfgang/Distel, Barbara (Hg.): Der Ort des Terrors. Geschichte der nationalsozialistischen Konzentrationslager, Band 8: Riga-Kaiserwald, Warschau, Vaivara, Kauen (Kaunas), Płaszów, Kulmhof/Chełmno, Bełżec, Sobibór, Treblinka (München 2008), S. 17–63
*Jahr, Christoph/Thiel, Jens (Hg.): Lager vor Auschwitz. Gewalt und Integration im 20. Jahrhundert (Berlin 2013)
*Jaiser, Constanze: Irma Grese. Zur Rezeption einer KZ-Aufseherin, in: Erpel, Simone (Hg.): Im Gefolge der SS: Aufseherinnen des Frauen-KZ Ravensbrück. Begleitband zur Ausstellung (Berlin 2007), S. 338–346
*Janik, Erika: A Short History of Wisconsin (Madison 2010)
*Jardim, Tomaz: The Mauthausen Trial. American Military Justice in Germany (Cambridge/London 2012)
*Jaspers, Karl: Die Schuldfrage. Von der politischen Haftung Deutschlands (München 1987 [1946])
Jewish Black Book Committee (Hg.): The Black Book (New York 1946)
Joos, Joseph: Leben auf Widerruf. Begegnungen und Beobachtungen im K.Z. Dachau 1941–1945 (Olten 1946)
*Jordy, Bill: Right to be Proud: History of the 65th Infantry Division's March Across Germany (Linz 1945)

*Kaienburg, Hermann: Sachsenhausen – Stammlager, in: Benz, Wolfgang/Distel, Barbara (Hg.): Der Ort des Terrors: Geschichte der nationalsozialistischen Konzentrationslager, Band 3: Sachsenhausen, Buchenwald (München 2006), S. 17–72
Kalmar, Rudolf: Zeit ohne Gnade (Wien 1946)
Karst, Georg M.: Beasts of the Earth (New York 1942)
*Kaufhold, Roland/Hristeva, Galina (Hg.): „Gewalttätigkeit verstehen". Zum 100. Geburtstag des Psychoanalytikers und psychoanalytischen Sozialarbeiters Ernst Federn. Psychoanalyse, Texte zur Sozialforschung, 18. Jahrgang (2014), Heft 2
Kautsky, Benedikt: Teufel und Verdammte. Erfahrungen und Erkenntnisse aus sieben Jahren in deutschen Konzentrationslagern (Zürich 1946)
*Keller, Fritz: In den Gulag von Ost und West. Karl Fischer, Arbeiter und Revolutionär (Frankfurt am Main 1980)
Kirchheimer, Otto: Recent Trends in German Treatment of Juvenile Delinquency, in: Journal of Criminal Law and Criminology, 29. Jahrgang (1938), Heft 3, S. 362–370
*Klat, Pepi: Josef Podlaha, in: Baumgartner, Andreas/Girstmair, Isabella/Kaselitz. Verena (Hg.): Der Geist ist frei. 45 Biografien aus von KünstlerInnen und WissenschafterInnen im KZ Mauthausen und Beiträge zum Internationalen Symposium 2007 (Wien 2008), S. 133–134
*Klein, Peter: Kulmhof/Chełmno, in: Benz, Wolfgang/Distel, Barbara (Hg.): Der Ort des Terrors. Geschichte der nationalsozialistischen Konzentrationslager, Band 8: Riga-Kaiserwald, Warschau, Vaivara, Kauen (Kaunas), Płaszów, Kulmhof/Chełmno, Bełżec, Sobibór, Treblinka (München 2008), S. 301–328
*Klüger, Ruth: weiter leben. Eine Jugend (München 1994)
*Kobielec, Aleksandra: Brünnlitz (Brněnec), in: Benz, Wolfgang/Distel, Barbara (Hg.): Der Ort des Terrors. Geschichte der nationalsozialistischen Konzentrationslager, Band 6: Natzweiler, Groß-Rosen, Stutthof (München 2007), S. 262–265
*Kogon, Eugen: Der SS-Staat. Das System der deutschen Konzentrationslager (München 1946)
Kogon, Eugen: Der SS-Staat. Das System der deutschen Konzentrationslager, 3., vollständige und erweiterte Aufl. (Frankfurt am Main 1947)
Kogon, Eugen: Hitler's Concentration Camps – An Examination of Conscience, in: Review of Politics, 9. Jahrgang (1947), Heft 1, S. 34–46
Kogon, Eugen: The Theory and Practice of Hell. The German Concentration Camps and the System Behind Them (New York 1950)
*Kolb, Eberhard: Bergen Belsen 1943–1945 (Göttingen 1986)
Kohn-Bramstedt, Ernest: Dictatorship and Political Police. The Techniques of Control by Fear (London 1945)
*Kompisch, Kathrin: Täterinnen. Frauen im Nationalsozialismus (Köln/Weimar/Wien 2008)
*Königseder, Angelika: Die Entstehung des Lagers und das „Interessensgebiet" Auschwitz, in: Benz, Wolfgang/Distel, Barbara (Hg.): Der Ort des Terrors. Geschichte der nationalsozialistischen Konzentrationslager, Band 5: Hinzert, Auschwitz, Neuengamme (München 2007), S. 80–87
*Kotek, Joël/Rigoulot, Pierre (Hg.): Das Jahrhundert der Lager. Gefangenschaft, Zwangsarbeit, Vernichtung (Berlin/München 2001)
*Knapp, Gabriele: Widerstand und Resistenz, in: Eschebach, Insa (Hg.): Das Frauen-Konzentrationslager Ravensbrück. Neue Beiträge zur Geschichte und Nachgeschichte (Berlin 2014), S. 219–234
*Kranebitter, Andreas: Zahlen als Zeugen. Soziologische Analysen zur Häftlingsgesellschaft des KZ Mauthausen. Mauthausen-Studien, Band 9 (Wien 2015)
*Kranebitter, Andreas: Die Vermessung der Konzentrationslager. Soziologiegeschichtliche Betrachtungen zum sogenannten Buchenwaldreport, in: Fritz, Regina/Kovács, Éva/Rásky, Béla (Hg.): Als der Holocaust noch keinen Namen hatte. Zur frühen Aufarbeitung des NS-Massenmordes an den Juden (Wien 2016), S. 63–86
*Kranebitter, Andreas: „Our classroom methodological prescriptions do not fit easily the problems of studying the SS and their doings": Elmer Luchterhand and sociological research on Nazi concentration camps, in: Serendipities, 2. Jahrgang (2017), Heft 2, S. 213–236, DOI 10.25364/11.2:2017.2.3
Kulischer, Eugene: The Displacement of Population in Europe (Montreal 1943)
Kunter, Erich: Weltreise nach Dachau. Ein Tatsachenbericht nach den Erlebnissen des Weltreisenden und ehemaligen politischen Häftlings Max Wittmann. Aufgezeichnet von Erich Kunter (Bad Wildbad 1947)
Kupfer, Edgar: Die letzten Jahre von Dachau. Ein Zeitdokument Unveröffentlichtes Manuskript (Stuttgart 1945)
*Kürten, Helene/Siebert, Margarete (Hg.): Vergangenheit unvergessen. Schicksale jüdischer Familien in der Gemeinde Weilerswist während der Naziherrschaft (Bornheim 2008)

*Kuschey, Bernhard: Die Ausnahme des Überlebens. Ernst und Hilde Federn. Eine biographische Studie und eine Analyse der Binnenstrukturen des Konzentrationslagers, 2 Bd. (Gießen 2003)
Küstermeier, Rudolf: Wie wir in Belsen lebten. Ein Rückblick von Rudolf Küstermeier, in: Sington, Derrick: Die Tore öffnen sich. Authentischer Bericht über das englische Hilfswerk für Belsen mit amtlichen Photos und einem Rückblick von Rudolf Küstermeier. Kulturpolitische Dokumente IV (Hamburg 1948), S. 87–124
*KZ-Gedenkstätte Neuengamme/Oliver von Wrochem (Hg.): Skandinavien im Zweiten Weltkrieg und die Rettungsaktion Weiße Busse. Ereignisse und Erinnerung (Berlin 2012)
*Langbein, Hermann: Menschen in Auschwitz (Wien/München 1995)
Langhoff, Wolfgang: Rubber Truncheon. Being an Account of Thirteen Months spent in a Concentration Camp (New York 1935)
*Lenarczyk, Wojciech: Budzyń, Benz, Wolfgang/Distel, Barbara (Hg.): Der Ort des Terrors. Geschichte der nationalsozialistischen Konzentrationslager, Band 7: Niederhagen/Wewelsburg, Lublin-Majdanek, Arbeitsdorf, Herzogenbusch (Vught), Bergen-Belsen, Mittelbau-Dora (München 2008), S. 89–92
Lengyel, Olga: Five Chimneys. The Story of Auschwitz (Chicago/New York 1947)
*Lenz, Hans Friedrich: „Sagen Sie, Herr Pfarrer, wie kommen Sie zur SS?" (Gießen 1982)
*Levi, Primo: Ist das ein Mensch? Ein autobiographischer Bericht (München 2009 [1947])
*Leys, Ruth: From Guilt to Shame. Auschwitz and After (Princeton/Oxford 2007)
Lingens-Reiner, Ella: Gefangene der Furcht. Unveröffentlichtes Manuskript (London 1947)
Lingens-Reiner, Ella: Prisoners of Fear (London 1948)
*Lingens-Reiner, Ella: Gefangene der Angst. Ein Leben im Zeichen des Widerstandes. Herausgegeben von Peter Michael Lingens (Wien/Frankfurt am Main 2003)
Lipscomb, F.M.: German Concentration Camps. Diseases Encountered at Belsen, in: Tidy, Henry Letheby (Hg.): The Inter-Allied Conferences on War Medicine, 1942–1945 (London 1947), S. 462–465
Loomis, Charles P./Beegle, Allan J.: Rural Social Systems. A Textbook in Rural Sociology and Anthropology (New York 1950)
*Lozoviuková-Kočová, Kateřina/Rudorff, Andrea: Kratzau I (Chrastava-Bíly Kostel), in: Benz, Wolfgang/Distel, Barbara (Hg.): Der Ort des Terrors. Geschichte der nationalsozialistischen Konzentrationslager, Band 6: Natzweiler, Groß-Rosen, Stutthof (München 2007), S. 364–367
Luchterhand, Elmer: The Nazi Concentration Camps: A Study in Survival and Rebellion. Unveröffentlichte Diplomarbeit, University of Wisconsin (Madison 1949)
*Luchterhand, Elmer G.: Survival in the Concentration Camp: An Individual or a Group Phenomenon?, in: Rosenberg, Bernard/Gerver, Israel/Howton, W.F. (Hg.): Mass Society in Crisis: Social Problems and Social Pathology (New York 1964), S. 223–224
*Luchterhand, Elmer: The Gondola-Car Transports, in: The International Journal of Social Psychiatry, 13. Jahrgang (1966), Heft 1, S. 28–32
*Luchterhand, Elmer: Prisoner Behavior and Social System in the Nazi Concentration Camps, in: International Journal of Social Psychiatry, 13. Jahrgang (1967), Heft 4, S. 245–264
*Luchterhand, Elmer G.: The Resocialization of Nazi Camp Survivors. Unveröffentlichtes Manuskript (New York 1972)
*Luchterhand, Elmer: Knowing and Not Knowing: Studying Involvement in Nazi Genocide. Unpublished paper prepared for the International European Oral History Conference, University of Essex, Colchester, England, March 23–25, 1979 (New York 1979)
*Luchterhand, Elmer: Social Behavior of Concentration Camp Prisoners: Continuities and Discontinuities with Pre- and Postcamp Life, in: Dimsdale, Joel E. (Hg.): Survivors, Victims, and Perpetrators. Essays in the Nazi Holocaust (Washington 1980), S. 259–283
*Luchterhand, Elmer: Das KZ in der Kleinstadt. Erinnerungen einer Gemeinde an den unsystematischen Völkermord, in: Peukert, Detlev/Reulecke, Jürgen (Hg.): Die Reihen fast geschlossen. Beiträge zur Geschichte des Alltags unterm Nationalsozialismus (Wuppertal 1981), S. 435–454
*Luchterhand, Elmer G./Wieland, Norbert: The Focused Life History in Studying Involvement in a Genocidal Situation in Nazi Germany, in: Bertaux, Daniel (Hg.): Biography and Society: The Life History Approach in the Social Sciences (London 1981), S. 267–285
Marbaix, Edgard: Breendonk-la-Morte (Brüssel 1944)
*Maršálek, Hans: Die Geschichte des Konzentrationslagers Mauthausen. Dokumentation (Wien 2006)
Meerloo, Joost: Pattern of Panic (New York 1950)
Meier, Heinrich Christian: So war es. Das Leben im KZ Neuengamme (Hamburg 1946)
Merton, Robert K.: Mass Persuasion. The Social Psychology of a War Bond Drive (New York 1946)

Merton, Robert K./Kendall, Patricia L.: The Focused Interview, American Journal of Sociology, 51. Jahrgang (1946), Heft 6, S. 541–557
*Merton, Robert K./Kendall, Patricia L.: Das fokussierte Interview, in: Hopf, Christel/Weingarten, Elmar (Hg.): Qualitative Sozialforschung (Stuttgart 1979), S. 169–204
*Meyer, Angelika: Malchow, in: Benz, Wolfgang/Distel, Barbara (Hg.): Der Ort des Terrors. Geschichte der nationalsozialistischen Konzentrationslager, Band 4: Flossenbürg, Mauthausen, Ravensbrück (München 2006), S. 569–571
*Meyer, Angelika: Rechlin-Retzow, in: Benz, Wolfgang/Distel, Barbara (Hg.): Der Ort des Terrors. Geschichte der nationalsozialistischen Konzentrationslager, Band 4: Flossenbürg, Mauthausen, Ravensbrück (München 2006), S. 592–594
*Middleton, Russell: History of Sociology at the University of Wisconsin-Madison, Volume 1: Challenges, Ups, and Downs, 1874–2016 (Madison 2017)
*Middleton, Russell: History of Sociology at the University of Wisconsin-Madison, Volume 2: Students, Personnel, and Programs (Madison 2017)
Mikorska, Maria: Spring Held No Hope. The Facts of the German Occupation of Poland (London 1941)
Mitscherlich, Alexander/Mielke, Fred: Doctors of Infamy: The Story of Nazi Medical Crimes (New York 1949)
Montefiore, Leonard G.: Anti-Semitism, in: Encyclopaedia Britannica. Book of the Year 1939 (Chicago 1939)
Müller, Otto: Hinter Gittern: Gedichte (Stuttgart 1947)
Munroe, Ruth L.: Prediction of the adjustment and academic performance of college students by a modification of the Rorschach method (Stanford 1945)
Murphy, Gardner: Personality: A Biosocial Approach to Origins and Structure (New York 1947)
Nansen, Odd: From Day to Day (New York 1949)
*Naujoks, Harry: Mein Leben im KZ Sachsenhausen 1936–1942 (Berlin 1989)
*Neugebauer, Wolfgang/Schwarz, Peter: „Stacheldraht, mit Tod geladen …" Der erste Österreichertransport in das KZ Dachau 1938. Herausgegeben von der Arbeitsgemeinschaft der KZ-Verbände und Widerstandskämpfer Österreichs (Wien 2008)
Neurath, Paul: Social Life in the German Concentration Camps Dachau and Buchenwald. Unveröffentlichte Dissertation (New York 1951)
*Neurath, Paul Martin: Die Gesellschaft des Terrors. Innenansichten der Konzentrationslager Dachau und Buchenwald. Herausgegeben von Christian Fleck und Nico Stehr (Frankfurt am Main 2004)
Niremberski, M.: Psychological Investigation of a Group of Internees at Belsen Camp, in: Journal of Mental Science, 92. Jahrgang (1946), Heft 386, S. 60–74
*Noack, Johannes-Michael: „Schindlers Liste" – Authentizität und Fiktion in Spielbergs Film. Eine Analyse (Leipzig 1998)
*Oakes, Guy/Vidich, Arthur J.: Collaboration, Reputation, and Ethics in American Academic Life. Hans H. Gerth and C. Wright Mills (Urbana/Chicago 1999)
Ohne Autor: Atrocities and Other Conditions in Concentration Camps in Germany. Report of the Committee Requested by Gen. Dwight D. Eisenhower Through the Chief of Staff, Gen. George C. Marshall, to the Congress of the United States, May 15, 1945 (Washington 1945)
Ohne Autor: De l'Université aux camps de concentration. Témoignages Strasbourgeois (Paris 1947)
Ohne Autor: Forfaits hitlériens. Documents officiels (Genève-Paris 1945)
Ohne Autor: Konzentrationslager. Ein Appell an das Gewissen der Welt. Ein Buch der Greuel. Die Opfer klagen an. Dachau-Brandenburg-Papenburg-Konigstein-Lichtenburg-Colditz-Sachsenburg-Moringen-Hohnstein-Reichenbach-Sonnenburg (Karlsbad 1934)
Ohne Autor: Les témoins qui se firent égorger (Paris 1946)
Ohne Autor: Todeslager Sachsenhausen. Ein Dokumentarbericht vom Sachsenhausen-Prozess (Berlin 1948)
*Orski, Marek: Danzig Kokoschken (Gdańsk-Kokoszki), in: Benz, Wolfgang/Distel, Barbara (Hg.): Der Ort des Terrors. Geschichte der nationalsozialistischen Konzentrationslager, Band 6: Natzweiler, Groß-Rosen, Stutthof (München 2007), S. 573–578
*Orski, Marek: Kroben (Krobia), in: Benz, Wolfgang/Distel, Barbara (Hg.): Der Ort des Terrors. Geschichte der nationalsozialistischen Konzentrationslager, Band 6: Natzweiler, Groß-Rosen, Stutthof (München 2007), S. 677
*Orth, Karin: Das System nationalsozialistischer Konzentrationslager. Eine politische Organisationsgeschichte (Hamburg 1999)
*Orth, Karin: Die Historiografie der Konzentrationslager und die neuere KZ-Forschung, in: Archiv für Sozialgeschichte, 47. Jahrgang (2007), S. 579–598
OSS Section, Seventh Army (Hg.): Dachau (o.O. o.J. [1945])

*Ozanne, Robert W.: The Labor Movement in Wisconsin. A History (Madison 1984)
*Park, Robert E./Burgess, Ernest W.: Introduction to the science of sociology (Chicago 1921), S. 322–327
Parliamentary Delegation to Buchenwald Camp (Hg.): Buchenwald Camp: The Report of a Parliamentary Delegation (London 1945)
*Paul, Gerhard: Von Psychopathen, Technokraten des Terrors und „ganz gewöhnlichen" Deutschen. Die Täter der Shoah im Spiegel der Forschung. In: Ders. (Hg.): Die Täter der Shoah. Fanatische Nationalsozialisten oder ganz normale Deutsche? Dachauer Symposien zur Zeitgeschichte, Band 2 (Göttingen 2002), S. 13–90
Perl, Gisella: I Was a Doctor in Auschwitz (New York 1948)
*Perz, Bertrand: Projekt Quarz. Steyr-Daimler-Puch und das Konzentrationslager Melk (Wien 1991)
*Perz, Bertrand: Der Arbeitseinsatz im KZ Mauthausen, in: Herbert, Ulrich/Orth, Karin/Dieckmann, Christoph (Hg.): Die nationalsozialistischen Konzentrationslager. Entwicklung und Struktur, Band 2 (Göttingen 1998), S. 533–557
*Perz, Bertrand: Die KZ-Gedenkstätte Mauthausen. 1945 bis zur Gegenwart (Innsbruck 2006)
*Perz, Bertrand/Dürr, Christian/Lechner, Ralf/Vorberg, Robert: Die Krematorien von Mauthausen. Katalog zur Ausstellung in der KZ-Gedenkstätte Mauthausen (Wien 2008)
Philipps, Raymond (Hg.): Trial of Josef Kramer and Forty-Four Others. The Belsen Trial (London 1949)
*Pingel, Falk: Häftlinge unter SS-Herrschaft. Widerstand, Selbstbehauptung und Vernichtung im Konzentrationslager (Hamburg 1978)
Poller, Walter: Arztschreiber in Buchenwald. Bericht des Häftlings 996 aus Block 36 (Hamburg 1948)
Puissant, Jean: La colline sans oiseaux. 14 mois à Buchenwald (Paris 1945)
Pulitzer, Joseph: A Report to the American People (St. Louis 1945)
Reynolds, Quentin: Children Behind Barbed Wire. A school of indoctrination in democracy for Hitler's Jugend, in: Collier's Weekly, October 27, 1945, S. 18–19
Richet, Charles Olivier/Richet, Jacqueline/Richet, Olivier: Trois Bagnes (Paris 1945)
*Röhm, Eberhard: Leonberg („Reiher"), in: Benz, Wolfgang/Distel, Barbara (Hg.): Der Ort des Terrors. Geschichte der nationalsozialistischen Konzentrationslager, Band 6: Natzweiler, Groß-Rosen, Stutthof (München 2007), S. 121–125
Roos, Georges: Buchenwald (Paris 1945)
*Rosen, Alan: The Wonder of their Voices. The 1946 Holocaust Interviews of David Boder (New York 2010)
Rosenblum, Zofja: Jewish Children in Ghettos, Camps and Woods, 1939–1945, in: American OSE Review, 4. Jahrgang (1947), Heft 1, S. 25–33
Rousset, David: Les Jours de Notre Mort (Paris 1947)
Rousset, David: Days of Our Death, in: Politics, 4. Jahrgang (1947), Heft 4, S. 151–156
Rousset, David: The Dotkins-Hessel-Pool Affair, in: Politics, 4. Jahrgang (1947), Heft 4, S. 157–158
Rousset, David: The Other Kingdom (New York 1947)
Rozanski, Zenon: Mützen ab... Eine Reportage aus der Strafkompanie des KZ. Auschwitz (Hannover 1948)
*Rudorff, Andrea: Fürstengrube, Benz, Wolfgang/Distel, Barbara (Hg.): Der Ort des Terrors. Geschichte der nationalsozialistischen Konzentrationslager, Band 5: Auschwitz, Neuengamme (München 2007), S. 221–225
*Rudorff, Andrea: Gleiwitz II, in: Benz, Wolfgang/Distel, Barbara (Hg.): Der Ort des Terrors. Geschichte der nationalsozialistischen Konzentrationslager, Band 5: Auschwitz, Neuengamme (München 2007), S. 230–233
Salter Jr., Leonard A.: Cross-Sectional and Case-Grouping Procedures in Research Analysis, in: Journal of Farm Economics, 24. Jahrgang (1942), S. 792–805
*Schellinger, Uwe: Offenburg, in: Benz, Wolfgang/Distel, Barbara (Hg.): Der Ort des Terrors. Geschichte der nationalsozialistischen Konzentrationslager, Band 6: Natzweiler, Groß-Rosen, Stutthof (München 2007), S. 157–161
*Schelvis, Jules: Vernichtungslager Sobibor (Hamburg/Münster 2003)
*Schmidt, Alexander: Happurg und Hersbruck, in: Benz, Wolfgang/Distel, Barbara (Hg.): Der Ort des Terrors. Geschichte der nationalsozialistischen Konzentrationslager, Band 4: Flossenbürg, Mauthausen, Ravensbrück (München 2006), S. 136–140
*Schrecker, Ellen: Many Are the Crimes: McCarthyism in America (Boston 1998)
Seger, Gerhard: Oranienburg. Erster authentischer Bericht eines aus dem Konzentrationslager Geflüchteten (Karlsbad 1934)
Seger, Gerhart: A Nation Terrorized (Chicago 1935)
Service d'informations des crimes de guerre (Hg.): Camps de concentratio (Paris 1945)

*Simmel, Georg: Exkurs über den Fremden, in: Ders.: Soziologie. Untersuchungen über die Formen der Vergesellschaftung. Gesamtausgabe, Band 11 (Frankfurt am Main 1992 [1908])
Sington, Derrick: Belsen Uncovered (London 1946)
*Sofsky, Wolfgang: Die Ordnung des Terrors: Das Konzentrationslager (Frankfurt/Main 1997)
*Sofsky, Wolfgang: An der Grenze des Sozialen. Perspektiven der KZ-Forschung, in: Herbert, Ulrich/Orth, Karin/Dieckmann, Christoph (Hg.): Die nationalsozialistischen Konzentrationslager. Entwicklung und Struktur, Band II (Göttingen 1998), S. 1141–1169
Spritzer, Jenny: Ich war Nr. 10291. Als Sekretärin in Auschwitz (Zürich 1947)
Stein, Leo: I was in Hell with Niemoeller (New York 1942)
Steinbock, Johann: Das Ende von Dachau (Salzburg 1948)
*Stiftung Topographie des Terrors (Hg.): Topographie des Terrors. Gestapo, SS und Reichssicherheitshauptamt in der Wilhelm- und Prinz-Albrecht-Straße. Eine Dokumentation (Berlin 2008)
*Strzelecka, Irena/Setkiewicz, Piotr: Bau, Ausbau und Entwicklung des KL Auschwitz und seiner Nebenlager, in: Długoborski, Wacław/Piper, Franciszek (Hg.): Auschwitz 1940–1945. Studien zur Geschichte des Konzentrations- und Vernichtungslagers Auschwitz, Band 1: Aufbau und Struktur des Lagers (Oświęcim 1999), S. 73–156
*Strzelecki, Andrzej: Endphase des KL Auschwitz: Evakuierung, Liquidierung und Befreiung des Lagers (Oświęcim-Brzezinka 1995)
*Suderland, Maja: Ein Extremfall des Sozialen. Die Häftlingsgesellschaft in den nationalsozialistischen Konzentrationslagern (Frankfurt am Main 2009)
Sullivan, Harry Stack: Psychiatric of Morale, in: American Journal of Sociology, 47. Jahrgang (1941), Heft 3, S. 277–301
Sullivan, Harry Stack: Psychiatric of Morale, in: Stanton, Alfred H./Perry, Stewart E.: Personality and Political Crisis. New perspectives from Social Science and Psychiatry for the Study of War and Politics (Glencoe/Illinois 1951)
Swanson, Guy E./Newcomb, Theodore M./Hartley, Eugene L. (Hg.): Readings in Social Psychology. 2., überarbeitete Aufl. (New York 1952), S. 33–43
Szalet, Leon: Experiment „E“. A Report from an Extermination Laboratory (New York 1945)
Szmaglewska, Seweryna: Smoke Over Birkenau (New York 1947)
*Świebocka, Teresa: Architektur des Verbrechens: das Gebäude der „Zentralen Sauna“ im Konzentrationslager Auschwitz II-Birkenau (Oświęcim 2001)
Tas, Jacques: Psychische stoornissen in concentratie-kampen en bij teruggekeerden, in: Maandblad voor de Geestelijke Volksgezondheid, 1. Jahrgang (1946), S. 143–150
*Tas, Jacques: Psychical Disorders Among Inmates of Concentration Camps and Repatriates, in: Psychiatric Quarterly, 25. Jahrgang (1951), Heft 4, S. 679–690
Teeters, Negley K.: Deliberations of the International Penal and Penitentiary Congresses. Questions and Answers, 1872–1935 (Philadelphia 1949)
Tenenbaum, Joseph: In Search of a Lost People. The Old and New Poland (New York 1948)
Thompson, Lloyd J.: German Concentration Camps: Psychological Aspects of the Camps, in: Tidy, Henry Letheby/Browne Kutschbach, J. M.: Inter-Allied Conferences on War Medicine 1942–1945 (London 1947), S. 466–467
Tomars, Adolph S.: Human Relations in a Changing Society (New York 1949)
*Trouvé, Christel: Oranienburg (Klinkerwerk), in: Benz, Wolfgang/Distel, Barbara (Hg.): Der Ort des Terrors: Geschichte der nationalsozialistischen Konzentrationslager, Band 3: Sachsenhausen, Buchenwald (München 2006), S. 248–254
*Tuchel, Johannes: Die Inspektion der Konzentrationslager 1938–1945: Das System des Terrors (Berlin 1994)
Vercors [Jean Bruller]: Three Novelettes (Boston 1947)
*Vercors: Waffen der Nacht. Drei Erzählungen (Berlin 1948)
*Verein für Gedenken und Geschichtsforschung in österreichischen KZ-Gedenkstätten (Hg.): Das Konzentrationslager Mauthausen 1938-1945. Katalog zur Ausstellung in der KZ-Gedenkstätte Mauthausen (Wien 2013)
*Wachsmann, Nikolaus: KL. A History of the Nazi Concentration Camps (New York 2015)
Waelder, Robert: The Scientific Approach to Case Work. With Special Emphasis on Psychoanalysis, in: Kluckhohn, Clyde/Murray, Henry A. (Hg.): Personality in Nature, Society, and Culture (New York 1948), S. 531–539
*Wagner, Jens-Christian: Ellrich-Bürgergarten (SS-Baubrigade IV), in: Benz, Wolfgang/Distel, Barbara (Hg.): Der Ort des Terrors. Geschichte der nationalsozialistischen Konzentrationslager, Band 7: Niederhagen/Wewelsburg, Lublin-Majdanek, Arbeitsdorf, Herzogenbusch (Vught), Bergen-Belsen, Mittelbau-Dora (München 2008), S. 301

Wallner, Peter: By Order of the Gestapo. A Record of Life in Dachau and Buchenwald Concentration Camp (London 1941)
*Walter, Verena: Radom, in: Benz, Wolfgang/Distel, Barbara (Hg.): Der Ort des Terrors. Geschichte der nationalsozialistischen Konzentrationslager, Band 7: Niederhagen/Wewelsburg, Lublin-Majdanek, Arbeitsdorf, Herzogenbusch (Vught), Bergen-Belsen, Mittelbau-Dora (München 2008), S. 96–98
*Warmbold, Nicole: Lagersprache: zur Sprache der Opfer in den Konzentrationslagern Sachsenhausen, Dachau, Buchenwald (Bremen 2008)
*Weber, Max: Wissenschaft als Beruf (München/Leipzig 1919)
*Weber, Max: Soziologische Grundbegriffe, in: Ders.: Wirtschaft und Gesellschaft (Tübingen 1922)
Weber, Max: The Theory of Social and Economic Organization. Edited and with an Introduction by Talcott Parsons (New York 1947)
Weinstock, Eugene: Beyond the Last Path (New York 1947)
Weinstock, Rolf: Das wahre Gesicht Hitlerdeutschlands. Häftling Nr. 59000 erzählt von dem Schicksal der 10.000 Juden aus Baden, aus der Pfalz und aus dem Saargebiet in den Höllen von Dachau, Gurs-Drancy, Auschwitz, Jawischowitz, Buchenwald 1938–1945 (Singen 1948)
Wellers, Georges: De Drancy à Auschwitz (Paris 1946)
*Welzer, Harald: Verweilen beim Grauen. Essays zum wissenschaftlichen Umgang mit dem Holocaust (Tübingen 1997)
*Wenke, Bettina: Warum haben wir nicht überlebt? Interview mit Heinrich und Alice Rosenrauch, in: Dies.: Interview mit Überlebenden. Verfolgung und Widerstand in Südwestdeutschland (Stuttgart 1980), S. 163–196
Werner, Alfred: The Universe of Terror. Teufel und Verdammte, by Benedikt Kautsky; and Der SS-Staat, by Eugen Kogon, in: Commentary, New York, March 1, 1948, S. 284–285
*Wesełowska, Danuta: Wörter aus der Hölle. Die ‚lagerszpracha' der Häftlinge von Auschwitz (Krákow 1998)
*Wetzel, Juliane: Frankreich und Belgien, in: Wolfgang Benz (Hg.): Dimension des Völkermords. Die Zahl der jüdischen Opfer des Nationalsozialismus (München 1991), S. 105–135
Wiechert, Ernst: Forest of the Dead (New York 1947)
Wiernik, Yankel: A Year in Treblinka. An Inmate Who Escaped Tells the Day-To-Day Facts of One Year of His Torturous Experience (New York 1945)
*Wiesel, Elie: Die Nacht zu begraben, Elischa (München 2005)
Wiesental, Simon: KZ Mauthausen. Bild und Wort (Linz/Wien 1946)
*Willems, Susanne: Monowitz (Monowice), in: Benz, Wolfgang/Distel, Barbara (Hg.): Der Ort des Terrors. Geschichte der nationalsozialistischen Konzentrationslager, Band 5: Auschwitz, Neuengamme (München 2007), S. 276–284
Wind, Eddy de: Eindstation Auschwitz (Amsterdam 1946)
Winkler, Ernst: For Years of Nazi Torture (New York 1942)
Wolff, Jeanette: Sadismus oder Wahnsinn. Erlebnisse in den deutschen Konzentrationslagern im Osten (Dresden 1946)
Wolff-Eisner, Alfred: Über Mangelerkrankungen auf Grund von Beobachtungen im Konzentrationslager Theresienstadt (Würzburg 1947)
*Wünschmann, Kim: Before Auschwitz. Jewish Prisoners in the Prewar Concentration Camps (Cambridge/London 2015)
*Wünschmann, Kim: Gewaltsam aus der „Volksgemeinschaft" ausgeschlossen. Jüdische Häftlinge in den Konzentrationslagern 1933 bis 1936/37, in: Osterloh, Jörg/Wünschmann, Kim (Hg.): „...der schrankenlosesten Willkür ausgeliefert". Häftlinge der frühen Konzentrationslager 1933–1936/37 (Frankfurt am Main/New York 2017), S. 197–220
Young, Pauline V.: Scientific Social Surveys and Research (New York 1942)
*Zámečník, Stanislav: Kein Häftling darf lebend in die Hände des Feindes fallen, Zur Existenz des Himmler-Befehls vom 14./18. April 1945, in: Wolfgang Benz/Barbara Distel (Hg.): Dachauer Hefte. Studien und Dokumente zur Geschichte der nationalsozialistischen Konzentrationslager, Heft 1: Die Befreiung (München 1993), S. 218–231
*Zámecnik, Stanislav: Das Krankenrevier, in: Wolfgang Benz/Barbara Distel (Hg.): Dachauer Hefte. Studien und Dokumente zur Geschichte der nationalsozialistischen Konzentrationslager, Heft 4: Medizin im NS-Staat (München 1988), S. 129–131
*Zielezinski, George: 24 Drawings from the Concentration Camps in Germany (München 1946)
Ziereis, Franz/Pilarski, Charles: Atrocities at Camp Mauthausen. Verfielfältigtes Typoskript (Mauthausen 1945)
Zywulska, Krystyna: I Came Back (New York 1951)
*Zywulska, Krystyna: Wo vorher Birken waren. Überlebensbericht einer jungen Frau aus Auschwitz-Birkenau (München 1979 [1949])

Personenverzeichnis